21世纪高等学校金融学系列教材

国际金融管理

主　编　鞠国华
副主编　戴　序　徐　扬

中国金融出版社

责任编辑：王效端　张菊香
责任校对：李俊英
责任印制：丁淮宾

图书在版编目（CIP）数据

国际金融管理/鞠国华主编．—北京：中国金融出版社，2020.1
（21世纪高等学校金融学系列教材）
ISBN 978-7-5220-0155-5

Ⅰ.①国…　Ⅱ.①鞠…　Ⅲ.①国际金融管理—高等学校—教材　Ⅳ.①F831.2

中国版本图书馆 CIP 数据核字（2019）第 124696 号

国际金融管理
Guoji Jinrong Guanli

出版
发行　中国金融出版社

社址　北京市丰台区益泽路2号
市场开发部　（010）63272190，66070804（传真）
网上书店　http：//www.chinafph.com
　　　　　（010）63286832，63365686（传真）
读者服务部　（010）66070833，62568380
邮编　100071
经销　新华书店
印刷　北京市松源印刷有限公司
尺寸　185毫米×260毫米
印张　18.75
字数　420千
版次　2020年1月第1版
印次　2020年1月第1次印刷
定价　43.00元
ISBN 978-7-5220-0155-5
如出现印装错误本社负责调换　联系电话（010）63263947

21世纪高等学校金融学系列教材
编审委员会

顾　问：
吴晓灵（女）　清华大学五道口金融学院　教授　博士生导师
陈雨露　中国人民银行　党委委员　副行长
王广谦　中央财经大学　教授　博士生导师

主任委员：
郭建伟　中国金融出版社　总编辑
史建平　中央财经大学　教授　博士生导师
刘锡良　西南财经大学　教授　博士生导师

委员：（按姓氏笔画排序）
丁志杰　对外经济贸易大学　教授　博士生导师
王爱俭（女）　天津财经大学　教授　博士生导师
王效端（女）　中国金融出版社　副编审
王稳　对外经济贸易大学　教授　博士生导师
王能　上海财经大学　美国哥伦比亚大学　教授　博士生导师
王聪　暨南大学　教授　博士生导师
卞志村　南京财经大学　教授　博士生导师
龙超　云南财经大学　教授
叶永刚　武汉大学　教授　博士生导师
邢天才　东北财经大学　教授　博士生导师
朱新蓉（女）　中南财经政法大学　教授　博士生导师
孙祁祥（女）　北京大学　教授　博士生导师
孙立坚　复旦大学　教授　博士生导师
李志辉　南开大学　教授　博士生导师
李国义　哈尔滨商业大学　教授
杨兆廷　河北金融学院　教授
杨柳勇　浙江大学　教授　博士生导师
杨胜刚　湖南大学　教授　博士生导师
汪洋　江西财经大学　教授　博士生导师
沈沛龙　山西财经大学　教授　博士生导师
宋清华　中南财经政法大学　教授　博士生导师

张礼卿　中央财经大学　教授　博士生导师
张成思　中国人民大学　教授　博士生导师
张　杰　中国人民大学　教授　博士生导师
张桥云　西南财经大学　教授　博士生导师
张志元　山东财经大学　教授
陆　磊　国家外汇管理局　副局长
陈伟忠　同济大学　教授　博士生导师
郑振龙　厦门大学　教授　博士生导师
赵锡军　中国人民大学　教授　博士生导师
郝演苏　中央财经大学　教授　博士生导师
胡炳志　武汉大学　教授　博士生导师
胡金焱　山东大学　教授　博士生导师
查子安　金融时报社　总编辑
贺力平　北京师范大学　教授　博士生导师
殷孟波　西南财经大学　教授　博士生导师
彭建刚　湖南大学　教授　博士生导师
谢太峰　首都经济贸易大学　教授　博士生导师
赫国胜　辽宁大学　教授　博士生导师
裴　平　南京大学　教授　博士生导师
潘英丽（女）　上海交通大学　教授　博士生导师
潘淑娟（女）　安徽财经大学　教授
戴国强　上海财经大学　教授　博士生导师

作者简介

鞠国华，1963年生，男，汉族，经济学博士，教授，硕士生导师。讲授国际金融学、国际融资、农村金融等课程，研究领域包括国际金融、国际融资和农村金融。在《经济学动态》《社会科学战线》《当代经济研究》等学术期刊发表学术论文30余篇，主持完成或参与国家社科基金、教育部、省社科基金等各类科研项目20余项，获吉林省省长批示调查报告三项，获得各类学术奖项5项。

戴序，女，1971年生，经济学博士，副教授，硕士研究生导师。主要从事金融英语、双语国际金融、双语投资学、双语理财规划和双语财务管理等课程的双语教学；主要研究方向包括国际金融、商业银行和农村金融，曾在《中国统计》《中国证券报》等报刊杂志发表论文10余篇，主持并参与国家社科及省级科研与教改项目10余项。2000年，获得全国金融英语证书第四名，被选派到香港银行学会培训；2005年前往澳大利亚Charles Sturt大学商学院做访问学者；2008年被中国人民银行教育司指定为金融专业英语证书考试委员会专家；2016年8月至2017年8月，在美国阿拉斯加大学安克雷奇分校做访问学者。

徐扬，女，1979年生，吉林省吉林市人，经济学博士。2010年获金融学专业博士学位。2004年7月至今在吉林财经大学金融学院任教，并长期从事国际金融理论与政策的教学与科研工作。在《中国统计》《当代经济研究》《金融理论与实践》及《金融时报》等刊物公开发表学术论文20余篇。

前　言

国内外国际金融教科书，在体系设计上，开篇要么讲外汇汇率，要么是国际收支，或强调学习国际金融应该抓住汇率这条"红线"。本书则是从货币入手，对货币的本质进行探讨。货币是一种社会惯例，是价值标准，具有公共产品属性，当一国货币转变成为国际货币，充当世界价值标准或者国际价值标准，或者超国家价值标准，那么它服务的范围更加广阔，货币权力也就更大了。因为货币具有增殖性，是财富化身，一旦货币国际化，其权力超乎想象，谁掌握了货币权力，谁就控制了世界财富。

本书在写作过程中，将财富理念贯穿于始终，国际金融管理就是国际经济交往中的财富管理，在国际货币价格管理、国际收支管理以及内外均衡管理中留住财富，即得自于外部的财富是本书的宗旨。在国际经济交往中，国与国之间的贸易投资金融交易需要稳定的国际货币金融环境，以便财富在交换中增长。

国际金融环境包括国际货币制度和国际金融市场。国际货币制度为财富创造提供稳定的国际货币秩序。国际金融市场为财富创造提供交易工具和交易机制及运作空间，财富只有在交换中才能不断积累。当然要获得国际财富，国际货币价格至关重要，国际货币价格管理涉及货币之间的兑换比率，即汇率。汇率作为货币交换比价，背后隐藏着财富博弈杠杆，汇率决定及其变动决定着财富杠杆的倾斜。所以充当汇兑的货币锚价值要稳定，信用要可靠，保证货币之间兑换比率公平合理，不偏不倚，方有利于参与国际经济交往活动的主体在公平的制度环境下获得应得的外部财富。一国即便外部财富增加，积累了充足的外汇储备，作为主权财富，还应该树立主动管理意识，否则留不住财富，历史上有过前车之鉴，因此需要主动加强国际收支管理。这涉及国际收支理论及其调节政策措施，加强国际收支管理的目的就是让得自于外部的财富不断增长，为此需要运用供给型政策、需求增减政策和支出转换政策，调节国际收支顺差或者逆差，在保持国际收支基本平衡的基础上，保持适当顺差，以利于财富增加，刺激经济增长，扩大就业。

当然，国际收支管理不是单方面的，需要内外均衡协调，这涉及开放经济条件下内外均衡管理问题，对内部均衡与外部均衡的管理具有很大挑战性，因为当今世界经济充满变数，货币金融危机经常发生，一国实现内部经济目标的宏观经济政策效应往往因外部冲击效应而打折扣。这就需要加强国际间的多方面协调，包括宏观经济政策协调。只有各国平等参与国际货币金融合作，建立完善的全球金融治理机制，共同抵御外部冲击，才能为财富增长创造更好的环境，避免财富在危机中蒸发。

以上就是本书的构思和写作逻辑，其基本框架是作者在长期的教学和科研实践中酝酿而成的。导论对本书的框架、内容、逻辑、结构、体系以及全书的宗旨进行了全面系统阐述，为读者学习国际金融提供清晰轮廓和脉络。写本书的目的在于让读者从新的视角出发，变被动学习国际金融为主动，抓住财富这条主线，掌握国际金融基本知识和理论体系。

本书主要用于本科生、研究生课堂教学和研讨使用，也可以为国际金融研究者和教师提供参考。本书可能还不够成熟，不足之处还请同仁们斧正，在此对各位读者表示真诚的谢意！

鞠国华

2019 年 3 月于吉林财经大学净月校区

目　　录

1　导论

第一篇　国际金融环境

11　**第一章　国际货币制度与政策**
11　★学习导语　★学习目标
11　第一节　国际货币与财富
17　第二节　国际货币制度内涵
21　第三节　国际货币制度演变
31　第四节　国际货币政策协调
34　第五节　国际货币制度改革
36　本章小结
37　参考文献
37　本章复习思考题

39　**第二章　国际金融市场**
39　★学习导语　★学习目标
39　第一节　国际金融市场发展现状
49　第二节　国际金融市场演变成因及作用
53　第三节　国际资本流动
67　第四节　国际金融监管
75　本章小结
76　参考文献
76　本章复习思考题

第二篇　国际货币价格管理

81　**第三章　外汇汇率决定及汇率对经济的影响**
81　★学习导语　★学习目标
81　第一节　外汇与汇率
87　第二节　汇率决定基础
91　第三节　汇率变动及其影响
97　本章小结
98　参考文献
99　本章复习思考题

100　**第四章　国际汇兑价格决定理论**
100　★学习导语　★学习目标
100　第一节　国际收支学说
103　第二节　购买力平价学说
106　第三节　利率平价学说
110　第四节　资产市场学说
113　第五节　资产组合分析法
115　第六节　外汇市场微观结构论
120　本章小结
120　参考文献
121　本章复习思考题

122	**第五章　人民币汇率的决定及变动**	194	本章复习思考题
122	★学习导语　★学习目标		
122	第一节　人民币汇率的决定因素		**第四篇　国际金融治理**
127	第二节　人民币均衡汇率测算		
132	第三节　人民币汇率制度选择与外汇管制	197	**第八章　开放经济下内外均衡管理**
138	本章小结	197	★学习导语　★学习目标
139	参考文献	197	第一节　开放经济与内外均衡
140	本章复习思考题	202	第二节　内外均衡理论模型
		216	第三节　汇率制度选择与内外均衡
	第三篇　国际收支与国际储备管理	224	第四节　外部冲击与内外均衡
		228	本章小结
		228	参考文献
143	**第六章　国际收支理论与管理**	229	本章复习思考题
143	★学习导语　★学习目标		
143	第一节　国际收支平衡表	230	**第九章　货币金融危机与货币金融合作**
150	第二节　国际收支均衡分析		
155	第三节　国际收支调节机制与政策	230	★学习导语　★学习目标
158	第四节　国际收支理论	230	第一节　货币危机与金融危机含义
164	第五节　中国国际收支与中美贸易	236	第二节　当代货币金融危机演变
170	本章小结	244	第三节　货币金融危机理论分析
170	参考文献	249	第四节　货币金融危机原因及影响
171	本章复习思考题	255	第五节　国际货币金融合作与应对货币金融危机
		260	本章小结
173	**第七章　国际储备理论与管理**	260	参考文献
173	★学习导语　★学习目标	261	本章复习思考题
174	第一节　国际储备理论基础		
177	第二节　国际储备规模管理	262	**第十章　中国货币金融国际化与全球金融治理**
186	第三节　国际储备结构管理		
192	本章小结	262	★学习导语　★学习目标
193	参考文献	262	第一节　中国货币金融国际化

266 第二节 全球金融治理含义及特征
271 第三节 全球货币金融治理理论分析
273 第四节 中国参与全球货币金融治理
281 本章小结
281 参考文献

281 本章复习思考题

283 **后记**

导　　论

一、国际金融与国际金融管理

关于国际金融的内涵，有的文献认为，"国际金融是研究在各种条件下，可以达到外部平衡的政策和市场力量。"[①] 这里各种条件是指国际货币制度，外部平衡即国际收支；政策是指各经济体为了实现内外经济目标采取的宏观经济政策，以及国际间的宏观经济协调政策；市场力量是指国际贸易金融市场买卖交易。该定义强调政策和市场力量对外部均衡即国际收支产生的影响。

亦有的教科书强调内外部均衡的同时实现，如"国际金融是研究在不同的汇率制度下，通过货币、证券、票据的买卖和转让，市场的自发力量和政府的经济政策的相互作用，如何实现国际收支均衡以及国际收支均衡与国内经济均衡的联合均衡。"[②] 又如，"国际金融就是从货币金融的角度研究开放经济下内部均衡和外部均衡同时实现问题的一门学科。"[③] 以上定义将国际货币制度作为前提，研究开放经济条件下，内外均衡是如何协调的，即在不同的国际货币制度下，通过货币金融交易和宏观经济政策，实现内部和外部均衡的联合均衡。

比较综合的观点是，"西方的国际金融理论着眼于探讨跨国经营的公司为实现股东价值最大化的目标，如何在一体化程度不断增强的国际市场中做出尽量正确的财务决策。而我国的国际金融课程，传统上倾向于从货币金融角度研究，开放经济背景下，探讨内外均衡目标的同时实现问题。"[④] 在这里，作者对国内外国际金融教科书的研究观点进行了梳理，认为西方国际金融教科书着重于从跨国公司的自身经济利益目标出发，在国际贸易投资资本流动中，以自主性交易博取最大的利益；同时强调，国内的国际金融教科书则着重于从货币金融的宏观角度，研究开放经济条件下内外均衡问题。

综观国内外教科书关于国际金融内涵的界定得到以下五方面启示：

第一，国际货币制度或汇率制度安排成为学习研究国际金融的前提条件。从金本位

[①] [美] 彼得·纽曼，[美] 默里·米尔盖特，[英] 约翰·伊特韦尔. 新帕尔格雷夫货币金融大辞典（第二卷）[M]. 北京：经济科学出版社，2000：448.
[②] 杨惠昶. 国际金融 [M]. 长春：吉林大学出版社，1994：1.
[③] 姜波克. 国际金融（第三版）[M]. 上海：复旦大学出版社，2005：前言.
[④] 陈雨露. 国际金融（第五版）[M]. 北京：中国人民大学出版社，2016：2.

制度到布雷顿森林体系，围绕固定汇率制度，产生了国际收支调节机制，建立了国际储备机制，牙买加体系以来，形成了美元本位下国际货币制度，收支调节机制更加灵活，国际储备多元化。

第二，开放经济条件下，国际收支内涵不断丰富，从贸易收支到金融投资、资本流动、转移支付等，内外经济联系错综复杂，经济增长、物价稳定和充分就业与国际收支平衡有着密切的关系，围绕国际收支管理产生了一系列政策理论模型。同时，因为国际资本流动的不确定性导致货币金融危机经常发生，国际收支管理挑战越来越大。

第三，国际收支即外部均衡与经济增长、物价稳定和充分就业即内部均衡之间的逻辑关系，是国际金融研究的重要核心内容之一。一般而言，内部均衡有利于外部均衡，外部不平衡也会导致内部失衡，所以，每个经济体的宏观经济政策要围绕实现两者联合均衡展开，并采取一系列政策措施。

第四，市场自发的力量，亦即自主性交易，是导致国际收支失衡的原生动力。自主性交易是国际经济交往中最重要最活跃的交易，是一国得自于外部财富的主要途径，但是如果对自主性交易未加管理或管理不当也可能导致财富流失。所以，自主性交易与调节性交易亦即官方储备和政府的政策力量相互作用，决定外部均衡的状态，要么顺差，要么逆差，要么留住财富，要么财富流失。

第五，国际收支顺差或者国际收支逆差孰是孰非，需要辩证地看待分析。重商主义强调贸易顺差，顺差才能积累金银，积累财富。同理，贸易顺差是财富增长的源泉，是富国裕民的必由路径之一，所以，要坚持"顺差富国论"。但是，一国的顺差就是其他国家的逆差，会产生一系列不利影响，包括贸易摩擦等。从另外一个角度，对一个经济体而言，在一定条件下，保持适当的逆差，可以利用别国的资源。

那么，什么是国际金融管理呢？目前国内外国际金融管理教科书，对国际金融管理的解释，主要局限于微观经济层面，从微观经济运行的角度，来研究微观经济主体逐利行为产生的各种国际金融业务，如外汇交易工具的应用、境外投融资方式的选择、金融风险的识别和管理等。亦即目前国际金融管理侧重于自主性交易中的部分交易管理，偏重于国际金融业务的具体操作及资本风险管理方面。

而国际金融自主性交易当中，尚有非微观主体非营利性的经济交易，如央行干预外汇市场的外汇交易管理，国际资本流动中的官方干预性交易。除了自主性交易之外，还有调节性交易，官方储备资产管理，对于许多经济体而言也非常重要。其实，国际金融作为国际经济的重要组成部分，本身就是宏观经济管理范畴，其核心内容如汇率理论及政策、国际收支理论及政策、储备管理理论及政策，都是宏观经济层面的问题。

所以本书倾向于从宏观经济层面来探索研究国际金融管理的一些问题。根据国际金融的内涵，国际金融管理是在既定的国际货币制度下，选择适当的汇率制度安排，确定合理的均衡汇率水平，在外部均衡管理以及内外均衡联合均衡管理中，通过市场自发的力量，运用政府宏观经济管理政策，博取最大的国际经济利益。国际金融管理的主要内容包括国际金融管理环境、国际货币价格管理、外部均衡管理以及内外均衡联合均衡的管理以及国际金融危机管理。

重商主义者的代表人物托马斯·孟认为："对外贸易是增加我们的财富和现金的通常手段，在这一点上我们必须时时谨守这一原则：在价值上，每年卖给外国人的货物，必须比我们消费他们的为多"①，"只有从我们的对外贸易的差额所带进我国的财富，才是会留在我们之间，并且从而使我们致富的。"②所以，国际金融管理的本质是得自于外部财富增长的管理，即在国际经济交易过程中，通过贸易投资实现国际经济利益最大化。要想实现国际经济交往中的利益最大化，就必须选择恰当的汇率制度安排，在合理均衡的汇率水平上，通过市场的自发力量促进商品劳务资本的流动，保持适当的顺差，使财富自然增长。

国际金融管理环境包括当前的国际货币制度环境和国际金融市场环境。纵观国际货币制度演变的历史，自从国际金本位制度以来，国际货币体系演变到了美元本位下的多元格局国际货币体系，为国际金融管理提供了重要的制度框架。当前的国际经济交易是在美元本位下进行的，即市场力量如贸易投资以美元这一国际价值标准为核心，展开利益的博弈。这些形成了错综复杂的交易市场环境。

国际货币价格管理是国际金融管理的重要内容。国际货币价格管理就是在既定的国际货币制度即不同的国际货币本位下，对汇率水平和汇率政策的管理，这里涉及货币可自由兑换性、合理均衡的汇率水平以及汇率政策等一系列问题。汇率是货币表示货币的价格，货币国际化程度即可自由兑换范围决定了某种货币的国际地位及货币权力的大小。因为，货币是财富的化身，国际货币就是国际财富的化身，货币权力在于它能够直接参与财富的分配。

当前，在美元主导的国际货币体系下，美元充当国际本位，国际价格管理的核心问题就是管理美元，保持美元汇率的稳定，各国要协调本国货币与美元之间的汇兑关系，要么固定，要么浮动或者其他。是采取与美元固定的货币兑换关系，还是与美元浮动的兑换关系，涉及价值标准③问题。如果坚持国际价值标准，与美元保持亦步亦趋的固定兑换关系，可能就要为了维护外部均衡目标而牺牲内部经济目标。坚持国家价值标准对于大多数国家而言是按照进步的路线管理本国货币。这里的国家价值标准即中小经济体货币仍然以关键货币如美元为标准，但本国可根据关键货币购买力的变化，根据本国内外经济需要，以及本国货币购买力的变化情况，主动调整汇率，让关键货币如美元为本国经济发展目标服务。这样，在国际经济关系中，非本位货币国虽然在总体上仍然处于国际本位货币的次要地位，但在国际经济交往中处于主动地位，有利于实现本国经济增长、充分就业、物价稳定和国际收支平衡。所以，这种与关键货币保持灵活兑换关系的

---

① [英]托马斯·孟. 英国得自对外贸易的财富[M]. 北京：商务印书馆，1997：4.
② [英]托马斯·孟. 英国得自对外贸易的财富[M]. 北京：商务印书馆，1997：21.
③ 杨惠昶教授在《论理想的价值标准》一书当中指出，"当今世界，有三种相关的价值标准：其一是国际价值标准。各国货币以美元为标准，与其以固定汇率的方式自由兑换，以实现全球市场价格单一化，要保持固定汇率不变，本国经济发展就要服从美国。其二是国家价值标准，各国货币依然是以美元为标准，但以浮动汇率的方式与其自由兑换，以实现全球市场价格单一化。但在这个过程中，各国都追求自我利益，让单一化的价格为本国利益服务。其三是超国家价值标准。一些国家真诚合作，创立像欧元这种共同货币，取消本币，消除货币兑换，消灭汇率，在合作国的区域之内，市场价格实现完全单一化，合作国经济实现融合。"

国家价值标准既不属于固定汇率，又不属于清洁自由浮动，是一种管理浮动。这种汇率制度安排使本国在国际经济关系中更为主动。国际货币体系演变的实践证明，牙买加体系以来，实际上是美元本位下的多元汇率制度选择的格局，许多国家纷纷放弃与美元保持固定的兑换关系，采取了与美元若即若离的管理浮动等灵活汇率制度安排。

可见，国际货币价格管理的目标就是使本国货币与国际关键货币或者本位货币之间保持一种灵活的兑换关系，汇率水平保持在一种合理均衡的水平上，既有利于保持外部适当顺差，又有利于内部经济增长、就业和物价稳定。

外部均衡管理即国际收支的管理，管理目的是保持适当的国际收支顺差。顺差是一国富国裕民的财富源泉之一。范德林特就认为："任何一个国家都应该把在整体上始终保持顺差作为本国对外国贸易的立足点。""使我国的对外贸易立足于在整体上永远保持顺差的地位，是绝对必需的。"[①] 凯恩斯在《就业、利息和货币通论》中也指出，"外贸顺差（如果不太大的话）非常有利于刺激经济增长，而外贸逆差则很快会造成持久性的萧条状态"[②]。自古以来强大的国家，无不得益于贸易顺差，不仅重商主义主张贸易顺差，凯恩斯也主张国际收支顺差有利于刺激经济、增加就业。所以外部均衡的管理必须保持国际收支总体上适当的、持续的、有利的顺差，外汇储备规模适度，既能保持对外支付能力，又有利于刺激内部投资、就业和增长。当然，要想保持国际收支持续适当的顺差，保持适当的国际储备规模，并非易事。这里涉及国际收支理论和国际收支管理政策问题，这些都是围绕着国际收支账户展开并采取的政策措施，既涉及自主性交易管理问题，也涉及调节性交易管理问题。

内部均衡和外部均衡联合均衡管理是国际金融管理中富有挑战性的。这里首先涉及内部均衡和外部均衡之间的关系问题，亦即先管内部均衡，还是先管外部均衡。一般而言，内部均衡是外部均衡的基础，所以应该先管好内部均衡。内部经济往往难以自身实现均衡，要么是资源未得到充分开发利用，无法实现充分就业，经济增长受到影响；要么是短缺经济，需求过大供给不足，过热导致需求膨胀。内部经济不平衡，需要通过外部经济来弥补。所以，在开放经济条件下，一国经济可以得到外部的调节和弥补，但是也面临来自外部冲击的风险，包括贸易冲击和资本冲击等，可能会加剧内部不平衡。所以，内外均衡的联合均衡始终是在开放经济条件下，在复杂的环境中进行的。围绕内外均衡的联合均衡管理也产生了一系列理论创新和政策创新，如"米德冲突""丁伯根法则""政策搭配"等。但必须明确的是，内外联合均衡管理是一国在开放经济条件下财富不断增长，内部均衡要为外部均衡提供稳定条件，外部均衡要服务于内部均衡，两者之间与时俱进，不断地进行调整，适当保持联合均衡的过程中，其目标是最终实现得自外部财富的稳定增长。

二、本书基本框架及概要

本书共分四个部分，第一篇国际金融环境，第二篇国际货币价格管理，第三篇国际

---

① [英] 雅各布·范德林特. 货币万能 [M]. 北京：商务印书馆，1990：34，35.
② [英] 凯恩斯. 就业、利息和货币通论 [M]. 北京：商务印书馆，1999：348.

收支与国际储备管理,第四篇为国际金融治理。

第一篇第一章国际货币制度与政策,主要阐述国际金融研究的总体框架与国际货币制度演变发展的历史,内容包括国际货币与财富、国际货币制度内涵及属性、国际货币制度演变、国际货币政策协调、国际货币制度改革。第二章国际金融市场,主要分析国际金融市场环境发生演变的规律以及国际金融市场传导机制。内容包括国际金融市场发展现状及趋势、国际金融市场形成原因及作用、国际资本流动、国际金融监管。

第二篇为国际货币价格管理。国际货币是货币国际化的产物,具备可自由兑换性的货币才能够充当国际货币,在国际经济交往中发挥计价货币功能。国际货币价格是可自由兑换货币交换的比价,或者比率,即汇率。汇率是一把"双刃剑",其上升或者下降,都会产生双重影响,一国货币的汇兑水平,决定进出口商品状况,进而影响国际收支顺差或者逆差,并最终决定得自于外部财富的多寡。第三章外汇汇率决定及汇率对经济的影响,包括外汇与汇率、汇率决定基础、汇率变动及其影响。在介绍外汇汇率及汇率变动的影响因素以及汇率变动对经济的影响基础上,重点分析汇率是如何决定财富分配的。第四章国际汇兑价格决定理论,包括国际收支学说、购买力平价学说、利率平价学说、资产市场学说、外汇市场微观结构论等。本章研究在不同国际货币制度下,汇率决定的基础及其理论模型,重点分析货币权力决定的基础、货币权力如何影响财富分配。第五章人民币汇率的决定及变动,包括人民币汇率的决定因素、人民币均衡汇率测算、人民币汇率制度选择与外汇管制。本章从国家价值标准的视角,分析人民币汇率制度改革的价值取向,探讨人民币汇率制度改革、人民币国际化对我国财富增长和就业的影响,以及如何将人民币汇率制度打造成保护民族经济利益的屏障。

第三篇国际收支与国际储备管理。国际收支管理是指国际支付发生后的外汇收支活动引起的国际收支顺差或者逆差管理,本篇在阐述国际收支基本知识理论基础上,研究国际收支理论模型及其管理框架。第六章国际收支理论与管理,包括国际收支平衡表、国际收支均衡分析、国际收支调节、国际收支理论。本章在介绍国际收支差额表、国际收支失衡及其调节机制和政策、国际收支理论模型的基础上,围绕国际收支顺差富国裕民论展开分析。第七章国际储备理论与管理,包括国际储备的理论基础、国际储备规模管理、国际储备结构管理。本章在介绍国际储备基本理论知识基础上,探索国际储备规模和结构管理的前沿理论,从资本增殖的角度,让既有财富变成动态的可增长的财富。

第四篇国际金融治理,主要探讨开放经济条件下,国际经济交往不确定性因素增加、全球经济失衡、货币金融危机频繁发生、国际经济合作与政策协调弱化状态下的国际货币金融合作与全球金融治理机制,以加强宏观经济内外均衡管理,促进经济增长、就业和物价稳定。第八章开放经济下内外均衡管理,包括开放经济与内外均衡概述、内外均衡理论模型、汇率制度选择与内外均衡、外部冲击与内外均衡。本章在介绍内外均衡管理的一般理论及其框架基础上,分析"蒙代尔—弗莱明模型"及"三元悖论"在实现内外均衡中的作用机理。第九章货币金融危机与货币金融合作,包括货币危机与金融危机含义、当代货币金融危机演变、货币金融危机理论分析、货币金融危机原因及影响、国际货币金融合作与应对货币金融危机。本章阐述国际货币金融危机演变发展的历史及其规律，分析当代货币金融危机的基本特征，运用马克思的货币金融危机理论，从货币内在矛盾角度分析货币金融危机的根源。第十章中国货币金融国际化与全球金融治理，包括中国货币金融国际化、全球金融治理含义及特征、全球货币金融治理理论分析、中国参与全球货币金融治理。本章在阐述中国货币金融国际化、全球金融治理基本理论的基础上，分析中国参与全球金融治理路径及趋势。

三、本书特色

（一）从财富的视角研究探讨国际金融管理

如果说重商主义把金银看做是唯一财富，那么今天，在国际经济交往中获得的美元等可自由兑换货币计价的资产就是财富。正如马克思所说的货币是财富的化身。在美元本位下，国际收支顺差或者逆差都是用美元来表示的，美元自然代表着财富。除了美国，世界各国都将获得的美元顺差转化为外汇储备，成为主要的主权储备资产。那么，国际金融管理就是要从财富的角度，管理国际收支，使国际收支保持适当顺差，刺激经济，增加就业，同时扩大对外直接投资，从而获得足够多的国际货币，积累更多的财富。托马斯·孟曾经说："现在我们已经充分地证明了我们的对外贸易平衡表，乃是衡量我们财富多少的真正尺度。"[①] 这句话揭示的是重商主义时代，贸易顺差，金银流入，积累财富；贸易逆差，金银流出，财富减少。在今天看来，重商主义的这一思想仍然是有价值的。只不过是重商主义为了顺差，进口比别人更多的财货，积累金银，采取贸易保护的措施，通过关税等手段打击对方贸易，使己方出超。显然这种管理国际收支的手段是不合时宜的，需依现行国际贸易规则和国际货币秩序，通过自主性交易，发挥市场的自发力量，运用政府的宏观经济政策和国际经济协调手段，管理外部均衡，保持国际收支适当的顺差。

（二）从宏观角度探索研究国际金融管理

开放经济条件下，国际经济交往的主体以跨国公司企业为主，在国际贸易、国际投资、资本流动过程中，这些自主性交易主体，出于自身的经济利益动机，进行国际经济交易，往往会制造缺口，无论是顺差还是逆差，都需要进行管理。长期持续的国际收支顺差，既有有利的影响，又有不利的影响，如会导致贸易摩擦，本国货币升值过快，大量投机性资本流入等；反之，国际收支逆差长期持续存在，会弊大于利，导致本国货币产生贬值预期，资本外逃，同时，进口过度可能会导致进口依赖、外债负担过重等。所以，加强国际金融的宏观管理十分必要，要建立充足的官方储备。当前国际储备资产当中，外汇储备资产占主要部分，积累外汇储备，成为国际储备管理的重要内容。从外部均衡的角度看，应侧重于出超的管理，一国想获取外部财富，不是以出口多少而论，而是以比别人多出口多少为标准。这就涉及进出口商品劳务价格的竞争力以及进出口弹性问题。因此，国际价格管理必须保证本国出口商品的竞争力和资本输出的优势。这就要求中小国家汇率制度选择要以国家价值标准为取向，保持合理均衡的汇率水平。

[①] [英] 托马斯·孟. 英国得自对外贸易的财富 [M]. 北京：商务印书馆，1997：84.

（三）以国际金融管理环境为基础，以国际货币价格管理为核心，探讨内外均衡实现中的财富增长问题

目前国内外有关教科书就内外均衡同时实现问题进行了许多探讨和研究。内外均衡同时实现仅仅是理论上的构想，现实中是不可能同时实现的。既有的理论模型也已经证明，内外均衡同时实现，也只能是在政策搭配协调过程中，无限地趋近于目标而已。当前的国际经济环境十分复杂，贸易保护主义抬头，国家民族主义意识上升，国际投资资本流动受到限制，主要货币汇率波动远远超过了贸易投资承受能力，实体经济对汇率有相对稳定的需求。因此，在这样的环境下，管理本国货币与关键货币之间的汇兑关系面临着巨大的挑战。有鉴于此，在充分认识国际金融管理环境的基础上，在国际货币价格管理上，必须坚持国家价值标准，坚持货币主权，坚持独立的货币政策和汇率政策，以内部均衡为主、外部均衡为辅，选择合理的汇率制度安排，在维护合理均衡汇率水平基础上，保持本国货币与国际本位货币（美元）之间的自主灵活兑换关系，在基本实现内外均衡联合均衡的基础上，留住财富，增进人民福祉。

（四）从货币权力入手探讨国际金融治理问题

马克思曾经指出："对于这一时代说来，货币是一切权力的权力。"[1] 货币权力即货币的支配权，包括货币支配资源的权力、财富分配的权力以及影响国际货币体系乃至全球经济运行的权力。纵观国际货币制度的演变，自从商品货币黄金让位于信用货币充当国际本位以后，争夺货币权力的角逐始终没有停止。1944年，围绕二战后建立国际货币体系的主导权，英美之间展开了激烈的争论，最后美国凭借其经济实力建立了以美元为中心的"双挂钩"体系，美元站在黄金巨人肩膀上登上了世界货币权力的巅峰。自从布雷顿森林体系崩溃以后，改革现行国际货币体系的呼声从来没有停止过，但并没有改变美元主导当前国际货币体系的地位。这也恰好说明美国不会放弃美元的既得利益，要想改变这种状况，也只有从国际货币体系的公共属性出发，加强国际经济合作，共同探讨建立新的国际金融治理机制，才能限制美元过大的权力。近些年来，包括中国在内的世界各国，在G20等国际重大活动平台和场合下，正在积极呼吁建立新的国际货币金融秩序，提高国际金融市场透明度，加强监管，促进国际金融市场稳定，加强国际合作以及改革国际金融组织投票权，推动储备货币多元化，加强特别提款权的作用。

四、为什么学习国际金融管理？怎样学习国际金融管理

展望未来，中国这艘世界经济巨轮正在加足马力，朝着全球化、国际化的方向航行，中国倡导的"人类命运共同体"正在像磁石一般发挥着引力作用。可以预见在不久的将来，中国的国际经济地位将不断加强，中国的国际金融话语权也将会不断提升，在全球化进程中，人民币将发挥越来越重要的作用，这些都预示着，国际金融管理也将具有新的内涵，面临着新的挑战。

首先，财富管理需要国际金融管理人才。无论是国家、企业、还是个人，财富管理

---

[1] ［德］马克思. 资本论（第一卷）[M]. 北京：人民出版社，1975：786.

成为创富时代管理之首。从国家角度而言，需要大量的国际金融管理人才。从企业角度而言，作为国际经济交易中自主性的主体力量，企业在国际经济中发挥着重要的作用，跨国贸易、跨国资本证券交易，无不需要大量的国际金融管理人才。从私人管理财富的角度来看，随着城乡居民收入水平提高，投资理财成为私人财富管理的重要需求，拓宽投资领域，开展国际化投资需要大量的国际化管理专门人才。

其次，"国际金融管理"成为大专院校的热门课程，需要大量的教学人才。目前国内各大专院校普遍开设"国际金融"课程，但是"国际金融管理"课程开设较少。目前国内有的大学已经建立了"国际金融管理学院"，或者设立"国际金融管理系"，在不久的将来，许多大学都会开设"国际金融管理"课程，国际金融管理方面的专门教学人才需求将会上升。

最后，本书从一个新的视角，为国际金融教学科研人员以及金融从业人员提供学习研究参考。国际金融管理的核心是财富管理，并自始至终围绕着财富管理这一线索展开，国际金融管理环境、国际货币价格管理、国际收支与国际储备管理、内外均衡管理，目的都是在开放经济条件下，获取最大的国际财富利益。

那么，如何才能学好"国际金融管理"呢？本书作者认为，学习国际金融管理，首先应该树立财富管理的观念。应该着眼于两个方面，一个是宏观财富管理观念，另一个是微观财富管理观念。从宏观财富管理角度而言，应该站在国家或者民族的视角，从汇率、国际收支和国际储备以及宏观经济政策制定方面，从宏观经济层面来探讨财富管理问题。从微观财富管理角度而言，应该从企业和私人财富管理的需求出发，将财富管理的视角转向世界，转向全球，通过跨国贸易投资、跨境资本证券交易、金融资产的买卖实现财富最大化。其次，学习国际金融管理要转变思维模式。应该摒弃传统的国际金融学习思维模式，不仅要掌握汇率、国际收支、外汇储备基本理论知识，还要懂得它们是用来做什么的，怎样通过这些工具管理获得财富、管理财富。最后，要以国际货币价格管理为核心，以国际收支和国际储备管理为两大重点，通过市场的自发力量和政府的宏观经济管理政策相互作用，在基本保持内外均衡的基础上实现得自于外部财富最大化。

21世纪高等学校金融学系列教材

第一篇 国际金融环境

国际金融环境是国际金融活动的生态，是指国际金融运行的宏观经济环境和国际货币制度及市场环境，主要包括国际货币政策环境、国际金融市场环境。国际货币制度环境是国际金融生态的顶层制度设计，围绕顶层制度设计制定货币政策。在此基础上，国际金融市场创造提供财富交易的工具和交易机制，包括原生市场和衍生市场交易工具及交易机制。本篇学习国际金融运行的国际货币制度架构和市场交易力量作用机制，了解和掌握获取国际财富的国际经济环境。

第一章

国际货币制度与政策

学习导语

这一章学习的主要内容是国际货币制度,包括国际货币格局演变、汇率制度选择与货币政策。国际货币制度(国际货币体系)是学习研究国际金融的前提条件,国际金融活动是在不同的国际货币制度下进行的,国际货币制度和货币汇率政策为国际金融研究提供了总框架和制度政策环境。汇率制度选择与汇率变动方式,国际收支平衡,国际储备安排,国际金融交易,均是在金本位制度、布雷顿森林体系、牙买加体系等国际货币制度政策环境下进行的。

学习目标

- ◆ 国际货币与财富
- ◆ 国际货币制度演变发展
- ◆ 国际货币制度内涵、类型、本质及其特点
- ◆ 国际货币制度主要内容及作用
- ◆ 金本位制度运行机制
- ◆ 布雷顿森林体系运行机制
- ◆ 国际货币政策
- ◆ 国际货币制度改革

第一节 国际货币与财富

马克思曾经说货币具有世界货币职能,是财富的化身,货币的增殖性是财富的源泉,货币转化为资本才能增长。所以,要想创造财富、掌控财富必须首先认识货币的基本属性。

一、货币内涵及特征

(一) 货币是社会惯例或公共物品

货币作为社会惯例（social convention），"在所有有历史记载的人类社会中通常都有货币的使用——在经济交往中当作价值尺度和交换媒介的特殊商品或记号。……从这方面看，货币与语言、标准时间或设计道路的惯例相似。"[①]

"社会成员以一定的方式，同意将货币作为在他们之间进行支付和清偿债务的工具。对于该惯例的普遍认可（而不是经协商而产生的特殊媒介物）是货币具有巨大社会价值的来源。货币作为社会惯例得到普遍认同的原因在于它方便了交易。社会惯例使货币在社会上被普遍接受，而被普遍接受的现实，又强化了这个惯例。"[②]

这里需要强调：一是货币是社会惯例，所谓惯例就是大家共同认可的、普遍接受的约定俗成。二是货币作为社会惯例具有公共性，成熟的货币应该是普众化的。三是作为货币成本低，便利性强。四是作为特殊商品，充当价值尺度和交易媒介的货币，既可以是商品货币，即具有内在使用价值的货币，如金银；也可以是符号货币，作为价值符号货币是信用化身，生产成本可以忽略，如电子货币。

弗里德曼也认为货币是社会惯例。他指出：货币是一种习惯，将一种物品或另一种物品作为货币使用，是出于一种习惯，这是一种终生具有的习惯。

蒙代尔指出："货币作为一种公共物品，具有内在的规模经济和范围经济（the economies of scale and scope），市场的广度和深度衡量一种货币利用规模经济和范围经济的程度。流通区域越大，货币对付冲击的能力就越强。单一货币区的规模越大，就越能抵御各种经济金融的冲击。"[③] 需要指出的是，除了流通范围、深度和广度是衡量货币优劣的标准之外，最重要的是，货币是公共物品。货币一旦被社会普遍接受，人们普遍认同，便成为一个正常的社会最基本的交易工具，货币就应该是公共物品，具有公共属性。这一点对探讨货币国际化，货币成为全球可自由兑换货币，成为全人类共同认可的交易媒介非常重要。

(二) 货币是信用

货币和信用（currency and credit）两者是一枚硬币的两面，货币就是信用，信用也是货币。货币是信用的代表，是信用的具体体现，信用推动货币一切职能创新，不断促进货币向单一化方向发展。信用是一种力量，它能够自然成长，但不能人为构建，可见，信用是一种自发的力量，不能人为主观臆断，货币也是一样，它是人类自然选择的结果。这种货币本身的内生性规律，是自然进化的结果。

20世纪初，瑞典著名经济学家魏克赛尔说："严格地说，我们可以断言，一切货

[①] [美] 彼得·纽曼，[美] 默里·米尔盖特，[英] 伊特韦尔. 新帕尔格雷夫货币金融大辞典（第二卷）[M]. 北京：经济科学出版社，2000：747.

[②] [美] 彼得·纽曼，[美] 默里·米尔盖特，[英] 伊特韦尔. 新帕尔格雷夫货币金融大辞典（第二卷）[M]. 北京：经济科学出版社，2000：747.

[③] [美] 蒙代尔. 蒙代尔经济学文集（第五卷）[M]. 北京：中国金融出版社，2003：162.

币——包括金属货币——都是信用货币。这是因为直接促使发生价值的力，总是在于流通工具的收受者的信心，在于他相信借此能获得一定数量的商品。不过纸币大都只享有纯粹的地方信用，而贵金属——或者至少是，黄金——则多少是在国际规模上被接受的。但一切是一个程度上的问题。"① 这段话道出货币的本质是信用，而且货币信用的范围有大有小。同样是信用货币，纸币和金属货币是有很大区别的，作为信用工具，纸币的信用就有空间局限性，限于国家或地区范围内，而贵金属货币——黄金的信用有超国家性。

马克思指出货币是信物，是信用符号，货币是信用的化身，货币是观念的、想象的，因此，有了货币职能的存在，货币本身是什么并不重要。马克思说："其他物因为同外界接触而失掉了自己的观念性，而铸币却因实践反而观念化，变成了它的金体或银体的虚幻的存在。"② "货币在执行价值尺度的职能时，只是想象的或观念的货币。"③ "在货币不断转手的过程中，单有货币的象征存在就够了。货币的职能存在可以说吞掉了它的物质存在。货币作为商品价格的转瞬即逝的客观反映，只是当作它自己的符号来执行职能，因此也能够由符号来代替。"④ 马克思这两段话的启示是，金银实体货币在交易过程中，虚拟化为单纯的无价值的记号、纸片，甚至完全是想象之物。货币作为价值尺度和流通手段发挥作用时，货币完全可以是观念的、想象的东西。

（三）货币是价值标准

"货币（money 或者 currency）作为价值标准（standard），就是以其单位名称为标准来表示和计量一切商品、劳务、债务契约以及股票、债券等金融工具的价值，也就是把它们的价值转化为价格。"⑤ 货币作为价值标准，就是为商品劳务和金融商品定价的，价值转化为价格，为人们提供方便的交易媒介，降低交易成本。需要指出的是，货币作为价值标准，将价值转化成价格，它不仅可以为实物商品计价，如贸易投资；也可以为虚拟商品计价，如有价证券和外汇。

从上述几个方面来看，货币除了具有一般等价物、交易媒介、价值尺度、价值储藏功能之外，货币还是社会惯例，具有公共性，货币是信用，是价值标准或者计价标准。

二、国际货币

国际货币演变的历史表明，金和银登上国际货币舞台是由其特质和内在价值决定的。正像马克思所说："在世界市场上，占统治地位的是双重价值尺度，即金和银。"⑥ 黄金、英镑、美元是通过什么途径变成国际化货币的，要理解这个问题，首先必须从货币的公共属性着手。

---

① ［瑞典］魏克赛尔. 利息与价格 [M]. 北京：商务印书馆，1997：40.
② ［德］马克思. 马克思恩格斯全集（第13卷）[M]. 北京：人民出版社，1962：99.
③ ［德］马克思. 资本论（第一卷）[M]. 北京：人民出版社，1975：114.
④ ［德］马克思. 资本论（第一卷）[M]. 北京：人民出版社，1975：149.
⑤ 杨惠昶. 论理想价值标准 [M]. 长春：吉林大学出版社，2001：9.
⑥ ［德］马克思. 资本论（第一卷）[M]. 北京：人民出版社，1975：163.

(一)货币公共物品属性是货币国际化的前提

首先,货币对一个社会或一个国家而言,它是公共物品。因为,货币是由社会公众自愿选择的结果,货币成为一种社会惯例是约定俗成的。其次,货币国际化延伸了货币的公共属性,只是在空间上超越了国家界限或者地区界限,其属性并没有根本改变。所以,货币的公共属性首先表现在一个国家或者一个社会内成为人们认可的惯例,一旦被非居民认可接受,它便成为多国,甚至全球性公共物品,或者是全球社会惯例。

(二)货币国际化是货币公共属性的外延

作为价值标准,一旦货币成为对外贸易和国际资本交易的计价货币,货币就开始走向国际化了。货币国际化是货币公共属性的外延,指货币超越了国界,成为国际社会惯例,被国际社会普遍认可,在境外流通转让买卖交易,成为贸易结算、金融资本投资、国际储备货币的演变过程。所以,货币国际化亦即货币作为价值标准演变成世界价值标准、国际价值标准或者超过价值标准的过程。

(三)货币国际化需要具备的条件

首先,币值稳定,充满信心。货币作为公共物品,社会惯例的价值就在于,人们对这种货币的币值具有信心,因为这种货币币值稳定。其次,货币发行国的政治经济稳定程度高。自古以来,强大的政治集团才能创造强势货币。一国在政治经济上越强大,这个国家就相对越稳定,它的货币就越倾向于成为国际计价标准。最后,货币发行国拥有一个既有深度和广度、管制又宽松的金融市场。宽松的金融市场为货币运作提供了广阔的空间。

(四)国际货币的演变

1. 金银成为货币。马克思说:"金银天然不是货币,但货币天然是金银。"[①] 这句话说明,黄金白银具有充当货币的自然属性,因此,从金银复本位到金本位制度建立,金银在国际货币历史上充当重要的角色。从金本位制度建立到布雷顿森林体系崩溃,黄金作为国际货币体系的"锚",是人们普遍接受的世界价值标准。

2. 英镑是首先站在黄金巨人肩膀上成为国际货币的。英镑(sterling)是罗马帝国银铸币的名称,中世纪英国使用了这一银铸币名称。1717年,英国铸币局局长伊萨克·牛顿爵士,将英镑的价值确定为123.274谷(7.988克,成色0.916)的黄金(一盎司纯金等于4镑4先令11.5便士)。英国成为历史上最早采用金本位制的国家。19世纪,英镑成为无可争议的国际货币,因为英国拥有世界上最强的工业生产能力,是世界上第一大贸易国,拥有世界上最大的资本与金融中心,拥有世界上最发达最开放的自由化的金融市场,这在当时的历史条件下,足以支撑英镑的国际地位。

3. 美元是继英镑之后第二个站在黄金巨人肩膀上成为国际货币的。美元在第一次世界大战末期,作为主要国际货币开始崭露头角。第一次世界大战后,美国变成净国际债权国,美元的国际地位不断提升。1933年,美国开始实施浮动汇率制度;1934年,美国将美元贬值到一盎司35美元;1936年,美英法签署《三国协议》,要求各国就汇率变

---

① [德]马克思. 资本论(第一卷)[M]. 北京:人民出版社,1975:107.

动相互协商，提前交流信息，加强合作沟通，成为美国主导国际货币体系的发端。

4. 欧元成为国际货币。1999年1月1日，欧元诞生；2002年，欧元正式成为欧元区流通的单一货币。作为超国家价值，欧元一出生便是国际化货币，开创了货币国际化的新范例、新路径。

(五) 国际货币的利弊

货币国际化，成为可自由兑换货币，作为国际支付手段、国际交易媒介，既有利也有弊。有利的方面：一是给本国居民带来巨大的便利，一国居民的进出口、外汇交易使用本币计价，方便又无风险。二是促进金融业的繁荣发展。一国货币成为国际货币，会为金融业发展注入活力，增加银行系统的借贷业务和结算业务，资本市场交易活跃，外汇市场交易规模会扩大。三是带来铸币税收益，当前的国际货币制度下，具有支配地位的国际货币，可以通过对外增加债务的方式来获取融资。四是提升国际政治经济地位。一国货币国际化成为支配货币，能提升该国的国际经济政治影响，因为该国货币可以为别国提供融资便利，将该种货币作为国际储备持有，愿意使用这种货币计价进行投资贸易。

弊端：一是货币需求波动大，一国货币被世界上其他国家持有，将会导致对其货币需求增加，如庞大的贸易投资需求，特别是投机性资本流动，给该国货币价值稳定造成不利的影响。二是汇率波动，为了满足对外投资贸易结算货币和国际储备资产的需要，主要国际货币必须增加对外负债，可能会出现国际收支逆差，这使汇率下降，不利于资本流入，国际收支失衡加剧。三是承担国际货币稳定义务，这会影响宏观经济政策实现内外经济目标的效率。如果一个国家的货币成为国际货币，具有支配地位，汇率稳定非常重要，要实现汇率稳定，必须要采取宏观经济政策，为了实现外部经济目标，往往会牺牲掉国内经济目标。而且所采取的宏观经济政策又要兼顾其他国家的宏观经济政策目标，进行国际宏观经济政策协调，往往会付出较高的代价。

(六) 国际货币格局演变

国际货币格局经历了黄金—白银、黄金—英镑、黄金—美元、美元—马克—日元、美元—欧元—日元等几个阶段。

1. 黄金—白银。从1815年到1873年，世界货币体系是复本位制，金、银都是储备货币，主导复本位制的国家是法国和美国，将金、银价格固定，金、银价格相对稳定。

2. 黄金—英镑两角稳定格局。在金本位制度下，国际货币体系由黄金负责管理或协调各国货币体系之间兑换关系，黄金是固定汇率体系的"锚"或枢纽，确保通货膨胀或货币的稳定。当时的货币体系是英镑在前台、黄金在幕后，形成了"黄金—英镑"稳定两角体系。

3. 黄金—美元稳定格局。1914年到1924年的国际货币体系实际上是盯住美元本位制，直到1936年，美国、英国和法国签署《三国协议》(Tripartite Monetary Agreement)，确立了一个新的国际货币体系，也就是美元本位制，美元是唯一继续盯住黄金的货币，建立了黄金—美元为基础的国际货币稳定格局。

4. "美元—马克—日元"。1971年8月，尼克松总统宣布美元与黄金脱钩，标志着国际货币体系与黄金的脱钩。1973年6月,"二十国委员会"决定采取浮动汇率。二战以后,随着德国和日本经济的崛起,马克和日元的国际地位逐步提高,并在国际货币体系中发挥越来越重要的作用,形成了"美元—马克—日元"三角稳定格局。

5. "美元—欧元—日元"。欧元诞生后,面临两个竞争者美元和日元。欧元区成为国际货币体系中与美国、日本并驾齐驱的主要成员。按照进口总额或出口总额与国内生产总值的比例衡量,三大货币开放度差不多。21世纪,美元支配货币地位仍然延续,随着欧元区的完善,将成为可靠的一角。另外一角取决于亚洲地区经济货币一体化的进展,或将出现"亚元"或其他货币,抑或将取代日元成为第三角。

诺贝尔经济学奖得主、美国著名经济学家蒙代尔曾经预言,未来全球将出现三大货币区,即欧元区、美元区和亚洲货币区,"金融稳定三岛"将成为未来国际货币体系的基本框架。展望21世纪,国际货币格局或将因人民币国际化而发生新变化,在亚洲货币区人民币将发挥重要作用。

三、国际货币是财富

《新帕尔格雷夫货币金融大辞典》关于财富的解释是:"一国的有形财富由它的自然资源、商品库存及其对世界其他地方的净债权构成。商品包括建筑物、为消费者和生产者服务的耐用设备、最终产品的存货、原材料以及在加工产品"[①]。这里将有形的财富概括为两个部分:一个部分是自然资源和存货、原料机器设备等;另一个部分是来自外部的净债权或者净资产,指经常账户顺差和资本金融账户顺差形成的国际收支顺差(逆差)。[②] 对一国而言,财富包括国内自然禀赋资源及人为创造的财物部分和通过贸易金融投资得自于外部的财富(外汇储备)两个部分。

从国际经济角度来看,一个国家或一国居民得自于外部的财富是不可或缺的,是非常重要的财富来源。从富国这个角度讲,大力发展贸易和对外投资是获取得自外部财富的非常重要的途径,同时,引进国外的资本,引进国外的先进设备技术同样重要;从裕民角度而言,一国居民购买国外的金融资产,得自国外的年金和劳务收入,都构成了得自外部的财富。以上两个方面,也构成了国际金融的重要内容,反映在国际收支差额表中。由此可见,国际收支平衡表记录的不单单是简单的一些数字,数字背后反映的是得自于外部财富的多寡。

所以,重商主义非常重视得自于外部的财富,主张通过贸易出超来积累金银获得财富。今天金银虽然不是唯一的财富了,但得自于外部的以货币计值的各种货币性资产同样代表着财富。

有关财富的理论观点,经典学派都有代表性论断,重商主义强调金银货币是财富,即所谓的"货币差额论";古典学派主张货物是财富,货币是商业上大轮毂;马克思关于财富的论述比较全面,认为财富是货物和货币的统一,而且强调只有在交换或流通过

---

① [美]彼得·纽曼,[美]默里·米尔盖特,[英]伊特韦尔.新帕尔格雷夫货币金融大辞典(第二卷)[M].北京,经济科学出版社,2000:78.
② 经常账户顺差和资本金融账户顺差积累外汇储备,构成得自于外部的财富。

程中才能创造财富，财富才能够增加。马克思还认为预付和举债都有利于财富的创造和增加；凯恩斯认为有价证券是财富，管理有价证券有利于财富的创造和增加。

纵观古今中外关于财富的理论观点，无不强调富国裕民，必须得自于外部财富，即通过强大的贸易、对外投资、引进国外资本、买卖国外金融资产，才能使一个国家、一个民族真正的富强。自古以来，没有哪一个世界强国不是通过贸易顺差走向强大的，不是通过得自于外部的财富而繁荣昌盛的。

第二节 国际货币制度内涵

国内外国际金融教科书和有关文献，对国际货币制度内涵的概括差别较大，在此，在借鉴的基础上，对其进一步探讨，明确国际货币制度的内涵及其特征，重点探讨国际货币制度的公共属性，以及它对世界财富增长的作用。

一、关于国际货币制度内涵的相关文献解释

（一）国外关于国际货币制度的定义

"国际货币协议是国际贸易条件下所必需的。当不同国家的居民必须互相支付时，仍然希望以本国通货的方式持有他们的大部分资产。这样的协议的目的在于保证以不同的通货表示的资产的可兑换性，使得进行支付不受国家和住所的限制，以此来促进一个自由而开放的贸易体系。"它的主要内容包括"可选择的汇率机制、储备资产、调节机制、筹措资金"。[①] 这表明国际货币制度是国际经济交往的前提，国际贸易是在国际货币协议下展开的，国际货币安排有利于促进贸易发展；国际货币协议为居民与非居民之间的货币兑换提供了资产交易便利。

可选择的汇率机制是指固定汇率机制和浮动汇率机制。固定汇率机制汇率的变动被限制在一定的波动范围之内，如国际金本位下，汇率波动在黄金输送点范围之内，布雷顿森林体系通过"双挂钩"将汇率固定。固定汇率机制形式多样，目前主要是盯住汇率制度。固定汇率制度安排，一方面以固定汇率为本国居民购买外国商品和服务提供了自由获得外国通货的便利；另一方面，外国居民以相同的固定汇率自由出售商品和服务而自由兑换本国通货。浮动汇率机制是一种可变的汇率制度安排，汇率波动由市场供求决定，浮动汇率制度下，货币可兑换性为本国和外国居民提供了自由兑换本国和外国通货的便利，但国际收支各个项目的交易所依据的货币兑换汇率，是逐日由市场交易决定的，而不是由各自国家的本国货币当局所保证的。

这里储备资产是指"为了保证本国通货能够兑换其他可兑换通货，货币当局保有储备资产存量。它们是以容易被接受的国际交换媒介的形式而持有的流动资产，诸如黄

---

① [美]彼得·纽曼，[美]默里·米尔盖特，[英]伊特韦尔，新帕尔格雷夫货币金融大辞典（第二卷）[M]. 北京：经济科学出版社，2000：473.

金、美元和少数其他国家通货等。"①

调节机制是指国际收支调节的方式及政策，包括最基本的机制，即通过汇率的涨跌调节国际收支；通过货币与财政政策等政策手段影响收入与价格水平，达到调节国际收支的目的等。

筹措资金即融资手段，包括三个层次：一是动用官方拥有的储备资产；二是向外国货币当局或国际机构借款；三是在国际金融市场上发行有价证券筹集资金，如国际债券。

"国际货币体系在广义上可以定义为为了管理各国之间的金融关系而采取的一系列惯例、规则、程序和制度。"② 这是一个高度概括的概念，需要注意的是，国际间的金融关系是指货币市场、资本市场、外汇市场、黄金市场及其衍生市场交易形成的错综复杂的金融交易系统。这里所"采取的一系列惯例、规则、程序和制度"，具体而言，惯例是约定俗成和自然选择的东西，如在国际经济交往中，人类最早选择了黄金，后来是英镑，再后来就是美元；规则是指国际货币体系的约束纪律；程序是国际货币有关重大的决策事宜及遵循的基本程式；制度是指国际货币制度体系的总框架。

（二）国内关于国际货币制度的定义

"国际货币制度（international monetary system）是指在国际经济关系中，各国按照某些共同的习惯或某种协议，对各国货币之间的兑换、汇率制度、国际收支的调节、储备资产的供应等问题作出安排。也包括影响这些安排的规则、习惯、工具、组织和机构。"③ 这里指出，国际货币制度是在国际经济关系中演变发展形成的，是基于惯例和某种协议建立起来的国际货币之间的兑换关系；汇率制度是指选择的是固定汇率还是浮动汇率；工具和组织机构是指各种交易工具和国际金融组织机构。

"所谓国际货币体系，是指国际货币制度、国际金融机构以及由习惯和历史沿革形成的约定俗成的国际货币秩序的总和。国际货币体系就是这样一个整合体，它既包括有法律约束的关于国际货币关系的规章和制度，也包括具有传统约束力的各国已经在实践中共同遵守的某些规则和做法，还包括在国际货币关系中起协调、监督作用的国际金融机构——国际货币基金组织和其他一些全球性和地区性的多边官方金融机构。"④ 对以上的几点解释：一是国际货币体系是由习惯和历史沿革形成的约定俗成的国际货币秩序的总和，习惯就是自然选择的社会惯例，并经过长期的试验，逐渐形成了基本的国际货币交易规则，如金本位制度就是在漫长的时间内，人类自然选择和逐步适应的约定俗成的一种国际货币规则。二是国际货币体系既具有法律约束的规章制度，又有实践中共同遵守的规则和做法。从国际货币体系演变来看，除了布雷顿森林体系具有较强的约束之外，国际货币体系大多数情况是，国际经济交往中形成的共同遵守的一些约定俗成的规

---

① ［美］彼得·纽曼，［美］默里·米尔盖特，［英］伊特韦尔. 新帕尔格雷夫货币金融大辞典（第二卷）［M］. 北京：经济科学出版社，2000：473.
② 基思·皮尔比姆. 国际金融（原书第四版）［M］. 汪洋，译. 北京：机械工业出版社，2015：203.
③ 杨惠昶. 国际金融［M］. 长春：吉林大学出版社，1994：1.
④ 姜波克. 国际金融新编（第三版）［M］. 上海：复旦大学出版社，2005：308.

则和做法。三是国际金融机构组织，如国际货币基金组织，是国际货币体系运转的平台，发挥着协调监督作用，如帮助会员国监督管理国际收支稳定汇率。

综上，有关文献关于货币制度内涵的解释，基本上涵盖了国际货币制度内容及属性。

二、国际货币制度主要内容及属性

（一）国际货币制度核心是价值标准（货币本位）的确定

所谓价值标准，就是货币兑换的标准，或者本位。价值标准的确定是国际货币体系或者国际货币制度的核心内容。确定国际本位货币，也就是寻找合适的货币兑换"锚"。这是国际货币体系最根本的基础，无论是区域内还是全球范围内，没有一个货币兑换标准"锚"，整个货币体系将陷入混乱，国际经济交往将无所适从。从国际金本位制度一直到今天，国际经济交往能够顺利进行，就是因为不断有人们认可的国际兑换标准。金本位时期，黄金充当世界价值标准，黄金具有的特殊的内质，决定了它是天然的货币，在信用不发达的时代，人们自然选择了黄金作为信物，成为国际惯例，充当国际货币体系的"货币锚"。两次世界大战期间，由于国际货币秩序荡然无存，国际货币体系陷入混乱，"以邻为壑"给全球带来了灾难。

布雷顿森林体系建立以后，建立了"双挂钩"体系，黄金仍然是最终的货币锚，美元与黄金挂钩，黄金官价为一盎司兑 35 美元，其他货币与美元挂钩，将美元作为第二货币锚，从而建立了稳定的货币兑换关系，有力地促进了战后世界经济的恢复。

自从布雷顿森林体系崩溃以后，美元等主要货币单独浮动，《牙买加协议》承认浮动汇率制度合法，美元成为国际货币体系的兑换标准，成为主要货币锚。当下的国际货币体系，实际上是美元本位主导下的国际货币体系，美元在国际经济交往中发挥着重要的货币兑换标准的作用。

（二）国际货币制度中的汇率制度安排

国际货币制度中，汇率制度安排即选择什么样的汇率制度的问题，包括选择固定汇率制度还是选择浮动汇率制度。选择固定汇率制度，即汇率安排确定的货币之间兑换关系及其数量，是以固定方式兑换，或采取静态的汇兑方式；选择浮动汇率制度，汇率安排即确定货币之间的兑换方式及兑换数量是以变动方式进行，或者说以动态方式进行货币兑换，不确定性增大。如金本位制度和布雷顿森林制度采用固定汇率安排，货币兑换关系和数量稳定，或者以静态方式确定货币的兑换关系和兑换数量。牙买加体系确立了浮动汇率制度以来，浮动汇率制度下货币兑换关系不确定性很大，货币兑换数量多少由市场波动情况决定。

（三）储备资产即国际储备资产

储备资产包括静态储备资产和动态储备资产。静态储备资产是一国所拥有的可以直接动用的对外支付手段。动态储备资产是融资手段，通过对外融资获得对外支付手段。储备资产主要来自国际收支顺差形成的外汇储备，国际货币基金组织的储备头寸、特别提款权以及黄金，这些构成了储备资产的四个组成部分。储备资产是平衡器，通过储备资产平衡国际收支，保持货币对外价值稳定。所以，储备资产通常是以容易被接受的国际交换媒介形式而持有的流动资产，诸如黄金、美元和少数其他可自由兑换通货等。

（四）国际货币体系中的调节机制

调节机制即国际收支调节机制，是指调节外部均衡的一系列政策手段。在国际经济交往中，出现国际收支失衡现象，要么顺差，要么逆差，无论逆差还是顺差，长期持续都会影响货币对外价值升值或者贬值。这就产生了对国际收支调节机制的需求，解决外部均衡的手段包括：一是储备资产；二是对外融资；三是汇率变动；四是运用宏观经济政策，包括财政政策和货币政策搭配调节；五是利用管制手段，包括外汇管制、资本流动管制、贸易管制等诸方面。除此之外，还包括国际间的货币政策协调、宏观经济政策协调以及对话机制等。

（五）国际货币制度的公共属性

长期以来，国际货币的公共产品属性被有意或无意地忽视了。公共产品是具有消费或使用上的非竞争性、受益上的非排他性，任何一个人对该产品的消费、使用都不会减少别人对它进行同样消费、使用的物品。那么，国际货币制度的公共产品属性，应该同样具有非竞争性和非排他性，对它的利用不会影响到别人对它利用的效用。因为国际货币制度是为全人类、全球各国提供的价值标准，共同遵守的货币规则，各民族各国都可以共享共用，而不应该成为某个国家或者某个地区，甚至某个集团独有的、独享的。诚然，除了黄金以外，充当支配地位的国际货币，往往具有国家的属性，具有本国利益和世界利益难以兼顾协调的内在矛盾，导致国际货币体系公共属性遭到破坏。当国际货币体系成为占支配地位的货币国家的工具时，它的公共属性便遭到破坏。例如，当下美元是国际货币体系中的支配货币，美元为世界经济的发展提供了价值标准，便利了货币兑换，但是它的特殊地位，给美国带来了特殊的利益等，如铸币税收益等，只有美国独享。这个问题也是人们一直在研究探讨的，但一直没有得到有效的解决。

三、国际货币体系的作用

（一）国际货币体系为国际经济交往提供公共产品

货币自从诞生那一天起就有社会属性，是社会惯例，是人类自然选择的结果。同理，当货币国际化，成为国际惯例，具有国际属性，同样是人类自然选择的结果。所以国际货币，特别是在国际经济交往中具有支配地位的国际货币，它的公共属性尤为重要。它是人类共同的信物，共同的价值标准，共同的货币锚。那么，以处于支配地位的国际货币为基础，建立的国际货币体系自然应该有公共属性，是人类共同享有的、共同认可的、共同遵守的国际货币秩序。因此，国际货币体系要为全人类服务，各个国家在不同的国际货币制度下，开展对外经济交往，获取应得的财富。

（二）国际货币体系为国际经济交往提供了货币秩序

众所周知，世界贸易组织（WTO）为国际贸易的开展建立了规则，在国际贸易当中，大家公平竞争，获得贸易利益。在国际经济领域当中，国际货币秩序同样重要，因为贸易是在国际货币规则下开展的，国际货币体系为国际贸易提供了便利条件，在国际结算中,货币兑换便利的低成本,极大地促进了贸易的发展。当下,国际贸易、国际货币金融交易、投融资活动都离不开国际货币惯例,满足货币兑换的便利要求。

(三)国际货币体系为财富创造提供公开公正公平的制度环境

一国得自于外部的财富多寡,要依靠公开公正公平的国际货币制度环境,为财富的博弈提供一个平等的竞争条件,无论是实体经济层面,还是虚拟经济层面,都离不开货币之间的兑换。货币兑换取决于汇率制度安排,货币制度安排取决于国际货币体系的制度框架,无论是大国还是小国,无论是穷国还是富国,都应该享有国际货币体系提供的便利,以便于在国际经济交往中获得自己的利益。国际货币制度首先应该确立一个公信力强、价值稳定的兑换标准,即价值标准,同时保证货币兑换关系稳定、兑换数量变化有限。这样才能保证国际贸易投融资交易风险小,在稳定的汇率环境下竞争才能保证公平。

第三节 国际货币制度演变

国际货币制度演变的历史,是理想价值标准的演变发展过程,在不同的历史时期,人类因时因地选择了不同的国际货币作为价值标准,目标是确定理想价值标准。所谓理想价值标准就是在现行国际货币体系下充当本位的价值标准(货币锚),或在当下的国际货币体系下,与关键货币建立灵活的兑换关系,既有利于实现内外均衡,又能获取最大的外部财富。纵观国际经济发展的历史,国际货币体系演变经历了世界价值标准、国际价值标准、超国家价值标准和国家价值标准。

一、世界价值标准:金本位

有史学家指出,古埃及和古罗马的文明是由黄金培植起来的。自古以来,黄金是人类最看重的财富,金子是最金贵的,拥有了黄金,就拥有了财富,就拥有了权力。因为,它是财富的象征和财富化身,也是地位显赫的象征。所以历史上,人类总是想方设法获得黄金,要么,通过合法的贸易,要么,通过强行掠夺。

(一)黄金天然的价值标准

黄金在世界货币舞台上曾经一度发挥过重要作用。随着金本位制度建立,黄金充当了世界价值标准,以其天然的无比优越的自然属性成为国际惯例。所谓世界价值标准,就是黄金充当了货币兑换的标准(本位),通过铸币平价确定了稳定的汇兑关系,有利于实现内外均衡,促进了贸易投资发展和世界财富增加。

(二)金本位制度

1880年至1914年被人们公认为是金本位制度盛行的时间。英国早在1717年就已经确定了英镑与黄金的兑换关系。1816年6月22日,英国颁布"金本位制法",首先实行金本位制,此后一个多世纪里,其他国家,如德国、瑞典、挪威、荷兰、美国、法国、俄国、日本等国先后宣布实行金本位制。到19世纪80年代,所有国家都舍弃了金银复本位制,而采取金本位制。

金本位制主要内容：一是实行金本位制度的国家通过法律手段确定本国货币的含金量，法定含金量之比就是"铸币平价"，金币铸造自由，黄金输出输入自由。例如，1879年美国开始实行金本位制时，1美元被定为23.22谷（英美最小重量单位，1谷为64.8毫克）纯金。480谷为金衡制一盎司。这样每盎司黄金就相当于20.67美元。二是各国允许金币和银行货币按照官价自由地向货币当局兑换黄金。黄金可以自由输出输入，黄金的价格不会超过黄金输出点和输入点。三是金本位制度下汇率围绕铸币平价上下波动，汇率波动的上下限不会超过黄金输出点和输入点。四是本国货币供给与黄金输出和输入相联系，黄金输出货币供应量下降，黄金输入货币供应量上升。如在美国流出1盎司黄金，货币供给就应减少20.6725美元；美国流入1盎司黄金，货币供给就应增加20.6725美元。黄金输出输入多少决定货币供应量，决定物价水平。五是金本位制度下各国货币都有固定的法定含金量，铸币平价即汇兑平价，各国货币互相兑换的比率是固定的，货币与黄金自由兑换，黄金自由进出口。例如，1925年到1931年，英镑的含金量为7.3224克纯金，美元的含金量为1.504656克纯金，那么英镑与美元的汇率为1英镑=4.8665美元，即所谓英镑兑美元的汇兑平价。只要两国货币的含金量不变，两国货币互相兑换的比率就不变。

（三）金本位运行机制

金本位制度的运行机制是，确定货币法定含金量，含金量之比为铸币平价，两国货币的汇兑平价是由铸币平价决定的，汇率波动是围绕汇兑平价上下进行变动，汇率波动的上限是黄金输出点，下限是黄金输入点，汇率波动幅度不会超过黄金输送点（见图1-1）。

以英镑和美元为例，根据两种货币的法定含金量，铸币平价为4.8665美元/英镑，即汇兑平价。假设黄金的运费是0.02美元，则黄金输出点为铸币平价加上运费，即4.8865美元；黄金输入点为铸币平价减去运费，即4.8465美元。

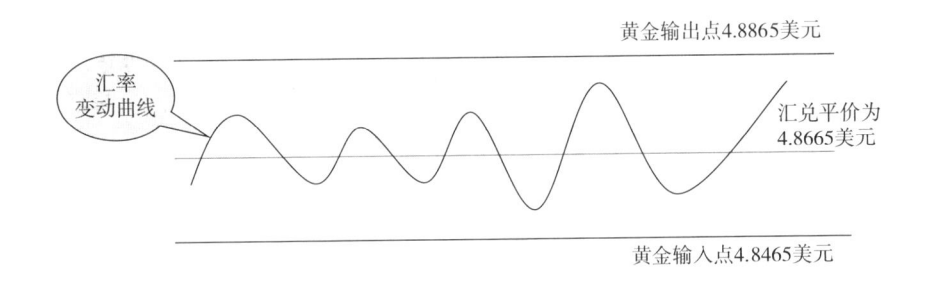

图1-1 金本位制运行机制

金本位制度的运行机制，被英国经济学家大卫·休谟高度地概括为"物价—硬币流动机制"。休谟曾指出，一切东西的价格取决于商品与货币之间的比例，任何一方的重大变化都能引起同样的结果——价格的起伏。看来这是不言自明的原理。商品增加，价钱就便宜；货币增加，商品就涨价。反之，商品减少或货币减少也都具有相反的倾向。这就是说，商品（黄金）的输出或者输入，导致货币供应量的变化，进而引起价格的波动，即在金本位制度下，黄金输出输入可自动调节价格。

休谟认为，在贸易自由、货币流动自由的前提下，黄金在各国实现联合均衡，物价在各国达到统一。就像江河百川不管来自何方，流到哪里总是要保持相同的水平；只要任何一处水平升高，升高之处就与别处失去平衡，升高的部分流出，其水平必然下降；只要任何一处水平下跌，下跌之处也失去平衡，其他地方的水流入，其水平上升。

关于"物价—硬币流动机制"，在国际金融教科书当中，通常都有这方面的描述：

1. 贸易逆差→黄金流出→货币供应量下降→物价水平下降→出口增加→贸易逆差改善→国际收支平衡；

2. 贸易顺差→黄金流入→货币供应量上升→物价水平上升→出口减少→贸易顺差减少→国际收支平衡。

然而，究竟是贸易逆差或者顺差在先，还是黄金流入或者流出在先，休谟在"论贸易平衡"当中并没有明确指出。根据休谟在"论贸易平衡"中的描述，假设英国货币一夜之间增加或者减少，物价水平会上升或者下降，进而导致出口减少或者增加，黄金流出或者流入，直到本国和外国物价水平一致。按照休谟的原创思想，"硬币—物价流通机制"应该表述为：

1. 黄金消失或者流出→货币供应量下降→物价水平下降→出口增加→贸易顺差→黄金流入→货币供应量上升→物价水平又恢复到原来的水平→汇兑平价；

2. 黄金流入→货币供应量上升→物价水平上升→出口下降→贸易逆差→黄金流出→货币供应量下降→物价又恢复到原来的水平→汇兑平价。

（四）金本位制度的特点及作用

金本位制度最大的特点：一是以天然产物黄金作为价值标准具有稀缺性，供给缺乏弹性，人类无法任意增加，因此，以黄金充当世界价值标准，作为国际惯例，作为公共物品比较中性。二是金本位制度下汇率波动被客观地限制在黄金输出点和输入点之间，人类无法操纵干扰，相对比较公平。三是汇率制度安排采取固定汇率，汇率波动幅度有限，对国际经济风险产生的影响小。四是采用商品货币充当价值标准，黄金作为贵金属，耐用、容易识别、可储存、可携带、可分割，易于标准化，因此，它能够被普遍接受为国际货币。五是黄金自发流出流入机制不受人类的干预，可以自动均衡，在全球实行金本位制的各国实现配置。

所以，金本位制在第一次世界大战之前40年里，一直处于支配地位，世界主要强国的货币都与黄金可兑换。它管理着世界各国的货币供应量，将汇率稳定在很小的波动范围之内（黄金输出点与黄金输入点之间）。金本位制给世界带来了较长时期的货币统一，金本位制覆盖了世界经济的三分之二。金本位实际上是一个固定汇率货币区，金本位制度期间，全球通货膨胀率是历史上比较低的时期。

金本位制度解决了当时国际经济交往中国际货币制度应该解决的基本问题：一是国际收支调节机制问题。通过"物价—硬币流动机制"自动地实现了国际收支顺差和逆差的调节，使每个实行金本位制的国家，都能够维护本国货币与黄金的比价，并使本国的生产就业服从这个目标。二是解决了国际清偿力问题。当时世界的黄金产能能充分满足世界对黄金充当价值标准的需要，而且用英镑表示的黄金价格稳定。三是金本位制解决了信用不发达、信心不足问题。由于当时国际信用体系缺乏，国与国之间的相互信任程度差，但是大家都愿意相信英国这个独一无二的世界经济强国带头建立的金本位制，因为其他国家相信英国有能力和意愿维持黄金本位，所以各国都对金本位制度充满信心。

应该说，金本位制度给世界各国带来了绝对利益，促进了世界经济体系的形成和发展，有利于国际贸易和国际金融的发展。

（五）金本位制崩溃

金本位制走向崩溃，有其客观的必然性，这是黄金自身的缺陷造成的。黄金作为稀缺资源，每年世界的开采量非常有限，供给缺乏弹性，而全球的贸易投资、金融交易、储备资产，对黄金的需求增长快于其供给，这必然导致黄金不能满足世界经济发展的需要。随着第一次世界大战爆发，金本位制度走到了尽头，各国陷入了"以邻为壑"竞相贬值的混乱阶段，紧接着又发生了第二次世界大战。第一次世界大战导致了一个致命的结果，就是"劣币驱逐良币"，黄金退出流通领域。正像马克思认为的那样：如果储藏货币不是经常渴望流通，它就仅仅是无用的金属，它的货币的灵魂就会离它而去，它将成为流通的灰烬，流通的骷髅。凯恩斯也认为黄金既然在事实上已经不是货币了，在观念中也不应受黄金是货币所限制，应该彻底推翻金本位制度，根据社会需求调节货币供给，以便保证充分就业、稳定价格。

（六）金本位制带来的启示

国际货币制度需要强有力的发起者和管理者。金本位制度之所以能够成功运行，维持货币稳定，是因为有英国这个当时独一无二的超级大国。英国是金本位制度的发起者、管理者和协调者，如果没有英国这个超级大国的领导，金本位制度是不能够存在并发挥作用的。因此，国际货币制度需要一个稳定而又有效率的国际货币管理者。

英国既是带头实行金本位制的国家也是最大的受益者，在金本位制度下，充当国际支付货币的实际上是英镑，黄金在后台，英镑在前台，掌管着世界经济的运行。所以，英镑成为国际通货而被广泛使用，英国成为"世界工厂"，伦敦成为最早、最重要的国际金融中心。在黄金和英镑的支撑下，英国依靠强大的国际工业贸易地位和国际金融中心的优势地位，建立了国际支付体系，在国际金融治理中发挥重要的作用。

二、布雷顿森林体系：黄金—美元汇兑本位

第二次世界大战以后的布雷顿森林体系是美元和黄金共同作为价值标准支撑的货币制度，美元与黄金保持官价不变，美元直接与自由黄金兑换，其他货币不能与黄金直接兑换，这种体制被称为美元—黄金汇兑体制。

（一）布雷顿森林体系建立

1944年，第二次世界大战即将结束，围绕战后新的国际货币秩序的建立，英美两国各自抛出了自己的计划，英国人提出的"凯恩斯方案"，设想建立超国家货币班柯和超国家中央银行，班柯货币可以由政府和中央银行持有，并用来清算外部不平衡。美国人提出了"怀特计划"，要以黄金作为储备，美元与黄金直接挂钩，建立新的国际货币制度。

1944年，在美国的新罕布什尔州的布雷顿森林公园召开了由世界44个国家参加的国际货币金融会议，确定了指导战后世界货币关系的一系列原则和安排，总称"布雷顿森林协议"，建立了"双挂钩"体系，史称布雷顿森林体系，或者布雷顿森林制度。

(二) 布雷顿森林制度的主要内容

1. 美元与黄金直接挂钩，一盎司黄金官价为35美元。要求必须严格执行黄金官价，按照黄金官价兑换黄金，美国承诺按照黄金官价无限制地满足用美元兑换黄金的要求，但只限于中央银行和各国政府用美元向美国自由兑换黄金。

2. 在美元与黄金直接挂钩的基础上，其他货币与美元挂钩，各自规定本国货币的含金量，通过含金量的比例确定与美元的汇率，含金量和汇率一经确定，不经批准不得随意变动，其他各国货币与美元汇率保持固定关系，汇率波动范围上下不超过1%。

3. 建立永久性国际金融组织机构，即国际货币基金组织（IMF）和国际复兴开发银行（世界银行）。根据《国际货币基金协定》，国际货币基金组织的宗旨是稳定汇率，避免各国间的竞争性货币贬值，消除外汇管制，监督国际收支平衡，帮助成员国提供贷款平衡国际收支，稳定汇率，协调国际金融事务。

4. 集体行动管理汇率。汇率波动的界限被人为地限制在固定的波动范围之内，美国保证黄金官价不变，各国政府必须保证必要时干预外汇市场，使本国货币与美元的比价上浮和下浮不能超过平价的1%。

5. 国际收支调节机制。可以动用储备资产和融资手段调节国际收支，成员国出现严重国际收支逆差，未经国际货币基金组织批准，不可以变动本币与美元的汇率平价，来调节国际收支。

6. 国际储备资产安排。美元和黄金充当主要的储备资产，一方面，美国保持国际收支逆差，输出美元，满足储备资产需要；另一方面，可用美元按照官价兑换黄金，作为储备资产。

(三) 布雷顿森林体系的特点及作用

特点：一是布雷顿森林体系是美元—黄金汇兑本位制，实际上是双本位。二是布雷顿森林体系是人为构建的国际货币体系，是国际货币史上第一次人类通过合作的方式，集体行动、共同参与建立的历史上最完善的国际货币体系。价值标准的确定、汇兑关系、储备资产、调节机制、组织机构，以及相应的规则惯例，非常全面。三是首次建立了永久性的国际金融机构来管理国际货币制度。

作用：一是布雷顿森林体系吸取了"以邻为壑"的教训，整合了世界各国建立新的国际货币制度的正能量，避免了为了追求各自的经济利益目标而牺牲共同国际目标的情况发生，实现了既要追求各国经济福利，又有利于国际经济秩序稳定的目标。二是布雷顿森林体系最大限度地满足了世界财富增长的需要。布雷顿森林体系为二战后的世界经济恢复和发展提供了一个非常重要的稳定的国际货币制度环境，良好的国际货币秩序，使世界资源得到有效的利用，促进了贸易的大发展，世界各国经济稳步快速增长，就业充分，物价稳定。三是建立了全球金融治理组织机构，为管理全球货币金融秩序提供了平台。国际货币基金组织的建立，其宗旨就是致力于平衡国际收支、稳定汇率、为调节国际收支提供融资、避免竞争性贬值、禁止关税壁垒影响自由贸易等，尽量为世界财富增长、增加就业机会，创造公平公正合理的国际货币制度环境。虽然国际货币基金组织作用有时受到争议，但是，第二次世界大战以后几十年时间里，各国经济发展迅速。

（四）布雷顿森林体系崩溃

布雷顿森林体系崩溃的导火线是美元危机，所谓美元危机就是，当人们预期美元对外价值下降的情况下，抛售美元，按照官价向美国兑换黄金，并且在国际金融市场上大量抛售美元、抢购黄金的浪潮，导致了黄金价格上涨和美元汇率下跌，美元兑换黄金官价难以维持，黄金升值，美元贬值的现象。

美元危机的发生发展是一个由量变到质变的过程，经历了从"美元荒"到美元泛滥，从美元泛滥到美元危机的阶段。1960年10月，第一次美元危机爆发，国际金融市场上大量抛售美元，抢购黄金，黄金价格急剧上涨，美元汇率急剧下降。此后，又出现了一系列抛售美元、抢购黄金的浪潮。尽管国际社会采取了许多措施，包括稳定黄金价格协定、巴塞尔协定、建立黄金总库、十国集团借款总安排、货币互换协定、黄金双价制，甚至建立特别提款权，但这些措施未能挽救美元的颓势，一盎司黄金兑35美元的官价难以维持。最后，1971年8月15日，美国宣布关闭"黄金窗口"，停止用美元兑换黄金，美元与黄金彻底脱钩，也宣告了布雷顿森林体系的正式解体。

（五）布雷顿森林体系崩溃的原因及启示

布雷顿森林体系崩溃的原因是多方面的，既有内在的，也有外在的。内在原因主要表现在"特里芬两难"，即制度本身的缺陷造成的。所谓"特里芬两难"就是指美元既充当国际货币，又是国内货币；既要服务于国际货币体系的目标，又要实现国内经济目标；既要充当国际价值标准，又要充当国内价值标准，这些都决定了布雷顿森林体系的内在缺陷不可避免地会暴露出来。具体表现就是，一方面，美元作为全球货币，作为国际货币体系的关键货币，要为全球各国经济发展服务，即美元既要充当国际储备资产，又要满足国际贸易投资的计价货币需求，这就要求美元不断地输出，美国必须保持国际收支逆差才能满足其他国家对美元流动性源源不断的需求。而另一方面，如果美元源源不断地输出，美国的国际收支逆差就会不断地扩大，国际收支逆差持续，美元汇率就会下降，人们预期美元贬值，就会抛售美元，抢购黄金，美元贬值的趋势就在所难免。同时，作为国内货币，美国要实现自己的经济目标，经济增长、就业和物价稳定，就不能服从国际经济目标，不能满足国际货币体系的要求。特别是美国发动了越南战争，从而加剧了国际收支不平衡，国际收支逆差迅速扩大，这也是导致第一次美元危机发生的重要原因。

从美国自身来看，美国是不情愿长期被布雷顿森林体系的纪律所约束的，美国为了维护布雷顿森林体系运行，必须保证美元既不贬值也不升值，还要承诺允许世界其他国家自由地按照官价用美元兑换黄金，这对美国而言是一个束缚。例如美国为了维护美元的汇率稳定，就必须使国际收支尽量地达到平衡，为此美国采取了"利息平衡税"措施，限制国内外资本的流动。

从全球经济发展来看，第二次世界大战以后，欧美日经济平衡格局打破，日本和德国经济迅速崛起，美国的经济地位相对削弱，因此，日本的日元和德国的马克开始升值，相对而言，美元就会贬值。

布雷顿森林体系崩溃的启示：一是美国是最大的赢家。虽然布雷顿森林体系崩溃了，但是美国利用手中的黄金，使美元站在了黄金巨人肩膀上，成为继英镑之后第二个具有国际支配地位的货币，在国际货币体系中发挥着核心的作用。二是国际货币体系的建立需要国际社会集体行动、共同参与。虽然布雷顿森林体系建立主导是美欧，但是没有全球各国的支持，布雷顿森林体系是无法运行的。三是布雷顿森林体系是相对比较公平的国际货币体系。从国际货币体系的公共产品属性来讲，布雷顿森林体系是历史上人类共同合作、共同参与、共同建立、共同遵守的国际货币制度，虽然它是人为构建的，但它也是人类自然选择、共同认可的社会习惯、国际惯例。因为虽然美国得到的相对利益比其他国家得到的绝对利益更多，但是美国也为此付出了代价，其他国家，虽然为了维护布雷顿森林体系而牺牲了部分内部经济利益，但是却换来了稳定的国际货币秩序，更有利于实现内外经济目标。四是布雷顿森林体系建立，是国际货币历史上第一次人类通过国际合作共同建立的，是十分完备的国际货币体系，是人类在国际货币金融领域合作的一次成功范例。

三、牙买加体系：国际价值标准取向加强

所谓国际价值标准，就是美元价值标准、美元本位，美元作为关键货币，主导国际货币体系，美元承担货币兑换标准，各国货币围绕着美元建立"平价"体系。在国际价值标准下，其他中小国家的货币以美元为标准，实行固定汇率安排，人为地维护其他货币与美元之间不变的汇兑平价关系。为了维护与美元的固定兑换关系，其他国家宏观经济政策以外部均衡为目标，不得不放弃部分国内经济利益（经济增长、就业），因而付出代价。

随着以美元为中心的布雷顿森林体系的瓦解，1972年7月26日，国际货币基金组织通过决议，决定建立一个由发达国家和发展中国家共同参加的国际货币制度，但由于各方意见分歧，直到1974年6月，国际货币制度改革没有取得任何进展。1976年1月，各方就取消固定汇率制，肯定浮动汇率制，各成员国可自行选择汇率制度，废除黄金官价，取消有关基金份额中的25%须以黄金缴付的规定，以及扩大特别提款权的使用范围等问题达成协议，即《牙买加协议》。

（一）《牙买加协议》的主要内容

1. 增加成员国基金份额，各国对国际货币基金组织缴纳的基金份额，由原来的292亿特别提款权增加到390亿特别提款权。

2. 汇率安排，承认固定汇率制度和浮动汇率制度并存，可以自由选择汇率制度，成员国的货币政策由国际货币基金组织监督，禁止损人利己的贬值政策。

3. 黄金非货币化，取消黄金官价，取消成员国中央银行处理黄金的限制，国际货币基金组织对持有的黄金进行处理，以市场价格拍卖。

4. 设立信托基金，扩大发展中国家资金融通，国际货币基金组织为成员国提供出口

波动补偿贷款。

(二)《牙买加协议》的特点和作用

特点:《牙买加协议》达成的一系列安排惯例,并不具备国际货币体系的基本要素,没有形成全球统一的价值标准,对于国际收支国际调节机制、储备资产等各个方面没有做出明确安排,所以,人们认为牙买加体系是一个无体系的体系。

作用:一是《牙买加协议》主张各国国内经济稳定,是国际汇率稳定的先决条件,实际上增强了各国货币制度选择的权利,货币政策有了自主性,有利于实现内部经济目标。二是《牙买加协议》使国际货币制度向民主化方向发展。《牙买加协议》取消了固定汇率制度,允许自由选择汇率制,实际上等于各国有了自主选择汇率制度的自由,有了自主制定宏观经济政策、货币政策的自由,有利于经济增长和物价稳定。三是《牙买加协议》后,虽然各国经济不受外部目标约束了,但国际货币制度将不稳定,汇率风险会增大,因此衍生金融工具创新兴起,以管理与关键货币美元的汇兑风险。

四、美元本位主导下的多元汇率制度:国家价值标准取向加强

国家价值标准是各国货币以灵活兑换方式,与美元保持兑换关系,实行盯住的、有弹性的汇率制度安排,让本币与美元的汇率安排为本国经济发展服务。这样,其他国家虽然总体上依然处于从属地位,但在具体货币兑换交易中则处于主动地位,使美元这个价值标准为中小国家的经济增长、充分就业、物价稳定和国际收支平衡服务。显而易见,对中小国家来说,这种国家价值标准比国际价值标准有利。国家价值标准实质是各国货币在与美元合作的过程中,获得了相对更大的自主权,在一定程度上摆脱了美元的束缚,宏观经济政策更有利于实现内部经济目标。国家价值标准虽然不是理想的价值标准,但是它有利于实现一个国家按照进步的路线在管理本国货币的目标,以应对开放经济条件下的溢出效应。

国家价值标准取向加强的标志是各个国家自主选择汇率制度的取向加强,包括完全浮动汇率制以及各种不同程度管制的浮动汇率制。《牙买加协议》承认浮动汇率制度合法后,以美国为首的西方主要发达国家的货币实行单独浮动,其他多数国家的货币选择了有管理的浮动或者盯住汇率制度。

当前,美元本位制下,呈现多元汇率制度选择,没有全球统一的国际货币制度安排,发达国家和发展中国家各自选择有利于自己的汇率制度,形成了"一主多元"的国际货币格局。"一主"就是美元主导,美元成为全球国际货币体系的支配货币,发挥价值标准的核心作用;所谓"多元",就是自由浮动、管理浮动、盯住汇率、爬行盯住、货币局等多种货币制度安排并存。

浮动汇率制度分为管理浮动汇率和自由浮动汇率,实行自由浮动汇率制度的主要是发达国家,以英美为主,一共13个国家;实行管理浮动汇率制度的国家有38个。[①] 爬行盯住货币制度,包括对美元爬行盯住的国家有20个,对欧元爬行盯住的有克罗地亚

---

① [美]贝克特,霍德里克. 国际金融 [M]. 原书第二版,北京:机械工业出版社,2015:125.

和马其顿，对复合货币盯住的有 10 个国家，对其他货币盯住的有 21 个国家。实行传统固定汇率制的，包括兑美元固定的有 14 个国家；兑欧元固定汇率的有 5 个国家；与复合货币固定兑换的有 5 个国家，以其他方式固定的有 5 个国家。采取货币局制度的国家和地区，包括三种情形，与美元固定的货币局制度，有加勒比海货币联盟、吉布提和中国香港；与欧元固定的国家和地区有非洲金融共同体 西非经济和货币联盟、中非经济和货币共同体以及保加利亚、立陶宛等；与新加坡元固定的货币局制度有文莱达鲁萨兰国。无单独法定货币的，即放弃自己货币的国家或者本身没有自己货币的国家，如美元化国家有厄瓜多尔等 8 个。加入货币一体化，共同使用一种货币的，即欧元区，是欧洲货币联盟 17 个国家，后加入欧元区的三个国家分别为科索沃、黑山共和国和圣马力诺。使用澳大利亚元，澳元化的国家是基里巴斯。

可见，尽管美元仍然是国际货币体系的关键货币，但是国家价值标准取向加强，实质上是弱化了美元的国际本位地位，并且随着超国家价值标准欧元的诞生，美元的国际货币地位受到了极大的挑战。

五、超国家价值标准：欧元

超国家价值标准的诞生是欧洲货币一体化不断加强的结果。欧洲各国在历史上素有进行经济货币金融合作的传统，货币统一的愿望由来已久。1865 年至 1914 年，欧洲出现过"拉丁货币同盟"，1875 年至 1914 年，出现过"斯堪的纳维亚货币同盟"。应该说，这两个货币同盟就是超国家价值标准的历史渊源。第二次世界大战以后，欧洲加快了货币一体化进程，20 世纪 50 年代的《罗马条约》要求成员国政策致力于实现欧共体总体的国际收支均衡，确保市场对各成员国货币的信心，并要求通过成员国政府和中央银行合作来实现政策相互协调。20 世纪 60 年代，欧洲委员会建立了货币经济联盟，70 年代建立了欧洲货币体系，1979 年 3 月，欧洲货币体系（EMS）正式诞生，创设了欧洲货币单位（ECU）。欧洲货币体系的建立为欧元诞生奠定了基础。

（一）超国家价值标准：欧元诞生

1991 年的《马斯特里赫特条约》为欧盟货币一体化指明了路径，将欧洲货币单位作为单一货币，即欧洲货币的雏形，未来单一货币将在欧洲货币单位基础上过渡而来，单一货币在 1999 年 1 月 1 日启动。它的内在价值与欧洲货币单位的价值相等，名称也由欧洲货币单位改成了欧元（EURO）。

欧元诞生经历了三个阶段：第一个阶段，所有成员国与第三国家间资本流动和交易上的壁垒都被取消，这个过程在 1994 年 1 月 1 日完成。第二个阶段，一个新的欧洲货币机构被创立，总部设在德国法兰克福，该机构的职责是管理欧洲货币联盟，并加强各成员国之间的货币政策协调，为第三阶段欧洲中央银行的建立打好基础。第二阶段内共同体还开始对成员国的财政政策进行监督，禁止成员国将预算赤字货币化，此外各成员国央行在政治上是独立的。第三个阶段，欧洲中央银行取代了欧洲货币机构，由欧洲中央银行和各国中央银行组成欧洲中央银行体系，管理单一货币区的货币政策和汇率政策。1999 年 1 月 1 日，各成员国货币兑换欧元的比例被固定下来，第一批加入欧元区的国家有奥地利、比利时、芬兰、法国、德国、爱尔兰、意大利、卢森堡、荷兰、葡萄牙和西班牙，英国和丹麦选择了不加入。第二批加入的国家有希腊（2001年）、斯洛文尼亚（2007年）、塞浦路斯和马耳他（2008年）、斯洛伐克（2009年）、爱沙尼亚（2011年）。1999年1月1日，欧元正式启动，为区域内的单一货币，具有法偿性。

1999年从欧元诞生的那一刻起，它就成为了世界上第二大货币。从2002年开始，欧元钞票和铸币将完全取代欧元区国家的通货。欧元依靠加入欧元区的各个国家的经济贸易金融实力来支撑，作为单一货币，它的经济基础更加强大了，但是在政治和政策方面需要加强整合和协调，才能稳固欧元运行的基础。

（二）欧元特点

一是欧元是在地区范围内，通过长期的经济贸易、金融货币合作，逐步形成的单一货币，它既是货币区内的价值标准，即超国家价值标准，也是全球第二大关键货币，发挥国际货币的作用。二是欧元是人类历史上首个通过集体行动，共同创造的社会惯例，它具有公共属性，是人类共同认可的价值标准。三是欧元运行要求货币区各国必须严格遵循趋同标准，欧元的运行机制依托于欧洲中央银行和相应的磋商交流机制。

（三）意义及作用

纵观国际货币制度的演变史，从金本位制到布雷顿森林体系，从固定汇率制到浮动汇率制，从货币局制度到美元化，从区域货币合作到全球国际货币合作，欧元的诞生就是人类追求的理想价值标准的有力证明。其作用和意义主要表现在以下方面：一是作为超国家价值标准，欧元的诞生是人类在国际货币一体化道路上进行的一次伟大的尝试，是人类追求理想价值标准的一次伟大探索。二是欧元的诞生为国际货币制度未来的改革发展提供了非常重要的参考，人类或将能够通过合作直接建立单一货币，这是实现货币大同、建立理想价值标准的最佳路径。三是欧元是一个一单货币区，使货币区内的商品和劳务的价格完全统一，区域内消除了汇率风险，降低了交易成本，有利于经济增长和就业。四是作为国际化货币，欧元为全球贸易投资、金融交易和储备资产提供了流动性和计价货币，有利于打破美元垄断格局。

（四）欧元面临的挑战

欧元作为超国家价值标准是在区域范围内，人类通过加强合作，实现货币一体化，共同使用一个价值标准，是理想价值标准所追求的目标。但是，超国家价值标准实现具有极高的要求，需要国家与政治整合，地缘关系以及文化背景具有高度的联系，经济上密切合作，货币金融合作基础好，宏观经济政策高度协调一致等。维护超国家价值标准运行也并非易事。欧元自诞生起经历了风风雨雨，欧元区内部各个经济体的发展水平参差不齐，欧盟本身并非铁板一块，英国脱欧就说明了这一点，另外来自非欧元区的挑战也不断增加，如美元的竞争与挤压。

六、对理想价值标准的期待

展望未来，我们有理由相信，随着人类不断加强国际合作、合作形式的创新，以及合作的深度和广度不断加强，更大范围的超国家价值标准迟早会实现。国际货币体系演变的实质是人类在不断追求理想价值标准,既有利于实现内部经济目标(经济增长、就业和物价稳定),又能够实现外部目标国际收支均衡,以及内外经济均衡的联合均衡的货币制度安排,最大限度地增进全球各国的经济福利。所以,国际货币制度每一次更替都期盼着离理想价值标准目标更近一些。目前,全人类还并没有完全实现理想价值标准,或者说正在探索理想价值标准,欧元诞生,只是人类追寻理想价值标准的一次尝试。改革现行国际货币体系也是为了追求理想价值标准,为全球各国提供一个具有公共属性的、共享的、共同遵守的国际货币秩序。

一直以来,有关理想价值标准问题,理论家也在不断探讨,有的主张金本位制是最理想最完美的货币制度;有的认为管理本位是理想价值标准;有的主张建立超国家价值标准;还有的主张建立超主权储备货币作为理想价值标准。

从理想价值标准探索的时间来看,从国际金本位制到现行的美元本位体系,关于建立什么样的理想价值标准问题充满着争论和矛盾。围绕着布雷顿森林体系的建立,美国和英国从各自利益出发,提出不同的方案,英国要求建立超国家货币和超国家中央银行。布雷顿森林体系崩溃以后,围绕国际货币体系的改革,美国和西欧国家之间矛盾重重,西欧国家要求美国恢复美元兑换黄金,以清偿美元债务,或创立一种由国际机构管理的国际货币,使国际货币基金组织具有世界中央银行的地位和作用。

由此观之,关于理想价格标准理论探索还需要不断求证,实践上还需要多方共同努力,要么通过改革现行国际货币体系,要么通过建立单一货币,实现世界货币大同。

第四节 国际货币政策协调

国际货币政策(international montary policy)是加强国际货币合作协调,维护国际制度运行的制度框架、协调机制的总和。不同的国际货币制度下,国际货币政策框架不同,如布雷顿森林制度通过协议方式,要求各国必须遵守"双挂钩";牙买加体系以来,每个国家实行的是倾向于维护内部均衡的货币政策。

一、国际货币政策目标

货币政策的一般目标就是经济增长、物价稳定和充分就业,操作工具包括贴现率或者法定存款准备金率、公开市场业务,以及调整利息率等。紧缩性或者扩张性的货币政策,即通过上述工具来扩张或者收缩货币,从而对宏观经济目标产生影响。当这些货币政策对内部经济目标产生影响的同时,也会对外部经济目标国际收支产生影响,引起资本输出输入,甚至产生溢出效应,对他国的经济目标产生影响。国际货币政策就是对外部经济目标管理所采取的货币政策,主要是通过利率影响物价水平,对贸易产生影响,进而影响到汇率,使国际收支平衡、汇率趋于稳定。

主要国家货币当局所采取的货币政策,不仅对该国经济产生影响,也会对国际货币体系,乃至其他国家经济产生影响。所以,主要国家的国内货币政策产生的影响是至关重要的。例如,美国的货币政策变动,对其物价和利率影响的结果是,会对贸易和资本流动产生影响，从而影响到全球各国的资本流动和贸易。如果美国稳定了物价水平，稳定了汇率，其他国家与美元汇率维持固定，也就稳定了国内物价水平和利率。当美国货币政策维持稳定时，其他国家不必采取相应的政策，而维护固定汇率的意愿就会增强。如果美国放弃了稳定的货币政策目标，就会把通货膨胀传递给那些盯住美元汇率的国家，其结果是这些国家就会丧失维护对美元固定汇率的意愿。

二、不同国际货币制度下的国际货币政策

在不同的国际货币制度下，货币政策是不同的。金本位制度下的货币政策兼顾服务于内外部经济目标。布雷顿森林体系下货币政策主要服务外部目标。在布雷顿森林体系期间，固定汇率安排迫使各国密切地协调它们的货币政策，为了维护"双挂钩"，各国必须严格约束自己的货币政策，平衡国际收支，稳定汇率。

这种协调互动是由固定汇率制度安排决定的，各国货币汇率是盯住美元的，所以美国货币政策决定世界其他国家地区的金融环境。布雷顿森林体系期间，各国货币政策的主要目标是控制国际储备资产，保证充足的流动性，以备调节国际收支，稳定汇率的需要。

自从布雷顿森林体系崩溃以后，国际货币体系演变到了浮动汇率制度下的多元汇率制度选择时代。多元自主的汇率制度安排下，各国货币政策的独立性、自主性、自由性增强。货币政策的主要目标是为内部经济目标服务，外部失衡可以通过变动汇率来进行调节，国际收支逆差，汇率下降，出口增加，国际收支顺差，汇率上升，进口增加，国内经济目标避免了因为外部平衡目标的实现而遭受破坏。

浮动汇率体制导致汇率波动，从而使国内的宏观经济政策管理，特别是稳定国内价格水平变得更加困难，国际货币政策管理面临的挑战也更大，国际间的货币政策协调变得越来越重要。国际货币合作的首要任务是稳定汇率，不管在什么汇率制度下，要稳定汇率就需要动用国内的货币政策。

三、国际政策协调与国家政策协调

国际政策协调是指由多个主权国家为支持一个共同目标采取的集体行动，在这种合作方式下，各国政府将它们经济之间的相互依存性考虑在内，共同联手制定财政和货币政策协调机制，以获得最大的福利。国际政策协调包括两个方面：一方面是政策协调的合意性，判断的标准是合作是否能比独立制定政策为各国带来更大的福利；另一方面涉及政策协调的可行性，即使政策协调能够带来较大的福利，但可能无法达成可信任的合作协定。国际政策协调是溢出效应所致，因为，一国政府采取的政策可能影响世界经济环境、需求、利率、汇率以及其他国家的经济状况、经济政策等。这些政策溢出效应或者外部性需要通过国际政策协调来避免，当一个国家特别是在国际货币体系中占有支配地位的货币国，采取扩张性或者是紧缩性的政策时，其他国家应该尽量采取相向一致的政策取向，以避免逆向操作带来的冲击。

在国际政策协调中，一方面，各国中央银行的主要责任在于维持国内价格的稳定，

因为，内价稳定有利于外价的稳定。另一方面，国际货币基金组织负责国际货币制度的协调，即协调会员国之间的宏观经济政策，使之有利于实现内外均衡，尤其是主要关键货币国家的内外均衡。国际间的货币政策约束，对于维护国际货币秩序非常重要。

国家政策协调是国际合作的一种高级形式，由于国际经济的相互依赖性，面对来自外部政策的溢出效应，本国应做相应的政策调整，这种调整通常以明确的国际协议为基础。纵观国际货币演变的历史，围绕国际货币体系展开的各种协调不计其数。例如，1985年9月达成的《广场协议》，1987年2月达成的《卢浮宫协议》等，都属于国家政策协调的范围。

四、美国货币政策

美国作为世界上最大的经济体，在国际货币体系中，美元充当本位，美国是现行国际货币体系的主导者。无论美国采取宽松的货币政策，还是紧缩性的货币政策，无论是量化宽松还是收紧量化宽松，无论是加息还是降息，只要美国货币政策稍有动向，全球经济就会"打喷嚏"或者"感冒"。

（一）美国货币政策的溢出效应

美联储的货币政策对世界其他地区的经济和金融市场会产生溢出效应。溢出效应主要表现在，美国采取宽松的货币政策，降低贴现率，引导短期和长期利率下降，国际资本就会流出美国，就等于美国向全球开闸泄洪一样，大量的流动性充斥着全球各国，这导致其他国家产生通货膨胀压力。例如，2008年以来，美国采取量化宽松货币政策，美国的降息导致大量资本流出，造成各国的通货膨胀水平普遍上升。2008年国际金融危机爆发以后，美国的扩张货币政策惯性越来越大，在降低利率等传统政策效果下降的情况下，采取的量化宽松货币政策，使全球经济遭受冲击不可避免，宽松的货币政策导致新兴经济体资本流入激增，流动性过高，推升了资产价格，进出口商面临巨大的汇率变动风险（汇率突然上升或者下降），金融系统的脆弱性也因资产价格快速上升加剧。

相反，如果美国采取紧缩性的货币政策，提高贴现率，提高利率，全球资本会流入美国，全球流动性紧缩，全球经济会面临通缩的风险，对于经济增长和就业不利。例如，20世纪80年代美国采取紧缩政策，美元利率升高，导致全球资本流入美国，引发了大面积债务危机。

（二）美国货币政策特点

预期管理成为美国货币政策的一个重要特点。预期管理是通过明确的量化指标、恰当的前瞻性指引和充分的沟通机制有效地引导微观主体的经济行为以实现政策目标。美联储预期管理注重针对性、长期性和平衡性，前瞻性指引是美国预期管理的核心手段，有开放式指引、时间指引以及阈值指引等三种模式。

微观主体行为的预期引导是预期管理的出发点。预期管理将在货币政策的制定和执行中发挥基础作用，通过货币政策工具的清晰界定，对政策调整时机及条件的暗示，以定期议息会议及纪要为渠道，以美联储官员讲话为补充，使得美联储货币政策在很大程度上能够成为微观主体可预期、较稳定和可决策的内在因素，从而有效引导市场预期和微观主体行为，以实现货币政策的整体目标。

前瞻性指引是预期管理的核心手段。隔夜利率及相关的公开市场操作是美联储进行宏观调控的主要手段，美国不通过信贷管理或其他行政方式来直接控制金融市场中的资金流。前瞻性指引应具备三个条件：一是前瞻性指引的有效性取决于央行的信誉；二是前瞻性指引应被视作央行的承诺；三是前瞻性指引应该是准确、简单和易懂的。

明确的量化指标是预期管理成功的重要依托。美联储在预期管理中注重明确界定预期管理所依托的量化经济指标。整体而言，通货膨胀指标、就业指标以及产能利用率等是美联储预期管理的三类重要指标，特别是通胀和就业是两大核心的指标。

开放的沟通机制是预期管理取得成功的基础渠道。货币政策的传导成效与金融市场的理性预期是紧密相关的，货币当局应该密切关注市场所释放的信息，这对于政策的理解、预期的形成和政策效果的达成具有实质性作用，而建立不同渠道的沟通机制是打通政策与市场的关键。

第五节 国际货币制度改革

国际货币制度改革主要是指国际汇兑机制、国际储备机制和国际收支调节机制等创新完善。自从实行浮动汇率制度以来，每当国际货币金融危机发生时，改革国际货币体系的呼声就会高涨，主要是围绕着美元本位下不合理的国际货币体系问题展开讨论，如国际货币体系公共属性弱化、国际货币体系货币锚不稳定、国际储备资产结构单一化、国际货币体系管理弱化等。

一、国际货币体系改革的内容

现行国际货币体系改革的内容主要包括：一是改革现行美元的独大的格局。二是国际货币基金组织份额分配不合理，在国际经济治理中新兴经济体的声音弱。三是由单边行动向集体行动转变。四是国际储备资产多元化改革。五是将国际金融机构改革成为提供金融安全稳定的公共产品的平台。六是建立全球金融安全网，提高应对危机的有效性。

二、国际货币体系改革的原则目标和路径

国际货币体系改革的原则是将国际货币体系打造成全人类的公共物品，打造国际货币体系的公共物品供给平台，提供稳定的货币锚作为价值标准，稳定货币兑换关系，为全球金融安全提供保障，为国际经济交往提供一个稳定的、公平的国际货币制度环境。

国际货币体系改革的目标是，有利于实现各国内外均衡，促进财富增长，充分就业，物价稳定，促进各国财富均衡，增进人类福祉。

国际货币体系改革的路径：一是削弱美元霸权，降低美元在国际储备货币中的比

例，改变现行以美元为中心的"单一"货币体系。二是保持主要经济体之间货币汇率稳定，强化 IMF、世界银行、国际清算银行、金融稳定委员会等的功能，加强各国央行的密切合作，对主要国家实行稳健的汇率政策进行监督，加强各国对国际汇率协调机制的参与，加强对主要储备货币发行国货币的监管，完善国际金融危机救助机制，加强对跨境资本流动的监管，建立和完善国际金融统一监管方式和标准，建立全球金融安全网。三是建立"超主权国际储备货币"，并扩大特别提款权（SDRs）的发行与使用范围，以降低全球经济对美元的依赖程度。四是构建"三元制衡"的国际货币体系，即美元、欧元与某种亚洲货币（人民币）三足鼎立均衡格局。

三、国际货币体系改革方案

有关国际货币体系改革的方案主要是围绕货币间的汇率波动展开，代表性的国际货币体系改革方案如下。

（一）威廉姆森的汇率目标区改革方案

汇率目标区改革方案是，各国货币当局应当将主要国际货币之间的汇率控制在目标区域之内（规定的汇率波动范围内）。威廉姆森提出了基本均衡有效汇率的计算方法。基本均衡有效汇率是指一种保持经常账户可持续状态的实际汇率。由于各国经济基本面发生变化，例如通货膨胀率发生变化，计算出来的基本均衡有效汇率要定期进行调整。一国汇率被允许在汇率波动幅度内变化，波动幅度是基本均衡有效汇率的上下 10%，设定波动幅度，如果市场汇率达到其波动幅度的上限和下限，货币当局对外汇市场进行干预，买入或者卖出货币，平衡汇率。这样操作的目的就是要阻止单边货币投机性攻击行为，增加其投机成本，抑制投机，从而有利于汇率稳定在一个区间内。

（二）麦金农的全球货币目标建议方案

麦金农的全球货币目标方案认为，货币替代是汇率波动的主要原因。所谓货币替代，就是预计汇率要上升的硬货币将会替代汇率预期要贬值的软货币。大规模的货币替代会引起汇率波动，人们会纷纷抛售软货币，买进硬通货，那么软货币的汇率就会大幅度下跌，硬货币汇率就会大幅度上升。在没有资本管制的情况下，投资者、货币需求者会组成一个货币篮子，货币篮子由不同的货币构成，这就意味着有的货币汇率可能会上升，有的货币汇率可能会下降，作为投资人，就会不断地调整货币，卖出软货币，买进硬货币，那么货币当局就应该增加硬货币的需求，调整货币供给，避免汇率波动。如货币篮子构成中，美元转变为欧元，两种货币的供给却没有变化，那么美元将会贬值，欧元将会升值，那么货币当局应该增加欧元的供给，减少对美元的供给，这两种货币的供求平衡，汇率稳定。

（三）托宾税方案

所谓托宾税方案就是，对外汇交易小幅度征税，因为小幅度汇率变动引起的外汇投机，非正常短期性资本流动现象发生。托宾认为浮动汇率制度下，破坏性汇率波动，主要原因是不稳定的短期资本流动造成的。国际资本流动性强，高度一体化金融市场提高了资本流动的效率，使一国货币当局难以维持独立的货币政策，提高国内利率会导致资本流入，本币汇率上升，降低利率，资本流出，本币汇率大幅度实际贬值。为了减少汇率波动对经济的不利影响，建议对所有外汇交易进行征税，在高效运转的国际资本市场的轮子下撒一些沙子，即对外汇交易征税可以抑制小幅度利率变动导致的投机性资本流动。而且小幅度征税比如1%，可以有效地抑制短期资本流动，而不影响长期资本流动，这有利于增强货币当局执行经济政策的自主性。

四、国际货币体系改革面临的挑战

国际货币体系改革面临的挑战很多，原因就是改革方案很难达成一致，争论不休，有人赞成浮动汇率制度，认为浮动汇率制度优于固定汇率制度，有人认为固定汇率制度是最佳。每当发生金融危机的时候，人们就开始怀念金本位制度和布雷顿森林体系，甚至主张回到金本位制度或布雷顿森林体系时代。也有人主张建立国际最后贷款人制度，而另一些人则会以增加道德风险加以反对。

但是国际货币体系改革面临的最大挑战还是美元的既得利益者。美国人认为"美元是我们的货币，但是你们的问题"。在历次重大国际金融危机时，每当人们对美元提出质疑，对现行国际货币体系提出改革要求的时候，美国都会说"不"。

五、中国参与国际货币体系改革

根据国际货币体系具有公共产品的特性，改革国际货币体系离不开"集体行动"（collective action）。集体行动的目的是致力于国际货币金融体系的治理和国际货币秩序的稳定。随着中国国际经济地位的提升，在国际货币体系改革的具体行动中，中国将发挥应有的作用。

1. 人民币应成为国际储备货币的一员。中国主动参与国际货币体系重塑，就必须加快人民币国际化进程，在贸易计价、货币金融、投资计价货币基础上，推动人民币进入国际货币储备货币之列，成为国际储备资产的一员，提升人民币的国际影响力。

2. 参与国际货币体系规则制定和协调。要充分利用国际货币基金组织、世界银行、国际清算银行（BIS）、金融稳定委员会、亚洲基础设施投资银行等全球金融治理平台，加强金融对外开放与合作，加强国际货币金融合作，提升与主要国家之间的货币金融合作水平，在国际货币规则制定协调方面发挥作用。

3. 做好功课练好内功。加快供给侧结构性改革，去杠杆，补短板，调结构，加快技术创新，转变增长方式，加强对外贸易，扩大对外投资，不断开放金融市场，夯实人民币国际化的基础。

本章小结

在介绍货币和国际货币的基础上，分析了货币与财富的关系，为研究国际货币制度奠定了基础。国际货币制度的实质是国际财富博弈的制度总框架，国际货币制度的公共产品属性客观上要求其公平、公正、平等。国际货币制度的演变实质是价值标准的演变过程，从黄金世界价值标准，到美元主导的国际价值标准，再到超国家价值标准。国际货币制度的公共属性和集体行动规则要求世界各国加强国际货币合作，通过政策协调来保持国际货币秩序稳定。当前国际货币体系偏离了集体行动的目标和原则，公共产品作用日益削弱，成为国际货币体系主导国谋利的工具，改革现行国际货币体系，应该是使其重新回到合作共创共享共担的轨道。布雷顿森林体系以来，美元成为现行国际货币体系的价值标准，但美元主导的国际货币体系偏离了公共产品属性，改革现行的国际货币体系要改变美元独大的格局，增强其他货币的国际金融话语权，共同维护国际货币产品的公共性，让国际货币体系为全球各国带来共同利益。

参考文献

[1] [美] 彼得·纽曼，[美] 默里·米尔盖特，[英] 伊特韦尔. 新帕尔格雷夫货币金融大辞典（第二卷）[M]. 北京：经济科学出版社, 2000.

[2] 杨惠昶. 国际金融 [M]. 长春：吉林大学出版社, 1994.

[3] 姜波克. 国际金融（第三版）[M]. 上海：复旦大学出版社, 2005.

[4] 陈雨露. 国际金融（第五版）[M]. 北京：中国人民大学出版社, 2016.

[5] 托马斯·孟. 英国得自对外贸易的财富 [M]. 北京：商务印书馆, 1997.

[6] [英] 凯恩斯. 货币论（下册）[M]. 北京：商务印书馆, 1997.

[7] 范德林特. 货币万能 [M]. 北京：商务印书馆, 1997.

[8] [英] 凯恩斯. 就业、利息和货币通论 [M]. 北京：商务印书馆, 1999.

[9] [德] 马克思. 资本论（第一卷）[M]. 北京：人民出版社, 1975.

[10] [美] 蒙代尔. 蒙代尔经济学文集（第五卷）[M]. 北京：中国金融出版社, 2003.

[11] [瑞典] 魏克赛尔. 利息与价格 [M]. 北京：商务印书馆, 1997.

[12] [德] 马克思. 马克思恩格斯全集（第13卷）[M]. 北京：人民出版社, 1962.

[13] 杨惠昶. 论理想价值标准 [M]. 长春：吉林大学出版社, 2001.

[14] [英] 基思·皮尔比姆. 国际金融（原书第四版）[M]. 汪洋, 译. 北京：机械工业出版社, 2015.

[15] [英] 休谟. 休谟经济论文集 [M]. 北京：商务印书馆, 1997.

[16] [美] 贝克特, 霍德里克. 国际金融 [M]. 原书第二版, 北京：机械工业出版社, 2015：125.

[17] 王潇潇. 中美货币政策协调问题研究 [J]. 亚太经济, 2014（3）.

[18] 刘翔峰. 中国参与国际货币体系重塑的思考 [J]. 中国发展观察, 2014.

本章复习思考题

一、主要概念

国际货币制度　金本位制度　布雷顿森林体系　牙买加协议　动态价格单一化　静态价格单一化　世界价值标准　超国家价值标准　国家价值标准　铸币平价

双挂钩　黄金输送点

二、回答问题

1. 如何理解国际货币内涵及特征?
2. 如何理解国际货币体系的公共属性?
3. 简述国际货币体系的内容及作用。
4. 简述布雷顿森林体系的内容及主要作用。
5. 如何理解美元本位?
6. 国际货币体系演变的启示有哪些?
7. 你认为如何改革现行国际货币体系?

第二章

国际金融市场

学习导语

国际金融市场是在国际背景下创造财富交易工具的场所,其基本结构主要包括国际货币市场、国际资本市场、外汇市场和黄金市场等传统型国际金融市场,以及衍生金融产品市场等创新型国际金融市场。国际金融市场的典型特征表现为外汇市场交易规模最大;国际资本流动的主要方式包括直接投资和间接投资(证券投资);国际短期资本流动具有显著的投机性,需要加强监管,防止金融资产泡沫化和金融危机的发生,避免财富蒸发。

学习目标

- ◆ 国际金融市场的内涵及其框架
- ◆ 国际金融市场的发展及其影响
- ◆ 国际金融市场各个市场组成部分的主要特征
- ◆ 国际资本流动的主要形式
- ◆ 国际资本流动的原因及其影响
- ◆ 国际金融监管的基本理论知识

第一节 国际金融市场发展现状

国际金融市场(international financial markets)是指国际金融产品[①]交易的总和,包括外汇市场、国际货币市场、国际资本市场、黄金市场,以及衍生金融产品市场。根据国际金融市场的形成历史和管制程度,可将其划分为传统型国际金融市场和创新型国际金融市场。其中,传统型国际金融市场主要包括外汇市场、国际货币市场、国际资本市

[①] 金融产品是指资金融通过程中的各种载体,它包括货币类(贴现、拆借)、黄金类(现货、期货、期权交易工具)、外汇类(即期、远期、期货、期权、互换等)、有价证券类以及银行资产负债类等各种金融工具。

场和黄金市场；创新型国际金融市场主要指衍生金融产品市场。每一种金融市场的发展现状与特征各有不同。

一、外汇市场

外汇市场（foreign exchange market）是指各种外汇交易工具交易的金融市场，其中各种外汇交易工具主要包括即期交易（spot transaction）、远期交易（forward operation）、掉期交易（swap）、外币期货（currency futures）和外币期权（currency options）等。

外汇市场的参与者包括中央银行（central bank）、外汇银行（designated foreign exchange bank）、外汇经纪人（foreign exchange broker）、贴现商（discounting company）、外汇交易商（foreign exchange trader）、跨国公司（multinational company）、外汇投机者（foreign exchange speculator）、进出口商（importer and exporter）和其他外汇供求者。

依据不同的分类标准，外汇市场可以划分为不同的类型。按外汇市场的交易形态，可将其分为无形外汇市场和有形外汇市场；按外汇管制程度，可将外汇市场分为自由外汇市场、外汇黑市和官方外汇市场；按外汇买卖的空间范围，外汇市场可分为批发外汇市场和零售外汇市场。外汇市场的基本特点是交易规模巨大，日交易量为全球经济交易之首；24小时连续不间断进行交易；双向交易以及杠杆性。

（一）外汇交易中心及交易规模

2008年国际金融危机爆发以来，全球主要外汇市场日均外汇交易总量一直呈上升趋势，2001年全球场外交易市场（OTC）日均交易额17050亿美元，2010年OTC日均交易额增长到50450亿美元，截至2016年该交易额又进一步上升到65140亿美元，较2001年的交易规模翻了三倍多。全球主要外汇交易中心排名有所变化，英国始终保持全球外汇交易规模第一，交易额始终遥遥领先；美国排名前二，交易额占比有所上升；新加坡和中国香港分别位列第三与第四，交易量和排名都有所上升；日本排名第五，交易量虽然有所上升但排名下降（见表2-1）。

表2-1　　　　　2001—2016年全球外汇OTC日均交易额一览表

单位：10亿美元，%

年份	指标	英国	美国	新加坡	中国香港	日本	法国	瑞士	澳大利亚	德国	丹麦	总计
2001	金额	542	273	104	68	153	50	76	54	91	24	1705
	占比	32	16	6	4	9	3	4	3	5	1	
2004	金额	835	499	134	106	207	67	85	107	120	42	2608
	占比	32	19	5	4	8	3	3	4	5	2	
2007	金额	1483	745	242	181	250	127	254	176	101	88	4281
	占比	35	17	6	4	6	3	6	4	2	2	
2010	金额	1854	904	266	238	312	152	249	192	109	120	5045
	占比	37	18	5	5	6	3	5	4	2	2	

续表

年份	指标	英国	美国	新加坡	中国香港	日本	法国	瑞士	澳大利亚	德国	丹麦	总计
2013	金额	2726	1263	383	275	374	190	216	182	111	117	6686
	占比	41	19	6	4	6	3	3	3	2	2	
2016	金额	2406	1272	517	437	399	181	156	121	116	101	6514
	占比	37	20	8	7	6	3	2	2	2	2	

资料来源：BIS Statistics Explorer，2018。https：//stats.bis.org/statx/srs/table/d11.2，年度数据截至当年4月末。

（二）全球外汇交易工具

目前，全球外汇交易工具主要包括即期外汇交易、远期外汇交易、外币掉期交易、外币互换、外币期权等，其中交易规模最大的是外币掉期交易，其次是即期外汇交易。

据国际清算银行（BIS）统计，2016年全球外汇市场按工具分类，外汇交易规模日均已经达到50670亿美元，其中传统型外汇交易工具（包括即期、远期和外币掉期）的日均成交量占九成多，其余场外衍生外汇交易工具（包括外币互换、外币期权）日均成交量交易占比不足一成（见表2-2）。

表2-2　　　1995—2016年全球外汇OTC主要交易工具日均交易额　　单位：10亿美元

年份	总计	即期交易	远期交易	外汇掉期	货币互换	外汇期权
1995	1182	494	97	546	4	41
1998	1527	568	128	734	10	87
2001	1239	386	130	656	7	60
2004	1932	631	209	954	21	117
2007	3324	1005	362	1714	31	212
2010	3973	1489	475	1759	43	207
2013	5357	2047	679	2240	54	337
2016	5067	1652	700	2378	82	254

资料来源：BIS Statistics Explorer，2018。https：//stats.bis.org/statx/srs/table/d11.1？p=2016&c。年度数据截至当年4月末。

（三）外汇交易币种结构

根据BIS双边外汇交易统计数据，全球外汇市场OTC日均交易额中，按币种分类，美元计价的外汇日均交易量始终保持第一位，而且占比超过50%；第二位是欧元，占比为15%强；第三位是日元，占比超过10%；其他货币占比都比较小。值得一提的是，人民币在外汇交易中，无论是日均交易额，还是所占比重都有所上升（见表2-3）。

表 2-3　　　　　　　2001—2016 年全球外汇 OTC 主要币种日均交易额

单位：10 亿美元，%

年份	指标	美元	欧元	日元	英镑	澳大利亚元	加拿大元	瑞士法郎	人民币	总计（单向统计数）
2001	金额	1114	470	292	162	54	56	74	—	1239
	占比	90	38	24	13	4	4	6	—	200
2004	金额	1702	724	403	319	116	81	117	2	1934
	占比	88	37	21	16	6	4	6	0.1	200
2007	金额	2845	1231	573	494	220	143	227	15	3324
	占比	86	37	17	15	7	4	7	0.5	200
2010	金额	3371	1551	754	512	301	210	250	34	3973
	占比	85	39	19	13	8	5	6	1	200
2013	金额	4662	1790	1235	633	463	244	276	120	5357
	占比	87	33	23	12	9	5	5	2	200
2016	金额	4438	1591	1096	649	348	260	243	202	5067
	占比	88	31	22	13	7	5	5	4	200

资料来源：BIS Statistics Explorer, 2018。https://stats.bis.org/statx/srs/table/d11.3。年度数据截至当年 4 月末。

（四）全球外汇衍生产品交易规模

外汇衍生产品（financial derivatives）是由基础外汇交易工具派生出来的、具有杠杆性特征的金融工具，如外币期货、外币期权和外币互换等。金融衍生产品市场的主要功能体现在风险转移、价格发现、增强市场流动性以及深化金融市场等方面。金融衍生产品市场交易主体主要是交易商、避险者和投机者。

全球外汇衍生产品交易规模总体呈现不断上升的态势，只有个别年份有所下降。2000 年末，全球外汇衍生产品交易规模的余额为 200530 亿美元；2008 年则上升到 605950 亿美元；虽然 2009 年的交易规模余额受金融危机影响有所下降，但是 2010 年又重新回到 60 万亿美元以上规模；2012 年交易规模余额再上新台阶，达到 780590 亿美元；2014 年的交易规模余额进一步增长到了 820620 亿美元；2015 年和 2016 年的交易规模略有下降，但是 2017 年全球外汇衍生产品交易规模骤增至 80 万亿美元以上；截至 2018 年 6 月，交易规模创历史新高，达到了 957980 亿美元（见表 2-4）。

表 2-4　　　　　　　2000—2018 年全球外汇衍生产品各币种交易规模与占比一览表

单位：10 亿美元，%

年份	指标	美元	欧元	日元	英镑	瑞士法郎	加拿大元	瑞典克朗	其他货币	总计（单向统计数）
2000	余额	18034	5981	5067	2830	1062	905	460	5767	20053
	占比	90	30	25	14	5	5	2	29	200
2008	余额	51013	24767	14184	6975	3717	2127	1511	16895	60595
	占比	84	41	23	12	6	4	2	28	200

续表

年份	指标	美元	欧元	日元	英镑	瑞士法郎	加拿大元	瑞典克朗	其他货币	总计（单向统计数）
2009	余额	49565	24020	13112	7311	3576	2292	1560	18233	59835
	占比	83	40	22	12	6	4	3	30	200
2010	余额	57491	24715	13366	7400	4723	3012	1815	23304	67913
	占比	85	36	20	11	7	4	3	34	200
2012	余额	66853	26760	14951	8688	4371	3723	1693	29079	78059
	占比	86	34	19	11	6	5	2	37	200
2014	余额	73330	26345	14610	8814	4543	3265	1322	31896	82062
	占比	89	32	18	11	6	4	2	39	200
2015	余额	66121	24682	12814	9434	4094	3134	1426	30202	75953
	占比	87	32	17	12	5	4	2	40	200
2016	余额	70550	24334	14146	9080	3541	3350	1812	30747	78780
	占比	90	31	18	12	4	4	2	39	200
2017	余额	74756	28280	14838	12257	4257	4088	2268	33490	87117
	占比	86	32	17	14	5	5	3	38	200
2018	余额	84448	31368	15629	11719	4196	4484	2131	37621	95798
	占比	88	33	16	12	4	5	2	39	200

资料来源：BIS Statistics Warehouse，2018。2018 年数据截至 6 月末。

二、国际货币市场

国际货币市场（international money market）指借贷期限在一年以内的国际短期资金的交易场所。根据不同的借贷方式，国际货币市场分为银行短期信贷市场、短期证券市场、票据贴现市场和同业拆借市场。国际货币市场主体主要包括各国商业银行、投资银行、证券公司、票据承兑和贴现公司，以及中央银行等。

国际货币市场的主要特点是借款期限短、规模大、成本低、风险小、资金周转量大及纯信用拆放等。国际货币市场的主要功能是为暂时闲置的国际短期借贷资金提供出路，使其增值获利；便利短期资金的国际间调剂；提供短期融资服务；有利于国际结算，促进国际经济交易；借贷交易期限短，波动性较强，具有投机性。从国际货币市场历年交易的统计数据可以看出，国际短期借贷市场的交易额在国际货币市场中占据首位，接下来依次为同业拆借、票据贴现和短期有价证券市场的交易额。以 2014 年为例，根据国际清算银行的统计数据，短期信贷交易、同业拆借、票据贴现和短期有价证券交易规模分别为 101072 亿美元、76231 亿美元、5214 亿美元和 3616 亿美元。

三、国际资本市场

国际资本市场（international capital market）是指交易期限在一年以上的各种中长期资本交易的总和。国际资本市场分为国际直接投资和国际间接投资两大类型，涉及对外直接投资、国际银行中长期信贷和国际证券投资等。国际资本市场主要特点是借贷交易期限长、规模大；各种融资工具层出不穷，品种花样众多，创新不断；融资成本比较低；交易双方关系长期稳定，有利于跨国公司和大型项目筹集资金；交易注重安全性、盈利性和流动性；市场具有政治风险、违约风险、利率风险、汇率风险、经营风险等多种风险，需要采取多种避险措施。

（一）对外直接投资

2007年之前，全球对外直接投资（Foreign Direct Investment，FDI）（亦称跨国直接投资）一直保持比较稳定的增长趋势；2007年末，全球FDI规模达到了31952亿美元的峰值；但受金融危机和主权债务危机的影响，2008年开始全球对外直接投资总规模整体呈下降趋势，且波动幅度比较大；2009年FDI规模跌到了最低谷，只有12821亿美元；到2017年，FDI规模也只有19155亿美元。因此从总规模上看，始终保持比较低迷的状态（见表2-5）。

表2-5　　　　　　2006—2017年全球对外直接投资规模一览表　　　　　单位：亿美元

年份	对外直接投资	年份	对外直接投资
2006	21545	2012	17645
2007	31952	2013	19325
2008	25968	2014	17272
2009	12821	2015	20242
2010	17517	2016	20521
2011	21270	2017	19155

资料来源：世界银行：世界发展指标，2018。

（二）全球银行跨国信贷

银行跨国信贷属于中长期信贷（medium and long–term cross–border credit of international banks），主要交易工具是银团贷款，是由牵头银行组织多家参与行，共签一个合同，为客户提供贷款。银团贷款规模大、期限长、利率水平比较低，适合于大型项目建设融资。

2002年以来，银行跨境放贷比较活跃，而且始终处于较快增长态势；截至2007年末，跨境贷款余额为242667亿美元，达到了有史以来的最高峰；但2008年国际金融危机改变了跨境贷款的增长态势，致使当年的银行跨境贷款下降到225949亿美元；之后一直到2018年，银行跨境放贷规模整体一直呈下降趋势，2013年到2017年保持较低水平，2018年跨国银行贷款余额为200729亿美元（见表2-6）。

表2-6　　　　　　　2007—2018年全球跨国信贷余额一览表　　　　　单位：亿美元

年份	跨国贷款余额	年份	跨国贷款余额
2007	242667	2013	197801
2008	225949	2014	189151
2009	214274	2015	181895
2010	218365	2016	180275
2011	220639	2017	198049
2012	203960	2018	200729

资料来源：BIS Statistics Warehouse，2018。https：//stats.bis.org/#df=BIS。2018年数据截至8月末。

（三）国际证券市场

国际证券市场（International Securities Market）主要包括国际债券市场和国际股票市场。受2008年国际金融危机影响，国际债券和股票的净发行额波幅较大。据BIS统计，2018年6月末，在境外市场上发行的国际债券未清偿余额为24.08万亿美元，比2000年末增长了342.65%。按发行人居住地的国别划分，美国、英国、德国、荷兰、法国和西班牙发行的国际债券未清偿余额分别在全球排名前六位，其中，美、英、德三国的国际债券余额占据全球国际债券总余额的近半成。

国际债券的主要发行人是金融机构，截至2018年6月末，金融机构发行的债券占比最大为78.5%，其次是公司发行人和政府，市场份额分别为12.6%和8.9%。欧元和美元仍是国际债券发行的主要币种。国际债券发行币种以欧元和美元为主，2018年6月末，以欧元和美元标价的国际债券未清偿余额分别占43.5%和40.0%；其次是英镑、日元、瑞士法郎、加拿大元和澳大利亚元计价的国际债券未清偿余额，占比分别为8.1%、2.8%、1.4%、1.3%和1.1%。

有关数据显示，自2000年以来，国际债券市场余额基本上保持了一贯稳定的小幅度增长态势，虽然期间发生了国际金融危机，但是2008年以来国际债券余额增长并没有受到影响，从表2-7来看，国际债券交易规模余额从2008年的188837亿美元增长到了2018年的240807亿美元，增幅达到27.5%。

表2-7　　　　　　　2004—2018年国际债券余额一览表　　　　　　　单位：亿美元

年份	国际债券余额	年份	国际债券余额
2004	114912	2012	219598
2005	119137	2013	227347
2006	150471	2014	217902
2007	184338	2015	210865
2008	188837	2016	212889
2009	208806	2017	238851
2010	208506	2018	240807
2011	209865		

资料来源：BIS Statistics Warehouse，2018。https：//stats.bis.org/#df=BIS。2018年数据截至8月末。

四、国际黄金市场

黄金自古以来是天然货币。国际金本位制建立后,黄金就与国际货币体系紧密联系在一起,从铸币平价到"双挂钩",黄金充当世界货币,在国际货币制度中发挥重要作用。直到 1976 年,国际货币基金组织在牙买加首都金斯敦召开"国际货币金融会议",决定废除黄金官价,宣布"黄金非货币化",黄金才退出了国际货币体系。但是,黄金仍然被世界上绝大多数国家作为国际储备资产和价值储藏手段,黄金非货币化为黄金市场的发展奠定了基础。

国际黄金市场(international gold market)是集中进行黄金买卖的交易场所。黄金交易一般都有一个固定的交易场所,即设在各个国际金融中心的黄金交易所,是国际金融市场的重要组成部分。全球黄金市场就是由存在于各地的黄金交易所构成。国际黄金市场按市场交易方式划分为现货市场和期货市场;按有无固定地点划分为无形市场和有形市场;按市场的作用大小划分为主导性黄金市场和地区性黄金市场等。黄金市场交易主体主要有各国工商企业、个人、银行和其他金融机构、黄金交易商、黄金经纪人、各国中央银行、黄金投机商及国际金融机构(如 IMF)等。

全球黄金交易主要集中于英国和美国,伦敦和纽约是世界两大著名黄金现货和期货交易中心。伦敦是世界上最大的黄金场外交易中心,其次是纽约、苏黎世、东京、悉尼和香港。

黄金交易以美元计价,两者之间存在跷跷板效应,美元贬值黄金价格上升,美元升值黄金价格下降,而且以美元表示的黄金价格波动比较大。

1944 年布雷顿森林体系建立以后,"双挂钩"机制将美元与黄金绑在一起,当时黄金官价为 1 盎司黄金等于 35 美元。从 1944 年布雷顿森林体系建立,到 1973 年该体系解体,再到 2008 年初,黄金市场投机活动越来越频繁,黄金价格波动日益剧烈,且金价一直动荡不定。黄金价格变化的几个关键节点是:1973 年,一盎司黄金价格突破 100 美元关口,达到每盎司 112 美元;1987 年,金价又创新高,达到了每盎司 484 美元;2006 年,黄金价格再创新高,每盎司达到 636 美元;2008 年国际金融危机爆发以后,黄金价格不断创新高,2009 年一举突破 1000 美元关口,一路攀升到一盎司 1664 美元的历史最高点;但是从 2012 年以来,黄金走势一直呈下降趋势,2015 年降到了 1060 美元,与历史最高点相差悬殊,波动幅度非常大(见表 2-8)。

表 2-8　　　　　　1950—2017 年国际市场黄金价格一览表　　　　　单位:美元/盎司

年份	黄金价格	年份	黄金价格	年份	黄金价格
1950	35	1955	35	1960	36
1951	35	1956	35	1961	35
1952	35	1957	35	1962	35
1953	35	1958	35	1963	35
1954	35	1959	35	1964	35

续表

年份	黄金价格	年份	黄金价格	年份	黄金价格
1965	35	1983	382	2001	277
1966	35	1984	308	2002	343
1967	35	1985	327	2003	417
1968	42	1986	391	2004	438
1969	35	1987	484	2005	513
1970	37	1988	410	2006	636
1971	44	1989	401	2007	834
1972	65	1990	385	2008	870
1973	112	1991	354	2009	1088
1974	187	1992	333	2010	1406
1975	140	1993	391	2011	1531
1976	135	1994	383	2012	1664
1977	165	1995	387	2013	1205
1978	226	1996	369	2014	1206
1979	512	1997	290	2015	1060
1980	590	1998	288	2016	1146
1981	398	1999	290	2017	1297
1982	457	2000	274		

资料来源：IMF International Financial Statistics, 2018; The London Bullion Market Association: Historical Statistics, 2014。

一方面，黄金价格的波动反映了国际货币体系的演变发展和国际金融市场的动荡，同时还与货币金融危机有直接的联系。比如：布雷顿森林体系崩溃后，黄金市场价格迅速突破100美元；2008年国际金融危机发生后，黄金价格急剧上涨，稳稳地站在1000美元之上。另一方面，黄金价格的涨跌与美元汇率变化及美元信誉有着直接的内在联系。从布雷顿森林体系建立到今天，黄金价格总体趋势是上涨的，从当年的黄金官价——1盎司35美元一路升至最高1600美元以上（见图2-1）。这说明，相比较黄金而言，美元一直在贬值，尤其是在发生重大金融危机时期，美元信誉就会大打折扣，人们对美元信心会大大下降。所以纵观历史，美元兑换黄金的价格就像跷跷板一样，每当美元信誉下降，黄金价格就会上涨；反之，黄金价格就会下降。这是国际金融市场与财富博弈的一个基本规律。

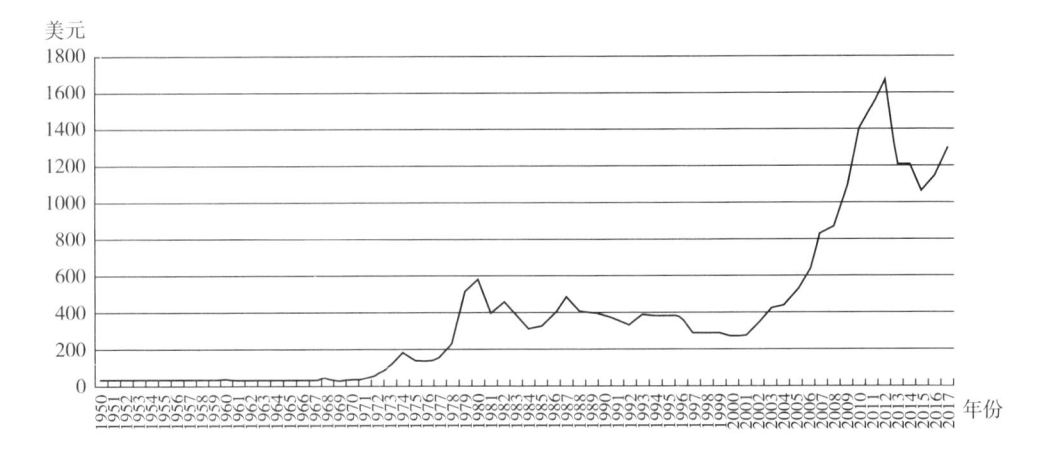

资料来源：IMF International Financial Statistics，2018；The London Bullion Market Association：Historical Statistics，2017。

图 2-1 1950—2017 年黄金年均价格走势

五、传统型与创新型国际金融市场

全球经济与贸易中心的形成为金融中心的建立奠定了基础，货币国际化则促进了金融国际化。当一国经济崛起，首先是成为贸易中心，进而发展成为金融中心。根据金融中心的交易工具和市场开放或管制的程度，可以将其划分为传统型和创新型国际金融市场。

(一) 传统型国际金融市场

传统型国际金融市场 (traditional international financial market) 也称为在岸金融市场 (onshore financial market)，是指经营国际金融业务，但必须受所在国政府政策与法令管辖的国际金融市场。其主要特征是，以市场所在国货币为交易媒介，交易主体为居民与非居民，受市场所在国政策法规严格管制。英国最早完成工业革命，经济得到快速发展，通过海外扩张积累了雄厚的资本实力，因而其货币英镑成为世界上最早的国际货币，也使伦敦率先发展成为近代国际金融中心。第二次世界大战后，美国崛起成为头号经济强国，由此美元取代了英镑，纽约也逐步演变成为全球重要的国际金融中心。随后又逐渐涌现了苏黎世、法兰克福、卢森堡和东京等主要国际金融中心。

(二) 新型国际金融市场

新型国际金融市场是相对于传统型国际金融市场而言，即参与市场交易的主体为非居民，计价货币属于离岸货币，管制政策宽松，主要是指一些离岸金融中心，是欧洲货币市场的延伸。目前，离岸金融市场模式主要有四种：以伦敦、香港为代表的内外一体化模式；以纽约、东京为代表的内外分离型模式；以巴哈马、开曼群岛为代表的簿记型模式和以新加坡为代表的渗透分离型模式。

内外一体型离岸金融市场是指直接利用境内现有金融系统开展离岸金融活动的离岸市场。离岸金融业务和境内金融业务混合经营，两个市场的资金和业务相互补充、相互渗透。允许非居民同时经营离岸业务和在岸业务。但境内金融系统的法律法规和监管规则基本上不针对离岸金融活动。从资金流向方面看，这类市场的资金流入和流出并不严格限制。对从体系外流入的资金不征收利息税，离岸资金也不实行存款准备金制度。内外一体型是最早出现的离岸金融市场模式（伦敦的欧洲美元市场）。

内外分离型离岸市场对离岸账户和在岸账户实施严格隔离，在既有的在岸金融体系之外建立独立的离岸金融体系。居民与非居民的存贷款业务分开，在岸交易与离岸交易分开，严格禁止资金在离岸账户与在岸账户间流动。这种类型的市场通常是管理当局人为创设的市场。美国国际银行设施（IBF）和日本离岸金融市场（JOM）均属于此种类型。

渗透型离岸金融市场介于内外混合型与内外分离型之间。在岸市场与离岸市场既不完全隔绝，又不完全联通。渗透型离岸金融市场以分离型为基础，离岸账户与在岸账户分立，居民交易和非居民交易基本上分开运作，但允许两个账户之间有一定程度的渗透。具体分为三种情况：第一，允许非居民账户所吸收的非居民存款向在岸账户贷放，但禁止资金从在岸账户流入离岸账户。目前，印度尼西亚雅加达、泰国曼谷、马来西亚纳闽岛的离岸金融市场以及新加坡"亚洲货币单位"（ACU）建立初期均属此类。第二，允许在岸账户资金向离岸账户流动，但禁止离岸账户向境内放贷，目前日本离岸金融市场即采取这种管理模式，目的是限制外国资本内流。第三，允许离岸账户与在岸账户之间双向渗透，即居民既可以用离岸账户投资，也可以用离岸账户获得贷款。目前的新加坡"亚洲货币单位"即属此种类型。

簿记型（或避税港型）离岸金融市场一般没有离岸资金实际交易活动，只是离岸金融机构注册和办理市场交易记账事务的场所，目的是规避母国的税收和监管。如在巴哈马首都拿骚，除交纳注册费和营业许可证费外，离岸银行各种离岸交易一律免税。它适用于经济规模较小、税赋轻、具备特殊条件的岛国和中小发展中国家和地区。该类型离岸金融市场对市场所在国经济发展的促进作用十分有限。典型的避税港型离岸金融中心包括加勒比海的英属维尔京群岛、开曼、巴哈马、百慕大、西萨摩亚、南太平洋的瑙鲁、英吉利海峡的海峡群岛及地中海的塞浦路斯岛等。

第二节 国际金融市场演变成因及作用

国际金融市场是随着国际经济交易的日益拓展而产生和不断发展的。从国际金融市场发展的空间上来看，国际金融市场起源于欧洲，后来扩展到美洲、亚洲，以及一系列离岸金融中心。从国际金融市场发展的内在逻辑上来看，先短期后长期，先基础金融产品交易，后衍生金融产品交易市场；从国际金融市场发展的路径上来看，相继经历了货币市场、资本市场、外汇市场、黄金市场及衍生产品交易市场。

一、国际金融市场演变发展

西班牙、葡萄牙、荷兰、意大利等西方资本主义强国崛起，形成了阿姆斯特丹、威尼斯等早期国际金融市场。18世纪中后期，英国率先完成工业革命，成为西方工业国家实力最强的霸主，经济得到迅速发展，海外贸易迅速扩张，从海外殖民地掠夺了巨额财富，资金实力雄厚，英镑（GBP）也逐渐成为世界主要货币。金本位的建立确立了英镑本位的国际货币制度，使英镑成为最早的世界第一大货币，伦敦率先发展为现代意义上的国际金融中心。第二次世界大战以后，英国经济力量大为削弱，而美国一跃成为世界最强的工业化国家，经济贸易地位世界第一，拥有世界上最多的黄金。随着布雷顿森林体系建立，形成了"双挂钩"的国际货币制度，使美元取代英镑成为世界第一大货币，纽约便发展成为世界重要的国际金融中心。随着西欧经济从二战后逐步恢复发展，继伦敦和纽约之后又兴起一批国际金融中心，如苏黎世、卢森堡、法兰克福等。亚太地区的日本也迅速崛起，使东京成为与伦敦、纽约并驾齐驱的三大国际金融中心之一，全球形成了多元国际金融中心的格局。20世纪50年代欧洲货币市场出现以后，经历了30余年的发展，离岸金融中心（欧洲货币市场）得到了迅速扩张，从欧洲发展到亚洲，又到拉丁美洲广大地区，先后出现了新加坡亚洲美元市场、中东巴林、科威特石油美元市场、香港、东京离岸金融中心、中美洲的巴哈马、开曼群岛、英属维尔京群岛等离岸市场，以及美国的国际银行便利"IBF"①。

二、国际金融市场形成条件及发展原因

国际金融市场通常是由分布于全球的国际金融中心组成的。国际金融中心（international financial center）是指国际金融业务和交易活动高度集中的地区。国际金融中心最直接的功能是提供融资与投资场所，由此演化出其他基本功能，如国际范围的金融价格发现、经济信息聚散、资金清算、金融风险管理、金融创新及其传播功能等。

从一般意义上讲，国际金融市场形成条件主要包括：对外开放与政局稳定、较强国际经济实力与活力、政策宽松外汇管制放开、国内金融市场发达、与国际金融市场接轨、地缘关系良好、高素质国际金融人才队伍等。纵观历史，国际金融市场演变发展的原因还需要从更深层次加以分析。

1. 国际经济发展的客观要求。第二次世界大战后，国际经济发展的一个重要特点是各国经济相互依存关系加深，经济日益走向国际化。一方面，世界贸易的增长速度超过了世界生产的增长速度；另一方面，跨国金融交易迅速超过实体经济贸易交易规模，尤其是外汇交易规模巨大。这些客观上要求国际金融市场与实体经济和虚拟经济发展相适应。

2. 货币国际化与资本国际化的动力驱使。货币国际化是国际金融市场发展的前提。历史上，英国凭借其强大的"日不落帝国"的经济地位，使英镑率先成为国际货币，伦敦演变成为国际金融中心。布雷顿森林体系建立以后，美元站在黄金巨人肩膀上成为全球关键货币，纽约变成全球金融中心，华尔街成为国际资本市场之魁。资本国际化是国际金融市场迅速膨胀的动力。资本的逐利本性决定了其对经济贸易中心投机获利趋之若

---

① "IBF"是国际银行便利的英文缩写，即美国允许境内商业银行设立账户来结算非居民交易。

鹜。无论是传统型国际金融中心，还是创新型离岸金融中心，都是资本交易最活跃的地方。

3. 国际经济金融一体化加强的直接结果。20世纪50年代末60年代初，各国金融市场陆续出现。在金融国际化浪潮影响下，金融创新及科技进步促使各地金融市场联系日益密切，影响逐步加深，逐步形成统一的、全球性的、开放的金融市场。各国金融机构跨国经营促进了各国金融市场的相互关联，金融市场交易的地理障碍消除，国际金融市场资金清算系统日益完备。各金融市场之间关联加深极大地提高了各国金融市场之间的金融交易效率，交易规模迅速增长。国际金融中心价格发现机制，即利率与汇率决定机制的相互影响，导致国际金融市场一体化程度加深。

4. 金融管制放松与金融自由化的直接推动。20世纪80年代以来，全球掀起了放松金融管制和金融自由化的高潮，极大地促进了金融市场的开放和自由化发展。各国金融自由化的措施直接推动了国际金融市场一体化的进程。金融自由化包括利率自由化、汇率自由化、银行业务自由化、金融市场自由化、资本流动自由化等。

5. 现代通信技术和网络技术的创新运用。现代通信技术、计算机技术的进步和互联网技术的推广运用，使国际金融市场交易突破了时空限制，大大降低了交易成本，提高了资本运作效率。

三、国际金融市场的作用

（一）国际金融市场的积极作用

1. 实现金融资源全球配置。通过国际金融市场实现大规模的国际资本运作，合理高效地配置金融资本，促进生产、贸易和资本国际化。国际金融市场拓宽了融资渠道，从货币市场到资本市场，从短期信贷到长期信贷，从间接融资到直接融资，各种融资工具创新不断，为资本筹集者提供了丰富多样的融资工具。

2. 调节国际收支。无论国际收支顺差还是逆差，均可以通过国际金融市场进行调节，既可以自动调节，也可以主动调节。国际收支顺差降低外币汇率和本币利率，资本输出；国际收支逆差提高外币汇率和本币利率，资本流入。国际收支逆差时，还可以动用外汇储备，如果储备资产不足，可以通过国际金融市场融资解决。

3. 规避金融风险。国际经济交往中，各经济利益主体面临的主要风险是汇率风险、利率风险、信用风险以及其他风险等。国际金融市场为管理这些风险提供了便利，包括各种套期保值的金融交易工具、规避转移风险的各种金融交易，以及管理风险的衍生金融工具。

（二）国际金融市场的消极作用

1. 为投机资本提供便利。开放经济体面临的国际游资冲击主要是通过国际金融市场交易机制实现的。国际金融投机主体拥有规模庞大的短期投机性资本，投机行为的主要目的是利用非正常的投机手段，获得正常投资收益以外的资本利益。投机资本的基本特征是短、频、快，来势凶猛，当其规模庞大到足以对特定的市场形成基本控制程度时，投机行为就会对金融市场产生直接冲击，导致一国金融市场动荡。这些投机资本运作都是通过货币市场、资本市场、外汇市场及衍生金融产品交易市场完成的。

2. 产生多米诺骨牌效应。多米诺骨牌效应是指在金融全球化背景下，国际金融市场一体化趋势加强，金融市场之间的联系日益密切，一旦某个市场出现风险就会迅速蔓延到其他市场。这主要是因为国际金融市场一体化加快了金融信息传递的速度，扩大了金融信息传递的范围，提高了金融市场效率。

3. 削弱了宏观经济政策的自主性。一国宏观经济政策主要是服务于国内经济增长、充分就业、物价稳定和国际收支均衡。在开放经济条件下，由于国际游资冲击、多米诺骨牌效应等影响，宏观经济政策往往陷入两难困境。为了抑制经济过热，政府通常采取紧缩的货币政策，提高利率，但这样又往往会导致资本流入，紧缩效应下降；反之，如果采取扩张的货币政策会导致利率下降，资本流出，刺激经济目标无法实现。因此，蒙代尔才提出"有效政策指派原则"，赋予货币政策调解外部经济、财政政策主要服务于内部经济目标的政策选择模式。

四、国际金融市场发展趋势及挑战

进入 21 世纪以来，世界经济环境发生了巨大变化，"9·11"恐怖袭击发生以后，美国采取了连续降息和刺激房贷的政策，为次贷危机埋下了隐患。2005 年以后，美联储不断加息，再贴现率达到历史高点，终于在 2007 年酿成了次级抵押贷款危机。2008 年雷曼兄弟公司倒闭以后，次贷危机又演变成为国际金融危机。为了应对国际金融危机，主要经济体的宏观经济政策都纷纷走向极端的扩张政策，如日美量化宽松政策；加之欧洲主权债务危机的爆发，对全球经济带来诸多不确定性，也对国际金融市场产生了不可估量的影响。在这种背景下，国际金融市场的发展演变呈现出三个方面的趋势特征：

首先，全球金融市场的货币格局发生变化。未来美元主导的世界货币格局将发生很大变化，美元霸主地位将受到挑战，欧元根基一直不牢固，日元、英镑市场份额将相对下降，新兴经济体主要货币国际地位将会大幅度上升，如人民币在国际经济交易中发挥的作用将越来越大。因此，国际金融市场中货币市场、外汇市场和资本市场的交易中，人民币等新兴经济体货币所占的份额将不断上升。

其次，国际金融市场中心向亚太地区（中国）转移。随着中国自贸区建设、"一带一路"倡议实施、亚洲基础设施投资银行设立等，新型离岸金融中心必将在中国崛起，上海、北京、深圳等金融发达的城市都将成为全球有影响力的国际金融中心。

最后，国际金融市场虚拟化、网络化趋势加强。20 世纪 90 年代以来，电子货币与网络银行出现，金融业进入一个崭新的时代。1995 年美国推出"第一安全网络银行"，标志着传统物理银行时代的终结。21 世纪已经进入互联网金融时代，将来的国际金融中心或许不以高楼大厦集聚的金融中心而论，代之而起的是虚拟空间里的金融交易机制，互联网突破了时空限制，将国际金融市场置于虚拟空间之中是不可避免的趋势。

展望 21 世纪上半叶，国际金融市场面临的挑战主要表现在：

首先，全球经济进入绿色经济时代，传统的化工能源将被新型清洁能源、绿色能源取代，可持续发展已经成为时代主旋律。金融生态环境发生了巨大变化，金融市场服务领域与服务对象也应随之调整，金融创新也必然出现新的趋势，如低碳金融、赤道原则在项目融资中的应用等。

其次，"互联网+"将彻底重塑国际金融市场运行模式。互联网虽然已经在金融业中广泛地应用，但是这还远远不够，互联网在金融工具和金融服务创新方面应用潜力十分巨大，国际化、差异化、个性化的投资理财、保险服务产品创新将层出不穷。金融交易大众化、普及化是必然趋势，看似高深莫测的金融交易不再是少数金融专业人员的"专利"。

最后，国际金融市场面临各种外部冲击。2015年以来，全球潜在的八大"黑天鹅"事件包括全球突发经济危机、克鲁格曼与众不同地预言美联储2015年不加息、欧盟"分家"、受制于产量有限而使油价由深度潜水逆转为暴涨、网络安全大战、恐怖主义猖獗，甚至战争危机。这些事件中的任何一件都会对国际金融市场产生重要的影响。由此可见，未来国际金融市场面临的环境非常复杂，充满变数。

第三节　国际资本流动

国际金融市场是伴随着国际资本流动不断演变发展的。国际资本流动（international capital flows）是指一国（资本输出国）居民向另一国（资本输入国）居民提供贷款或向其购买财产所有权。国际资本流动的研究范畴主要包括四个方面：一是国际资本流动的规模、方向和形式；二是国际资本流动机制；三是国际资本流动的原因；四是国际资本流动的影响。国际资本流动包括资本输出和资本输入两方面，涉及实体经济和虚拟经济两大领域，又分为国际直接投资和国际间接投资。国际资本流动的载体是各种各样的投融资工具，如信贷、有价证券等。

一、国际资本流动内涵及特点

国际资本流动是指资本在国际间转移，即资本在不同国家或地区之间作单向、双向或多向流动，具体包括国际信贷、跨国投资、债务或债权的增加减少、利息收支、出口信贷、外汇买卖、证券发行与流通等。

（一）资本的本质及其特点

马克思指出，资本是带来剩余价值的价值，简而言之，资本是能生出货币的货币，即货币转化为投资，便成为资本。一般意义上讲，资本是指一切投入再生产过程的有形资本、无形资本、金融资本和人力资本。资本的本质是增殖性，追求剩余价值、利润最大化。资本的特点是高流动性，为了追求最高收益穿越时空，资本无国界。

（二）国际资本分类

国际资本按照不同的分类标准可以划分为不同类型。根据资本的使用期限长短，可将其分为长期资本和短期资本两大类。长期资本是指使用期限在一年以上的资本，包括国际直接投资、国际证券投资和国际贷款三种主要方式；短期资本是指期限为一年或一年以内的资本，包括短期信贷、同业拆借、贴现以及短期有价证券等。根据资本投资的目的，可将其分为实物资本与金融资本，还可以分为投资获利资本与投机获利资本。

(三) 国际资本流动流向

资本流动是一种不可逆转性的资金运动过程，流动方向呈单向性、双向性和多向性。国际资本流动是以追求剩余价值为目的的，超越于国界或经济体的资本输出输入。国际资本流动的主体以国际金融机构、主权国家、跨国公司和跨国金融机构以及机构投资者为主。

国际资本流动可以通过国际资本流入和国际资本流出两个指标进行衡量。国际资本流入是指外国资本流入本国，即外汇流入，主要表现为：(1) 外国在本国的资产增加；(2) 外国对本国的负债减少；(3) 本国对外国的债务增加；(4) 本国在外国的资产减少。

国际资本流出是指本国资本流到外国，即本国资本对外输出，外汇流出增加，主要表现为：(1) 外国在本国的资产减少；(2) 外国对本国的债务增加；(3) 本国对外国的债务减少；(4) 本国在外国的资产增加。

二、国际资本流动形式

国际资本流动是伴随着各种融资工具及其载体创新产生的，即以资本流动载体进行流动的，形式多样，品种丰富，包括对外直接投资、国际证券投资及国际信贷等形式。

(一) 对外直接投资

1. 对外直接投资含义。对外直接投资（FDI），亦称国际直接投资，是指一国的自然人、法人或其他经济组织单独或共同出资，在东道国境内创立新企业，或增加资本扩展原有企业，或收购现有企业，并且拥有有效管理控制权的投资行为。对外直接投资是指投资者以控制企业部分产权、直接参与经营管理为手段，以获取利润为主要目的的资本对外输出。对外直接投资可分为创办新企业和控制外国企业股权两种形式。创办新企业（绿地投资）指投资者直接到国外进行投资，建立新厂矿或子公司和分支机构，以及收购外国现有企业或公司等，从事生产与经营活动。而控制外国股权是指购买外国企业股票并达到一定比例，从而拥有对该外国企业进行控制的股权。最新的对外直接投资的形式是以利润进行再投资，就是指投资者把通过直接投资所获得的利润的一部分或全部用于对原企业的追加投资。这种形式的直接投资，随着国际投资的深入，越来越成为直接投资的重要形式。

2. 对外直接投资特点。对外直接投资与其他投资相比，具有实体性、控制性、渗透性和跨国性的重要特点。具体表现在：

(1) 对外直接投资是长期资本流动的一种主要形式，它不同于短期资本流动，它要求投资主体必须在国外拥有企业实体，直接从事各类经营活动。

(2) 对外直接投资表现为资本的国际转移和拥有经营权的国际资本流动两种形态，既有货币投资形式又有实物投资形式。

(3) 对外直接投资是取得对企业经营的控制权，不同于间接投资，主要是通过参与、控制企业经营权获得利益。

(4) 对外直接投资规模日益扩大,由单向流动变为对向流动,发展中国家对外直接投资日趋活跃,区域内相互投资日趋扩大,对外直接投资部门结构存在重大变化,跨国并购成为一种重要的投资形式。

3. 对外直接投资运作模式。一般而言,对外直接投资形式主要是绿地投资和并购,包括独资、合资、合作、股权购买等。其主要运作模式包括以下三种类型:

(1) 横向型投资。对同样或相似产品的企业投资,一般运用于机械制造业、食品加工业。

(2) 垂直型投资。对同一行业的相关产品和行业进行投资,一般为汽车、电子行业,有关联的产品,多见资源开采、加工行业。

(3) 混合型投资。对生产完全不同产品的行业或不相关的行业进行投资,目前只有少数巨型跨国公司采取这种方式。

4. 对外直接投资的原因。根据世界经济结构的特征,对外直接投资应是一种与经济结构变动相适应的资本流动。具体表现为:

(1) 要素(资源与劳动)驱动阶段的国家,吸引的一般都是属于资源导向型或劳动力导向型的外国投资。

(2) 当一个国家处于劳动驱动阶段向投资驱动阶段过渡时期,主要在资本品和中间品产业中吸收外资;与此同时,在劳动密集的制造品产业中,会产生向低劳动成本国家的对外直接投资。

(3) 从投资驱动阶段向创新驱动阶段过渡时期,将会在技术密集产业吸引国外直接投资;与此同时,在中间品产业中会发生对外直接投资。

(二) 国际证券投资

国际证券投资(international portfolio investment)又称为国际间接投资(international indirect investment),是指以资本增殖为目的,以取得利息或股息等收益,以有价证券为投资对象的跨国投资。国际证券投资主要表现为在国际债券市场购买中长期债券,或在外国股票市场上购买企业股票的一种投资活动。国际证券市场的投资者和筹资者包括国际金融机构、政府、跨国企业及个人。一国居民在国际证券市场上买进有价证券,意味着国际资本流出;反之,在国际证券市场卖出有价证券,就意味着国际资本流入。

国际证券投资的主要特点是对筹资者的经营活动无控制权、流动性强、波动性风险不确定、虚拟性与增值性等。影响国际证券投资的因素主要是利率差、汇率变动、宏观经济政策、风险预期、外债状况等。

1. 国际股票。国际股票(international shares)是指一国居民在境外使用外币发行和交易的有价证券。国际股票的发行者和交易者、发行地和交易地及计价币种具有分离性。国际股票的类型多种多样,国际股票一般在外国发行,直接以当地货币为计价货币并在当地上市交易。以我国为例,在香港上市发行交易的股票为 H 股,在新加坡发行的股票为 S 股,在纽约上市发行的股票为 N 股。

2. 国际债券。国际债券(international bonds)是一国居民(政府、金融机构、工商企业等)在国外金融市场上发行的,以外国货币为计价货币的债券。国际债券的基本特征是发行者和投资者属于不同的国家，筹集的资金来源于国外金融市场。国际债券分为两大类：外国债券和欧洲货币债券。

外国债券（foreign bonds）是指一国居民在其本国以外的某一个国家发行的，以发行地所在国的货币为计价货币的债券。如非美国人在美国以美元计价发行的外国债券称为美元外国债券或扬基债券；非日本人在日本以日元计价发行的外国债券称为日元或武士债券。又如2005年我国开始允许境外金融机构使用人民币计价发行的熊猫债券。[①] 外国债券属于传统国际金融市场业务，它的发行必须经发行地所在国政府批准，并受该国金融法令的严格监管。

欧洲货币债券（Euro currency bonds）是指一国居民在本国以外的金融市场上，以离岸货币计价，并且在该计价货币国之外的金融市场（离岸市场）发行的债券。如在美国以外使用离岸美元计价发行的债券称为欧洲美元债券；在日本以外使用离岸日元计价发行的债券称为欧洲日元债券。欧洲货币债券发行依托于遍布全球的离岸金融市场，市场准入门槛低，管制松，交易自由灵活，债券品种不断创新，发行规模大，具有典型的批发性。外国债券和欧洲货币债券的主要区别是计价货币和债券发行市场以及管制不同。

（三）国际信贷

国际信贷（international credit）是一国居民向非居民使用外币计价，按约定利率和约定期限，以还本付息方式进行的国际资本借贷交易活动。国际信贷是国际资本流动的重要方式，主要包括外国政府贷款、国际金融机构贷款、国际商业信贷以及出口信贷等。

1. 外国政府贷款。外国政府贷款（foreign government loans）是指一国政府向另一国政府提供的、以外币计价、按照约定的利率和期限安排的融资活动。外国政府贷款通常安排一定赠与性质的优惠贷款，是一种政府间双边或多边的信贷活动。外国政府贷款主要用于公共基础设施、环境保护等非营利项目。

外国政府贷款的主要特点是主权性，属于国家主权外债；贷款条件优惠程度大，含软贷款和赠与；贷款受限制性采购条款制约；贷款用途限制投向；具有官方援助性质。

2. 国际金融机构贷款。国际金融机构贷款（loans from international financial institutions）是由一些国际性金融机构向成员国提供的信贷资金，旨在帮助成员国开发资源、发展经济、提高社会福利水平、平衡国际收支等。国际金融机构贷款主要由国际货币基金组织（IMF）、世界银行、亚洲开发银行（ADB）等全球性和区域性国际金融组织提供。

国际金融机构贷款的主要特点是贷款期限长，有宽限期；审查严格，手续繁多；利率水平低；贷款用于特定项目；具有主权性。

3. 国际商业信贷。国际商业信贷（international commercial credit）是指由跨国银行

---

① 根据国际惯例，国外金融机构在一国使用本币计价发行的债券时，一般以该国最具特征的吉祥物命名。我国将国际多边金融机构在华发行的人民币计价债券命名为"熊猫债券"，属于外国债券的一种。2005年10月，国际金融公司（IFC）和亚洲开发银行（ADB）分别获准在我国银行间债券市场分别发行了以人民币计价的熊猫债券11.3亿元和10亿元。

提供的，按照双方约定的利率和期限安排的借贷活动。国际商业信贷是以市场利率进行借贷交易，以盈利为目的的融资行为。国际商业信贷种类丰富多样，主要以银团贷款为主。国际商业信贷的特点主要表现为：筹资方式灵活多样；资金投向无限制性要求；手续简便，附加条件少；利率水平较高；风险较大等。

4. 出口信贷。出口信贷（export credit）是一国政府为支持和扩大本国大型设备等产品的出口，增强国际竞争力，对出口产品给予利息补贴、提供出口信用保险及信贷担保，鼓励本国的银行或非银行金融机构对本国的出口商或外国的进口商（或其银行）提供利率较低的贷款，以解决本国出口商资金周转的困难，或满足国外进口商对本国出口商支付货款需要的一种国际信贷方式。出口信贷可根据贷款对象的不同分为出口卖方信贷（supplier's credit）和出口买方信贷（buyer's credit）。

（四）短期国际资本流动

短期国际资本流动（short-term international capital flows）是指期限为一年或一年以内流动性较强的资本的流入与流出。这些短期国际资本一般借助于有关的信用工具，如短期信贷、债券、票据、存单等，通过贴现、拆借等交易方式实现资本的跨国流动，具体形式包括贸易资本流动、银行资本流动、规避风险性资本流动、投机性资本流动（"热钱"，hot money）等。短期国际资本流动的特点是流动性强、投机攻击性、流动规模大、突发性、短时间内聚集、冲击性强等。

三、国际资本流动基本原因

国际资本流动的因素复杂多样，长期资本流动与短期资本流动的因素差异性较大，既有基本因素，又有突发性因素。引起长期国际资本流动的根本原因是世界生产力的发展与国际分工的不断深化，短期资本流动的根本原因就是投机获利。

（一）影响国际资本流动的基本因素

1. 国际收支顺差与逆差。当一国国际收支顺差，外汇收入大于外汇支出，对该国货币需求增加，该国货币对外升值，基于升值预期通常会产生资本流入。当一国国际收支逆差，外汇收入小于外汇支出，该国货币对外贬值，为了规避贬值的损失通常会产生资本流出。

2. 汇率变化。汇率的变化会引起国际资本流动。一国货币汇率有升值预期会引起资本流入，尤其国际资本流入增加；反之，预期该国货币汇率下降，会导致资本流出。同时，汇率波动会引起套汇交易，资本由汇率低的市场向汇率高的市场流动，并伴随着大规模的货币替代交易。20世纪70年代以来，随着浮动汇率制度的普遍建立，主要国家货币汇率波动的频率与幅度都比较大。如果一个国家货币汇率持续上升，则会产生兑换需求，从而导致国际资本流入；如果一个国家货币汇率不稳定或下降，资本持有者可能预期到所持的资本实际价值将会降低，则会把手中的资本或货币资产转换成他国资产，从而导致资本向汇率稳定或升高的国家或地区流动。

3. 利率水平。在一般情况下，利率与汇率呈正相关变动关系。一国利率提高，其汇率也会上浮；反之，一国利率降低，其汇率则会下浮。例如，1994年美元汇率下滑，为此美国连续进行了 7 次加息,以期稳定汇率。尽管加息能否完全见效,取决于各种因素,但加息确实已成为各国用来稳定汇率的一种常用方法。当然,利率、汇率的变化,伴随着的是短期国际资本(游资或"热钱")的经常或大量的流动。

4. 通货膨胀率。通货膨胀往往与一个国家的财政赤字有关。如果一个国家出现了财政赤字,该赤字又是以发行纸币来弥补,必然增加了对通货膨胀的压力,一旦发生了严重的通货膨胀,为减少损失,投资者会把国内资产转换成外国债权。如果一个国家发生了财政赤字,而该赤字以出售债券或向外借款来弥补,也可能会导致国际资本流动。因为,当某个时期人们预期到政府又会通过印发纸币来抵偿债务或征收额外赋税来偿付债务,则又会把资产从国内转往国外,引起资本流出。

5. 资本逐利性。增值性是资本运动的内在动力,利润驱动是各种资本输出的共有动机。当投资者预期到一国的资本收益率高于他国时,资本就会从他国流向这一国;反之,资本就会从这一国流向他国。此外,当投资者在一国所获得的实际利润高于本国或他国时,该投资者就会增加对这一国的投资,以获取更多的国际超额利润或国际垄断利润,这些也会导致或加剧国际资本流动。在逐利机制的驱动下,资本从获利低的国家或地区流向获利高的国家或地区是国际资本流动的基本规律。

(二) 影响长期资本流动的因素

1. 资本过剩。过剩资本实质上是指相对的过剩资本。随着资本主义生产方式的建立,资本主义劳动生产率和资本积累率的提高,资本积累迅速增长,在资本的特性和资本家唯利是图本性的支配下,大量的过剩资本就被输往国外,追逐高额利润,早期的国际资本流动就由此而产生了。随着资本主义的发展,资本在国外获得的利润也大量增加,反过来又加速了资本积累,加剧了资本过剩,进而导致资本对外输出规模的扩大,加剧了国际资本流动。近 20 年来,国际经济关系发生了巨大变化,国际资本、金融、经济等一体化趋势有增无减,加之现代通信技术的发明与运用,资本流动方式的创新与多样化,使当今世界的国际资本流动频繁而快捷。总之,过剩资本的形成与国际收支大量顺差是早期也是现代国际资本流动的一个重要原因。

2. 吸引外资的政策。无论是发达国家,还是发展中国家,都会不同程度地通过不同的政策和方式来吸引对外直接投资,以达到发展本国经济的目的。发达国家是利用对外直接投资的主要经济体,例如,美国是全球最大的利用对外直接投资和对外投资的经济体。发展中国家经济比较落后,迫切需要资金来加速本国经济的发展,因此,往往通过开放市场、提供优惠税收、改善投资软硬环境等措施吸引外资的进入,从而增加或扩大了对国际资本的需求,引起或加剧了国际资本流动。例如,中国是利用对外直接投资最多的发展中国家。[①]

3. 追求全球经济利益最大化。资本跨国流动的目的是在全球范围内追逐利益最大化。长期资本流动可以增加世界经济的总产值与总利润,并使之最大化。因为,资本在

---

① 根据联合国贸发会议《2019 世界投资报告》,2018 年中国利用对外直接投资(FDI)总量达 1390 亿美元,稳居全球第二大流入国之位,仅次于美国。

国际间进行转移是由于资本输出的盈利大于资本留守在国内投资的盈利，资本输出为资本输出国创造的产值大于资本输出国因资本流出而减少的总产值。长期国际资本流动在追求利益最大化过程中有利于促进全球经济增长和财富增加。

4. 经济国际化的客观要求。生产国际化、市场国际化和资本国际化，是世界经济国际化的主要标志。这三个国际化之间互相依存、互相促进，推动了整体经济的发展。第二次世界大战后，资本流动的国际化已经形成一个趋势。尤其是20世纪80年代以来，国际资本流动加速了经济全球化和国际化进程。全球金融市场的建立与完善，高科技的发明与运用，新金融主体的诞生与金融业务的创新，以及知识的累积、思维的变化等，这些都使资本流动规模大增、流速加快、影响更广，而其所创造的雄厚的物质基础，又反过来推动生产国际化与市场国际化。

5. 货币信用体系国际化程度加深。货币信用工具不断创新，加快了资本在全球的流动速度，如以借贷形式和证券形式为代表的国际资本流动，已经渗入世界经济的各个角落。国际资本流动主体日益多元化，多种货币共同成为国际支付手段。资本在国际间的转移，促使金融业尤其银行业在世界范围内广泛建立，银行网络遍布全球，同时也促进了跨国银行的发展与国际金融中心的建立。这些都表明，一方面，国际货币信用体系的完善，有利于国际资本流动；另一方面，国际资本流动又使货币信用体系国际化程度不断加深，全球外汇市场、货币市场、资本市场等已经成为信用发达、连续不间断的全球性交易体系。

（三）影响短期资本流动的因素

影响短期资本流动的因素具有偶发性、突然性，如偶发事件、金融危机、政治丑闻、宏观经济政策调整、战争风险、新闻舆论、谣言等，都有可能对短期资本流动产生预期，导致短期资本在短期内大规模流入或者流出。

1. 金融危机是导致短期资本流动的主要因素。历史上发生的金融危机都伴随着国际短期资本的大规模流动，其目的要么是投机获利，要么是转移规避风险。投机者基于对市场走势的判断，以追逐投机高利为目的，刻意打压某种货币而抢购另一种货币，导致有关国家货币汇率的大起大落，进而加剧投机，汇率进一步动荡，形成恶性循环，投机者则在"乱"中牟利。例如1992年的欧洲货币危机、1997年的东南亚金融危机，都遭到了国际游资的投机攻击，以索罗斯为代表的国际投机家大获其利。

2. 扰乱金融市场和宏观经济。投机者往往不是以追求盈利为目的，而是基于某种政治理念或对某种社会制度的偏见，在短期内动用大规模资金对某种货币进行刻意打压，由此阻碍、破坏该国经济的正常发展。但无论哪种投机，都会在短期内导致资本的大规模外逃，并会导致该国经济的衰退。一般情况下，一国经济状况恶化，国际炒家就会更倾向于恶意炒作，造成汇市股市暴跌、资本加速外逃、政府官员下台，进而加速一国经济衰退。

3. 政府宏观经济政策预期。政府对资本市场和外汇市场的干预以及人们的心理预期等因素，都会对短期资本流动产生极大的影响。一方面，利用市场汇率的变动，进行投机性外汇买卖；另一方面，利用利率的变动或国别利率的差异，将资本从利率较低的国家调往利率高的国家,以牟取利差收益。这种资本流动的前提是两国货币汇率比较稳定,即在无汇率风险的前提下,通过资本流动赚取利差。还可以利用国际金融市场上证券价格的变动,调动短期外汇资金,参与证券买卖,贱买贵卖以牟取利润。

此外,政治风险、经济风险、战争风险也是影响国际资本流动的重要因素。政治风险是指由于一国的政治投资气候恶化而可能使资本持有者所持有的资本遭受损失。经济风险是指由于一国投资条件发生变化而可能给资本持有者带来的损失。战争风险是指可能爆发或已经爆发的战争对资本流动造成的可能影响。

四、国际资本流动的影响

长期国际资本流动是指期限在一年以上的资本流入与流出,相对比较稳定,有利于经济发展、促进就业,是国际资本流动的重要方式。短期资本流动是投资期限在一年以内的资本流动形式,变化起伏大,不利于一国经济和金融市场稳定。

(一)长期资本流动的影响

长期国际资本流动对资本输出国、资本输入国以及国际经济的影响各不相同。长期资本流动追求的是长期利益,期限长、数量大,对经济的长期稳定和持续发展影响较大。

1. 对资本输出国影响。长期资本流动提高资本的边际收益;有利于占领世界市场,促进商品和劳务的输出;有助于克服贸易保护壁垒;有利于提高国际地位。在一般情形下,长期资本流动对资本输出国的影响有积极与消极两个方面。

(1)积极影响。第一,提高资本的边际效益。长期资本输出国一般是资本较充裕或某些生产技术具有优势的国家。这些国家由于总投资额或在某项生产技术领域的投资额增多,其资本的边际效益就会递减,由此使新增加的投资的预期利润率降低。如果将这些预期利润率较低的投资额投入资本较少或某项技术较落后的国家,便可提高资本使用的边际效益,增加投资的总收益,进而为资本输出国带来更可观的利润。第二,可以带动商品出口。长期资本输出会对输出国的商品出口起推动作用,从而增加出口贸易的利润收入,刺激国内的经济增长。如某些国家采用出口信贷方式,使对外贷款(即资本输出)与购买本国的成套设备或某些产品相联系,从而达到带动出口的目的。第三,可以迅速地进入或扩大海外商品销售市场。第四,可以为剩余资本寻求出路,生息获利。第五,有利于提高国际地位。资本输出,一般来说意味着该国的物质基础较为雄厚,更有能力加强同其他国家的政治与经济联系,从而有利于提高自己的国际声誉或地位。

(2)消极影响。一方面,资本输出国必须承担资本输出的经济和政治风险。当今世界经济和世界市场错综复杂,资本输出投资方向错误,就会产生风险。此外,还得承担投资的政治风险,这体现在资本输入国发生政变或政治变革,就可能会实施不利于外国资本输出的法令,如没收投资资本,甚至拒绝偿还外债等。在国际债务历史上,曾经发生过个别国家因陷入债务危机而停止还债的现象。另一方面,会对输出国经济发展造成压力。在货币资本总额一定的条件下,资本输出会使本国的投资下降,从而减少国内的就业机会,降低国内的财政收入,加剧国内市场竞争,进而影响国内的政治稳定与经济发展。

2. 对资本输入国的影响。对资本输入国而言，长期资本流动能缓和资金短缺的困难；提高工业化水平；扩大产品出口数量；提高产品的国际竞争能力；增加新兴工业部门和第三产业部门的就业机会，缓解就业压力。长期资本流动对资本输入国的影响也分为积极和消极两个方面。

（1）积极影响。首先，弥补输入国资本不足。一个国家获得的间接融资，通过市场机制或其他手段会流向资金缺乏的部门和地区；获得的直接融资，则在一定程度上会弥补国内某些产业资金不足的问题，促进经济发展。其次，资本输入国可以引进先进技术与设备，获得先进的管理经验。长期资本流动中直接投资所占比例很大，该投资能给输入国直接带来技术、设备，甚至是管理经验。因此，只要输入得当、政策科学，资本输入无疑会提高本国的劳动生产率，增加经济效益，加速经济发展进程。再次，可以增加资本输入国的就业机会和财政收入。资本输入的目的，在很大程度上是用来创建新企业或改造老企业，这对发达国家或发展中国家都是如此。而这样做，就有利于增加就业机会、增加国民生产总值，进而有利于增加国家财政收入，提高国民的生活水平。最后，可以改善资本输入国的国际收支。一方面，输入资本，建立外向型企业，实现进口替代与出口导向，就有利于扩大出口，增加外汇收入，进而起到改善国际收支的作用；另一方面，资本以现金形式进入，也可能形成一国国际收支的来源。

（2）消极影响。其一，资本输入可能会引发债务危机。一国若输入资本过多，超过本国承受能力，则可能会出现无法偿还债务的情况，导致债务危机的爆发。其二，资本输入可能使本国经济陷入被动境地。资本输入过多，管理又不善，不能使本国经济发展获得后劲，输入国就会对外国资本产生很强的依赖性。一旦外国资本停止输入或抽走资本时，本国经济增长就会突然下降或者停滞，甚至使本国的政治主权受到侵犯。其三，资本输入可能会加剧国内市场竞争。大量外国企业就地销售产品，必然会使国内市场竞争加剧，从而使国内企业的发展受到影响。

（二）短期资本流动的影响

在短期资本流动中，贸易性资本流动和金融性资本流动比较稳定，并且其影响相对较小，而投机性资本则受国际金融界和各国货币当局所关注，原因在于其流动规模巨大，变化速度快，对一国乃至世界经济金融造成的影响深刻而复杂。短期资本流动对国内经济的影响主要体现在对国际收支、汇率、货币政策、国内金融市场的影响方面。短期投机资本对世界经济产生的影响主要体现在对国际经济和金融一体化进程的影响，对国际货币体系的影响，对国际金融市场的影响，对资金在国际间配置的影响等方面。

短期资本流动对活跃国际金融市场，使资本在全球范围内得到配置，熨平价格有一定的积极作用，但同时，短期资本一旦展开投机攻击，则具有极强的破坏性，其负面影响往往更大。

1. 加剧国际金融市场不稳定性。国际短期资本大规模、集中突然流动，会对国际金融市场产生剧烈的冲击。由于国际投机资本在各国间的迅速转移，使得国际信贷流量变得不规则，国际信贷市场风险加大。国际投机资本所推动的衍生金融产品交易以及汇率、利率的大幅震荡使得金融工具的风险加大,国际金融市场利率和汇率波动幅度较大,货币市场、外汇市场、资本市场交易呈现不规则变化。

2. 误导国际资本配置。由于国际投机资本的盲目投机性,会干扰市场的发展,就会误导有限的经济资源配置,从而相应提高国际经济平稳运行的成本。国际投机资本在国际金融市场的投机活动会造成各种经济信号的严重失真,阻碍资金在国际间合理配置,不利于世界经济的发展。

3. 导致一国国际收支失衡。国际投机资本的大规模流动不利于国际收支的调节,并有可能加剧某些国家的国际收支失衡。国际投机资本首先体现于一国的国际收支中,其影响主要体现在短期内对一国国际收支总差额的影响。如一国国际收支基本差额为逆差,那么国际投机资本流入可在短期内平衡国际收支,使总额为零甚至保持顺差,避免动用国际储备。在一定条件下,利用国际投机资本来达到国际收支平衡而付出的经济代价要小于利用官方融资或国际储备。但是,如果一国的国际收支顺差是靠大量的国际投机资本流入而维持的,那么这种收支结构就是一种不稳定的状态,隐藏着长期内国际收支逆差的可能性。一旦未来该国的经济、政治形势恶化,国际投机资本大量外逃,便会造成国际收支的严重逆差,甚至使得一国丧失偿还外债的能力。

4. 引发流入国证券市场的波动。进入20世纪90年代以来,国际投机资本以证券投资形式的流动开始扮演越来越重要的角色。由于外国投资者普遍看重流动性,而大多数发展中国家的公司债券市场发育不全,因此国际投机资本对发展中国家的证券投资中,股票投资占绝大多数。国际投机资本流入证券市场,降低了市场的效率;增大国内股票市场的波动性;加大国内证券市场与国际证券市场的关联性,使得国际证券市场的波动传入国内成为可能。

五、国际资本流动机制

国际资本流动机制主要包括利率调节机制、汇率调节机制、跨国投资的传导机制、银行体系的传导机制、债务体系的传导机制等。

(一)利率调节机制

利率调节机制是通过利率的变动调节国际资本流动。利率水平高低变化会对金融资产收益率产生重要影响,当一国利率水平相对较高时,高利差吸引国际资本流入;反之,利率水平下降,资本流出。当一国采取加息政策或者国际收支发生逆差时,该国的货币供应量相对减少,利率上升;而利率上升,表明本国金融资产的收益率上升,从而对本国金融资产的需求相对上升,对外国金融资产的需求相对减少,资金外流减少或资金内流增加。反之,当一国采取降息政策,或者国际收支顺差时,货币供应量上升,利率水平下降,资本流出。

国际收支顺差或降息→外汇储备增加→该国货币供给增加→本国利率下降→资本净流出。国际收支逆差或加息→外汇储备减少→货币供给减少→利率上升→资本流入。

(二)汇率调节机制

汇率是把"双刃剑",无论是汇率上升还是下降,都会引起资本流入和流出。当预期一国货币汇率上升，货币升值预期导致资本流入；反之，汇率下降，货币贬值预期会导致资本流出。国际收支顺差→外汇储备增加→对该国货币需求增加→该国货币对外升值→升值预期导致资本净流入。国际收支逆差→外汇储备减少→对该国货币需求减少→该国货币对外贬值→贬值预期导致资本流出。

消除外汇风险也会带来新的汇率自动调节。例如，对外投资会带来国际收支逆差，但为了消除外汇风险，对外投资的投资者在买入即期外汇时，要卖出远期外汇。所以，资本流出会引起即期汇率上升和远期汇率下降；它们会使资本的本币报酬减少，导致资本流出减少，或国际收支逆差减少。反之，外国投资者对本国投资会带来国际收支顺差。厌恶外汇风险的外国投资者对本国投资，要卖出即期外汇和买入远期外汇，引起即期汇率下降和远期汇率上升；它们会使资本的外币报酬减少，导致资本流入减少，或国际收支顺差减少。

（三）跨国投资的传导机制

证券投资市场和产业投资市场上的各种跨国投资行为，为风险在国际间的传递打开了方便之门。为了减少风险，投资者倾向于将资金分散投资于证券组合上，从而可以使各种风险和收益相互抵消，获得稳定收益。由于发展中国家新兴市场的金融资产属于风险和收益基本相近的一类资产，所以它们的收益和风险的相关性很高。只要一个国家的有价证券价格发生变化，跨国机构投资者就会对其证券组合中的其他国家或者是与其贸易有密切相连的国家的资产进行处置。因此，当一国市场发生了危机，投资者就会抛售出他们认为风险相似的相邻国家的跨国投资资产，从而导致危机从一国传染到其他国家。

（四）银行体系的传导机制

在全球金融市场上，银行间一般相互持有对方存款，使银行间的关系非常紧密。当一些银行经营不善时，这些银行将面临流动性风险，若同时一些银行存在超额流动性供给，则可以通过银行间同业拆借市场调配头寸，消除挤兑风险。当银行提取在其他银行的同业存款或者进行同业拆借来应付挤兑危机时，如果整个市场的超额流动性供给小于超额流动性需求，通过"外溢效应"将可能引发整个市场的危机。危机的传导是通过银行间相互存款的挤兑引发整个市场的流动性不足进行传染的。

（五）债务体系的传导机制

当债务国发生债务危机后，债权国受到债务危机的冲击，开始调整金融政策和贷款政策，纷纷从那些与债务国经济发展相似的国家抽逃资金、规避风险。发达国家金融机构的这种撤资和减少贷款的行为，引发了新一轮的金融危机，并把更多的国家牵连进来。

六、国际资本流动理论

国际资本流动理论源于人们对资本属性的认识，货币信用是资本流动增值的前提条件。诱发资本流动的原因复杂，从而产生了一系列国际资本流动理论。从国际资本流动的形式来看，国际资本流动理论分为国际直接投资理论和国际间接投资理论，而马克思的货币信用资本理论观点是阐述国际资本流动最重要的基础理论。

(一) 马克思的货币信用资本理论

马克思的货币信用资本理论博大精深，分别从信用、货币、利息几个方面，在理论上解释了国际资本流动。

1. 信用理论。关于信用，图克说过："信用，在它的最简单的表现上，是一种适当的或不适当的信任，它使一个人把一定的资本额，以货币形式或以估计为一定货币价值的商品形式，委托给另一个人，这个资本额到期后一定要偿还。如果资本是用货币贷放的，也就是用银行券，或用现金信用，或用一种对顾客开出的支取凭证贷放的，那么，就会在还款额上加上百分之几，作为使用资本的报酬。如果资本是用商品贷放的，而商品的货币价值已经在当事人之间确定，商品的转移形成出售，那么，要偿付的总额就会包含一个赔偿金额，作为对资本的使用和对偿还以前所冒的风险的报酬。这种信用通常立有文据，记载着确定的支付日期。"[①] 沙·科克兰指出："每一个人都是一只手借入，另一只手贷出。借入和贷出的东西有时是货币，但更经常的是产品。这样，在产业关系之内，借和贷不断交替发生，它们互相结合，错综复杂地交叉在一起。正是这种互相借贷的增加和发展，构成信用的发展；这是信用的威力的真正根源。"[②]

马克思在《资本论》中引用图克和科克兰的这两段话说明，首先，信用就是信任，贷款者只有相信借款者能按期还本付息，才能让出它的货币额；其次，信用就是借贷，而借贷过程就是老货币生出新货币，即本金产生利息，货币的自行增殖的过程，也就是货币转化为资本的过程，所以，信用过程就是资本形成过程；最后，信用以货币作为独立的价值额，作为自行增殖能生出新的货币，能转化为资本的独立价值额为基础。这种生息资本是信用制度的基础。

2. 资本增殖理论。马克思认为："货币——在这里它被看作一个价值额的独立表现，而不管这个价值额实际上以货币形式还是以商品形式存在——在资本主义生产的基础上能转化为资本，并通过这种转化，由一个一定的价值变为一个自行增殖、自行增加的价值……这样，货币除了作为货币具有的使用价值以外，又取得了一种追加的使用价值，即作为资本来执行职能的使用价值。在这里，它的使用价值正在于它转化为资本而生产的利润。"[③] 在经济学上，资本具有两重属性，其一是实体资本；其二是货币资本。作为实体资本时，资本是通过人们的劳动生产出来的，不作为直接消费品，而是用来再作为生产其他产品的生产资料。作为生产资料的资本表现形式是由无数生产机械和高大厂房构成的机器体系。这是资本的躯体。作为货币资本时，资本是指生出新的货币的货币，是能带来剩余价值的价值。货币资本的表现形式是货币、股票和债券。货币作为资本所具有的使用价值，则是指货币在借贷过程中转化为资本、自行增殖、产生利息的使用价值。

3. 利息理论。利息是货币资本在借贷交易过程中产生的，是货币资本家让渡资本的

---

① [德] 马克思. 资本论（第三卷）[M]. 北京：人民出版社，2004：452.
② [德] 马克思. 资本论（第三卷）[M]. 北京：人民出版社，2004，452.
③ [德] 马克思. 资本论（第三卷）[M]. 北京：人民出版社，2004：378.

报酬。马克思说:"贷出者把他的货币作为资本放出去,他让渡给另一个人的价值额是资本,因此这个价值额会回流到他那里。但单是回流到他那里,还不是作为资本贷出的价值额要作为资本回流,而只是一个贷出的价值额的偿还。预付的价值额要作为资本回流,就必须在运动中不仅保留自己,而且增殖自己,增大自己的价值量,也就是必须带着一个剩余价值,作为 G + ΔG 回流,在这里,这个 ΔG 是利息,或者说是平均利润中不是留在执行职能的资本家手中,而是落到货币资本家手中的部分。"① 可见,利息是货币资本借贷过程中增殖的部分,用于表示货币资本的增殖额度。同时,利息作为借贷交易的价格,表示贷款人的收益和借款人的成本。

利息作为货币资本的价格不仅影响国内的资本流动、生产和就业,而且还影响汇率和国际资本流动。假设各国经济是完全相互开放的,资本是自由流动的,不同的货币相互兑换不受任何限制,那么从理论上说,各国的利息水平应该是一致的,各国的金融市场也应该是统一的。如果某国国际收支逆差,该国提高利息,就会吸引外国短期资本大量流入,由此形成的资本账户盈余就可以用来弥补国际收支逆差。

利息率是调节资本流动的杠杆。马克思论证了对外贷款和购买外国有价证券是利息率的函数。他说:"利息率在危机期间达到最高水平,因为这时人们不得不以任何代价借钱来应付支付的需要。同时,由于与利息的提高相适应的是有价证券价格的降低,这对那些拥有可供支配的货币资本的人来说,是一个极好的机会,可以按异常低廉的价格,把这种有息证券抢到手,而这种有息证券,在正常的情况下,只要利息率重新下降,就必然会至少回升到它们的平均价格。"②

这段话说明有价证券的价格和利息率成反比。利息率的变化直接影响本国和外国投资者对有价证券的购买和抛售,而有价证券的购买和抛售就是资本的流入和流出,直接影响国际收支状况。利息率提高,有价证券价格下跌,外国投资者购买本国价格低的有价证券,等到其价格上涨时再出售以获利。可见利息率的变化决定有价证券的价格变化,有价证券价格变化决定货币流入和流出,而货币的流入流出影响国际收支。所以,要管理国际收支,就得管理利息率。

(二) 国际直接投资理论

针对跨国公司海外投资活动总结形成的各种国际直接投资理论,是解释跨国直接投资的理论依据,主要包括垄断优势理论、内部化理论、产品生命周期理论、国际生产折中理论等。

1. 垄断优势理论 (monopolistic advantage theory) 是由美国经济学家海默 (S. Hymer) 于 1960 年在其博士论文《国内公司的国际经营:对外直接投资研究》中首先提出的。他以"垄断优势"来解释国际直接投资行为,后经其导师金德尔伯格 (C. Kindleberger) 及凯夫斯 (R Z. Caves) 等学者进行补充和发展,成为研究国际直接投资最早的、最有影响的独立理论。

---

① [德] 马克思. 资本论 (第三卷) [M]. 北京:人民出版社,2004:392.
② [德] 马克思. 资本论 (第三卷) [M]. 北京:人民出版社,2004:404 - 405.

2. 内部化理论（internalization theory）是指由于市场不完全，跨国公司为了其自身利益，以克服外部市场的某些失效，以及由于某些产品的特殊性质或垄断势力的存在，导致企业市场交易成本的增加，而通过国际直接投资，将本来应在外部市场交易的业务转变为在公司所属企业之间进行，并形成一个内部市场。也就是说，跨国公司通过国际直接投资和一体化经营，采用行政管理方式将外部市场内部化。

3. 产品生命周期理论（international theory of product life cycle）是美国哈佛大学教授雷蒙德·弗农（Raymond Vernon）于1966年在其《产品周期中的国际投资与国际贸易》一文中首次提出的。产品生命周期（Product Life Cycle，PLC）是产品的市场寿命，即一种新产品从开始进入市场到被市场淘汰的整个过程。弗农认为，产品生命是指产品在市场上的营销生命。产品和人的生命一样，要经历形成、成长、成熟、衰退这样的周期。就产品而言，也要经历一个开发、引进、成长、成熟、衰退的发展历程。而这个周期在不同技术水平的国家里，发生的时间和过程是不一样的，其间存在一个较大的差距和时差，正是这一时差，表现为不同国家在技术上的差距，反映了同一产品在不同国家市场上的竞争地位的差异，从而决定了各国对外贸易和国际投资的变化。为了便于区分，弗农把这些国家依次分成创新国家（一般为最发达国家）、一般发达国家、发展中国家。典型的产品生命周期一般可以分成四个阶段，即引入期、成长期、成熟期和衰退期。

4. 国际生产折中理论（eclectic theory of international production）是由英国经济学家约翰·邓宁（John Dunning）教授于1977年提出的理论。他认为，一国的商品贸易、资源转让、国际直接投资的总和构成其国际经济活动。然而，20世纪50年代以来的各种国际直接投资理论只是孤立地对国际直接投资作出部分的解释，没有形成一整套将国际贸易、资源转让和国际直接投资等对外经济关系有机结合在一起的一般理论。

（三）国际间接投资理论

国际间接投资即国际证券组合投资（international portfolio investment）是指在国际金融市场以买卖有价证券获利的投资行为。一国利率或汇率变动会影响证券投资的价格和收益，从而影响国际投资的流向或规模；反过来，投资规模大小或投机获利也会影响到货币资本的流向，从而引起一国利率和汇率的变化。西方对国际证券投资理论的研究早于对国际直接投资理论的研究。

从本质上说，西方投资学的研究对象是证券投资的微观理论，如证券组合理论、金融资产定价模型等。国际间接投资理论是在西方国内证券投资理论基础上发展起来的，它是证券组合理论向国际领域的延伸和发展。

1. 古典国际证券投资理论。该理论产生于国际直接投资和跨国公司迅猛发展之前，认为国际证券投资的起因是国际间存在的利率差异。一方面，如果一国利率低于另一国利率，则金融资本就会从利率低的国家向利率高的国家流动，直至两国的利率没有差别为止。另一方面，在国际资本能够自由流动的条件下，如果两国的利率存在差异，则两国能够带来同等收益的有价证券的价格也会产生差别，即高利率国家有价证券的价格低，低利率国家有价证券的价格高，这样，低利率国家就会向高利率国家投资购买有价证券。

2. 费雪的国际资本流动理论。20世纪初，美国经济学家欧文·费雪（Fisher）以李嘉图的比较利益论为理论基础，从分析商品经济入手，提出了国际资本流动理论。费雪的国际资本流动理论假设国际投资风险对国际资本流动没有影响，国际资本市场是完全竞争的，资本的流入国、流出国都是资本价格（即利率）的接受者，而没有决定利率水平的能力。

该理论认为，国际资本流动的原因是由于各国利率和预期利润率存在差异，各国产品和生产要素市场是一个完全竞争的市场，资本可以自由地从资本充裕国向资本稀缺国流动。例如，19世纪英国大量资本输出就是基于这个原因。国际间的资本流动使各国的资本边际产出率趋于一致，从而提高世界的总产量和各国的福利。

3. 投资组合理论。投资组合理论有狭义和广义之分，狭义的投资组合理论指的是马柯维茨投资组合理论；广义的投资组合理论除了古典的投资组合理论以及该理论的各种替代投资组合理论外，还包括由资本资产定价模型和有效市场假说理论构成的资本市场理论。

现代资产组合理论（Modern Portfolio Theory，MPT），也称为现代证券投资组合理论、证券组合理论或投资分散理论，是由美国纽约州立大学巴鲁克学院的经济学教授马柯维茨提出的。1952年3月，马柯维茨在《金融杂志》发表了题为《资产组合的选择》的论文，将概率论和线性代数的方法应用于证券投资组合的研究，探讨了不同类别的、运动方向各异的证券之间的内在相关性，并于1959年出版了《证券组合选择》一书，详细论述了证券组合的基本原理，从而为现代西方证券投资理论奠定了基础。

第四节 国际金融监管

2008年国际金融危机以后，国际社会要求加强国际金融监管的呼声越来越高，美国等发达国家重新制定了金融监管规则，加强了银行体系内部风险控制和国际资本流动的监管。

一、国际金融监管的基本框架

国际金融监管是指国家的金融监管机构或国际金融组织对金融机构及其活动进行规范和约束的行为的总称。

（一）国际金融监管的主体

国际金融监管主体主要有三类：第一类是国内监管机构，如美国联邦储备委员会、日本财务省、中国人民银行等；第二类是区域性监管组织，如欧共体银行咨询集团、阿拉伯银行监管委员会、中西亚银行监管委员会等；第三类是国际金融组织机构，如巴塞尔委员会、国际证监会组织（IOSCO）、国际货币基金组织、国际清算银行等。

（二）国际金融监管的客体

国际金融监管的客体主要是跨国金融机构，可分为银行和非银行金融机构（证券公司、财务公司、保险公司、金融租赁公司、信托投资公司等）两大类。跨国金融机构监管包括其本身及其分支机构和设在东道国的外资金融机构以及它们的金融业务活动。

（三）国际金融监管的法律

国际金融监管的法律主要包括国内相关法律法规、国际条约和国际惯例，如《巴塞尔协议》。

（四）国际金融监管的目的

一是确保金融机构的安全与健全，维持整个金融体系的稳定；二是保护投资者和存款人的利益；三是促进金融机构平稳、效率、安全功能的发挥以及市场竞争机制的良好运作。

（五）国际金融监管的原则

国际金融监管的原则是指能够全面、充分地反映国际金融监管关系的客观要求，并对这种关系的各个方面和全过程具有普遍意义的基本准则和指导思想。国际金融监管应遵循以下几项原则：

1. 依法监管原则。依法监管原则是指金融监管机构应依照法定职权和程序实施监管。这样才能保证监管的权威性、有效性，防止监管权力的滥用。

2. 适度监管原则。强调金融监管并非要否认和干预金融机构的经营自主权，而是在保证金融市场调节的基本自然状态的前提下，通过创设某种适度的竞争环境，防止出现过度竞争、破坏性竞争，避免金融机构的高度垄断。

3. 高效监管原则。金融监管者实施金融监管时，必须进行成本与效益分析，降低监管成本，减少社会支出，促进金融体系在稳定、安全、有序的基础上高效发展，实现金融监管的经济效益与社会效益的统一。

4. 国际金融监管合作原则。20世纪70年代以来，为遏制国际银行业的危机，以巴塞尔银行监管委员会及其所制定的《巴塞尔协议》为标志，金融监管的国际合作体系宣告正式建立。巴塞尔银行监管委员会作为国际性常设跨国银行监督管理机构应运而生，成为国际金融监管领域内最具影响力的国际组织。1983年和1994年还分别成立了"国际证监会组织"（IOSCO）和"国际保险监督官协会"（IAIS）。

国际金融合作组织是在发达国家的倡导下成立的，发展中国家和地区更应积极参与国际金融监管合作，国际金融机构也应充分反映发展中国家和地区的利益，这样才能促进国际金融业的共同发展。

二、国际金融监管的类型及模式

（一）国际金融监管类型

1. 系统性监管。系统性监管关注整个金融系统的健康，保证个别金融机构的风险不至于冲击整个经济体系的安全。这类监管是中央银行或银行监管部门的主要任务，因为中央银行在稳定宏观经济、维护金融市场和减少系统性风险等方面有较强的能力。

2. 审慎性监管。审慎性监管关注个别金融机构的健康程度，强调分析和监控金融机构资产负债表、资本充足率、信贷风险、市场风险、利率风险、汇率风险、营运风险和其他的审慎性指标。监督管理者应该履行其职责，建立有效管理各种风险的体系，促进信息披露，并且要求金融机构接受外部机构（如会计师事务所）的监督，并在公司治理结构和风险管理体系方面定期接受监管机构的监督检查。其目标是保护消费者利益，防止因为个别金融机构的倒闭而冲击整个经济体系的平稳运行。

3. 业务发展方式监管。业务发展方式监管关注金融机构如何与其顾客开展业务，注意保护消费者利益，如信息披露、诚实、统一、公正、公平等。在与顾客打交道时，它强调制定正确的行为规则和行动指南，注重规范业务实践。

（二）国际金融监管的模式

国际上现行的金融监管模式主要有四种：一是混业经营分业监管，如美国，由美联储作为伞形监管者，负责监管混业经营的金融控股公司，银行、证券、保险分别由其他监管部门监管，中国香港也是采取此种监管模式。二是混业经营混业监管，如英国，就是将银行、证券、保险的监管统一于非中央银行的单一的金融监管机构，日本也是采用这种模式。三是分业经营混业监管，如韩国，就是由中央银行同时负责货币政策和银行、证券、保险的监管，目前许多发展中国家仍采取此种监管模式。四是分业经营和分业监管，如法国，欧洲中央银行成立后，多数欧元区国家都采取了此种监管模式。中国目前采用的就是这种分业经营与分业监管的模式。

（三）国际金融监管的必要性

1. 跨国银行的扩张和海外资产的急剧膨胀，增加了国际金融体系的风险性，使加强金融监管的国际合作成为必要。在金融自由化的影响下，许多国家曾经一度放松了对金融业的管制，如降低国际间金融机构在活动范围上的壁垒，放宽或解除外汇管制，资金较自由地流入流出；放宽对各类金融机构经营范围的限制，允许业务适当交叉；允许新金融市场的设立等。这些措施使金融业的结构发生了深刻变化，海外业务和海外资产不断增加。与此同时，电子金融机构的发展也使监管当局很难判断其业务是完成于国内还是完成于国外，离岸金融业务的拓展更使得部分金融机构远离了监管当局的视野。在这种情况下，对金融风险的有效防范，仅仅在一国之内是远远不够的，也是根本无法完成的。为了有效监管金融机构的境外业务和离岸业务，有效防范金融风险，必须加强国际金融监管和国际合作。

2. 金融创新的不断发展也要求加强金融监管的国际合作。20世纪80年代后，国际金融市场上创新不断，表现最为突出的就是金融衍生品交易的迅速发展。尽管金融创新包括金融衍生工具的创新，其一个重要动机是转移和分散风险，但从全球或全国的角度来看，创新是无法从根本上消除风险的；相反，在利益的驱动下，金融机构还可能在更广阔的范围内和更大的数量上承担风险，而一旦潜在的风险变为现实，其破坏性也大大超出传统意义上的金融风险。

从理论上讲，金融衍生产品并不会增加市场风险，若能恰当地运用，比如利用它的套期保值功能，可以为投资者提供一个有效的降低风险的对冲方法。但在其具有积极作用的同时，也有其致命的危险，即在特定的交易过程中，投资者如果纯粹以买卖盈利为目的，它可以通过垫付少量的保证金炒买炒卖大额合约来获得丰厚的利润，在这个过程中，投资者往往忽视潜在的交易风险，如果控制不当，那么这种投机行为就会招致不可估量的损失。

3. 国际金融机构的全球合作使国际金融监管成为可能。随着各国金融市场的开放，各国金融机构之间也建立了日益广泛和深入的业务合作关系，包括资金融通、应收应付的代理等，当国际金融市场出现大幅震动、金融危机爆发时，金融危机不仅会通过这些分支机构进行传播，还会通过金融机构的往来关系进行传播。显然，要确保金融监管的效力，防范金融风险，提高各国金融与经济安全，也必须在全球范围内加强国际金融监管的合作。

4. 国际资本的快速流动，现代金融犯罪的升级，以及世界范围内发生的逃避管制行为，也使得国际金融市场起伏不定，客观要求加强金融监管的国际合作。20世纪90年代的墨西哥和东南亚金融危机都深刻地表明，短期国际资本流动可能对一国或多国金融带来极大冲击，甚至可能给世界金融带来严重影响。在短期资本日益膨胀的背景下，汇率的相对稳定只能依赖各国货币政策的通力合作，通过双边或多边谈判及政策协调予以解决。

5. 在金融全球一体化的背景下，各国金融发展水平和金融制度上的差异，要求加强金融监管的国际合作。由于历史和现实等多方面的原因，各国的金融制度安排存在着较大的差异，如分业经营和混业经营的区别，分业监管和混业监管的区别，侧重法规性监管和侧重自律性监管的不同等。在金融机构跨国经营成为大势所趋的情况下，如果没有有效的金融监管国际合作，将无法保证金融监管目标实现。

正是在经济和金融全球化及一体化的背景下，各国开始重视金融监管机构的国际合作，制定了一系列国际金融监管的原则，提高了国际金融监管的规范化，降低了国际金融服务业中的不平等竞争程度，增强了国际金融体系的安全性，在这个过程中，巴塞尔银行委员会发挥了极其重要的作用。从1975年发布的《对银行的国外机构的监督》开始，1983年发布了被称为第二个《巴塞尔协议》的《对银行国外机构监督的原则》，1988年发布了第三个《巴塞尔协议》，1997年发布了《有效银行监管的核心原则》，2004年通过了《巴塞尔新资本协议》，这些协议显示了该委员会对银行监管持之以恒的关注和重视。尽管这些协议不具有法律强制性，但由于其适应了国际银行监管的需要，得到了国际银行业和各国监管当局的普遍重视。一些国际性的组织，如国际清算银行、国际货币基金组织等，都在加强国际金融监管的合作。国际金融监管以前所未有的速度正受到越来越多的国家重视。

三、国际金融监管的深化

2008年的国际金融危机暴露出现有金融监管制度存在一系列重大缺陷，比如：缺乏减轻金融体系顺周期性及避免危机发生时风险快速传递的有效政策工具；银行业机构资本质量和流动性管理水平不足以应对危机；场外衍生品、对冲基金、信用评级机构等未得到有效监管；薪酬制度过度激励风险行为；以及金融消费者保护不力等。因此，国际金融监管的深化就成为全球金融稳定的必然要求。

(一) 改革金融监管体系，加强宏观审慎管理

为增强金融体系的抗风险能力、降低由内部关联性和顺周期趋势所导致的系统性风险，构建宏观审慎政策框架成为危机后全球金融监管改革的重点和关键性环节。2009年以来，国际社会和各国政府吸取危机教训，启动了以加强宏观审慎管理、修复金融监管体系漏洞为主线的大规模金融监管体系改革。2010年，国际组织和各国政府在构建宏观审慎政策框架、强化资本和流动性要求、加强场外衍生产品市场监管、强化对冲基金和评级机构监管、改革薪酬制度、强化金融消费者保护等方面取得改革突破，金融稳定理事会（FSB）和有关国际标准制定机构制定了关键性的金融改革动议，主要国家在相关改革立法上也已取得显著进展。

构建宏观审慎政策框架。金融危机后，加强执行宏观审慎政策成为国际社会的共识之一。国际组织和各国政府当局认识到，仅仅依靠微观审慎监管而忽视对宏观系统性风险的关注，已不足以防范系统性的金融风险。2010年，国际组织和各国政府在构建宏观审慎政策框架方面取得积极进展。国际金融组织制定的宏观审慎政策工具主要有：一是抑制顺周期性。巴塞尔银行监管委员会（BCBS）制定了《巴塞尔协议Ⅲ》，提出建立逆周期资本缓冲，以增强金融体系在周期内各个时点抵御风险的能力。CGFS研究制定了新的保证金和扣减率规范，以降低场外衍生品市场和证券市场的顺周期性。国际会计准则理事会（IASB）和美国财务会计准则理事会（FASB）建议将现行的"实际减值损失法"变更为"预期损失"或"现金流"法，以对信贷损失进行早期确认，降低信贷的顺周期性。二是强化金融体系抗风险能力。金融稳定理事会（FSB）成立脆弱性评估委员会（SCAV）对系统脆弱性进行评估，研究系统重要性金融机构政策框架和影子银行体系，IMF和FSB联合开展早期预警演练。支付结算体系委员会（CPSS）和国际证监会组织（IOSCO）强化针对核心金融基础设施的国际标准。

(二) 发达经济体金融监管改革深化

1. 美国金融监管改革。2010年7月，美国通过的《金融改革法》规定，设立金融稳定监管委员会（FSOC），并赋予其识别和防范系统性风险的权力和责任：一是认定系统重要性银行、非银行金融机构和金融业务，对委员会认定的可能产生系统性风险的机构或业务提高监管标准，如提出更高的资本充足率、杠杆限制、流动性和风险管理要求等；二是收集可能产生系统性风险的金融机构和市场行为的信息并向国会报告；三是对用来减少系统性风险的监管措施所造成的经济影响进行持续研究；四是关注国内、国际的监管建议和发展，分析对美国金融市场系统性风险的影响。

FSOC在极端情况下有权直接拆分对金融稳定存在威胁的金融机构。新法案还强化了美联储的监管职能，要求其对系统重要性金融机构建立全面覆盖的风险处置和清算安排。

2. 英国金融监管改革。2010年6月，英国通过的金融监管改革方案决定，在英格兰银行内部设立金融政策委员会（Financial Policy Committee，FPC），负责宏观审慎管理。英国金融监管改革方案还决定撤销FSA，设立隶属于英格兰银行的审慎监管局（Prudential Regulation Authority，PRA），负责对商业银行、投资银行、建筑业协会和保险公司等金融

机构的稳健运营进行审慎监管。另外，新规强化了支付结算体系和中央交易清算所的职能，并决定新设立消费者保护和市场管理局（CPMA），该机构后改名为金融行为监管局（Financial Conduct Authority，FCA），负责监管所有金融服务行为，保护金融消费者。

3. 欧盟金融监管改革。2010年9月，欧盟通过泛欧金融监管法，在宏观审慎层面，欧盟建立了欧洲系统性风险委员会（European Systemic Risk Board，ESRB）以监督整个欧洲金融体系的稳健性。委员会作为早期预警机构，主要负责监测整个欧盟金融市场上可能出现的宏观风险，及时发出预警并在必要情况下提出应对措施。一旦运行顺利，该机构将改变目前欧洲各国仅就国家和机构层面进行风险分析的做法。但是，该机构只能从事宏观审慎分析，没有权力对其成员国采取措施，也不能为其成员当局创造新的宏观审慎工具或政策。在微观层面，欧盟新成立了三个超国家欧洲监管局（ESAs）——欧盟银行监管局、欧盟证券与市场监管局以及欧盟保险与职业年金监管局，分别负责对银行业、证券市场和保险业实施监管。

此外，法国中央银行法兰西银行被赋予系统性风险和危机处理的管理权，负责应对系统性风险和强化金融稳定。法国还设立信贷调解组织（MC），专门解决银行和企业间的争端，以防止信贷急剧萎缩而致企业资金链断裂，支持企业融资。法国还强化了政府和监管机构在金融稳定方面的指导作用，要求政府和监管机构指导大型银行采取加强内控体系建设、进行风险压力测试、完善审核支付限额、限制金融高管薪酬发放等具体措施。日本国会于2010年5月通过《金融商品交易法修正案》，要求强化对系统重要性金融机构的监管。

四、国际金融监管趋势及重点领域

（一）强化资本和流动性要求

金融危机暴露出当前银行业资本要求偏低、资本质量不高（普通股和留存收益占比低，混合资本工具吸收损失的能力不强）、风险加权资产测算不客观等问题。2009年12月，巴塞尔银行监管委员会（BCBS）发布了《增强银行业抗风险能力》和《流动性风险计量、标准与监测的国际框架》的征求意见稿，这两个文件被业界称为《巴塞尔协议Ⅲ》。2010年9月，BCBS正式完成《巴塞尔协议Ⅲ》的修改。《巴塞尔协议Ⅲ》的主要内容包括：

1. 提高资本质量、一致性和透明度。修改资本定义，扩大资本覆盖面，增强各国资本计量的一致性和透明度。银行业的普通股资本充足率、一级资本充足率、总资本充足率的最低要求将分别由目前的2%、4%、8%调整为4.5%、6%、8%。

2. 建立资本缓冲机制。银行业应建立2.5%的资本留存缓冲，银行业普通股资本充足率、一级资本充足率、总资本充足率要求将分别提高至7%、8.5%、10.5%。在信贷过快增长的时期，银行还需要建立占风险加权资产0~2.5%的逆周期资本缓冲，逆周期资本缓冲中的资本应由普通股或其他具有充分吸收损失能力的资本构成。逆周期资本缓冲占风险加权资产的具体比例由各国视信贷/GDP比率与其长期趋势线的偏离程度而定。

3. 引入杠杆率作为最低资本要求的补充监管手段。未经风险加权调整的杠杆率指标可作为最低资本要求的补充。过渡期内就3%的一级资本杠杆率标准进行测试。

4. 提高系统重要性银行的最低资本要求。系统重要性银行应在最低资本要求的基础上具备更强的吸收损失能力，即各国监管当局应适度提高系统重要性银行的最低资本标准。

（二）建立全球统一的流动性监管框架

BCBS提出了两大国际统一的流动性风险计量监管指标——流动性覆盖比率（LCR）和净稳定融资比率（NSFR），分别反映金融机构抵御短期流动性风险和中长期流动性风险的能力。流动性覆盖比率定义为压力情境下高质量流动性资产与超过30天的时间期限内净流出现金的比率，该比率的监管要求是应大于等于100%，即要求在压力情境下银行的流动性至少能坚持30天。净稳定融资比率定义为压力情境下一年内可用的稳定资金与需要的稳定资金的比率，该比率的监管要求为应大于100%，即要求银行在一年内可动用的稳定资金大于其需要的稳定资金，该指标反映了银行资产与负债的匹配程度。在以上两大指标以外，巴塞尔银行监管委员会还提出了合约期限匹配程度、融资集中度、可自由运用资产规模等国际统一的流动性风险的监测工具。

（三）加强场外衍生产品市场监管

场外衍生品市场的主要问题是缺乏透明度，市场效率有待提高，交易对手风险可能威胁金融系统稳定。G20匹兹堡峰会要求，2012年底前所有标准化场外衍生品应在交易所或电子交易平台上交易，并通过中央对手方清算，同时，所有场外衍生品合约应向交易数据库报告。据此，FSB会同支付结算体系委员会（CPSS）、国际证监会组织（IOSCO）和欧盟委员会提出了扩大中央对手方使用的政策建议。

美国《金融改革法》要求大部分金融衍生品通过交易所交易并通过清算所清算；要求银行将信用违约互换（CDS）以及农产品互换、能源互换、多数金属互换等高风险衍生产品剥离到特定子公司，其自身可保留利率互换、外汇互换等业务。欧盟将建立统一的中央对手方法律框架、清算标准化合约要求和交易信息库立法等。日本在2009年6月通过的《金融商品交易法修正案》中规定了对场外衍生品交易实行集中清算以及交易信息的保存和报告制度。

（四）加强对冲基金监管

长期以来，对冲基金受到的监管较少。2008年国际金融危机爆发后，加强对对冲基金的监管成为各界共识。IOSCO公布了对冲基金监管原则以及全球对冲基金信息收集模板，以帮助监管机构收集和交换对冲基金的信息，并加强国际监管合作来防范对冲基金行业可能引发的系统性风险。

美国证券交易委员会（SEC）于2010年11月通过了对对冲基金（含私募基金）的监管新规，并计划于2011年7月21日起生效实施。监管新规的主要内容包括：一是实施强制登记制度。规模以上对冲基金（含私募基金），必须以投资顾问机构名义在SEC注册登记并接受监管；规模较小的对冲基金及其他投资顾问机构将由各州监管机构注册登记监管；管理资产规模不足1亿美元的风险投资基金和对冲基金免于注册登记。二是强制信息披露。对冲基金必须接受监管机构检查和遵守信息披露规定,将文件和账目对 SEC 开放,接受 SEC 包括会计和交易信息披露的监管规定,提供并披露现行条例下的隐蔽信息、交易信息(包括仓位信息)、投资方信息等。三是限制银行对对冲基金的投资。银行对冲和私募基金的投资总额不得超过基金资本的 3%,也不得超过银行一级核心资本的 3%。

欧盟委员会于 2009 年 4 月提出《另类投资基金管理人指令》,在欧盟层面建立全面、有效的对冲基金监管框架。欧洲议会于 2010 年 11 月正式通过欧盟对冲基金监管法案,法案规定在欧盟金融市场上运营的对冲基金必须先向监管机构注册,以取得护照,并接受监管;对于设在欧盟成员国的对冲基金,它们只需向一国监管机构注册,即可取得在欧盟全境运营的权利,但对非欧盟的对冲基金,欧盟统一护照的发放尚需等两年过渡期结束后,由 2011 年新设的欧洲证券和市场管理局负责。

英国规定,2010 年 7 月起,对冲基金必须在英国金融服务局注册并接受监管。日本金融厅将在金融商品交易法基础上进一步扩充要求注册的对冲基金,以及对冲基金在资产运用过程中有关风险管理状况的报告事项。

(五)加强信用评级机构监管

当前信用评级机构形成了准监管地位,危机中信用评级机构的评级行为造成市场参与者行动一致,这可能引发系统性风险。G20 要求采取措施减少官方机构对信用评级的依赖。BCBS 早在制定《巴塞尔协议Ⅱ》时就推出信用风险估值的内部评级法,强调银行不应过度依靠外部评级机构。当前,BCBS 正在研究解决将外部评级用于监管资本框架所产生的不当激励问题。IOSCO 发布了《信用评级机构在结构性融资市场上的作用》,建议增大评级机构的独立性,避免评级机构利益冲突,加大评级机构的信息披露以及与市场参与者的沟通。

美国《金融改革法》要求在 SEC 内部设立信用评级机构监管办公室。欧盟委员会 2010 年 7 月公布信用评级机构监管法案修订稿,提出由欧洲证券及市场监管局统一监管欧盟境内的信用评级机构。为解决评级市场寡头垄断问题,欧盟委员会正在研究建立一个欧洲评级机构来同三大评级公司竞争的可行性。英国金融服务局要求从 2010 年 7 月开始所有信用评级机构在 FSA 注册并接受监管。日本国会于 2009 年 6 月通过《金融商品交易法修正案》,要求信用评级机构进行注册,对债券发行实行"双评级"制度(其中至少有一家本土评级机构的评级)。

(六)加强金融消费者保护

金融消费者保护是危机后金融监管改革的重点领域之一。根据美国《金融改革法》,美国将整合现有多家联邦机构(包括美联储、美国证券交易委员会、货币监理署、储蓄管理局、联邦存款保险公司、国家信用社协会、联邦贸易委员会等)的消费者保护职能,设立专门的消费者金融保护署(CFPB),统一对金融消费者和投资者提供综合保障。CFPB 内部将包括公平信贷与平等机会办公室、金融教育办公室、研究部、投诉追踪与收集部、社区事务部等部门。

欧盟拟建立涵盖全欧盟的金融消费者担保计划。担保计划的主要内容包括:提高存款担保计划的担保额,将其从5万欧元提高至10万欧元;提高中小投资者损失赔偿额,将由于金融机构原因造成的中小投资者损失的赔偿额从2万欧元提高到5万欧元;推广涵盖全欧盟的保险担保计划。

英国联合政府决定整合现有机构(包括金融服务局、公平贸易局等)的金融消费者保护职能,设立金融行为监管局(Financial Conduct Authority)。日本金融厅也计划出台规则加强对金融消费者保护,包括衍生品投资者适当性方面的规定等。

另外,各国际组织和各主要国家还就大型金融机构跨境处置、征收金融机构税、强化国际会计准则等领域开展了一系列改革。

本章小结

国际金融市场是指国际金融产品交易的总和,包括外汇市场、国际货币市场、国际资本市场、黄金市场,以及金融衍生产品市场。根据国际金融市场的形成历史和管制程度,可将其划分为传统型国际金融市场与创新型国际金融市场。其中,传统型国际金融市场主要包括外汇市场、国际货币市场、国际资本市场和黄金市场;创新型国际金融市场主要指金融衍生产品市场。

国际金融市场的发展演变呈现出三个方面的趋势特征:一是全球金融市场的货币格局发生变化:未来美元主导的世界货币格局将发生很大变化,美元霸主地位将受到挑战,欧元根基一直不牢固,日元、英镑市场份额将相对下降,新兴市场经济体主要货币国际地位将会大幅度上升。二是国际金融市场中心向亚太地区(中国)转移。三是国际金融市场虚拟化、网络化趋势加强。

国际资本流动是指资本在国际间转移,即资本在不同国家或地区之间作单向、双向或多向流动,具体包括国际信贷、跨国投资、债务或债权的增加减少、利息收支、出口信贷、外汇买卖、证券发行与流通等。

影响国际资本流动的基本因素有国际收支失衡、汇率变化、利率水平、通货膨胀率高低及资本逐利性。影响长期国际资本流动的因素包括资本过剩、吸引外资的政策、追求全球经济利益最大化、经济国际化的客观要求以及货币信用体系国际化程度加深等。影响短期国际资本流动的因素包括金融危机、金融市场和宏观经济混乱及政府宏观经济政策预期不利等。

国际资本流动机制主要包括利率调节、汇率调节、跨国银行、跨国投资及债务体系传导等机制。

国际资本流动理论主要包括国际直接投资理论及国际间接投资理论,其中前者主要包括垄断优势理论、生命周期理论、内部化理论和国际生产折中理论,后者主要包括古典国际资本流动理论、费雪国际资本流动理论、凯恩斯国际资本流动理论及现代投资组合理论。

国际金融监管主要有四种模式,包括混业经营分业监管模式、混业经营混业监管模式、分业经营混业监管模式及分业经营分业监管模式。

参考文献

[1] J. 奥林·戈莱比. 国际金融市场 [M]. 北京：中国人民大学出版社，1998.

[2] 保罗·克鲁格曼，茅瑞斯·奥伯斯法尔德. 国际经济学 [M]. 北京：中国人民大学出版社，2004.

[3] 陈小新，陈伟忠. 全球市场环境下的金融投资 [M]. 北京：中国金融出版社，2008.

[4] 陈雨露. 国际金融学 [M]. 北京：中国人民大学出版社，2008.

[5] 杨惠昶. 金融学原理 [M]. 北京：科学出版社，2006.

[6] 张玉慧. 应该建立怎样的国际新金融监管框架 [J]. 国际融资，2008.

[7] 周梅. 金融产品创新：历程、机制与策略 [J]. 财贸经济，2009.

[8] 翟彦彦. 浅谈国际金融创新 [J]. 中国外资，2011.

[9] 孙立行. 国际金融发展新格局下的中国金融监管改革战略研究 [J]. 世界经济研究，2013.

[10] 王达，项卫星. 论国际金融监管改革的最新进展：全球金融市场 LEI 系统的构建 [J]. 世界经济研究，2013.

[11] 陈卫东，钟红，边卫红，陆晓明. 美国在岸离岸金融市场制度创新与借鉴 [J]. 国际金融研究，2015.

[12] 刘冀蒙. 金融全球化下的金融市场监管制度 [J]. 经贸实践，2016.

[13] 张璟霞. 探索国际环境金融发展及中国该采取的措施 [J]. 时代金融，2017.

[14] 马克思. 资本论 [M]. 北京：人民出版社，2004.

[15] Gan, D. Innovation and development of chinese futures market under the circumstances of global financial crisis. International Journal of Networking & Virtual Organisations [J]. 2011 (9).

[16] BIS, Statistics Explorer, 2018.

[17] IMF International Financial Statistics, 2018.

[18] The London Bullion Market Association：Historical Statistics, 2014.

本章复习思考题

一、主要概念

国际金融市场　外汇市场　货币市场　黄金市场　国际资本流动　国际债券　欧洲债券　外国债券　国际信贷　对外直接投资　国际间接投资　国际金融监管　混业监管模式　分业监管模式

二、回答问题

1. 简述国际金融市场及其构成。
2. 简述传统型国际金融市场与创新型国际金融市场及其区别。
3. 国际金融市场形成的原因或者条件有哪些？

4. 国际金融市场的作用有哪些方面?
5. 简述国际资本流动及其主要类型。
6. 简述国际资本流动的原因及其影响。
7. 对外直接投资与国际证券组合投资的主要区别是什么?
8. 马克思关于国际资本流动的理论有哪些方面?
9. 简述国际金融监管基本框架的内容。
10. 国际金融监管主体的主要类型有哪些?
11. 国际金融监管的主要原则是什么?
12. 国际金融监管的主要类型及四种模式分别是什么?

21世纪高等学校金融学系列教材

第二篇
国际货币价格管理

　　本篇将从货币价格即汇率角度，探讨汇率如何决定财富分配问题。国际货币价格是由关键货币决定的，充当国际货币体系价值标准的货币是货币国际化的产物，具备可自由兑换的货币才能够充当国际货币，才能充当外汇，在国际经济交往中发挥计价货币功能。国际货币价格是由可自由兑换货币价值（货币购买力）决定的。美元作为国际货币体系的关键货币，发挥价值标准的作用，美元汇率的变动决定着全球货币体系稳定与否。因此美元汇率波动影响广泛而深刻，全球贸易、金融投资、外汇储备、国际大宗商品以及黄金的价格波动都取决于美元汇率的变化，也决定了国际财富的博弈杠杆向谁倾斜。本篇各章将介绍外汇汇率及其决定、汇率变动的影响因素以及汇率变动对经济的影响，探讨国际货币价格的决定及其对财富的影响机理。

第三章

外汇汇率决定及汇率对经济的影响

学习导语

国际间的贸易往来以及资金融通引发的收支活动需要使用货币进行计价,而世界上大多数国家发行的货币仅能在本国境内流通使用,不能直接对外进行支付,需要按照一定的汇率将本币兑换成外币用于国际结算,这就涉及了外汇的兑换以及汇率的确定问题,这也是国际金融研究领域中的一个最为重要和基本的问题。本章重点阐述外汇与汇率的基本概念、汇率的决定基础以及影响汇率变动的因素。

学习目标

- ◆ 外汇的含义及种类
- ◆ 汇率的含义、种类及表示方法
- ◆ 不同货币制度条件下汇率的决定基础
- ◆ 影响汇率变动的因素及汇率变动对经济的影响

第一节 外汇与汇率

人们普遍认为外汇即外国货币,其实不然,作为外汇的货币是有条件的,必须是具有可自由兑换性、价值稳定、并被普遍接受的信用媒介,这样才能够发挥国际货币的职能。所以外国货币并不都是外汇。

一、外汇的含义及种类

(一) 外汇的含义

外汇(foreign exchange)的含义可以从动态(dynamic)和静态(static)两个方面理解。

1. 动态外汇。动态外汇也称为国际汇兑,是指一国货币兑换成他国货币,凭以清偿国际债权、债务关系的一种专门的经营活动或行为。这种行为和活动并不表现为直接运送现金，而是采用委托支付或债权转让的方式，结算国际间的债权债务。简言之，它是指国际间清偿债权、债务或转移资金的一种货币运动。例如，中国进口商从美国进口汽车，结算时中国进口商需要将其账户中的人民币兑换成美元，并用美元支付美国进口商的货款，这种两国进出口商之间的债权债务的清偿过程即为国际汇兑。

2. 静态外汇。静态外汇分为狭义静态外汇与广义静态外汇。

狭义静态外汇是指外国货币或以外国货币表示的能用来清算国际收支差额的资产。狭义静态外汇应该具备的基本特征：一是自由兑换性，外汇必须具有充分的可兑换性，即作为外汇的外币资产是能够自由地兑换成他国货币的资产。目前，世界上已有50多个国家或地区的货币被认为是可自由兑换货币，但作为外汇的外币种类并不多，主要包括：美元（USD）、日元（JPY）、欧元（EUR）、英镑（GBP）、瑞士法郎（CHF）、丹麦克朗（DKK）、加拿大元（CAD）、澳大利亚元（AUD）、港元（HKD）、新加坡元（SGD）。二是普遍接受性，作为外汇的外币资产必须在国际经济交易中被各国普遍接受和使用。三是可偿性，即作为外汇的外币资产必须是在国外能得到偿付的货币债权而可用于对外支付。

广义静态外汇是指一切能用于国际结算的对外债权。根据2008年8月1日修订的我国《外汇管理条例》规定，外汇的具体范围包括：（1）外币现钞，包括纸币、铸币。（2）外币支付凭证或者支付工具，包括票据、银行存款凭证、银行卡等。（3）外币有价证券，包括债券、股票等。（4）特别提款权。（5）其他外汇资产。

（二）外汇的种类

1. 按照外汇能否自由兑换划分为自由外汇与记账外汇。自由外汇是指不需货币发行国外汇管理局批准，可以自由兑换成其他国家货币，或向第三国办理支付的外汇。如美元、欧元、日元、英镑、加拿大元等属于自由外汇。

记账外汇是指在两国政府间签订的协定项目下所使用的外汇，不经有关国家管理当局批准不能自由兑换成其他货币，也不能向第三者进行支付。又称协定外汇或双边外汇。记账外汇只能根据两国政府间的清算协定，在双方银行开立专门账户记载使用。记账外汇和自由外汇的根本区别在于，在一般情况下，这种双方银行账户上所记载的外汇，不能转让给第三国使用，也不能转成自由外汇。

2. 按照外汇的来源用途划分为贸易外汇与非贸易外汇。贸易外汇是指通过出口贸易取得的外汇以及用于进口贸易支付的外汇。贸易外汇包括进出口贸易货款及其从属费用，是一国外汇收支的主要项目。

非贸易外汇是指非来源于出口贸易以及非用于进口贸易支付的外汇。非贸易外汇主要包括劳务外汇、旅游外汇、侨汇、捐赠和援助外汇以及投资收益汇回外汇等。

3. 按外汇管理对象不同划分为居民外汇与非居民外汇。居民外汇是指居住在本国境内的机关、团体、企事业单位、部队和个人，以各种形式所持有的外汇。居民通常指在某国或某地区居住期达1年以上者，各国一般对居民外汇管理较严。

非居民外汇是指居住在本国境内的非居民单位和个人，以各种形式所持有的外汇。一国的驻外派出机构以及国际机构的工作人员应列为居住国非居民。

4. 按外汇交割期限不同划分为即期外汇与远期外汇。即期外汇是指在外汇买卖成交后两个营业日以内办理交割的外汇，又称现汇。是指外汇买卖中即期进行交割的外汇。

远期外汇是指外汇买卖双方在签订外汇买卖合同时预定在成交后两个营业日以后的某个时间或期限办理交割的外汇，又称期汇。

二、汇率的含义及标价方法

（一）汇率的含义

汇率（exchange rate）又称汇价，是两种不同货币之间兑换的比率或比价，也就是用一国货币表示的另一国货币的相对价格。

（二）汇率的标价方法

计算两种货币的兑换比率，首先要确定以哪一国货币作为标准，即是以本国货币表示外国货币的价格，还是以外国货币表示本国货币的价格。常见的汇率标价方法有直接标价法、间接标价法和美元标价法。

1. 直接标价法（direct quotation）。它是指以一定单位（1、100 或 10000）的外国货币作为标准，折成若干数量的本国货币来表示汇率的方法。也就是说，在直接标价法下，以本国货币表示外国货币的价格。

在直接标价法下，一定单位的外国货币折算的本国货币的数额增大，说明外国货币币值上升，或本国货币币值下降，称为外币升值（appreciation），或称本币贬值（depreciation）。在直接标价法下，外币币值的上升或下跌的方向和汇率值的增加或减少的方向正好相同。

例如，我国人民币市场汇率为：

月初：USD 1 = CNY 6.0214

月末：USD 1 = CNY 6.0238

说明美元升值，人民币贬值。

2. 间接标价法（indirect quotation）。它是指以一定单位的本国货币为标准，折算成若干数额的外国货币来表示汇率的方法。也就是说，在间接标价法下，以外国货币表示本国货币的价格。

在间接标价法下，一定单位的本国货币折算的外国货币数量增多，称为外币贬值，或本币升值。在间接标价法下，外币币值的上升或下跌的方向和汇率值的增加或减少的方向相反。

例如，伦敦外汇市场汇率为：

月初：GBP 1 = USD 1.6815

月末：GBP 1 = USD 1.6810

说明美元升值，英镑贬值。

3. 美元标价法（U.S. dollar quotation）。它是指以美元作为标准来表示各货币价格的汇率表示方法。目的是为了简化报价，并广泛地比较各种货币的汇价。

例如，瑞士苏黎世某银行面对其他银行的询价，报出的各种货币汇价为：

USD 1 = CHF 0.9055

USD 1 = JPY 102.57

USD 1 = CAD 1.0915

USD 1 = AUD 1.0743

4. 标价法中的基准货币和标价货币。人们将各种标价法下数量固定不变的货币叫做基准货币（based currency），把数量变化的货币叫做标价货币（quoted currency）。

显然，在直接标价法下，基准货币为外币，标价货币为本币；在间接标价法下，基准货币为本币，标价货币为外币；在美元标价法下，基准货币一般是美元。

三、汇率的种类

（一）从银行买卖外汇的角度，划分为买入汇率、卖出汇率、中间汇率和现钞汇率

1. 买入汇率。买入汇率（buying rate），也称买入价（the bid rate），即银行从同业或客户买入外汇时所使用的汇率。直接标价法下，一定量外币折合本币数量较少的那个汇率是买入价，它位于卖出价之前，而在间接标价法下的情况正好相反。

2. 卖出汇率。卖出汇率（selling rate），也称卖出价（the offer rate），即银行向同业或客户卖出外汇时所使用的汇率。直接标价法下，一定量外币折合本币数量较多的那个汇率是卖出价，表示银行卖出外币时，应向客户收取的本币数，它位于买入价之后，而间接标价法下的情况相反。

3. 中间汇率。中间汇率（middle rate），也称中间价，指银行买入价和银行卖出价的算术平均数，即两者之和再除以2。国际货币基金组织所公布的各国汇率表中，均采用中间汇率；中间汇率主要用于新闻报道和经济分析中。

4. 现钞汇率。现钞汇率（bank notes rate），也称现钞买卖价，即银行买卖外国现钞的价格。现钞钞价又分为现钞买入价和现钞卖出价。一般而言，银行现钞买入价要稍低于现汇买入价，而现钞卖出价与现汇卖出价相同。

（二）按照制定汇率的方法不同，划分为基本汇率与套算汇率

1. 基本汇率（basic rate）。选择一种与本国对外往来关系最为紧密的货币即关键货币（key currency），并制定报出汇率。所谓关键货币，是指本国国际收支中使用最多，外汇储备中所占比重最大，且在国际上广为接受的可自由兑换货币。由于世界各国货币很多，一国货币难以同时与众多外币定出汇率，因此必须选出特定国家的货币作为主要对象，并与这种关键货币对比制定出基本汇率。由于美元在国际货币体系中的特殊地位，各国一般将本国货币对美元的汇率作为基本汇率。

2. 套算汇率（cross rate）。套算汇率又称为交叉汇率，是根据基本汇率套算出来的与其他国家货币的汇率，或者说，两国货币汇率是通过各自与第三国货币的汇率间接计算出来的。有两种情况：

（1）各国在制定出基本汇率后，再参考主要外汇市场行情，套算出的本国货币与非关键货币之间的汇率。

例如：我国某日制定的人民币与美元的基本汇率是：

USD 1 = CNY 6.2270

而当时伦敦外汇市场英镑对美元汇率为：

GBP 1 = USD 1.7816

这样，就可以套算出人民币与英镑间的汇率为：

GBP 1 = CNY（1.7816×6.2270）= CNY 11.0940

（2）由于外汇银行报价时采用美元标价法，为了换算出各种货币间的汇率，必须通过各种货币对美元的汇率进行套算。

例如：香港某外汇银行的外汇买卖报价是：

USD 1 = AUD 1.1720

USD 1 = CHF 0.9580

据此可以套算出澳大利亚元和瑞士法郎之间的汇率为：

AUD 1 = CHF（0.9580/1.1720）= CHF 0.8174

（三）按照外汇的汇付方式不同，划分为电汇汇率、信汇汇率和票汇汇率

1. 电汇汇率。电汇汇率（telegraphic rate，简称 T/T Rate）是指经营外汇业务的银行以电汇方式买卖外汇时所使用的汇率。所谓电汇，即指银行卖出外汇时用电报通知国外分支行或代理行付款。电汇凭证就是经营外汇业务的商业银行的电报付款委托。由于电汇付款迅捷（一般不超过两个营业日），银行无法占用客户资金头寸，加之国际间电报费用较高，故电汇汇率一般较高，但电汇可加速国际资金周转，避免汇率波动风险，因此在外汇交易中，大多采用电汇方式。电汇汇率是其他汇率的计算基础，一般外汇市场所报出的汇率，多为银行的电汇汇率。

2. 信汇汇率。信汇汇率（mail transfer rate，简称 M/T rate）是指经营外汇业务的银行以信汇方式买卖外汇时所使用的汇率。所谓信汇即付款人委托其所在国有关银行用邮政通信方式，委托收款人所在国的有关银行向收款人付款。信汇凭证是通过邮局（一般是航空传递）的信汇委托书。由于信汇委托书的邮递需要一定时间，银行在邮程时间内可利用汇款头寸，故信汇汇率低于电汇汇率，其差额与邮程期间的利息大致相当。

3. 票汇汇率。票汇汇率（draft rate）是指经营外汇业务的银行以票汇方式买卖外汇时所使用的汇率。所谓票汇，即银行在买卖外汇时，开立一张由其国外分支机构或代理行付款的汇票交给汇款人，由其自带或寄往国外取款。由于票汇从卖出外汇到支付外汇有一段时间间隔，银行也可以在这段时间利用客户头寸，因而票汇汇率一般也较电汇汇率低。由于票汇有短期与长期之分，票汇汇率又可分为即期票汇汇率和远期票汇汇率，后者要在前者的基础上扣除远期付款的利息。

（四）按照外汇交易交割日不同，划分为即期汇率和远期汇率

所谓交割（delivery），是指买卖双方履行交易契约，进行钱货两清的授受行为。同其他交易一样，交割日期不同，则买卖价格也不同。

1. 即期汇率。即期汇率（spot rate）也称为现汇汇率，是指买卖双方成交后的当天或两个营业日以内办理交割所使用的汇率。一般地，电汇汇率、信汇汇率以及即期票汇汇率都属于即期汇率之列。

2. 远期汇率。远期汇率（forward rate）也称期汇汇率，是指买卖双方成交时，约定在未来（两个营业日后）某一时间进行交割所使用的汇率。利率的波动、外汇市场供求状况的变化均会引起远期汇率变动，因而远期汇率与即期汇率相比是有差别的，其差额称远期差价。远期差价有三种情况：

升水（at premium）：如果一种货币趋于坚挺，远期汇率高于即期汇率，该远期差价称为升水。

贴水（at discount）：如果一种货币趋于疲软，远期汇率低于即期汇率，该远期差价称为贴水。

平价（at par）：远期汇率同即期汇率相等，称为平价。

银行报出的远期差价值在实务中常用点数表示，一般每点（point）为万分之一，即 0.0001。

（五）按照汇率的波动幅度不同，划分为固定汇率和浮动汇率

1. 固定汇率。固定汇率（fixed exchange rate）是指一国货币同另一国货币的汇率基本固定，汇率波动幅度限制在一定范围之内。

2. 浮动汇率。浮动汇率（floating exchange rate）是指本国货币当局不规定任何汇率波动幅度的上下限，汇率水平由外汇市场上供求关系来决定的汇率。外国货币供过于求，则外币贬值而本币升值，称外汇汇率下浮（floating downward）；外国货币供不应求，则外币升值而本币贬值，称外汇汇率上浮（floating upward）。就浮动形式而言，如果政府对汇率的波动不加干预，完全听任供求关系决定汇率称为自由浮动（freely floating）或清洁浮动（clean floating）；若政府出于某种目的，采取各种干预措施，使外汇市场汇率向有利于本国的方向浮动，则称为有管理的浮动（managed floating）或肮脏浮动（dirty floating）。固定汇率制瓦解后，各国普遍实行的就是这种有管理的浮动汇率制度。

（六）按照外汇的来源与用途不同，划分为单一汇率和复汇率

1. 单一汇率。单一汇率（single exchange rate）是指一国货币对一种外币只有一种汇率，这种汇率通用于该国所有的国际经济交往中，各种来源与用途的本外币交易均用该汇率。

2. 复汇率。复汇率（multiple exchange rate）是指一国货币对一种外币有两种或两种以上汇率，不同的汇率用于不同的国际经贸活动，外汇的来源与用途不同，使用的汇率也不同。

（七）名义汇率、实际汇率和名义有效汇率

1. 名义汇率。名义汇率（nominal exchange rate）就是现实中的货币兑换比率，它可能由市场决定，也可能由政府制定并挂牌公布。

2. 实际汇率。实际汇率（real exchange rate）是对名义汇率进行调整后的汇率，不同的调整方法对应不同的实际汇率含义。至少有两层含义：一是指名义汇率，用两国价格水平调整后的汇率，即外国商品与本国商品的相对价格，它反映了本国商品的国际竞争力，公式为：$s = \dfrac{S \times P}{P^*}$，其中 s 表示实际汇率，S 表示名义汇率（直接标价法下），

P^* 表示外国价格水平，P 表示本国价格水平；二是指名义汇率 +/- 财政补贴和税收减免。

3. 名义有效汇率。名义有效汇率（nominal effective exchange rate）是一种加权平均汇率，其权数取决于各国与该国经济往来的密切程度（例如各国与该国的贸易额占该国总贸易额的比重）。

（八）按照营业时间不同，划分为开盘汇率和收盘汇率

1. 开盘汇率。开盘汇率（opening rate）是指外汇银行在一个营业日刚开始营业时，进行外汇买卖使用的汇率。

2. 收盘汇率。收盘汇率（closing rate）是指外汇银行在一个营业日的外汇交易终了时，进行外汇买卖使用的汇率。

（九）按照与银行买卖外汇的对象不同，划分为同业汇率和商业汇率

1. 同业汇率。同业汇率（inter-bank rate）也叫银行间汇率，是银行和同业之间进行外汇交易使用的汇率。由于银行是从事外汇交易的主体，银行间的外汇交易是整个外汇市场交易的核心，故银行间汇率由外汇市场的供求决定，买卖差价很小。一般而言，银行同业买卖外汇的差价幅度很小，低于 1‰。

2. 商业汇率。商业汇率（commercial rate）是银行与客户之间买卖外汇所使用的汇率。银行的外汇买卖业务遵循的原则是贱买贵卖，其间的差额，即银行买卖外汇的收益，一般在 1‰ ~ 5‰之间。

（十）按照外汇管制宽严程度不同，划分为官方汇率和市场汇率

1. 官方汇率。官方汇率（official rate）是由一个国家的外汇管理机构制定公布的汇率。在实行严格外汇管制的国家，一切外汇交易由外汇管理机构统一管理，外汇不能自由买卖，没有外汇市场汇率，一切交易都必须按照官方汇率进行。

2. 市场汇率。市场汇率（market rate）指在自由外汇市场上买卖外汇所使用的实际汇率。官方汇率与市场汇率之间往往存在差异，在外汇管制较严的国家不允许存在外汇自由买卖市场，官方汇率就是实际汇率。而在外汇管制较松的国家，官方汇率往往流于形式，通常有行无市，实际外汇买卖都是按市场汇率进行。

第二节　汇率决定基础

汇率是两国货币之间的兑换比价。两国货币为什么具有这种可比性，为什么一定时期内一种单位货币只能换取一定数量的另一种货币，而不能更多或更少换取？这就是研究决定汇率的基础所要解决的问题。各国货币之所以具有可比性，由于它们都具有或者代表一定的价值。从本质上说，货币具有或代表的价值是决定汇率的基础。汇率的实质是两种货币所具有或所代表的价值量之比。不同时期，两种货币的兑换比率即汇率有差异，是不同时期两种单位货币所代表的价值量不同所致。在不同的货币制度下，货币所具有或代表的价值量的测定不同，或者说价值量的具体表现形式不同，因此，决定汇率的基础也有所不同。

一、金本位制下汇率的决定基础

金本位制（Gold Standard System）是以黄金作为本位币的货币制度，该制度下单位货币的价值取决于含金量的多少。金本位制经历了金币本位、金块本位和金汇兑本位三种具体形式。

（一）金币本位制下汇率的决定基础

金币本位制（gold coin standard system）是典型的金本位制度，使用黄金作为铸币材料，由财政部或中央银行铸成金币，流通中的货币主要是金币。各国都规定每一单位金币所含有的黄金重量和成色，称为含金量（gold content）。

1. 金币本位制的特点。该制度主要的特点有：一是黄金作为货币材料，金币可以自由铸造与熔毁；二是价值符号（辅币与银行券）可以自由兑换金币；三是黄金作为国际结算的手段可以自由输入与输出国境。

2. 汇率的决定基础。由于在金币本位制下各国货币的价值取决于含金量，两种货币的比价就可以根据每一单位货币含有的含金量的多少来计算。两种货币的含金量之比称为铸币平价（mint par）。例如，19世纪30年代大危机前，1英镑铸币的含金量是7.32249克纯金，1美元铸币的含金量是1.50466克纯金，则英镑与美元的铸币平价为：1英镑＝4.8665（7.32249/1.50466）美元。英镑的含金量是美元含金量的4.8665倍，因此在理论上1英镑可以兑换4.8665美元。可见，铸币平价或两种货币含金量对比是决定汇率的物质基础和标准。

3. 汇率的波动范围。然而，由铸币平价决定出来的汇率只是基础汇率、法定汇率或理论汇率，还不是市场汇率。由于受外汇供求关系的影响，市场汇率有时要高于或低于铸币平价，市场汇率总是与基础汇率略有差异。但是市场汇率一定不会偏离铸币平价太远，或者说，金本位制度下的汇率或由铸币平价决定的汇率是比较稳定的。这是因为在金本位制下，进行国际结算总是有两种手段，即外汇和黄金可供选择，加之黄金的价值是相对比较稳定的，因此，受供求关系影响的市场汇率就不会偏离铸币平价太远，总是在一定的界限和范围之内围绕铸币平价上下波动。而这个界限或范围是由黄金输送点（gold transport points）决定或左右的。

金币本位制下，市场汇率在供求状况影响下，在黄金输送点幅度内，围绕铸币平价上下波动。汇价的波动，总是以黄金的输出点为上限，即铸币平价加上黄金运送费是汇价上涨的最高点；总是以黄金输入点为下限，即铸币平价减去黄金运送费是汇率下跌的最低点。可见，黄金输送点限制了汇率的波动幅度，故在金币本位制度下汇率是比较稳定的。

金币本位制度虽然能保持汇率的稳定性，有利于促进各国经贸往来的发展，但是这种制度本身的缺陷也非常明显，即黄金的开采与储备量无法满足经济快速发展对于货币需要量的增加，这也导致了该制度的最终瓦解。第一次世界大战爆发后，各国扩军备战大量发行纸币，限制金币的自由铸造以及银行券与黄金的自由兑换，并且为了阻止黄金外流，纷纷限制黄金的自由输出输入，直至最后陆续放弃了金币本位制度。1924—1928

年，为了整顿币制，许多国家实行了金块本位制和金汇兑本位制。

（二）金块本位制与金汇兑本位制下汇率的决定基础

1. 金块本位制的特点。金块本位制（gold bullion standard system）又称为生金本位制，实行这种制度的国家，金币仍作为本位货币，但在国内不流通，只有纸币流通。政府集中储存金块，不许自由铸造金币，但仍规定纸币的含金量，纸币与金块兑换受数量限制。第一次世界大战后，英国、法国、比利时、荷兰等国采用此种制度。

2. 金汇兑本位制的特点。金汇兑本位制（gold exchange standard system）又称为虚金本位制，实行这种制度的国家禁止金币铸造与流通，但仍然规定纸币的含金量。确定某种关键货币为依附对象，使本币与关键货币保持固定比价，在所依附的国家的金融中心存储黄金与外汇，通过无限制买卖外汇，维持本币的稳定。

3. 汇率的决定基础。在这两种货币制度条件下，货币之间的汇率由纸币所代表的含金量之比来决定，称为法定平价。法定平价是汇率的决定基础，市场汇率围绕法定平价上下波动，但是汇率的波动范围不再受黄金输送点的限制，而是由政府人为规定并维护。政府通过设立外汇平准基金来维持汇率的稳定性，当外汇汇率上浮超过政府规定的上限时，政府将动用外汇平准基金，向市场供应外汇，平抑外汇汇率的上浮；当外汇汇率下浮，超过政府规定的下限时，政府将动用本币在外汇市场上购买外汇，抑制外汇汇率的下浮，同时也增加了外汇平准基金。政府只有具备充足的外汇储备才有能力操纵外汇市场，最终达到稳定汇率的目的。第一次世界大战结束后，大多数国家的外汇储备并不充足，这导致了金块和金汇兑本位制度下的汇率并不稳定。金块与金汇兑本位制是残缺不全的金本位制，是不稳定的货币制度。一是因为二者均没有真正的金币流通；二是银行券不能自由兑换黄金，削弱了货币制度的基础；三是黄金和外汇存放他国，一旦他国经济出现问题，必然危及本国金融稳定。由于种种缺陷，这两种制度仅维持了短短几年就走向了崩溃。1929—1933年世界范围的经济危机爆发，彻底地摧毁了金块和金汇兑制度，随后，各国开始实行纸币流通制度。

二、纸币制度下的汇率决定基础

纸币制度（paper money system）是国家以权力强制发行并流通货币。那么，在纸币本位制下，汇率的决定基础是什么？纸币是价值符号，最初是金属货币的代表，代替金属货币执行流通手段的职能。

（一）纸币可兑换黄金情况下

第二次世界大战后，资本主义国家为了稳定汇率，于1944年建立了布雷顿森林体系（Bretton Woods System）。布雷顿森林体系下汇率的决定基础是两国纸币的金平价，即两种货币法定含金量之比。20世纪50年代，美国国际收支开始恶化，日本及德国的经济开始崛起，美元的地位受到动摇。1971年美国政府不得不对美元进行法定贬值，其他国家开始调整对美元的汇率，汇率的波动幅度由1%调整到2.25%，汇率波动幅度的扩大并没有减缓美元贬值的趋势。1973年，美国政府宣布放弃黄金官价，其他各国政府放弃对汇率的维持，布雷顿森林体系最终崩溃。各国不再公布金平价，开始实行浮动的汇率制度。

(二) 纸币不可兑换黄金情况下

目前，世界各国普遍实行的是纸币本位货币制度，纸币已与黄金脱钩。因此，任何纸币，只有它现实地作为价值的代表，发挥交易媒介功能，实现自己的购买力时，它的货币作用才能得以充分体现。正是不同货币都具有的这种现实的购买能力，才奠定了不同货币之间可以兑换的基础。

那么，纸币所代表的实际价值是什么？在金本位制或布雷顿森林货币制度下，纸币代表了一定的含金量，从而代表了一定的价值量，即单位纸币所代表的价值量显然取决于它所代表的那部分黄金"本身所具有的价值量"。而黄金同其他任何商品一样，只能通过别的商品来表现自己的价值量，即黄金的价值只有通过别的商品表现出来，而黄金作为货币商品具有特殊的价值表现形式，它表现在各式各样的商品上，即单位金 = X 数量的商品 A（或 Y 数量的商品 B，或 Z 数量的商品 C，……）。

显而易见，黄金的价值表现为一个无限的商品系列，这样，由于纸币代表一定量的黄金，而一定量黄金的价值又表现在一系列商品上，因此，纸币所代表的价值实际上也表现在一系列的商品上。由此可得出结论，在实际经济生活中，单位纸币所代表的价值通常表现为一定量的商品，而特殊情况则表现为一定的含金量。我们把单位纸币所代表的一定量商品称为该纸币的购买力平价，它实际是商品价格的倒数。在这种情况下，通过比较两国纸币的购买力平价就能得出两国纸币相互间交换的比例，即汇率，也就是说在浮动汇率制下两国货币汇率决定的基础是购买力平价。

不过在这里需要强调的是，通过购买力平价来确定汇率有一个前提条件，那就是两国同种商品的价值量应当相同，因为如果两国同种商品的价值量不同，那么两国货币购买力的不同，就可能不是由于纸币所代表的价值量不同，而是由于商品在两国间具有不同的价值量。

然而，现实的经济情况是，除了少数例外情况，大部分国家的生产条件、劳动强度、劳动生产率等相互间都相差甚大，因此，在不同的国家，生产同样产品所消耗的单位劳动不同，从而同种同量商品所包含的价值量客观上也存在着差别。此外，由于历史的原因或社会经济制度方面的原因，不少国家相互间的价格机制和价格体系也存在着很大的不同，在这种情况下，以直接比较两国纸币的购买力所得出的两国货币的比价，自然就不那么适宜了。

解决这一问题的方法在于选择适当种类的可比较的商品，这些商品在两国最具有相同的价值或被算作具有相同的价值。十分明显，它们应是那些能够进入世界市场，从而进行国际交换的商品，因为在世界市场上，具有不同国别价值的同种商品被当作具有相同的国际价值量。这时各国货币对这些具有相同国际价值量的商品的交换比价的不同实际上也就是体现了各国货币本身所代表的价值量的不同，从而，两国货币各自所包含的贸易商品的国际价值量的比值就是两国货币之间的汇率。

综上所述，货币的购买力平价应指单位货币所能购买到国际商品的价值量，这才是现行国际货币制下汇率决定的基础。

第三节 汇率变动及其影响

在纸币本位时期，根据汇率的决定基础仅能计算出理论的汇率，而外汇市场的汇率由于受各种各样的因素影响是浮动的，很难固定。汇率既是两种货币的兑换率，也是货币的一种价格，它的不断变动是自然而然的事情，究竟是哪些因素引起了一定时期内汇率发生了较大变动，则是值得探讨的问题。

一、影响汇率变动的因素

既然汇率是一种价格，理应在外汇市场受供求关系决定，引起汇率变动最直接的原因当是外汇供求关系的变化。在货币自由兑换的条件下，某种外汇供过于求，则这种外汇的汇率下浮，即发生贬值；某种外汇供不应求，则这种外汇的汇率就会上浮，即发生升值。然而，又是哪些因素引起了外汇供求关系发生了变化呢？应从多方面进行深层次分析。

（一）经济类因素

综合分析影响一国汇率变动的经济因素，集中到一点，就是一国经济实力或综合实力。如果一国国内产业结构合理、科学技术进步、产品质量过硬、经济增长强劲、财政收支良好以及物价水平稳定，即一国经济形势较好、实力较强，其商品和货币在国际市场上竞争能力就强，出口增加，国际收支出现顺差，其货币汇率必然上浮；相反，如果一国国内生产停滞或衰退、财政赤字恶化、通货膨胀严重，即经济实力较弱，其商品在国际市场上竞争能力就弱，出口减少，国际收支出现逆差，其货币汇率必然下浮。能够体现一国经济实力的因素是多方面的，需要进行具体分析。

1. 经济增长情况。一国经济发展状况可以用经济增长率来衡量，经济增长率上升，说明该国经济不断发展，繁荣景气，经济实力强。经济增长同时还意味着生产率的提高，产品竞争力的增加，出口旺盛，进口需求下降，国际收支可能出现顺差，外汇市场上外汇供给充足，外汇需求不足，导致外汇汇率下浮，本币汇率上浮。经济繁荣景气时期，货币币值稳定，外国对该国货币具有信心，在国际交易中愿意使用该种货币，对该货币的需求增加，货币的汇率一般会上浮；反之，该种货币汇率会下浮。另外经济增长也意味着投资机会的增加，有利于吸引外国资金的流入，改善国际收支，本币汇率会上浮。例如，外汇市场上的交易员在预测美元汇率行情时，对美国定期公布的经济增长率非常重视。

经济增长也可能引起本币汇率下浮，如果经济发展较快，同时国民收入有较大的增长，进口需求增加，如果本国货币不是自由兑换货币，对外汇需求量增大，外汇供给不足，在供求关系失衡的影响下，外汇汇率会上浮，而本币汇率下浮。

2. 国际收支状况。一国的国际收支状况会使一国的汇率发生变化。对于非储备货币发行国来说，国际收支出现持续巨额顺差，外汇收入相应增多，就会引起该国外汇供给增加，外汇需求不足，在其他条件不变的情况下，外汇汇率会下浮，同时本币汇率会上浮；反之，一国国际收支大规模持续逆差，以至外债增加，就会导致对外汇需求的增加，外汇供给不足时，使得外汇汇率上浮，本币汇率下浮。对于储备货币发行国来说，若该国国际收支出现持续巨额顺差，外国贸易伙伴为了结清货款，需要在市场上大量购买该国货币，导致该国货币的需求增加，使得该国货币汇率上浮；反之，该国国际收支出现持续巨额逆差，为了结清对外债务，该国会大量发行本国货币偿付外债，导致该国货币供给过多，该国货币汇率下浮，在国际市场上发生贬值。

国际收支是影响汇率变动的重要经济因素，但需要注意的是，国际收支状况是否会直接影响到汇率，还要看国际收支差额的性质。长期的巨额的国际收支逆差，一般来说肯定会导致本国货币汇率下浮，而暂时性的、小规模的国际收支差额可以较容易地为国际资本流动所抵销，不一定会影响到汇率发生变动。

3. 货币流通状况。在纸币流通条件下，两国货币的兑换比率是根据各自所代表的实际价值量决定的，因此，一国货币价值的总水平是影响汇率变动的重要因素。在一国发生通货膨胀时，该国国内物价水平趋于上涨，货币所代表的价值量减少了，实际购买力降低，直接影响一国商品及劳务在世界市场上的竞争力，从而引起出口商品的减少和进口商品的增加，国际收支出现逆差，使外汇汇率上浮，本币汇率下浮。另外，本币对内的持续贬值，购买力水平的下降也会打击投资者的信心，引起资本外流，在外汇市场出现外汇的短缺，外汇汇率上浮，本币汇率下浮，即本币对外也会发生贬值。

在目前世界各国普遍实行纸币本位制度的条件下，分析汇率的变动因素，不仅要分析本国的通货膨胀率还要考察其他国家的通货膨胀率。汇率是两种货币的兑换率，其变化受制于两国间通货膨胀程度的差异，若两国都存在通货膨胀，则高通货膨胀国家的货币相对于低通货膨胀国家的货币会发生贬值。当然分析时还要注意一个问题，即一国货币的对内贬值转移到对外贬值需要一个相对较长的时间过程。

4. 国际资本流动。资本在不同国家流动会使得汇率发生重大变动。资本的大量流入会使流入国的外汇供应增加，外汇供应相对充足，外汇需求不足时，会使外汇汇率下浮，本币汇率上浮。相反，一国资本大量流出，就会出现外汇短缺，外汇需求过于旺盛，外汇供给不足，会使外汇汇率上浮，本币汇率下浮。在国际间迅速流动的资本规模十分庞大，在不同的国家流入或流出，造成该国外汇市场外汇供求的失衡，引起汇率的大起大落，这一因素对汇率的影响不可小觑。

(二) 政策性因素

1. 利率政策。利率政策是指一国通过调整利率水平与结构来影响宏观经济运行的政策。一些国家为了使汇率朝着有利于本国经济发展的方向变动，往往利用利率政策来实现。提高利率水平，可以紧缩国内信贷、抑制通货膨胀，在国际上可以增强对外资的吸引力，改善国际收支，从而有利于汇率稳定与经济健康发展；降低利率水平，会使一国国内信用宽松，会使国际资本流入减少、资本流出增加，国际收支恶化，致使外汇升值、本币贬值。利率政策的实施，一般同一国中央银行的贴现政策、同一国鼓励或限制资本流动的政策联系在一起，都会对汇率起到调节作用。在短期内，利率政策在汇率变动中的作用是很明显的。

2. 货币和财政政策。如果本国货币供给减少，则本币由于稀少而更有价值，对外也会发生升值。通常货币供给减少与银根紧缩、信贷紧缩相伴而行，从而造成总需求、产量和就业下降，商品价格也下降，拉动出口，抑制进口，国际收支出现顺差，外汇汇率将相应地下浮，本币对外升值；如果货币供给增加，超额货币则以通货膨胀形式表现出来，本国商品价格上涨，购买力下降，这将会促进相对低廉的外国商品大量进口，抑制出口，国际收支会出现逆差，外汇汇率将上浮，本币会对外贬值。

一国的财政收支状况对国际收支有很大影响。财政赤字扩大，将增加总需求，常常导致国际收支逆差及通货膨胀加剧，结果外汇需求增加，本币购买力下降，进而推动外汇汇率上浮，本币对外贬值。

3. 汇率政策。在外汇管制严格的国家，外汇不能进行自由买卖，必须通过官方机构进行交易，汇率的决定和变动也由官方机构负责。汇率政策是指一国政府通过公开宣布本国货币贬值或升值的办法，即通过明文规定来宣布提高或降低本国货币对外国货币的兑换比率，来使汇率发生变动。本币升值是一国调整基本汇率使其货币对外价值提高；本币贬值是一国调整基本汇率使其货币对外价值降低。

4. 外汇市场干预政策。在外汇管制宽松的国家，汇率由外汇市场供求决定，政府只能参与外汇市场交易，影响外汇供求，并最终达到调节汇率的目的。外汇市场干预政策是指一国政府或货币当局，通过利用外汇平准基金，介入外汇市场，直接进行外汇买卖来调节外汇供求，从而使汇率朝着有利于本国经济发展的方向变动。外汇平准基金是专门为稳定汇率而设立的一笔外汇资金。需要强调的是，这种干预政策不是靠行政性的硬性的管制或干涉来实现的，而是靠介入外汇市场通过买卖外汇活动这种经济行为实现的。

（三）其他因素

1. 政治因素。国内或国际重大的政治、军事等突发事件，对汇率变动有着不可忽视的作用。政治局势的变化一般包括政治冲突、军事冲突、选举和政权更迭等。例如，国内政局不稳、政权交替，国内罢工的发生；国际政治局势的恶化或好转；地区性、局部性军事冲突的爆发、升级、缓和等都会对汇率变动产生重大影响。这些事件和冲突如果未能得到有效控制的话，就会导致国内经济萎缩或瘫痪，导致投资者信心下降而引发资本外逃，其结果会导致各国汇率下跌。这些政治因素对汇率的影响有时很大，但影响时限一般都很短。

2. 心理因素。人们对某些外汇市场信息的获取及听信程度、人们的市场预期心理及其采取的相应措施对汇率变化有着重要的影响。当人们对事情有期望或期待时，就会引发某种行为，能动地按照自己期待的方向努力，从而让客观世界的发展符合自己的预期。这就是心理预期的自我实现。如果人们普遍对某种货币的发展前景看好，该种货币在市场上就会被大量买进，造成该种货币升值。反之，如果人们普遍预期某种货币发展前景不佳，就会纷纷抛售这种货币，则这种货币的汇率就要下跌。

3. 偶发性事件。偶发性事件包括地震、干旱、洪涝等猝不及防的天灾以及瘟疫流行、恐怖袭击、核电站爆炸、原油泄漏等人为突发事件，这些偶发性事件的发生有时也会直接影响汇率的变动。

总之，影响汇率的因素是多种多样的，这些因素的关系错综复杂，有时这些因素同时起作用，有时个别因素起作用，有时甚至起互相抵消的作用，有时这个因素起主要作用，另一个因素起次要作用。但是从一段较长的时间来观察，汇率变化主要受经济增长、国际收支、通货膨胀以及资本流动状况所制约，这几个因素是决定汇率变化的基本因素，利率政策、汇率政策以及外汇市场干预政策只能起从属作用，即助长或削弱基本因素所起的作用。一国的货币财政政策对汇率的变动起着决定性作用。一般情况下，各国的货币政策中，将汇率确定在一个适当的水平已成为政策目标之一。

二、汇率变动的经济影响

汇率在国内与国际经济中发挥着极其重要的调节作用，是各国政府宏观调控关注的重点。汇率的变动不仅对贸易收支、资本流动以及外汇储备变动等涉外经济活动产生影响，还会影响国民生产总值、物价水平、就业水平、利率水平等宏观经济变量，甚至还会对国际经济关系产生深远影响。

（一）对一国涉外经济活动的影响

1. 对贸易收支的影响

（1）本币对外贬值对出口收入的影响。本币对外贬值，即本币对外币的汇率下浮，如果出口商品用本币表示的价格不变，那么出口商品用外币表示的价格就会降低，出口商品在国际市场的竞争力提高，进而有利于扩大出口，出口收入可能会增加。

（2）本币对外贬值对进口支出的影响。本币对外贬值，即本币对外币汇率会下浮，则外币对本币的汇率会上浮，如果进口商品用外币表示的价格不变，那么进口商品用本币表示的价格就会提高，进口商品在本国市场的竞争力下降，进口数量减少，进口支出可能会减少。

本币贬值能否增加出口收入、减少进口支出，产生改善贸易收支的预期效应，仍要受许多因素的制约：

第一，贬值对贸易收支的改善还受到进出口商品需求弹性大小的制约，即必须满足"马歇尔—勒纳条件"，出口商品和进口商品的需求弹性之和大于1。本币对外贬值，出口商品用外币表示的价格下降，出口数量可能会增加，价格下降、数量增加对出口收入的影响存在不确定性，最终收入能否增加取决于出口商品的需求弹性。从进口角度来看，贬值后进口商品用本币表示的价格上升，进口数量可能会减少，价格提高、数量减少对进口支出的影响存在不确定性，最终支出能否减少仍取决于进口商品的需求弹性。只有在弹性条件上满足"马歇尔—勒纳条件"，才能发挥贬值对贸易收支的改善作用。

第二，贬值的传导进程受时效制约，本币对外贬值后，受认识、决策、生产以及销售等时滞的影响，并不能马上增加出口并减少进口，贸易收支会先发生恶化，经过一段时间后，贸易收支才会逐渐改善。

第三，一国政府实行紧缩货币政策，保持国内物价水平稳定，或者国内物价上涨幅度小于本币对外的贬值幅度。

第四，是相关国家必须实行自由贸易，并没有或还没有采取相应的贸易保护措施。

一旦这几个条件不具备，贬值所产生的正效应将受到限制，甚至还可能对贬值国货币的国际地位产生不利的影响。

（3）外汇倾销（exchange dumping）。如上所述，本币对外贬值，会提高出口商品的竞争力，有利于扩大出口数量，因此许多国家就利用本币对外贬值来增加出口收入，这实质是在进行外汇倾销。对于存在通货膨胀问题的国家来说，实行外汇倾销应满足一个前提条件，要保证本币对外的贬值幅度要大于本币对内的贬值幅度，否则外汇倾销是不能达到预期目标的。

2. 对资本流动的影响。汇率变动对资本流动的影响表现为两个方面：一是已经发生的汇率变动对资本流动的影响，本币对外贬值会抑制资本流出、刺激资本流入，本币对外升值会刺激资本流出，抑制资本流入；二是预期汇率变动对资本流动的影响，预期本币贬值会诱发资本外逃，预期本币升值会刺激海外资本流入。本币对外贬值后，单位本币兑换成的外币数量减少，这样就会抑制国内资本外流；本币对外贬值后，单位外币兑换的本币数量增加，会促使外国资本流入增加。本币对外将贬未贬时，本国资本为了避免本币对外贬值造成的损失，常常在汇率未发生变化时，将资本转移到国外，特别是存在本国银行的国际短期资本或其他投资，也会调往他国，以防损失。如果本币对外升值或者市场预期本币即将发生对外升值，则对资本流动的影响与上述情况相反。

汇率变动对资本流动的影响程度有多大，不仅取决于资本流动对汇率的敏感程度，还取决于一国政府实施的资本管制政策是否严格。实行严格资本管制的国家，资本不能自由流入、流出国境，汇率变动幅度再大也不会对资本流动产生影响。只有在资本管制宽松的国家，汇率才能发挥对资本流动的调节作用。

3. 对外汇储备的影响。外汇储备是一国国际储备的主要组成部分，是进行国际结算的主要手段。从外汇储备的存量角度来看，储备货币贬值，即储备货币汇率下浮，单位储备货币兑换本币数量减少，外汇储备用本币衡量的价值将减少；从外汇储备的增量角度来看，储备货币贬值，即本币对外升值，升值会制止出口、刺激进口，出口减少、进口增加导致外汇收入减少、外汇支出增加，最终会减少外汇储备。20世纪70年代后，外汇储备走向多元化，美元、欧元、日元、英镑以及瑞士法郎等都能够充当各国的储备货币，多元化的储备货币加大了各国管理的难度，各国货币当局应随时关注外汇市场行情的变化，及时调整储备货币的构成，以避免汇率变动带来的损失。

4. 对非贸易收支的影响

（1）对旅游业的影响。本币对外贬值，本国的商品、劳务以及服务用外币表示的价格会下降，从而降低外国游客在本国旅游的成本，有利于吸引更多的国外游客来本国观光旅游，可以增加旅游项目的外汇收入；本币对外贬值，外国的商品、劳务以及服务用本币表示的价格会上升，提高了本国游客在国外的开支，有利于抑制本国游客出国观光旅游，会减少旅游项目的外汇支出。本币对外升值，对旅游项目的收支影响正好相反，会抑制外国游客到本国的观光旅游，刺激本国游客进行境外游。

（2）对侨汇的影响。本币对外贬值，即外币对本币升值，单位外币兑换本币数量增加，兑换相同本币所需外汇数量减少，侨汇数量也会减少。本币对外升值，即外币对本币贬值，单位外币兑换本币数量减少，侨民会购物入境，减少侨汇数量。

5. 对外债的影响。汇率变动对外债的影响存在不确定性，既有积极的影响，也有消极的影响。积极的影响表现为：本币对外贬值，如果能够改善贸易收支，可以增加外汇储备，充足的外汇储备是按期、足额偿还外债的保证。消极的影响表现为：一是本币对外贬值，即外币对本币升值，兑换一单位外币需要更多本币，偿还相同额度的外债需要的本币数量也相应增加，偿还外债的成本会提高；二是本币贬值会加剧贬值预期，在预期本币贬值的情况下，本国资本为了避免损失可能出现外逃，大量资本流出会造成外汇储备短缺，外汇储备短缺无法保证外债的及时偿还。

(二) 对一国国内经济运行的影响

1. 对物价和通货膨胀的影响。汇率变动对国内物价水平也有着重要影响，本币贬值会引起物价上涨，加大通胀压力；本币升值会促使物价下降，减轻通胀压力。

本国货币对外贬值，会刺激出口增加，而出口商品的增加又会使国内市场的商品供应发生短缺，结果促使物价水平提高；本币贬值会导致以本币表示的进口商品价格上升，进而带动国内同类商品以及用进口原料生产的产品价格的上升，致使整个国内物价上升。物价水平在贬值的带动下普遍持续上涨，会加大通货膨胀压力。

如果本国货币对外升值，那么，以本币表示的进口商品的价格便会下降，进而带动国内同类商品价格以及用进口原料在本国生产的产品价格的下降；同时，以外币表示的本国出口商品价格会上升，出口数量减少致使部分出口商品转为内销，国内市场上商品会出现供大于求，促使国内物价的下降。物价水平在升值的带动下普遍持续下降，会减轻通货膨胀压力。

2. 对经济增长和就业状况的影响。一国货币对外贬值后，出口增加，进口减少，其贸易收支往往会得到改善。如果该国还存在闲置的生产要素（包括劳动力、机器等资本品和原材料），则其国内生产就会扩大，从而带动国内经济增长，实现充分就业。

反之，一国货币对外升值则有可能引起国内生产的萎缩，这是因为，货币对外升值会抑制本国产品的出口，直接阻碍出口工业的发展；同时升值又刺激进口的增加，加剧本国产业受到来自国外产品的竞争压力，从而间接影响国内许多相关行业的生产水平，导致生产萎缩、经济衰退、失业就会增加。

3. 对利率水平的影响。汇率并不能直接影响利率，而是通过影响国内物价水平、影响短期资本流动而间接地对利率产生影响。

(1) 当一国货币对外贬值时，有利于促进出口、限制进口，进口商品成本上升，推动一般物价水平上升，引起国内物价水平的上升，从而导致实际利率下降。这种状况有利于债务人、不利于债权人，从而造成借贷资本供求失衡，最终导致名义利率的上升。如果一国本币对外升值，对利率的影响正好与上述情况相反。

(2) 当一国货币贬值之后，心理因素的影响，往往使人们产生该国货币汇率进一步贬值的预期，在本币贬值预期的作用之下，短期资本可能外逃，国内资金供应的减少将推动本币利率的上升。如果本币贬值之后，人们存在汇率将会反弹的预期，在这种情况下，则可能出现与上述情况相反的变化，即短期资本流入增加，国内资金供应将随之增加，造成本币利率下降。

（3）如果一国本币贬值之后能够改善该国的贸易收支，那么随着贸易收支改善将促使该国外汇储备的增加。假设其他条件不变的情况下，外汇储备的增加意味着国内资金供应的增加，资金供应的增加将导致利率的降低。相反，如果一国货币升值将造成该国外汇储备的减少，则有可能导致国内资金供应的减少，而资金供应的减少将影响利率使之上升。

（三）对国际经济关系的影响

实行浮动汇率制度以来，外汇市场上汇率的波动频繁剧烈，这无疑会加大从事国际贸易以及国际投资活动的风险，影响世界经济的发展。此外，汇率变动会通过商品竞争能力、出口规模、就业水平和社会总产量等方面的相对变化，直接影响该国与贸易伙伴国之间的经济关系。本币对外贬值可能拉动出口、增加外汇收入、刺激产出与就业机会的增加，但却使其他国家面临货币相对升值所带来的出口减少、进口增加、国际收支恶化以及经济的衰退和失业的增加，为此可能引起国家之间竞争性货币贬值，从而使国际经济关系更加复杂化。随着一国经济全球化的进程不断深化，世界经济的各种变化不可避免地会影响一国经济的正常运行。汇率恰是这一重要因素，汇率的变化既影响本国经济能否保持适当的成长率，又能够在一定程度上左右全球经济的走势。因此，各国应在实行符合本国利益的汇率政策的同时，要密切关注国际经济的走势，以根据国际经济形势的变化，灵活、及时采取相应的对策。

（四）对国际原油以及黄金价格的影响

国际原油和黄金价格与美元汇率的波动成反比，美元贬值会引起国际原油和黄金价格上升。因此，原油和黄金的价格在一定程度上可被操控。原油是当今世界最重要的实物资源，是全球交易量最大的商品之一，原油价格与美元汇率密切相关，美元是其最主要的交割和计价货币。因此，美元汇率的变动不可避免地会影响原油价格。美元作为一种国际货币，如果肆意发行，必然出现贬值，单位美元代表价值就会下降，由于美元是原油的计价货币，原油价格自然上涨。原油价格的上涨可能会诱发全球通货膨胀，通货膨胀又会进一步促使美元贬值，美元贬值会导致新一轮的原油价格上涨。黄金价格与美元的关系则表现为：如果美元贬值，从资产保值角度，将利好黄金，黄金市场需求旺盛，黄金价格将上涨。当前全球经济失衡的一大表现就是美国存在巨额的财政赤字和经常项目赤字的双重赤字格局，美元存在中长期大幅贬值趋势。如果贬值的预期不能消除，那么，国际原油价格和黄金价格也将不断上涨。此外，还应关注国际原油和黄金的主要进口国的情况，该国的汇率制度与贸易依存度与国际原油及黄金价格之间存在联动关系，这类国家汇率的变动也会引起国际原油及黄金价格的波动。

本章小结

外汇的含义可以从动态和静态两个方面理解。动态外汇也称为国际汇兑，是指一国货币兑换成他国货币，凭以清偿国际债权、债务关系的一种专门的经营活动或行为。静态外汇分为狭义静态外汇与广义静态外汇。

狭义静态外汇是指外国货币或以外国货币表示的能用来清算国际收支差额的资产。广义静态外汇是指一切能用于国际结算的对外债权。

汇率又称汇价，是两种不同货币之间兑换的比率或比价，也就是用一国货币表示的另一国货币的相对价格。常见的汇率标价方法有直接标价法、间接标价法和美元标价法。汇率的种类非常复杂，从不同角度可以将汇率分为：买入汇率和卖出汇率，中间汇率和现钞汇率，基本汇率和套算汇率，信汇汇率、电汇汇率以及票汇汇率，即期汇率和远期汇率，固定汇率和浮动汇率，同业汇率和商业汇率，官方汇率和市场汇率等多种汇率。

影响汇率的因素有很多，包括经济类的经济增长、国际收支、货币流通以及资本流动，以及政策类的汇率政策、利率政策和货币财政政策，政治因素、心理预期以及突发事件都会影响到汇率。这些因素的关系错综复杂，有时这些因素同时起作用，有时个别因素起作用，有时甚至起互相抵消的作用，有时这个因素起主要作用，另一个因素起次要作用。

汇率在国内与国际经济中发挥着极其重要的调节作用，是各国政府宏观调控关注的重点。汇率的变动不仅对贸易收支、资本流动以及外汇储备变动等涉外经济活动产生影响，还会影响国民生产总值、物价水平、就业水平、利率水平等宏观经济变量，甚至还会对国际经济关系产生深远影响。

货币制度不同，汇率的决定基础也不同。在金币本位制度条件下，汇率的决定基础是铸币平价，实际汇率围绕铸币平价在黄金输送点范围内波动。金块和金汇兑本位制度条件下，汇率的决定基础是法定平价，政府通过干预外汇市场来维护汇率的稳定性。纸币本位制度条件下，以纸币代表的价值量之比来决定汇率。

参考文献

[1] 何泽荣，邹宏元. 国际金融原理（第三版）[M]. 成都：西南财经大学出版社，2004.

[2] 刘思跃，肖卫国. 国际金融（第二版）[M]. 武汉：武汉大学出版社，2006.

[3] 姜波克，杨长江. 国际金融学（第三版）[M]. 北京：高等教育出版社，2008.

[4] 单忠东，綦建红. 国际金融（第二版）[M]. 北京：北京大学出版社，2008.

[5] 陈雨露. 国际金融（第四版）[M]. 北京：中国人民大学出版社，2011.

[6] 于研. 国际金融（第四版）[M]. 上海：上海财经大学出版社，2011.

[7] 姜波克. 国际金融新编（第五版）[M]. 上海：复旦大学出版社，2012.

[8] 刘惠好. 国际金融（第二版）[M]. 北京：中国金融出版社，2012.

[9] 高云峰. 国际金融[M]. 北京：科学出版社，2013.

[10] 叶蜀君. 国际金融（第三版）[M]. 北京：清华大学出版社，2014.

[11] 丁剑平，向坚. 从进口国汇率视角看国际大宗商品价格波动[J]. 国际金融

研究，2016，352（8）：48-59.

［12］付亦重. 全球大宗商品市场价格波动因素分析及对策思考［J］. 国际贸易，2017（12）：14-18.

［13］刘璐，张翔，王海全. 金融投机、实需与国际大宗商品价格——信息摩擦视角下的大宗商品价格影响机制研究［J］. 金融研究，2018（4）.

本章复习思考题

一、本章主要概念

外汇　汇率　直接标价法　间接标价法　美元标价法　基本汇率　套算汇率　即期汇率　远期汇率　固定汇率　浮动汇率　同业汇率　商业汇率　官方汇率　市场汇率　升水　贴水　黄金输送点　铸币平价

二、回答问题

1. 如何理解外汇的含义？外汇的种类有哪些？
2. 根据我国外汇管理条例规定，外汇包括哪些资产形式？
3. 什么是汇率？汇率的标价方法有哪些？
4. 金本位制度下汇率是如何决定及变动的？
5. 影响汇率变动的因素有哪些？
6. 汇率变动对一国国内经济的影响是怎样的？
7. 汇率变动如何对一国涉外经济活动产生影响？

第四章

国际汇兑价格决定理论

学习导语

汇率的决定历来是国际金融研究领域的核心问题,尤其是实行浮动汇率制度后,影响汇率变动的因素复杂多变,导致各国外汇市场上汇率动荡不安,汇率的变动又影响到一国经济的方方面面,因此许多经济学者都对汇率进行了深入的研究和探索,形成了各种不同的汇率决定理论。本章主要学习不同货币制度下,汇率决定的基础及其理论模型,重点研究牙买加体系以来美元等主要货币汇率决定问题。侧重于实体经济和虚拟经济两个视角,并且将货币名目论与货币数量说融合其中。

学习目标

- ◆ 国际借贷学说及现代国际收支学说的基本观点及其评价
- ◆ 购买力平价学说的基本内容及其拓展
- ◆ 利率平价学说的基本模型及其应用
- ◆ 资产市场学说的基本思想及模型
- ◆ 资产组合分析法的基本思想及模型
- ◆ 外汇市场微观结构分析法的发展及理论架构

第一节 国际收支学说

国际收支学说(theory of balance of payment)分为早期的国际借贷学说和现代国际收支学说,是从国际收支角度分析汇率变动的一种理论,该理论认为国际收支失衡会引起外汇市场供求失衡,最终会导致汇率发生相应变化。

一、国际借贷学说

国际借贷学说(theory of international indebtedness)是国际收支学说的早期形式,是英国学者戈森(G. J. Goschen)在1861年提出的,是第一次世界大战前的主要汇率理论。戈森在其所著的《外汇理论》（*Theory of Foreign Exchange*）一书中较为完整地阐述了汇率与国际收支的关系，系统地解释了金本位制度条件下汇率变动的主要原因。

（一）国际借贷学说的基本观点

1. 汇率由外汇市场的供求关系决定，外汇市场的供求关系取决于国际借贷关系。因此，国际借贷关系是决定汇率的主要原因。

2. 国际借贷关系不仅因商品的输出输入而产生，也由非贸易和资本交易等引起。国际间商品的进出口、劳务的输出输入、股票和公债的买卖、利润以及利息和股息的支付、旅游收支、单方面转移、资本交易等都会产生国际借贷关系。

3. 国际借贷可分为固定借贷（consolidated indebtedness）和流动借贷（floating indebtedness），固定借贷是指未到支付阶段的借贷，流动借贷是指已经进入支付阶段的借贷。

4. 如果流动借贷出现顺差，即流动债权多于流动债务，则外汇供给大于需求，外汇汇率下浮；如果流动借贷出现逆差，即流动债务多于流动债权，则外汇需求大于供给，外汇汇率会上浮。

（二）对国际借贷学说的简要评价

国际借贷学说认为决定汇率变动的基础是国际借贷差额，并且进一步将国际借贷划分为固定借贷和流动借贷，指出了只有流动借贷才引起外汇供求发生改变，进而导致汇率上浮或者下浮。该理论从动态角度解释了汇率变动的原因以及调节过程，这是国际借贷学说的主要贡献。

国际借贷学说为现代汇率理论奠定了理论基础，但是由于受所处经济条件的制约，该理论存在一些不可避免的缺陷。

1. 忽视了汇率变动的物质基础，即汇率的变动是围绕两国货币实际代表的价值对比关系进行的。戈森认为在金本位制度条件下，汇率的决定基础是铸币平价。如果货币的实际含金量低于其名义含金量，汇率的决定基础必然偏离铸币平价，此时仅从供求关系就不能解释汇率的变化，该学说对汇率的变化未进行全面分析。

2. 该理论仅将国际借贷分为固定借贷和流动借贷，但没有对固定借贷和流动借贷的结构进行深入分析，事实上商品贸易形成的债权债务与资本金融交易形成的债权债务在期限、额度以及流动性上有很大的差别，对外汇收支和汇率的影响也有所不同。

3. 该理论只分析了实体经济对汇率的影响，未解释汇率与外汇供求和国际资本流动之间相互作用的关系。

二、现代国际收支学说

二战后，随着凯恩斯主义的宏观经济分析被广泛应用，很多学者应用凯恩斯模型来说明影响国际收支的主要因素，进而分析了这些因素如何通过国际收支作用到汇率，从而形成了现代国际收支理论。1981年，美国经济学家阿尔吉（V. Argy）系统地总结了这一理论，不仅分析了本国国民收入变化对经常项目收支的影响，而且分析了外国国民收入的变化、本国和外国价格水平变化对经常项目收支的影响。

（一）现代国际收支学说的基本观点

现代国际收支学说认为汇率是外汇市场上的价格，汇率的变化会实现外汇市场供求的平衡，从而使国际收支始终处于平衡状态。国际收支包括经常项目（CA）和资本金融项目（K），所以有

$$CA + K = 0 \qquad (4-1)$$

假设经常项目收支等同于贸易收支，经常项目收支差额完全由商品进出口交易决定。进口主要由本国国民收入（Y）、名义汇率（e，采用直接标价方法）、国内物价水平（P）以及国外物价水平（P^*）决定，出口主要由外国国民收入（Y^*）、名义汇率以及国内外物价水平决定，这样影响经常项目的主要因素可以表示为

$$CA = f(Y, Y^*, P, P^*, e) \qquad (4-2)$$

假设资本与金融项目（K）取决于本国利率（i）、外国利率（i^*）以及预期汇率（Ee_f）。综合上述两个等式，可得影响国际收支的主要因素为

$$BP = f(Y, Y^*, P, P^*, i, i^*, e, Ee_f) = 0 \qquad (4-3)$$

如果将除汇率以外的其他变量均视为已给定的外生变量，则汇率将在这些因素的共同作用下变化至某一水平，以平衡国际收支，即

$$e = g(Y, Y^*, P, P^*, i, i^*, Ee_f) \qquad (4-4)$$

根据式（4-4），影响均衡汇率变动的因素有本国和外国国民收入、本国和外国物价水平、本国和外国利率水平以及预期的未来汇率。下面假设其他因素不变的条件下，分析各个因素对汇率的影响。

1. 如果本国国民收入增加，将带来进口的上升，外汇市场出现超额需求，外汇汇率上浮，本币对外贬值。

2. 如果外国国民收入增加，将带来出口的上升，外汇市场出现超额供给，外汇汇率下浮，本币对外升值。

3. 本国物价水平提高或外国物价水平下降，将促进进口、抑制出口，外汇收入减少、外汇支出增加，外汇市场出现超额需求，外汇汇率上浮，本币对外贬值。

4. 本国利率水平提高或外国利率水平下降，将促进外资流入、抑制本国资本流出，外汇收入增加、外汇支出减少，外汇市场出现超额供给，外汇汇率下浮，本币对外升值。

5. 预期未来外汇汇率上浮，本国投资者将抛出本币，抢购外币，外汇市场超额需求，外汇汇率会上浮，本币对外贬值。

（二）对现代国际收支学说的简要评价

现代国际收支理论指出了汇率与国际收支之间存在的密切关系，有利于全面分析短期内汇率的变动和决定。国际收支是宏观经济的重要变量，将汇率与国际收支联系起来分析，即从宏观经济视角（国民收入、进出口贸易、资本流动）而不是从货币数量（价格、利率）角度研究汇率，这是现代汇率理论的一个重要分支。

现代国际收支理论不能被视为完整的汇率决定理论。该理论没有对影响国际收支的

众多变量之间的关系及其对汇率的影响进行深入分析,并得出具有明确因果关系的结论。例如,国民收入 Y 增加不一定引起进口 M 增加,而出口 X 却可能提高。

现代国际收支理论很难解释现实中的一些经济现象,例如,利率上升在很多情况下并不能持续吸引资本流入,从而引起汇率的相应变化;再比如,汇率常常在外汇市场的交易流量变动很小的情况下发生大幅度变化,而且,与普通商品相比较,外汇市场上汇率变动更为剧烈。

第二节　购买力平价学说

购买力平价学说(theory of purchasing power parity)的思想萌芽可以追溯到 16 世纪,西班牙的萨拉蒙卡学派研究了货币供给与价格的关系,指出物价上涨是由于货币供给增加引起的,物价的上涨造成了货币的贬值。英国经济学家桑顿(H. Thornton)在 1802 年最早提出了购买力平价思想,这一思想成为李嘉图经济理论的一部分。真正系统阐述该理论的是瑞典经济学家古斯塔夫·卡塞尔(Gustav Cassel),他在 1916 年发表了《外汇反常的离差现象》,解释了第一次世界大战期间汇率混乱情况下汇率的决定问题,之后他在 1922 年出版了《1914 年后的货币和外汇》一书,在书中系统地阐述了购买力平价理论,从而奠定了购买力平价的理论基础。

一、购买力平价学说的基本观点

购买力平价学说认为本国人之所以需要外国货币或外国人之所以需要本国货币,是因为这两种货币在各自发行国均具有购买商品的能力,两国货币购买力之比就是决定汇率的最基本的依据,汇率的变化也是由两国货币购买力之比的变化而决定的,即汇率的浮动是货币购买力变化的结果。由于货币的购买力的大小与物价水平的高低相关,因此汇率的决定和变动也就与两国物价水平及其变动直接相关。

二、开放经济下的一价定律

购买力平价学说的理论基础是开放经济条件下的一价定律,这里的开放经济是指纯理论意义上的没有贸易壁垒的国家所处的经济环境。一价定律(law of one price)是指在完全竞争、自由贸易的条件下,同种商品或劳务在不同国家的价格经汇率换算之后应当是相同的。假定信息是充分的、交易成本以及关税为零、商品是同质的以及商品价格不存在黏性,那么,开放经济的一价定律表述为

$$p_i = ep_i^* (i = 1, 2, 3, \cdots n) \tag{4-5}$$

其中,p_i 为第 i 种商品的本币价格,p_i^* 为该商品的外币价格,e 为直接标价法下的汇率,即一单位外币的本币价格。如果 $p_i > ep_i^*$,即经过汇率调整的两国同种商品价格不一致,本国商品价格高于外国同质商品价格,为了获取差价收益,套利者就会将商品从国外运到本国销售,导致本国商品供给增加,本国商品价格下降;外国商品供给减少,外国商品价格上升,直至两国价格一致,商品套利活动才会停止。

三、绝对购买力平价定律

绝对购买力平价（absolute purchasing power parity）为

$$P = \sum_{i=1}^{n} \alpha_i p_i \qquad (4-6)$$

国外物价指数可以表示为

$$P^* = \sum_{i=1}^{n} \alpha_i^* p_i^* \qquad (4-7)$$

在这些假设条件成立的前提下，从式（4-5）可以直接导出：

$$P = eP^* \qquad (4-8)$$

式（4-8）就是绝对购买力平价定律。在这里，P 和 P^* 不再是某一种商品的价格，而是代表一般物价水平的物价指数。因此，绝对购买力平价定律可以表述为：国内外物价水平用同一种货币表示是相同的。可见，绝对购买力平价是一价定律在整体物价水平下的体现。对式（4-8）调整后，得到汇率的决定式为

$$e = \frac{P}{P^*} \qquad (4-9)$$

它表明任何两种货币之间的汇率等于它们的物价指数之比，即汇率是一个取决于价格的名义变量。

四、相对购买力平价定律

相对购买力平价（relative purchasing power parity）克服了绝对购买力平价假定条件过于严格的缺陷，放松了绝对购买力平价对交易成本以及贸易壁垒等的假定。它认为运费、关税、贸易配额等因素的存在使一价定律并不能完全成立，同时各国一般价格水平的计算中商品及其相应权重都是存在差异的，因此各国的一般物价水平以同一种货币计算时并不完全相等，而是存在着一定的、较为稳定的偏离，只要运费以及贸易壁垒等因素保持不变，即

$$\theta P = eP^* \qquad (4-10)$$

$$e = \frac{\theta P}{P^*}, \theta\text{ 为常数} \qquad (4-11)$$

将式（4-11）取对数，因此有

$$\log e = \log \theta + \log P - \log P^* \qquad (4-12)$$

对式（4-12）进行微分，得到

$$\frac{de}{e} = \frac{dP}{P} - \frac{dP^*}{P^*} \qquad (4-13)$$

式（4-13）是相对购买力平价的一般形式，由式（4-13）可以得出以下结论：汇率的变动率由两国一般物价水平的变动率决定，即由两国通货膨胀率的差异决定，如果本国通胀率超过外国通胀率，外汇汇率将上浮，本币将发生对外贬值。相对购买力平价更具有应用价值，因为它避开了绝对购买力平价不合实际的假设，而且通货膨胀率的数据更容易获取。

五、对购买力平价学说的简要评价

购买力平价学说的提出，触及了汇率的决定基础这一本质问题。由于绝对购买力平价是根据两国货币各自对一般商品和劳务的购买力之比作为汇率的决定基础，因此它抓住了事物之间的内在联系，也为政府制定汇率提供了理论依据。相对购买力平价对纸币制度下通货膨胀与汇率变动的关系作了较好的解释，指出了通货膨胀的严重性对本国货币汇率的不利影响。这一结论为纸币流通条件下汇率政策的制定提供了重要依据，即为了维持汇率的稳定性，政府必须先控制通货膨胀。从经验检验来看，虽然汇率受货币以外的各种因素影响总是偏离购买力平价，但是在正常情况下，长期均衡汇率水平一般总是接近于购买力平价。这说明购买力平价具有一定的科学性。在制定官方汇率或者比较各国经济规模和生活水平时，人们一般都要参考购买力平价。自从购买力平价理论产生以来，就有许多经济学家用它来预测长期汇率趋势，也有很多政府把它当做制定宏观经济政策的理论依据，但它不可避免地存在诸多的缺陷。

（一）购买力平价学说以货币数量论为基础

用货币数量说明物价，用物价来说明汇率，这实际上是一种只看现象、不看本质的学说。购买力平价虽然触及了汇率决定基础的本质，但它未能揭示其本质。其实，纸币并没有价值，它只有被投入流通后才能代表一定的价值量，才具有购买力。因此，纸币的购买力引起汇率变化只是现象，纸币所代表的价值量之间的对比关系决定汇率的基本水平才是本质。所以，购买力平价学说认为物价水平与货币数量成正比，汇率变动归根结底取决于两个货币数量的变化，这样的观点实际上是一种本末倒置。

（二）忽视了影响汇率变动的其他因素

购买力平价学说把汇率的变动完全归之于购买力的变化，忽视了其他因素。忽视了如国民收入、国际资本流动、生产成本、贸易条件、政治经济局势等对汇率变动的影响，也忽视了汇率变动对购买力的反作用。

（三）购买力平价在计量检验上存在很大的技术上的困难

购买力平价在计算具体汇率时存在较大的技术困难，这些困难主要表现在以下几个方面：其一，由于各国在社会制度、经济发展水平以及物价体系上存在巨大的差别，导致商品的生产率、工资以及服务价格差距较大，相应的购买力平价和真实的均衡汇率存在很大的差别。其二，在物价指数的选择上，是以参加国际交换的贸易商品物价为指标，还是以国内全部商品的价格即一般物价为指标，很难确定。其三，选好物价指数后，还面临选择物价指数基期的难题，要选择一个两国经济比较均衡稳定的年份作为基期，如果基期经济不稳定，则无法计算两国货币的购买力。显然，这很难做到。

(四) 假设条件脱离现实

不符合实际情况的假设条件导致绝对购买力平价方面的"一价定律"失去意义，利用绝对购买力平价很难解释短期与中期的汇率变动趋势。诸如运费、关税、商品不完全流动、产业结构变动以及技术进步等，都会引起国内价格的变化，从而使"一价定律"与现实状况不符。

第三节 利率平价学说

早在19世纪60年代戈森就分析了利率对汇率的影响，但在当时，多数学者只关注即期汇率。19世纪90年代，德国经济学家沃尔赛·洛茨研究了利差与远期汇率的关系，认为远期马克升水就是因为德国利率水平较低。但直到1923年，英国经济学家凯恩斯（J. M. Keynes）在《货币改革论》中第一次系统地阐述了利率和汇率的关系，创立了古典利率平价学说的基本框架。1937年，美国经济学家保尔·艾因齐格在《远期外汇理论》一书中才真正完成了古典利率平价理论体系，为现代利率平价学说奠定了理论基础。20世纪70年代以来，国际金融市场蓬勃发展，国际资本流动迅猛，汇率的波动日益剧烈，这些变化激励着经济学家对利率平价学说进行更加深入的研究。

利率平价学说（interest rate parity theory）认为购买力平价学说只考虑了商品和劳务价格及其变化对汇率的影响，未能考虑资本流动对汇率的影响，而利率平价学说则强调后者的作用，认为汇率变动由利率差异决定，即一国货币的即期汇率和远期汇率的差异近似等于该国利率和外国利率的差异。利率平价学说的实质是在考察国际金融市场的套利行为，认为投资者投资于国内所得到的短期投资收益应该与按即期汇率折成外汇在国外投资并按远期汇率换回该国货币所得到的短期投资收益相等。一旦出现由于两国利率之差引起的短期投资收益的差异，投资者就会进行套利活动，直至在两国短期投资收益相等，其结果是使远期汇率固定在某一特定的均衡水平。同即期汇率相比，利率低的国家的货币的远期汇率会上浮，而利率高的国家的货币的远期汇率会下浮。远期汇率相对于即期汇率的变动幅度约等于两国间的利率差。利率平价学说可分为套补的利率平价（Covered Interest Rate Parity，CIP）和非套补的利率平价（Uncovered Interest Rate Parity，UIP）。

一、套补利率平价

（一）套补利率平价的基本形式

利率平价关系产生于追求利益的跨国套利活动。下面以一个跨国套利行为为例来分析利率平价。为了分析问题方便，假设资金跨国流动不存在任何限制与交易成本，套利资金的供给弹性为无穷大，市场上没有外汇投机者。本国投资者可以选择在本国或外国金融市场投资一年期存款，国内和国外一年期定期存款利率分别为 i 和 i^*，即期汇率为 e（直接标价法）。

则：投资于本国金融市场，每单位本国货币到期本利和为
$$1+i \qquad (4-14)$$
投资于外国金融市场，每单位本国货币到期时以外币表示的本利和为
$$\frac{1}{e}(1+i^*) \qquad (4-15)$$
假定一年期满时外汇市场的即期汇率为 e_f，则投资于国外的货币以本币表示本利和为
$$\frac{1}{e}(1+i^*) \times e_f = \frac{e_f}{e} \times (1+i^*) \qquad (4-16)$$
由于一年后的即期汇率 e_f 是不确定的，这种投资方式的最终收益很难确定，具有较大的汇率风险。为消除不确定性，可以签订一年期远期合约出售外币本利和，假设远期汇率为 f，则一年后投资于国外的本利和为
$$\frac{f}{e} \times (1+i^*) \qquad (4-17)$$
投资者选择在哪个国家投资，取决于两国投资收益率的高低，如果
$$1+i < \frac{f}{e} \times (1+i^*) \qquad (4-18)$$
众多投资者会将资金投入外国金融市场，导致外汇市场上即期购买外币、远期卖出外币，从而外币即期汇率上浮（$e\uparrow$）、远期汇率下浮（$f\downarrow$），也就是本币即期贬值、远期升值，投资于外国的收益率下降。只有当这两种投资方式的收益率完全相同时，外汇市场处于均衡状态，即期和远期汇率均处于均衡水平，利率和汇率间形成下列关系：
$$1+i = \frac{f}{e} \times (1+i^*) \qquad (4-19)$$
对式（4-19）进行调整得
$$\frac{f}{e} = \frac{1+i}{1+i^*} \qquad (4-20)$$
假设即期汇率和远期汇率之间的差价为 ρ，即
$$\rho = \frac{f}{e} - 1$$
$$\rho = \frac{1+i}{1+i^*} - 1 = \frac{i-i^*}{1+i^*} \qquad (4-21)$$
整理可得
$$\rho + \rho \times i^* = i - i^*$$
省略 $\rho \times i^*$，得到
$$\rho \approx i - i^* \qquad (4-22)$$

(二) 套补利率平价的经济含义

式（4-22）就是套补利率平价的一般形式，其经济含义是远期汇率的升贴水率等于两国货币利率差，即远期相对于即期汇率的变动幅度是由各国利率差异决定的。进一

步分析，如果 $i > i^*$，则：$\rho > 0$，外汇汇率上浮（外币升值），本币对外贬值；如果 $i < i^*$，则：$\rho < 0$，外汇汇率下浮（外币贬值），本币对外升值。可见，低利率货币在外汇市场上表现为升值，高利率货币在外汇市场上表现为贬值。

（三）套补利率平价的实践价值

套补利率平价具有很高的实践价值，被作为指导公式广泛运用于外汇交易，外汇银行基本上是根据各国间利率差异来确定远期汇率的升贴水额。在实证检验中，除了外汇市场激烈动荡时期，套补的利率平价基本能成立。当然，实际的汇率变动与套补利率平价存在一定的差距，这一差距常被认为反映了交易成本、外汇管制以及各种风险因素。

二、非套补利率平价

（一）非套补利率平价的一般形式

套补利率平价推导过程中，我们假设投资者的投资策略是进行远期交易来规避风险。实际情况是，市场上还存在着不愿进行远期外汇交易规避风险的投资者，他们采用预期汇率来计算未来的预期收益，在承担一定汇率风险的情况下进行投资活动。在不进行远期交易时，投资者计算国外投资收益时不但要考虑外国利率，还要考虑投资到期时的即期汇率。如果预期一年后的汇率为 Ee_f，则投资者在国外投资用本币表示的本利和是 $\frac{Ee_f}{e} \times (1 + i^*)$。如果这一预期收益与在本国投资收益存在差异，投资者就会选择在收益高的市场投资，就会带来市场上的即期汇率和投资者心理预期的汇率发生变动，直到两个市场的投资收益相等为止，套利活动的结果为式（4-23）成立。

$$1 + i = \frac{Ee_f}{e} \times (1 + i^*) \qquad (4-23)$$

进行类似上文的整理，可得

$$E\rho = i - i^* \qquad (4-24)$$

（二）非套补利率平价的经济含义

式（4-24）是非套补利率平价的一般形式，其中 $E\rho$ 表示预期的汇率变动率，该式的经济含义是预期的汇率远期变动率等于两国货币利率之差。在 UIP 成立时，如果本国利率高于外国利率，则意味着市场预期外汇汇率会上浮，即本币在未来将贬值；如果本国政府提高利率，则当市场预期未来的汇率不变时，即期外汇汇率会下浮，即本币在即期将升值。

（三）非套补利率平价的检验

因为预期的汇率变动率是一个心理变量，很难获得可信的数据进行分析，并且实际意义也不大。非套补利率平价的一般形式很少用于实证检验，主要应用于分析远期外汇市场的汇率走势。

三、CIP 和 UIP 的统一

在前文的分析中，CIP 和 UIP 的成立分别是由两种类型的投资活动实现的。但是在外汇市场上还存在另外一种交易者——投机者，投机者交易的目的不是为了获得某一段时间内的资产增值收益，而是获得特定时点资产的差价收益。当投机者预期的未来汇率与相应的远期汇率不一致时，投机者就认为有利可图了。

如果 $Ee_f > f$，投机者将以 f 购买远期外汇，意图未来以 Ee_f 卖出外汇获利，投机者在市场上不断购买远期外汇导致远期外汇汇率上浮（$f\uparrow$），直到 $Ee_f = f$ 为止。

如果 $Ee_f < f$，投机者将以 f 卖出远期外汇，意图未来以 Ee_f 买入外汇交割获利，投机者在市场上不断卖出远期外汇导致远期外汇汇率下浮（$f\downarrow$），直到 $Ee_f = f$ 为止。$Ee_f = f$，CIP 和 UIP 同时成立，即

$$Ee_f = f, E\rho = \rho = i - i^* \qquad (4-25)$$

式（4-25）的经济含义是人们可以将远期汇率作为相对应的未来即期汇率预测值的替代物，即远期汇率是对未来即期汇率的无偏估计，这是远期外汇投机的均衡条件。

四、对利率平价学说的简要评价

利率平价学说自产生以来，就受到了西方经济学家的重视，它的主要贡献有：其一，弥补了以往汇率理论的不足，将研究的重点放在远期汇率的决定，阐述了利率变动和资本流动对即期汇率和远期汇率的影响，发展了远期汇率决定理论，使得远期汇率和远期外汇交易日益受到重视。其二，研究角度从实物部门转向货币领域，解释了汇率和利率之间的必然联系，将汇率的决定同利率的变化有机地联系起来，为政府调节汇率提供了理论依据。

利率平价学说并不是一个完善的理论，仍然存在一些缺陷：其一，利率平价学说并不是一个独立的汇率决定理论，只是描述出了汇率和利率的关系。因为不仅利率影响汇率，汇率的变化也会引起资金的跨国流动，从而改变不同市场上资金的供求状况，导致利率的改变。而且类似国民收入、货币供给等因素的变化也会导致利率和汇率的变动，利率平价只是在这一变化过程中表现出来的利率和汇率的关系。利息平价学说并不与其他汇率决定理论相独立，而是作为其他汇率决定理论的有益补充，常被作为一种基本的关系式而运用到其他理论当中。其二，利率平价学说没有考虑资本流动的障碍、套利资金规模的有限性以及交易成本的存在等。利率平价学说假定不存在资本流动障碍，假定资金能顺利、不受限制地在国际间流动。但实际上，资金在国际间流动会受到外汇管制和外汇市场不发达等因素的阻碍。目前，只有在少数国际金融中心才存在完善的远期外汇市场，资金流动所受限制也少。利率平价学说还假定套利资金规模是无限的，故套利者能不断进行套补套利，直到利率平价成立。但事实上，从事套补套利的资金并不是无限的。这是因为：与持有国内资产相比较，持有国外资产具有额外的风险。随着套利资金的递增，其风险也是递增的，国外资产和国内资产并不能完全替代。另外，套利还存在机会成本，由于套利的资金数额越大，则为预防和安全之需而持有的现金就越少。而且这一机会成本也是随套利资金的增加而递增的。基于以上因素，在现实中，利率平价往往难以成立。

第四节 资产市场学说

资产市场学说（asset market approach）是 20 世纪 70 年代中期以后发展起来的一种重要的汇率决定理论。在国际资金流动获得高度发展的背景下，汇率变动极为频繁而且波动幅度很大，呈现出与其他资产价格变化相似的特点，这一理论启发人们将汇率视为一种资产来探讨其价格的确定。资产市场学说与传统汇率决定理论相比有着显著的不同：一是该理论从资产市场存量均衡角度，而非国际收支流量均衡角度来探讨汇率的决定；二是该理论认为预期在汇率的决定中起着相当重要的作用。

一、弹性价格货币分析法

弹性价格货币分析法（flexible price monetary approach）是资产市场学说中最简单的形式，最早由以色列经济学家弗兰克（Frenkel，1975）提出。这个理论强调在浮动汇率制度条件下，国际收支失衡反映的是货币市场的失衡，汇率起到调节国际收支失衡的作用，因此货币市场的失衡将导致汇率发生变动。

（一）理论假设

弹性价格货币分析法有三个重要假设：第一，假设价格能够灵活变动，具有完全弹性；第二，假设实际货币需求同某些经济变量存在稳定关系，即存在稳定的货币需求函数；第三，假设购买力平价始终成立，无论长期还是短期。此外，该理论认为货币供给是政府可控的外生变量，货币供给的变动只能引起价格水平的迅速调整，利率与实际国民收入都是与货币供给无关的变量。

（二）基本模型

根据卡甘（Cagan）的货币需求函数：

$$M_d = P y^\alpha e^{-\beta i} \qquad (4-26)$$

如果本国货币市场均衡，则有

$$M_s = M_d = P y^\alpha e^{-\beta i} \qquad (4-27)$$

如果外国货币市场均衡，则有

$$M_s^* = M_d^* = P^* y^{*\alpha} e^{-\beta i^*} \qquad (4-28)$$

式（4-27）和式（4-28）中，M_s 为本国货币供给，M_s^* 为外国货币供给，M_d 为本国货币需求，M_d^* 为外国货币需求，P 为本国价格水平，P^* 为外国价格水平，y 为本国国民收入，y^* 为外国国民收入，i 为本国利率水平，i^* 为外国利率水平，e 为自然对数的底，α 为货币需求的收入弹性，β 为货币需求的利率半弹性。

对式（4-27）和式（4-28）两端取对数整理得

$$\ln P = \ln M_s - \alpha \ln y + \beta i \qquad (4-29)$$
$$\ln P^* = \ln M_s^* - \alpha \ln y^* + \beta i^* \qquad (4-30)$$

若购买力平价成立，则有

$$E = \frac{P}{P^*} \qquad (4-31)$$

其中，E 为直接标价方法下的汇率。对式（4-31）两端取对数有

$$\ln E = \ln P - \ln P^* \qquad (4-32)$$

将式（4-29）和式（4-30）代入式（4-31）整理可得

$$\ln E = (\ln M_s - \ln M_s^*) - \alpha(\ln y - \ln y^*) + \beta(i - i^*) \qquad (4-33)$$

式（4-33）为弹性价格货币分析法的基本模型，可见，本国和外国货币供给、国民收入、利率通过影响物价水平最终决定汇率水平。

（三）模型分析

1. 两国货币供给的变化对汇率的影响。本国货币供给增加，会造成本币贬值，而外国货币供给增加，会造成本币升值。这是因为，如果本国货币供给增加将导致在现行的价格水平下货币供给过剩，由于价格具有完全的弹性，会引起物价水平上升，而对产出与利率不产生影响，通过购买力平价效应，引起外币升值（E 增大，本币对外币贬值）。外国货币供给增加将导致外国物价水平上升，通过购买力平价效应，引起外币贬值（E 减小，本币对外币升值）。

2. 两国国民收入的变化对汇率的影响。本国国民收入增加，会造成本币升值，而外国国民收入增加，会造成本币贬值。在其他因素不变的情况下，一国国民收入增加，在货币供给不变的情况下，会引起本国物价水平下降，通过购买力平价效应，引起本币升值。在其他因素不变的情况下，外国国民收入增加，在外国货币供给不变的情况下，会引起外国物价水平下降，通过购买力平价效应，引起本币贬值。

3. 两国利率水平的变化对汇率的影响。本国利率水平提高，会造成本币贬值，而外国利率水平提高，会造成本币升值。在其他因素不变的情况下，本国利率的上升，将降低货币需求，在现行的价格水平下货币供给过剩，引起价格上升，通过购买力平价效应，本币贬值。如果将名义利率分为实际利率和预期通货膨胀率，用 i_r 代表实际利率，用 π_e 代表预期通货膨胀率，即 $i = i_r + \pi_e$；类似地，外国的名义利率可以表示为：$i^* = i_r^* + \pi_e^*$。假设两国的实际利率相同，即 $i_r = i_r^*$，且保持不变，那么本国名义利率的增加必然归因于本国出现通货膨胀预期的升高。预期通货膨胀的提高会降低人们对货币的需求，同时增加对商品的消费，而这些又会促进国内物价水平的提高，通过购买力平价效应，本币贬值。外国名义利率提高会引起外国的预期通胀率提高，导致消费的增长和物价水平的上升，通过购买力效应会引起本币升值。

（四）对弹性价格货币分析法的评价

弹性价格货币分析法将购买力平价理论引入资产市场，将汇率视为一种资产价格，从而抓住汇率这一变量的特殊性质，在一定程度上符合资本高度流动这一事实，对现实中外汇市场汇率变动频繁给出了解释，因此该理论具有较强的生命力。模型中又引入了货币供给、国民收入、利率等重要经济变量，赋予了汇率更广泛的经济政策含义。货币模型运用的是一般均衡分析法，模型中包括了商品市场、货币市场以及外汇市场的均衡。弹性价格货币分析法的不足主要表现为：一是该模型以购买力平价理论为前提，而

购买力平价理论在现实生活中很难成立；二是该模型在货币市场均衡的分析中，假定实际货币需求是稳定的，这一点至少在实证研究中是存在争议的，尤其是在短期内；三是该模型假定价格水平具有充分弹性，这点尤其受到众多学者的质疑。

二、黏性价格货币分析法

黏性价格货币分析法也称为超调模型（overshooting model），是由美国经济学家鲁迪格·多恩布什（Dornbush）于1976年提出的。该模型认为：从短期来看，商品价格由于具有黏性，不能对货币市场的失衡迅速反应，而资产市场的反应却很灵敏，因而利率与汇率会立即发生变动。在短期内，利率与汇率的调整超过了其长期均衡的水平。所以，从长期来看，利率与汇率又会慢慢回到其长期均衡的位置。

（一）理论假设

超调模型是基于以下几个假设条件建立的：（1）货币需求是稳定的，非套补利率平价是成立的。（2）购买力平价在短期内不成立，在长期内能较好成立。（3）商品价格存在黏性，总供给曲线在不同的时期内有不同的形状：长期内价格灵活调整，产出不变，总供给曲线是一条垂直直线；短期内价格存在黏性，总供给曲线是水平的；而在适当时期内，价格开始缓慢调整，总供给曲线是一条向上倾斜的曲线。

（二）动态调整过程

1. 短期效应。在其他条件不变时，当本国货币供给一次性增加时，在短期内，总供给曲线近似一条水平线，商品价格具有黏性，价格不会变动，而利率和汇率作为资产的价格则可以迅速调整。货币供给的增加，从长期来看，本币必将贬值，维持在某一水平，作为理性的投资者，这一点是完全可以预期的。而短期内价格来不及调整的情形下，利率必然下降。利率下降后，即期本币立即贬值。此外，利率的下调推动投资的增加，本币的贬值将带来净出口的增加，出口带动产出增加，总产出超出充分就业水平。因此在短期内，水平的供给曲线不会调整价格，货币供给的增加只是造成利率的下降，本币贬值超出长期均衡水平。

2. 从短期向长期调整。在较长的一个时间内，价格水平可以进行调整。由于总产出超过充分就业时的总产出，引起物价的缓慢上升。物价上升后，货币需求随之上升，造成利率的逐步回升，从而本币缓慢升值。这一升值是在原有过度贬值的基础上进行的，体现为汇率逐步向长期均衡水平调整。此外，随着本币的逐步升值、利率的提高，投资及净出口均逐步下降，总产出也将下降，逐步向充分就业水平调整。以上的调整将持续到价格进行充分调整，经济达到长期均衡水平为止。此时，价格水平同货币供给的增加比例一致，本国货币汇率达到长期均衡水平，购买力平价成立，利率和产出均恢复至长期均衡水平。

3. 长期效应。在其他条件不变时，当本国货币供给一次性增加时，在长期内，价格具有充分的弹性。由于经济已经处于均衡状态，货币供给的增加最终导致价格的上升，利率不变，根据购买力平价效应，本国货币贬值。

超调模型的动态调节过程可用图4-1表示。

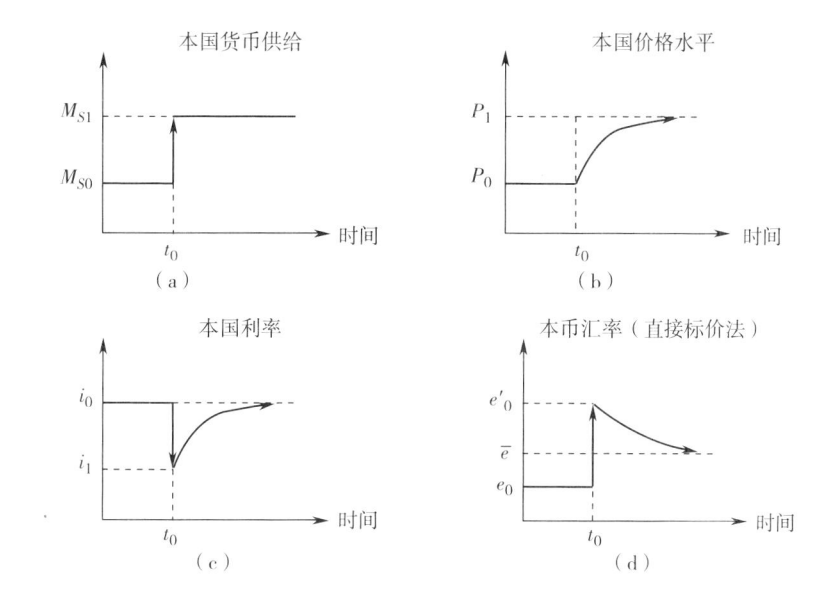

图 4-1 超调模型示意图

（三）对超调模型的评价

超调模型是对货币主义和凯恩斯主义的一种综合，成为开放经济下汇率分析的一般模型。超调模型首次涉及汇率的动态调整问题，创立了汇率动态学。超调模型具有鲜明的政策含义。超调模型不足之处主要在于：忽视了流量的分析，很显然，货币贬值带来经常项目的变化，进而会影响到汇率。另外，由于模型复杂，很难对超调模型进行计量检验，很难确定汇率是对哪种冲击造成的反应，货币或者非货币。

第五节 资产组合分析法

布朗森（Branson）、库利（Kouri）等学者是资产组合分析法（portfolio balance approach）的代表人物，他们认为货币分析法片面强调货币市场均衡的作用，国内外资产之间不具有完全的替代性，国内外资产的风险差异除了汇率风险外，还包括其他风险，因此，主张用"收益—风险"分析法取代套利机制分析法。由于该理论在分析时引入了一国资产总量，从而将影响资产总量的各种因素均纳入分析，尤其是引入了经常项目的变化对这一总量的影响分析。因此，这一模型是将流量因素与存量因素相结合的分析。

一、理论假设

资产组合分析法有几个基本假设：第一，本国居民持有三种资产：本国货币、本国债券以及外国债券；第二，在短期内不考虑持有本国债券和外国债券的利息收入对资产总量的影响；第三，预期未来汇率不变，外国债券的收益率仅受外国利率变动影响；第四，一国资产总量分布在以上三种资产形式中，根据投资组合的原理决定具体分布情况，即使某种资产收益率提高，出于分散风险的考虑，投资者不会将资产全部配置为该资产。

二、基本模型

该理论认为本币资产和外币资产是不能完全替代的，风险等因素使得非套补利率平价不成立。该理论认同多恩布什关于短期内价格存在黏性的看法，认为短期内资产市场的失衡是通过国内外各种资产在资产市场上的迅速调整得以缓解，而汇率是使资产市场供求存量保持和恢复均衡的关键变量。资产组合分析法的理论模型如下：

$$W = M + B + E \times F \tag{4-34}$$

$$M = m(i, i^*, W) \tag{4-35}$$

$$B = b(i, i^*, W) \tag{4-36}$$

$$F = f(i, i^*, W) \tag{4-37}$$

$$\frac{\partial M}{\partial i} < 0, \frac{\partial M}{\partial i^*} < 0, \frac{\partial M}{\partial W} > 0$$

$$\frac{\partial B}{\partial i} > 0, \frac{\partial B}{\partial i^*} < 0, \frac{\partial B}{\partial W} > 0$$

$$\frac{\partial F}{\partial i} < 0, \frac{\partial F}{\partial i^*} > 0, \frac{\partial F}{\partial W} > 0$$

其中，W 为资产总量，M 为本国货币资产，B 为本币债券资产，F 为外币债券资产，E 为汇率（直接标价法），i 为本国利率，i^* 为外国利率。本国货币市场、本国债券市场以及外国债券市场对应资产的供求失衡都会带来本国利率和汇率的调整，只有三大市场同时处于均衡状态时，该国资产市场才平衡。因此，在短期内各种资产的供给量既定的情况下，市场达到均衡时才能确定本国利率和汇率水平。长期内，资产市场均衡除要求三大市场均衡外，还要求经常项目处于平衡状态。

三、模型分析

根据资产组合分析法的基本模型，资产总量和结构发生变化都会对汇率造成影响，前者对汇率的影响称为"财富效应"，后者对汇率的影响称为"替代效应"。

（一）财富效应

货币供应量（M）增加后，私人部门持有的货币量会增加，为了使资产组合重新达到平衡，投资者将增加对本国债券和外国债券的购买。对本国债券的需求增加，本国债券的价格就会上升，使得本国利率水平下降，导致本币贬值。对外国债券需求的增加会增加对外汇的需求，结果同样导致本币贬值。

本国债券（B）供给量增加后，如果由中央银行购买，会增加货币供给量，这会导致投资者对本国和外国债券需求增加，本国货币会贬值。本币债的供给量增加后，如果由私人部门购买，本国利率水平会上升，这样投资需求才可能从外国债券转向本国债券，利率的上升会导致本币升值。

外国债券（F）供给量增加后，如果来自经常项目盈余，且私人部门持有的外国债券超过意愿比重时，私人部门就会减少外国债券的持有量并增加本国债券的持有量，对外国债券需求的减少意味着对外汇需求的减少，这将导致本币升值。

（二）替代效应

中央银行在国内货币市场上进行公开市场操作，用本国货币购买本国债券，货币供给量会增加，利率水平会下降，货币市场达到平衡，同时会增加私人部门对本国债券的需求，这会导致本国债券价格提高、本国利率下降。本国利率下降会导致对外国债券需求的增加，本币会贬值。

中央银行在外汇市场上进行公开市场操作，当中央银行动用本国货币购买外国债券时，货币供给量会增加，本国利率水平会下降，私人部门对外国债券的需求会增加，本币会贬值。

四、对资产组合分析法的评价

资产组合分析法运用的是一般均衡分析法，将货币市场、债券市场和外汇市场结合起来进行综合分析。资产组合分析法将经常项目的流量因素引入了对资产存量因素的分析中，突破了传统流量分析法，建立的汇率模型更符合实际。资产组合分析法具有特殊的政策分析价值，为政府在货币市场和外汇市场进行公开市场操作提供了理论依据。该理论也存在一些不足之处：一是资产组合分析法的模型过于复杂，影响实证检验的效果；二是虽然加入了流量因素，但对流量因素本身未作更专门的分析；三是对商品和劳务的变化对汇率的影响未作分析。

第六节 外汇市场微观结构论

20世纪90年代后期，许多学者对外汇市场上汇率的波动进行了实证检验。弹性价格货币模型、黏性价格货币模型、资产组合均衡模型等，能够解释长期均衡汇率的决定，但对于汇率的短期变化（例如日内变化）的解释，几乎无能为力。因此，应该尝试用微观结构方法解释短期内的汇率波动。

一、外汇市场微观结构理论的发展

1995年，Lyons首次在马克兑美元的外汇市场上使用了微观结构模型进行实证检验，结果非常显著，从而开创了外汇市场微观结构研究的先河。Evans和Lyons用两国利差来度量宏观经济因素，用订单流度量市场微观因素，以美元兑马克和美元兑日元的汇率为例，订单流对汇率波动的解释能力分别为64%和46%，而两国利率差的解释能力接近于0，证明时间集合的订单流比宏观经济变量能更好地解释汇率的决定。1997—2000年，外汇市场微观结构研究的主要方向是检验外汇市场是否存在不对称信息、交易者是否异质、外汇市场交易机制是否对定价产生影响。2000年之后，外汇市场微观结构理论的发展重点是在指令流的再分解上。

（一）指令流的解释能力

指令流是微观金融领域的一个重要概念。它是带符号的交易量（区别于传统的、不带符号的交易量)。其符号取决于发起人的交易动机,指令流衡量的是在某一段时间内买方或卖方发出的带符号的交易量之和。一个负的总量意味着在该时期是净卖出,正的总量则代表了净买入。

Evans 和 Lyons(2002)用包含信息的指令流设计了一个汇率决定的简单模型。根据这个模型,日汇率变化由利率差异和带符号的指令流决定。用公式表示为

$$\Delta S_{t+1} = \beta_0 + \beta_1 \Delta(i_t - i_t^*) + \beta_2 X_t + \varepsilon_t \qquad (4-38)$$

其中,ΔS_{t+1} 指的是在 t 天内外汇价格对数的一阶差分,即 $S_{t+1} - S_t$;$\Delta(i_t - i_t^*)$ 指的是利率微分中的一阶差分,即 $(i_t - i_t^*) - (i_{t-1} - i_{t-1}^*)$,是指在 t 天内净购买数量(指令流)。正的指令流意味着购买指令的数量超过了卖出指令的数量,同时意味着如果日内有很大一部分交易者购买某种外汇,就表明他们认为该种外汇被低估了。这种不平衡反映了所有的信息,包括宏观告示、数据泄露等。这些信息到达外汇市场,促使交易者去修正他们对外汇收益率的估计,并进一步修正资产组合。

(二)不同部分指令流的解释力度

指令流不同于需求,它是传递信息的一个媒介。因此当将指令流分解成不同部分时,每一部分指令流所包含的信息强度是互不相同的,从而各个部分的指令流对价格形成的影响也是有差异的。

Andrew Carpenter(2003)的研究结论是:第一,中央银行的指令流对价格的影响是最大的,其次是非银行金融机构,而非金融公司对交易商定价的影响是最小的;第二,在银行间市场,拥有更多私人信息的交易商会选择低透明度的直接交易。通过经纪人的间接交易是部分向市场公开的,对价格几乎没有影响。

Marsh 和 O'Rourke(2005)的实证研究也表明指令流的不同组成部分对汇率波动的影响不同,来自非金融供给客户的指令流与汇率变化负相关,来自金融公司的指令流与汇率变化正相关。

(三)指令流、宏观基本面信息与汇率

指令流是微观结构研究中决定中短期汇率变化的核心变量,宏观汇率模型中的宏观基本面的变量则决定了长期汇率的走势。那么指令流是否传达了宏观基本面的信息?宏观基本面信息是否通过指令流来影响汇率波动?

Love 和 Payne(2002)认为,微观结构层面的分析与传统汇率决定理论的一个最关键的不同在于同样的信息是否被所有的市场参与者共享,或者说是否被不同的参与者按不同方式解读。研究结论是在一分钟频率的样本中,宏观信息发布对指令流和汇率的交易价格都有系统的影响。在发布一个利好消息后,不仅汇率出现升值趋势,而且指令流也是正的,说明购买的机构数量超过出售机构数量。而且他们发现在宏观信息告示后的一段时间内,指令流对汇率决定的影响比一般时期强。

50%~66% 的价格对宏观信息的反应是通过指令流机制来完成的。也就是说,即使宏观基本面信息是公开且同时向所有市场参与者发布,它们对价格的大部分影响仍然是通过微观结构理论中决定价格的核心变量——指令流来传递的。

二、外汇市场微观结构理论的架构

宏观汇率模型尤其是资产市场法之所以无法解释中短期的汇率波动,在一定程度上是因为其不合理的假设前提,包括"信息公开可得、市场参与者是同质的以及与交易机制无关"。微观结构分析方法的一个很重要的前提就是放松了资产市场学说最不符合现实的这三个假设。

信息:微观结构模型认为与汇率相关的某些信息并不总是公开可得的,即信息是不对称的,或者说存在私有信息。即不被所有人共享以及能更好地预测未来价格走势的信息。

交易者:微观结构理论认为市场参与者对价格的影响并不完全一样,即交易者是异质的;由于私有信息的存在,交易者所拥有的信息并不相同,因此同一笔交易中就可能同时存在知情交易者和非知情交易者。从交易动机将交易者分为投机交易者和保值交易者。

知情交易者:是指在市场交易中拥有私有信息并且可以通过拥有的私有信息同不知情交易者交易进行获利的交易者。

不知情交易者:以流动性为动机,通过自身资产组合的调整来稳定在一段时期内的流量,不知情交易者一般不了解关于汇率变化的私有信息,他们的预期只受到市场中公开信息的影响。

机制:微观结构理论认为不同的交易机制对价格的影响也不完全相同。由于外汇市场是一个庞大的、具有两层结构的分散市场,因此交易者既可以选择银行间的直接交易形式,也可以选择利用经纪人中介的间接交易形式。这两种机制对价格的影响是不完全相同的。

(一) 私有信息

外汇市场私有信息来自于客户及其他交易商交易,并在很大程度上由机构参与者主导。具体说来,就是每个做市商都掌握着一些指令流数据,相对于其他做市商而言,这就是私有信息。

(二) 市场参与者的异质性

市场参与者的异质性表现在三个方面:一是交易动机不同;二是交易者分析方法不同;三是交易者信息不对称。

Stoll(2002)在他关于微观市场结构的文献中指出,投机者通常采用主动型的投资战略,选择市场指令的交易方式,资金集中在一个或少数几个看好的资产上;而保值交易者多采用消极的战略,选择限价令的交易方式,使资金分散在多个收益不相关的资产上。所以,投机者需要即时性,期待价格朝他们交易的方向变化;而保值者提供即时性,期待价格能够趋于稳定。

外汇市场微观结构理论里,知情交易者掌握了关于金融资产未来价值的私有信息,利用这一信息谋求市场上的超额利润,并且知情交易者是一个人还是多个人将会直接影响到他们的交易行为。在信息收集成本确定以后,知情交易者的数量就会增多。非知情交易者不知道私有信息，根据自己的流动性需要决定是否参与交易。有研究表明，市场中存在知情者，做市商通过拉大差价来保护自身利益。

因为做市商无法准确区分知情交易和流动性交易，所以就产生了逆向选择的问题。为了弥补自己的损失，做市商需要扩大买卖价差，从为流动性交易者的服务中得到更多收益来平衡同内部交易者进行交易遭受的损失。

外汇做市商的目标是通过最优化的外汇库存控制，加上在信息不对称的条件下不断调整其双向报价，来获取最大化的价差收入。

(三) 外汇市场的交易机制

外汇市场主要通过三个渠道进行：一是顾客与银行间的交易，二是银行之间的交易，三是通过经纪人的交易。目前通过经纪人的交易数量在不断增加，外汇市场的这种变化意味着市场的透明度在不断增加，因为经纪人对每一个委托他的做市商都提供了"汇集"后的订单信息，而不是某一笔场外交易的信息。

市场透明度有利于交易者形成合理预期，通过正确判断和迅速的交易使得市场上的价格能够充分反映基础面的变化，从而不会偏离它的真实价值。

1. 市场透明度的内涵。市场透明度是指证券市场的各方参与者在证券交易的过程中获取信息的能力。外汇交易相关的信息包括两大类：事前的报价信息和事后成交的信息。透明的市场要做到与交易有关的价格、数量等信息都是公开的、被所有交易者所获知的。做市商制度的实质是以牺牲一定程度的透明性来提高流动性。

2. 透明度过高的负面影响。透明度提高价格反应速度会增快，而外汇交易者往往采用多种交易渠道进行交易，并且交易量庞大，这些都使得做市商无法对价格的变化快速做出正确反应。另外，透明度太高，知情交易者不愿介入，因为他们对信息生产所付出的前期成本无法得到补偿。所以，最终市场的价格无法体现它的真实价值。

3. 通过权衡流动性和透明度来寻找最佳市场结构。第一，市场深度，是指单位订单的变化会引起现有汇率多大的变动。变动越小，就代表流动性越高。第二，买卖差价表示一买一卖的转手后所造成的损失。差价越小，就代表流动性越强。第三，当意料不到的偶发因素发生后，需要多长时间恢复原来的价格水平。恢复速度越快，代表流动性越强。

三、外汇市场微观结构理论的定价模型

外汇市场微观结构理论的定价模型主要有五种：存货模型、理性预期模型、批量交易模型、序贯交易模型以及同时交易模型，其中前四种属于市场微观结构理论的基本模型，只有同时交易模型属于严格意义的外汇市场微观结构的理论模型。但外汇市场确实存在存货效应、信息不对称、策略交易以及信息传递问题，前几种模型在外汇市场也有意义。

(一) 基于竞价结构的模型

理性预期、批量交易这两个模型适用于竞价结构的市场，这种市场被称为指令驱动市场，最优价格是由众多交易者提交的指令决定。在指令驱动下，买卖指令无法同时达

到市场或者尽管同时达到市场但交易数量不同就会导致市场缺乏即时性和流动性,尤其是某些流动性水平较低、缺乏吸引力的品种。

(二) 基于做市商交易结构的模型

存货模型、序贯交易模型以及同时交易模型这三个模型是适用于做市商交易结构的市场,这个市场最优价格由做市商报价决定。做市商制度的存在可以避免买卖指令不足或者长期无成交情况,从而维持市场所需的流动性水平,吸引投资者进入。做市商对市场提供连续双向的报价,有效促进了交易的及时达成,增强了市场的流动性,保证了价格的稳定性和有效性。

存货模型和序贯交易模型建立在单一做市商参与制定价格的市场基础上,同时交易模型建立在多个做市商参与制定价格的市场基础上。

(三) 外汇市场微观结构理论模型比较

1. 存货模型。金融市场微观结构理论对于外汇交易的最初研究,是以 Demsetz (1968) 的存货模型为标志的。外汇市场虽然具有存货效应,但实证检验结果表明存货模型对解释市场价格的能力有限。金融市场微观结构理论对于做市商制度的解释重点转向了信息成本模型,该模型认为即使满足完全没有摩擦的竞争市场以及交易成本与存货成本为零的理想条件,由信息不对称诱发的逆向选择也足以产生价差。

2. 理性预期模型。理性预期模型中没有具体涉及价格即汇率的制定过程,没有明确价格的制定者,而是隐含着一个在模型之外的假想机构,它负责收集所有的指令并在此基础上制定价格,执行指令达到市场出清。后三个模型都明确指出了价格制定者以及他们的指令。

3. 批量交易模型。批量交易模型通过一个真实的拍卖人(造市者)明确了价格制定过程。该模型中,造市者拥有信息特权,他了解指令流并以此制定市场出清价格。该模型中的交易规则不是做市商报价以确定最优价格,不是真正的做市商交易结构。真正的做市商制度应该是做市商向其客户报价,然后在该报价的基础上接受指令,而不是像批量交易模型中先提交指令给造市者然后由造市者决定价格。

4. 序贯交易模型。序贯交易模型的特点是只有一个做市商在指令被提交之前确定最优价格,同时指令是按照顺序一个个被执行的。序贯交易模型为我们提供了一个分析指令的理论框架。该模型指出,在竞争性的市场上,知情交易者的交易反映出他们所掌握的内幕信息,他们在知道利好消息时买入,知道利空消息时卖出,做市商通过观察已发生交易的类型来判断交易指令的来源,从而调整资产价值的预期,改变报价,最终会从知情者集中在一边的交易中推测出知情者掌握的信息,从而依据该信息将价格设定在资产的真实价值上。

5. 同时交易模型。同时交易模型认识到上述几个模型所假设的市场环境与真实外汇市场存在差别。前几个模型都是集中化的市场结构,而外汇市场是分散化的市场,同时拥有多个做市商。同时交易模型设计了一个符合外汇市场结构的模型,它有很多特征也符合外汇市场实证结果,如做市商对风险厌恶,这个特征及做市商对风险管理都会在交易量和价格有效性中体现出来。

本章小结

具有代表性的汇率决定理论有国际收支学说、购买力平价学说、利率平价学说以及资产市场学说。

国际收支学说分为早期的国际借贷学说和现代国际收支学说,是从国际收支角度分析汇率变动的一种理论,该理论认为国际收支失衡会引起外汇市场供求失衡,最终会导致汇率发生相应变化。

购买力平价学说认为本国人之所以需要外国货币或外国人之所以需要本国货币,是因为这两种货币在各自发行国均具有购买商品的能力;两国货币购买力之比就是决定汇率的最基本的依据;汇率的变化也是由两国货币购买力之比的变化而决定的,即汇率的浮动是货币购买力变化的结果。由于货币购买力的大小与物价水平的高低相关,因此汇率的决定与变动也就与两国物价水平及其变动直接相关。

利率平价学说的实质是在考察国际金融市场的套利行为,认为投资者投资于国内所得到的短期投资收益应该与按即期汇率折成外汇在国外投资并按远期汇率换回该国货币所得到的短期投资收益相等,一旦出现由于两国利率之差引起的短期投资收益的差异,投资者就会进行套利活动,直至在两国短期投资收益相等,其结果是使远期汇率固定在某一特定的均衡水平。同即期汇率相比,利率低的国家的货币的远期汇率会上浮,而利率高的国家的货币的远期汇率会下浮。远期汇率相对于即期汇率的变动幅度约等于两国间的利率差。利率平价学说可分为套补的利率平价(Covered Interest Rate Parity,CIP)和非套补的利率平价(Uncovered Interest Rate Parity,UIP)。

资产市场学说是20世纪70年代中期以后发展起来的一种重要的汇率决定理论。在国际资金流动获得高度发展的背景下,汇率变动极为频繁而且波动幅度很大,呈现出与其他资产价格变化相似的特点,这一理论启发人们将汇率视为一种资产来探讨其价格的确定。资产市场学说与传统汇率决定理论相比有着显著的不同:一是该理论从资产市场存量均衡角度,而非国际收支流量均衡角度来探讨汇率的决定;二是该理论认为预期在汇率的决定中起着相当重要的作用。

外汇市场微观结构分析方法的一个很重要的前提就是放松了资产市场学说最不符合现实的三个假设,即信息公开可得、市场参与者是同质以及与交易机制无关。1997—2000年,外汇市场微观结构研究的主要方向是检验外汇市场是否存在不对称信息、交易者是否异质、外汇市场交易机制是否对定价产生影响。2000年之后,外汇市场微观结构理论的发展重点在指令流的再分解上。外汇市场微观结构理论的定价模型主要有五种:存货模型、理性预期模型、批量交易模型、序贯交易模型以及同时交易模型,其中前四种属于市场微观结构理论的基本模型,只有同时交易模型属于严格意义的外汇市场微观结构的理论模型,但外汇市场确实存在存货效应、信息不对称、策略交易以及信息传递问题,前几种模型在外汇市场也有意义。

参考文献

[1] 何泽荣,邹宏元. 国际金融原理(第三版)[M]. 成都:西南财经大学出版

社，2004.

［2］刘思跃，肖卫国．国际金融（第二版）[M]．武汉：武汉大学出版社，2006.

［3］姜波克，杨长江．国际金融学（第三版）[M]．北京：高等教育出版社，2008.

［4］单忠东，綦建红．国际金融（第二版）[M]．北京：北京大学出版社，2008.

［5］陈雨露．国际金融（第四版）[M]．北京：中国人民大学出版社，2011.

［6］于研．国际金融（第四版）[M]．上海：上海财经大学出版社，2011.

［7］姜波克．国际金融新编（第五版）[M]．上海：复旦大学出版社，2012.

［8］刘惠好．国际金融（第二版）[M]．北京：中国金融出版社，2012.

［9］高云峰．国际金融[M]．北京：科学出版社，2013.

［10］丁剑平．汇率学[M]．上海：上海财经大学出版社，2013.

［11］叶蜀君．国际金融（第三版）[M]．北京：清华大学出版社，2014.

［12］曹勇，周银群．交易成本、网络外部性与外汇市场兑换结构——基于市场微观结构模型的拓展分析[J]．上海金融，2014（2）：78－83.

［13］邹佳洪．微观结构在我国即期外汇市场的理论检验[J]．投资研究，2016（12）：134－144.

［14］王道平，范小云，陈雷．可置信政策、汇率制度与货币危机：国际经验与人民币汇率市场化改革启示[J]．经济研究，2017（12）．

本章复习思考题

一、本章主要概念

一价定律　绝对购买力平价　相对购买力平价　套补利率平价　非套补利率平价　指令流　交易者异质性　市场透明度

二、回答问题

1. 如何正确评价国际收支学说？
2. 什么叫一价定律？一价定律成立的前提条件有哪些？
3. 利率平价理论是如何解释利率与汇率之间的关系的？
4. 超调模型如何解释汇率的调整过程？
5. 资产市场学说有哪些主要观点？
6. 外汇市场微观结构理论有哪些新发展？

第五章

人民币汇率的决定及变动

学习导语

这一章学习的主要内容是人民币汇率的主要决定因素、人民币均衡汇率的测算、人民币汇率制度的选择、外汇管理体制改革及人民币国际化问题。国际货币制度（国际货币体系）是学习研究国际金融的前提条件。人民币汇率波动对我国涉内及涉外经济活动有着不可忽视的影响，保持人民币汇率基本稳定，不仅有利于中国经济和金融持续稳定发展，而且有利于周边国家和地区的经济和金融稳定发展，从根本上说，也有利于世界经济和金融的稳定发展。维护人民币汇率的稳定性，应从研究人民币汇率决定基础和均衡汇率测算方法出发，同时还要重点关注人民币汇率形成机制改革。

学习目标

- ◆ 决定人民币汇率的主要因素
- ◆ 人民币均衡汇率测算的主要方法
- ◆ 人民币汇率制度及外汇管制体制改革的历史进程及发展趋势
- ◆ 人民币国际化过程中存在的障碍及现状

第一节 人民币汇率的决定因素

汇率是一种货币表示的另一种货币的价格，依此类推，人民币对外币汇率就是用人民币表示的外币的价格。如同某种商品价格取决于某种商品的市场供求并且影响这种商品的市场供求一样，人民币汇率取决于外汇市场上外汇供求并影响外汇供求，因而可以从供求关系的角度对汇率决定基础进行分析。

一、人民币汇率的决定基础

2015年8月11日，中国人民银行宣布调整人民币对美元汇率中间价报价机制，做市商参考上日的银行间外汇市场收盘汇率，向中国外汇交易中心提供中间报价。这一调整使得人民币对美元汇率中间价形成机制进一步市场化，更加真实地反映了当期外汇市场的供求关系。因此，探讨人民币汇率的决定基础，应该分两个阶段：一是"8·11"汇改前，人民币汇率决定因素中非市场因素占比较高，应重视分析官方汇市干预在人民币汇率决定中的作用；二是"8·11"汇改后，人民币汇率决定因素中市场因素占比大幅提高，应重点分析外汇市场上的外汇供求在人民币汇率决定中的作用。

（一）"8·11"汇改前的人民币汇率决定基础

汇改前，官方干预因素在人民币汇率决定中发挥着重要的作用，表现为货币当局通过出售或买进外汇资产来改变外汇市场的供求关系，从而将汇率调整到某一官方认定的合理水平，形成相对稳定的汇率制度安排。官方干预可能会使汇率维持一个高估的水平，当外汇市场存在过量的人民币供给即对外汇的过量需求时，通过货币当局减少官方储备中的外汇资产即货币当局出售外汇资产来冲销。反之，也可以把汇率维持在一个低估水平，这时外汇市场存在的过量人民币需求即对外汇的过量供给，需要通过货币当局增加官方储备中的外汇资产即货币当局买入外汇资产来冲销。这两种情况的汇率水平在较短时期内维持是可能的，但是如果长期维持较高的汇率水平，需要不断在市场上出售外汇资产，可能会导致官方储备最终枯竭，日后不可避免地会出现贬值调节过程。反之，如果汇率长期低估，需要在市场上不断购买外汇资产，官方储备会持续增长，也会带来资源效率损失，还会通过货币供给增加导致宏观经济其他问题，因而也是不能持久的。

（二）"8·11"汇改后的人民币汇率决定基础

"8·11"汇改后，人民币汇率决定因素中市场因素的占比大幅上升。如果分析人民币兑美元的汇率，应该关注人民币兑换美元的市场上的供求关系变化，在这个市场上只有人民币和美元这两种货币，对人民币的供给意味着对美元的需求，对人民币的需求意味着对美元的供给，讨论汇率供求决定关系时，只要考虑在货币兑换市场上对人民币或美元的供求关系即可，无须讨论人民币和美元各自的供求关系。因此，通过讨论外汇市场上人民币的供求关系，也可揭示人民币汇率的决定基础。

1. 人民币的需求。所有产生外汇收入的国际交易活动都导致对人民币需求。它主要由以下三方面因素决定：第一是中国对外出口。外汇市场上发生对人民币需求的一个重要因素，是没有人民币的非居民需要购买中国商品和服务。例如，美国进口中国的服装，荷兰进口中国制造的电器，一个英国学生准备到中国留学，这些行为都会带来中国商品和服务的出口，并在外汇市场上产生外汇供给，从而产生对人民币的需求。第二是资本流入。对人民币需求的另一重要原因，是非居民计划在中国进行投资。例如，一家美国公司决定投资5000万美元在中国购买土地和建造厂房，实施投资就需要把美元换成人民币，从而产生对人民币的需求。第三是国际交易媒介因素和外国储备资产也形成了对人民币的需求。例如，越南向蒙古出售农产品，可能用人民币报价和结算，从而发生对人民币作为国际交易媒介的需求。例如，英国政府决定增加其官方储备中人民币资产的比重，对人民币的需求也会增加。随着人民币正式纳入国际货币基金组织（IMF）特别提款权（SDR）货币篮子，人民币的国际化进程将不断加快，人民币作为国际交易媒介和官方储备的需求将不断提高。

2. 人民币的供给。所有产生外汇支出的国际交易活动都导致对人民币供给。主要由以下三方面因素决定：第一是中国对外进口。外汇市场上发生对人民币供给的一个重要因素，是没有外汇的居民需要购买国外的商品和服务。例如，中国企业购买美国制造商生产的飞机或者俄罗斯的石油，中国居民到国外旅游，这些行为都会带来国外商品和服务的进口，并在外汇市场上兑换外币，从而产生对人民币的供给。第二是资本流出。对人民币供给另一重要原因，是中国居民计划在国外进行投资。例如，一家中国公司决定投资5000万美元在美国收购一家汽车制造公司，实现收购就需要把人民币换成美元，从而产生对人民币的供给。第三，如果一部分人民币作为外国交换媒介或官方储备，当外国人出于某些考虑（如认为人民币将贬值）减少人民币使用和储备量时，也会造成人民币供给。

如果不考虑货币当局通过变动官方储备来影响外汇市场供求的情况，即在自由浮动汇率制度下，这时如同竞争性市场上供求关系决定商品价格一样，人民币供求关系决定人民币汇率。人民币供求相等时，外汇市场达到均衡状态，也就决定了人民币的均衡汇率。如果进口国外商品和服务的规模以及对外投资规模提高，国外以人民币作为交易媒介和储备货币的意愿下降，人民币的供给将增加，在人民币需求不变的情况下，人民币的供给量将超过人民币的需求量。人民币供过于求，某些供给者将不能在原来均衡汇率水平下卖出人民币，于是他们会通过降低汇价来卖出人民币以获得外币。随着人民币逐步贬值，人民币供给量会下降，人民币需求量不断增加，直至两者相等，市场达到均衡情况。如果国外进口我国商品和服务的规模以及对我国投资规模提高，国外以人民币作为交易媒介和储备货币的意愿增强，人民币的需求将增加，在人民币供给不变的情况下，人民币的需求量将超过人民币的供给量。人民币供不应求，某些需求者将不能在原来均衡汇率水平下买入人民币，于是他们会通过提高汇价来买入人民币。随着人民币逐步升值，人民币供给量会提高，人民币需求量不断下降，直至两者相等，市场达到均衡情况。

二、人民币汇率的决定因素

从前面分析的人民币汇率决定基础来看，影响外汇市场人民币供求的因素也是人民币汇率变动的决定因素。因此，我们在了解人民币汇率决定基础的同时，必须结合我国的实际情况，才能确定人民币汇率的主要决定因素。

（一）经济增长速度

2018年我国国内生产总值增长6.6%，经济保持稳定增长，对我国人民币汇率将产生巨大的影响。首先，我国经济稳步增长，意味着我国国民收入也会逐步提高，收入的提高导致社会需求的增加，可能会导致进口增加，从而扩大外汇需求，外汇市场上人民币供给就会增加，可能导致人民币汇率下浮。其次，我国是出口大国，随着我国经济的稳步增长，生产率会提高，生产成本会降低，从而提高我国产品的国际竞争能力，出口总量也会随着经济同步增长，外汇收入的增长会导致外汇市场上兑换人民币需求增加，引起人民币汇率的稳步提升。最后，经济的稳步增长，会增加我国的投资机会，2018年中国吸引对外直接投资 1390 亿美元，同比增长 3%，中国继续成为吸引外资最多的发展中国家，也是继美国之后全球第二大外资流入国，这也会提高人民币升值的潜力。[1] 从长期来看，经济稳定增长会强有力地支持人民币汇率走强。

（二）国际收支情况

国际收支是造成一国汇率变动的直接原因。国际收支逆差，外汇支出增加，为了兑换外汇，外汇市场上人民币供给增加，导致人民币汇率下浮；国际收支顺差，外汇收入增加，外汇市场兑换人民币需求增加，导致人民币汇率上浮。从经常账户来看，我国的贸易收支始终保持顺差地位。2009 年以来，我国贸易大国的地位不断巩固，连续八年保持全球货物贸易第一大出口国和第二大进口国地位。在全球贸易持续低迷背景下，中国进出口表现优于其他主要经济体，我国出口增速仍好于全球主要经济体和新兴市场国家，占全球市场份额稳中有升，结构调整和动力转换加快，外贸发展的质量和效益进一步提高。中国出口占国际市场份额从 2011 年的 10.4% 上升至 2016 年的 13.2%。从资本和金融账户来看，我国大多数年份都保持顺差，只是在 2015 年和 2016 年出现逆差，2017 年资本外流压力大幅舒缓，2017 年上半年，非储备性质的金融账户重现顺差，顺差额度为 679 亿美元。从目前我国的国际收支状况来看，预计我国经常账户将维持较合理的顺差规模，跨境资本流动保持总体稳定，这有利于确保未来人民币汇率的稳定性。

（三）物价因素

汇率本质上是一种货币对另一种货币的"购买价格"，而物价水平又与货币量紧密相关，因此物价或物价指数也可以作为判断人民币汇率水平和走势的重要依据。在实际操作和政策选择时，可以依据购买力平价理论判断汇率未来的走势，货币汇率变动取决于两国物价水平的变动，通货膨胀率较高的国家货币汇率会下浮，通货膨胀率低的国家货币汇率会上浮。在纸币流通的条件下，两国货币间的比率，从根本上说是由各国货币所代表的实际价值来决定的。物价是一国货币价值在商品市场上的体现，物价水平则意味着该国货币价值绝对值的大小；通货膨胀则意味着该国货币所代表的价值量的下降。因此，从长期看，一国物价水平和通货膨胀率的高低是决定该国货币汇率变动的主要因素。2009 年至 2013 年，我国各年度的通胀率均在 3% 以内，平均通胀率为 2.31%。近年来物价水平的平稳运行能够确保人民币币值的稳定性，也就在一定程度上维护了人民币汇率的稳定性。

（四）利率差异

国家之间利率水平的差异会从两个方面对汇率的变动产生直接的影响。一种情况是通过影响经常账户而对汇率产生影响，当本国的利率变化时，会出台相应的信用紧缩或扩张政策，导致贷款、投资和消费的变化及物价的变化，进而引起进出口、外汇需求的一系列变化，最终导致汇率的变动。另一种情况是通过影响国际资本流动间接地对汇率产生影响。利率的变化会引起国际资本的相应流动，从而导致外汇需求的变化，最终促使汇率发生变化。例如，人民币利率水平下降会刺激国内消费和投资，引起物价水平上

---

[1] 联合国贸发会议《2019 世界投资报告》。

升，进口增加、出口减少，也即国际收支逆差扩大，人民币汇率有下浮压力；人民币利率水平下降将使国内外利差缩小，资本外流，形成人民币汇率下浮的压力。但利率作用机制在我国的实际应用情况却不尽相同。目前，人民币的利率水平与美元及其他主要可兑换货币的利差水平差距不是十分明显，并且人民币并未完全实现可自由兑换，这在很大程度上避免了大规模套利活动，削弱了利率对汇率变动的直接影响。但利率对汇率的影响无时无刻不在，只要利差大于套利成本，套利动机就一定存在。随着人民币自由兑换和利率市场化不断完善，利率对人民币汇率的影响会越来越大。

（五）外汇市场干预因素

1994年人民币汇率制度改革，实行以市场供求为基础的、单一的、有管理的浮动汇率制度。此后，虽然人民币汇率呈双向波动，但总体呈上升趋势，这与央行对外汇市场的干预密不可分。鉴于我国一直在推进资本和金融账户开放，一旦开放资本和金融账户，人民币汇率自然能较真实地反映外汇市场的供求状况，人民币汇率的市场干预会愈加困难。因此，我国央行开始逐步退出常规性外汇市场干预。2015年8月11日人民币汇率制度改革后，资本短期内大幅度外流，人民币汇率下浮压力骤然提升，国内金融市场风险高涨，我国中央银行出于稳定市场预期的角度，动用大规模外汇储备进行市场干预。2016年3月，随着国内金融市场平稳运行，风险程度下降，我国央行开始遵循"收盘价+篮子货币"的人民币汇率定价机制，退出常规性外汇市场干预。我国央行干预外汇市场的目的是维持金融稳定，而非通过操纵汇率获得贸易竞争力。我国央行干预外汇市场目标是避免人民币汇率短期大幅度下浮，而非人为推动人民币贬值，以此达到以邻为壑的贸易政策。

（六）市场预期因素

外汇市场汇率的短期走势在很大程度上决定于市场预期因素。社会公众对人民币汇率未来走势的预期会影响其在市场上的交易，这将会对外汇市场供求关系产生冲击，进而引起人民币汇率的变动。若公众预期人民币升值，公众会少持有外汇，通过结汇以减少人民币升值带来的损失，人民币升值的压力会加大，升值步伐也会加快。对于人民币汇率的预期可以从以下几个方面来看：一是从物价角度来看，近年来，我国通货膨胀率持续降低，人民币对内币值稳定，国内各界对通货膨胀的预期已大大降低。二是从汇率角度来看，2005年以来人民币汇率一直呈现持续上升的态势，尽管人民币汇率中间也有过波动，但总体趋势还是在不断走强。三是从外汇存款角度看，若公众预期人民币贬值，则更愿意持有外汇形成外汇存款。长期以来我国的外汇存款基本保持在1500亿~1600亿美元，未发生大的变化，这也说明，在人民币有升值预期的情况下，居民更愿意结汇而非存款。从以上三个方面来看，如果人民币结汇需求无法有效出清，未来一段时间人民币汇率仍将稳中趋升。

通过上述分析，可以看出人民币汇率走势是由多种因素共同作用的结果，各因素间既相互联系又相互制约，这其中既有基本经济因素，又有央行干预、市场预期等因素。对汇率影响最大的经济因素是通胀和利率；对汇率影响最直接的途径是国际收支。对汇率走势有长期影响的主要因素是经济增长、国际收支以及通胀；对汇率有短期影响的主要因素是利率、央行干预以及市场预期等。而我国央行虽然退出常规干预，但是仍然继续在适当时机维护汇率的稳定性，因此人民币汇率将在一段时间内保持相对稳定的上升态势。从目前来看，我国基本经济状况良好，经济增长平稳，国际收支状况良好，通胀压力下降，因此人民币汇率将在一段时间内保持相对稳定的上升态势。

第二节　人民币均衡汇率测算

人民币汇率一直以来是一个国际金融热点议题，尤其是 2015 年 8 月至 2016 年 8 月，人民币兑美元汇率累计贬值 5.3%。在此背景下，国内外对人民币汇率继续贬值的担忧增强。关于人民币未来走势众说纷纭，问题的焦点无疑是人民币均衡汇率是多少以及人民币未来是否会大幅贬值。研究人民币均衡汇率对于理解和预测人民币汇率走势、判断汇率失衡程度及其影响，都具有重要的理论和现实意义。

一、均衡汇率理论概述

国外研究均衡汇率的理论主要有两类：一是基于购买力平价的均衡汇率理论，二是基于宏观经济平衡角度测算均衡汇率的各种理论，包括基本要素均衡汇率理论（FEER）、行为均衡汇率理论（BEER）、自然均衡汇率理论（NATREX）和均衡实际汇率理论（BEER）。

（一）基于购买力平价的均衡汇率理论

传统经济学家们常常运用购买力平价理论测算均衡汇率以及汇率失调程度。购买力平价理论主张名义汇率是由国内外价格水平的相对变动来决定的，因而隐含着均衡汇率为常数的结论。这种方法的优点是简单和直观，缺点是购买力平价在现实中并不成立以及无法有效说明均衡汇率本身的变化。在现实的经济中，均衡汇率随着经济状况的变动而改变，均衡汇率并不是一个常数。此后，很多学者逐渐放弃均衡汇率不变的假设，运用多种方法测算均衡汇率及其决定因素，为货币当局改变汇率失衡程度提供政策建议。

（二）基于宏观经济平衡的均衡汇率理论

斯坦福大学的 Nurkse 教授把均衡汇率定义为：不过分限制贸易、不特别鼓励资本的流动、无过度失业前提下能够使国际收支实现均衡的汇率。这一定义下的均衡实际汇率是以内部均衡（主要是指商品市场与劳动力市场）和外部均衡（可持续的经常账户）相一致为前提条件。针对这一定义下的均衡汇率研究结果很多，有影响力的主要有以下几种：

1. 基本要素均衡汇率理论。基本要素均衡汇率理论（Fundamental Equilibrium Exchange Rates，FEER）又可称为汇率的宏观经济均衡法，该理论是由 Williamson 在 1994 年提出的，该理论的核心就是 FEER 是一种与中期宏观经济均衡相适应的汇率，所谓宏观经济均衡包括内部平衡和外部平衡，内部平衡要求国内经济保持充分就业和低通货膨胀，外部平衡不是指国际收支数量平衡，而是指经常项目具有的可持续性。换言之，该方法是在对经常账户假定一个标准值的基础上，利用外生的可持续资本流动净额来计算 FEER。

FEER 理论的主要缺陷是可操作性差,并由于涉及大量与经常项目和资本项目有关的参数设定(将参数校准在充分就业和可持续的净资本流动水平),使得该方法得到的估计结果对模型参数设定比较敏感。此外,FEER 方法利用规范经济学方法分析均衡汇率,一些被证明对实际有效汇率行为有影响的经济变量并没有包括在 FEER 的计算框架中,因而 FEER 方法计算的均衡汇率在实证意义上是否存在并不明确。

2. 行为均衡汇率理论。FEER 理论计算的均衡汇率是否反映了实质汇率决定因素的中期影响是不确定的。为此,Clark 和 MacDonald(1998)提出行为均衡实际汇率理论(Behavioural Equilibrium Exchange Rates,BEER)。为了解决 FEER 方法"理想化"特点所带来的计算不便,在研究现实经济时,可以运用简约式方程代替 FEER 方法来估计均衡汇率,这种方法被称为"行为均衡汇率"法。决定均衡汇率的简约方程应包括长期内影响汇率的基本要素向量、中期内影响汇率的基本经济要素向量、短期因素,以及随机误差项,而其中均衡汇率就是由中、长期基本经济要素的当前值所确定的汇率水平。MacDonald(1997)认为,决定一国长期实际汇率的基本经济因素主要包括反映总需求、财政收支盈余、私人部门的储蓄、国内外劳动生产率差异等。MacDonald(1998)将决定长期均衡汇率的因素进一步简化为贸易条件、国内外劳动生产率差异、国外净资产,再结合国内外实际利率差异、国内外政府债务相对供给等两个短期影响因素,构建了 BEER 模型。因此 BEER 方法既可以用于测量均衡汇率,也可以用于解释实际观测汇率的变动原因,并且具有较强可操作性。

3. 自然均衡汇率理论。自然均衡汇率理论(Natural Real Exchange Rates,NATREX)由 Jerome L. Stein 在 1994 年提出。自然均衡汇率是指在不考虑周期性因素、投机资本流动和国际储备变动的情况下,由实际基本经济要素决定的、使国际收支实现均衡的中期实际汇率。这一定义与 Nurkse(1945)给均衡汇率所下的定义是基本一致的。自然均衡汇率是一种动态的均衡,它会随着各种内生、外生基本经济要素的持续变动而变动。根据该理论,自然均衡汇率由实际经济要素和现行经济政策决定,而这些现行经济政策不一定是社会最优或福利最大化的,当然自然均衡汇率也不是最优的均衡汇率。比较 FEER 和自然均衡汇率,前者是一种规范化的汇率,旨在为政府提供保持经常项目和适当资本流入相吻合的汇率水平,后者是一种"实际的"汇率水平。

4. 均衡实际汇率理论。针对发展中国家的 Edwards 均衡汇率模型,均衡实际汇率(Equilibrium Real Exchange Rates,ERER)被定义为贸易品相对非贸易品的价格,在此相对价格上,内、外部同时达到均衡。Edwards 的均衡汇率模型充分考虑到了发展中国家宏观经济中最显著的特征,例如实行外汇管制、存在贸易壁垒、存在平行汇率(通常指黑市汇率)等。在 Edwards 理论模型基础上,Elbadawy 于 1994 年建立了一个简化的模型。在他的模型中,使用的基本面变量明显少于 Edwards 的,同时他利用模型估计了智利、加纳与印度的均衡汇率。总的来说,Edwards 和 Elbadawy 的模型充分考虑了发展中国家的经济特征,在模型中,均衡汇率不但受贸易条件、关税税率、技术进步等基本经济要素的影响,同时还要受到国内信贷等宏观经济政策的影响。此外,由于发展中国家对世界经济的影响一般较小，因此，在测算它们的均衡汇率时无须使用复杂的多国模型。

二、人民币均衡汇率实证研究

西方均衡汇率理论并不完全适用于分析人民币均衡汇率：一是因为西方均衡汇率理论是建立在市场传导机制有效的基础之上的，而我国经济制度的转型并未完全实现，市场传导机制仍然存在失效部分；二是因为西方理论以小型开放经济体为分析框架，也不符合我国国情。因此，在测算人民币均衡汇率时，应该结合我国情况对西方均衡汇率理论加以修改。由于均衡汇率水平决定因素的重要性和复杂性，这一问题一直是政府和学术界关注的热点并形成了大量的研究文献。目前，针对人民币均衡汇率的研究主要集中于运用扩展购买力平价理论、行为均衡汇率理论、均衡实际汇率理论以及动态随机一般均衡理论来进行实证分析。

（一）基于扩展购买力平价理论的研究

刘金全、云航和郑挺国（2006）利用 Markov 区制转移方法对我国 1980 年 1 月至 2004 年 8 月的人民币汇率进行了购买力平价的 Engel–Granger 协整检验分析，分别检验了购买力平价的长短期偏离程度，结果显示人民币汇率长期购买力平价假说成立，短期不成立，分析结果通过两个不同的内生区制来加以刻画，而这些区制的划分与人民币汇率制度改革、经济政策调整和通货膨胀率变化等重要经济事件相联系。

周克（2011）使用基于 Balassa–Samuelson 效应扩展的购买力平价对此进行了理论和实证上的研究。理论分析证明，该效应不仅意味着一国的实际汇率随着收入提高而升值，也意味着低收入国家的货币倾向于低估。估计结果表明，人民币错估程度严重依赖于数据来源。在对各种数据集进行分析后，发现人民币兑美元在 2009 年只是低估了不足 8%。中国外部失衡很可能是经济深层次结构失衡的反映，而不是由人民币低估导致的。

杨长江和钟宁桦（2012）认为购买力平价是衡量均衡汇率的最为重要的方法之一，依此方法对人民币低估程度的估计也曾经是最为严重的，相对于基本均衡汇率等方法，扩展型的购买力平价方法更适合于度量人民币均衡汇率水平；世界银行 2005 年购买力平价数据显著降低了关于人民币低估程度的估计，根本性改变了人民币汇率问题争议的形势，而有关世界银行数据本身被低估的观点未必成立。

戴金平、杨珂和刘东坡（2015）运用不限制对称性和比例性的三变量模型，利用中国与 OECD 34 个成员国 1978—2010 年的面板数据，对购买力平价理论是否适用于解释人民币汇率波动进行了实证检验。结果表明，人民币汇率的波动并不满足购买力平价理论，存在对购买力平价的偏离。进一步地，根据实际汇率分解模型，从贸易品价格对一价定律的偏离和巴拉萨—萨缪尔森效应两个方面，对人民币汇率偏离购买力平价的原因进行了分析。结果表明，贸易品价格对一价定律的偏离和巴拉萨—萨缪尔森效应可以很好地解释人民币汇率对购买力平价的偏离。而且，相对于巴拉萨—萨缪尔森效应，贸易品价格对一价定律的偏离对人民币实际汇率的影响程度更大。

张赫（2017）利用拓展的购买力平价模型测算人民币均衡实际汇率和均衡名义汇

率,并对人民币兑美元汇率失衡程度进行实证研究。实证分析结果显示:从 1990 年开始,人民币均衡实际汇率和名义汇率一直处于不断升值的状态,根据拓展的购买力平价模型,人民币兑美元汇率随着相对人均收入的增加而上升;1994 年至 2004 年期间,实际汇率基本处于均衡状态;2004 年开始,实际汇率偏离均衡汇率,表现为人民币汇率的失调。从 2005 年至 2015 年为人民币汇率低估时期,但低估程度在 2015 年时为最小。

(二) 基于行为均衡汇率理论的研究

胡再勇 (2008) 运用多种计量经济方法对 1978 年至 2006 年期间人民币实际汇率状况进行了实证分析,实证分析的结果显示:从名义汇率错位情况来看,1995 年及以前的名义汇率都是高估的,1996—2005 年的名义汇率基本上都是低估的,且低估程度在 2000 年达到顶点,然后逐渐下降;2005 年约低估 4.7%,但到 2006 年,受 2005 年人民币汇率改革的影响,名义汇率反而高估 0.9%。从实际汇率错位情况来看,1993 年及以前的人民币实际有效汇率都是高估的,1994 年以后,随着出口的快速增长以及美元的不断贬值,人民币实际有效汇率相对于行为均衡汇率低估程度总体上不断扩大,2005 年约低估 16.3%;到 2006 年,受 2005 年人民币汇率改革的影响,人民币实际有效汇率低估程度有所下降,约低估 15.3%。

王相宁、李敏和缪柏其 (2010) 将状态空间理论引入行为均衡汇率 (BEER) 模型中,通过量测方程和状态方程,对时变系数进行估计以及对人民币实际有效汇率失调程度进行统计分析,分析结果显示:2005 年的汇率制度改革是适时的,加深了主要宏观经济变量与汇率的联系;人民币汇率失衡程度不断减轻,且实际有效汇率不断趋向均衡值;人民币汇率在基本面上没有显示出明显的升值压力,应理性看待国际社会提出的人民币继续升值的声音。

马国轩和于润 (2013) 根据中国国情对行为均衡汇率理论进行了必要修正,用于分析 2003 年至 2012 年影响人民币均衡汇率波动的基本经济因素,特别是政策性因素对汇率变动的影响情况。同时,通过 DGP 识别的 Johansen 协整分析,测算均衡汇率水平及错位程度。结果发现:(1) 在诸多影响因素中,人民币受政策性因素干预明显。(2) 政策调控在取得了巨大成效的同时也导致了沉重的调控成本。(3) 近年来人民币汇率对国际市场波动的反应越来越敏感。

谢朝阳和杨彦楠 (2015) 利用 BEER 方法测算了人民币实际均衡汇率和实际汇率的错位情况。协整方程表明净国外资产的增加、非贸易品与贸易品价格之比的上升和贸易条件的改善都会引起人民币实际汇率升值,而贸易开放度提高会引起人民币实际汇率贬值;所选样本期内汇率错位情况表明,除个别年份实际汇率接近均衡汇率水平外,多数年份都存在不同程度的错位。

姚宇惠和王育森 (2016) 运用 BEER 方法分享了人民币均衡汇率的决定因素,认为人民币均衡汇率在中长期由购买力平价、贸易壁垒和资本管制决定,在短期由利率和资本流动决定。并在此基础上选取了一系列衡量长短期因素的经济变量,构建协整方程对 1998 年至 2014 年人民币兑美元均衡汇率进行了测算,并用估计方程对 2015 年上半年的均衡汇率做了计算,认为资本流入下降、美联储加息预期和中国央行相对宽松的货币政策共同导致了本轮人民币汇率的贬值。

(三) 基于均衡实际汇率理论的研究

王维国和黄万阳 (2005) 在 Edwards 提出的 ERER 模型的基础上,建立了一个人民币均衡汇率模型。实证结果显示:人民币实际有效汇率与贸易条件、开放度、政府支出、全要素生产率之间存在协整关系。通过建立误差修正模型发现,人民币汇率错位修正机制存在,自我修正功能较强,且有提高趋势;财政与货币政策变动对人民币实际有效汇率的短期影响不显著,人民币名义有效汇率变动对人民币实际有效汇率的短期影响显著,且有提高趋势,而人民币兑美元名义汇率变动对人民币实际有效汇率的短期影响不显著。

吕江林和王磊 (2009) 运用 Elbadawy 的均衡汇率模型,即修正的 ERER 模型对人民币均衡汇率进行实证分析,结果显示:贸易条件、政府支出和经济开放度在长期对人民币均衡汇率影响较大,而贸易条件、国际利差和净资本流入在短期对人民币均衡汇率影响较大。认为人民币汇率应改变过去那种单边升值态势,进入一种双向波动的状态;在短期内可以利用国内外利率差、净资本流入和贸易条件等变量对其进行调整,在长期则可以利用经济开放度、政府支出和贸易条件等变量对其进行调整。

文先明、曹滔和翟欢欢 (2012) 选择由 Montiel 提出的 ERER 改进模型,结合中国实际情况,构建人民币均衡实际汇率模型,并利用单位根检验、协整分析、误差修正模型、H-P 滤波技术对人民币均衡实际汇率进行测算,研究人民币汇率是否失调。结果表明:人民币实际有效汇率与开放度、货币供应量、外汇储备之间存在协整关系,人民币汇率错位修正机制存在自我修正功能较强。

(四) 基于动态随机一般均衡理论的研究

近年来,动态随机一般均衡理论在宏观经济研究中已得到广泛应用,许多学者利用开放宏观经济学的动态随机一般均衡模型分析人民币均衡汇率问题。

杨治国和宋小宁 (2009) 在新开放经济宏观经济学理论的基础上建立了一个动态随机一般均衡 (DSGE) 模型,分析了均衡汇率的内在决定机制。研究得出的结论有:均衡汇率主要受到名义汇率、两国技术水平差异以及两国名义货币余额差异的影响。在货币余额差异不变的条件下,名义汇率扰动对均衡汇率并无明显的影响;在短期内技术水平差异不变的情况下,两国名义货币余额的差异变化将影响均衡汇率,仅仅名义汇率的调整并不会影响均衡汇率;在长期内技术水平差异变化的情况下,均衡汇率也会变化。

孙国锋和孙碧波 (2013) 应用 DSGE 模型实证测算了人民币的均衡汇率水平,实证结果发现 1997 年亚洲金融危机前后,人民币汇率出现一定幅度高估,随着亚洲金融危机逐渐结束,中国加入世界贸易组织 (WTO) 劳动生产率快速提高以及巴拉萨—萨缪尔森效应逐渐发生作用,人民币汇率由高估变为低估,低估幅度在 2006 年达到高点,接近 15%。2008 年国际金融危机爆发后,人民币汇率低估幅度迅速收窄,甚至出现短暂高估。2009 年之后,实际有效汇率围绕均衡汇率小幅波动,两者逐渐趋同,人民币实际汇率趋向均衡。人民币均衡汇率主要受中外劳动生产率增速差异、货币供应增速差异以及世界其他地区消费情况等诸多动态因素的影响,本身仍在不断变化之中,因此人民币汇率与均衡汇率的关系也在不断变化之中。

金中夏和洪浩（2015）通过构建、校准、估计和模拟新凯恩斯两国（本国和外国）开放经济体动态随机一般均衡（DSGE）模型，分析并解释我国均衡利率、均衡汇率形成机制及其主要变动原因，指出均衡利率和均衡汇率之间的内在联系，探讨了两种均衡之间的相互作用、相互影响及其所包含的政策含义。主要结论如下：第一，在不考虑外国利率状态的情况下（如封闭经济模型和小国开放经济模型），本国利率与汇率偏离和达到均衡的情况应同时存在，当本国汇率（利率）偏离均衡时，本国利率（汇率）也会偏离均衡。第二，在国际货币环境下，汇率均衡不仅与本国利率是否处于均衡状态相关，还与外国利率是否处于均衡状态有关。第三，利率和汇率失衡后的动态最优调整路径取决于利率和汇率相对于各自均衡状态的失衡程度，应先调整失衡程度较重者，后调整失衡程度较轻者。

傅广敏（2017）通过构建两国经济 DSGE 模型，采用参数校准法选取模型参数，利用经济变量波动特征和脉冲响应函数，分析了美国加息对人民币汇率和相关价格的影响。研究结果表明：美国加息会导致中国通货膨胀率下降和股票价格下跌，人民币汇率贬值，但汇率贬值不一定引起出口增加；美国加息冲击发生后，中国股票价格的相对波动性最大，其次是人民币汇率，随后是通货膨胀率，利率的相对波动性最小。

综上所述，有关人民币均衡汇率的研究方法多样，研究结论也不尽相同，仍然存在着一定的分歧，之所以出现这种情况，主要是因为现有的均衡汇率理论不完全适用于分析人民币汇率问题、数据的来源缺乏一致性以及政治和制度等方面存在的差异性。为了得出关于人民币均衡汇率问题的满意回答，在分析问题的角度和方法上仍然需要进一步改进，迫切需要对人民币均衡汇率进行更系统、更全面、更深入的研究，并以此为依据确定人民币汇率的合理水平，为日后汇率水平的调整、汇率制度改革及汇率政策的制定提供更具价值的参考依据。

总之，应基于我国国情对"均衡汇率"有一个全面并且全新的认识。均衡汇率在中长期内的运动趋势主要由供给因素决定。在短期内如果供给因素不发生改变，汇率主要受需求因素影响，据此可以测算均衡汇率的预期值，从而给予政策一定的操作空间。所以，均衡汇率应该在一个区间内波动，下限是维护国际收支平衡，上限是防止国内经济衰退和失业。我国的经济增长应转变增长方式，不宜过度依赖外需，若过度受制于外部因素，则不具有可持续性。我国应该进行产业结构调整，通过拉动内需保持经济的可持续增长，减少外部压力对汇率的扭曲。

第三节　人民币汇率制度选择与外汇管制

一、我国的汇率制度发展历程

1949 年 1 月 18 日，人民币对西方国家汇率在天津首次公布，其他地区以天津口岸的汇率为标准，根据当地的物价情况公布各地的人民币汇率。1949 年至今，我国人民币汇率制度的演变大致经历了以下几个阶段。

（一）1949—1952年末国民经济恢复时期的汇率制度

这一时期的人民币汇率由当时我国外汇管理机关——人民银行来制定，人民币汇率的制定方针是"奖出限入，照顾侨汇"，人民币汇率的具体计算以国内外物价对比法为基础，人民币采用浮动汇率制度。这一阶段的人民币汇率能较好地反映我国的国民经济真实情况，人民币币值随国民经济的好转而提高。1949年1月到1950年3月，人民币对美元共贬值52次，由1949年的1美元兑80元旧人民币，调整到1950年3月13日的1美元兑42000元旧人民币。1950年3月到1952年底，随着国内物价回落，以及应对西方国家的"封锁禁运"措施，我国开始逐步提高人民币汇率以推动本国进口急需的物资，人民币汇率调至1952年12月的1美元兑26170元旧人民币。

（二）1953年初至1973年1月中央集中计划经济时期的汇率制度

1953年后，我国国民经济逐步恢复，进入了计划经济时期，进出口贸易由国营机构垄断，外贸盈亏由国家财政负担与平衡，不需要汇率来调节。人民币汇率的价格信号和经济杠杆功能退化，人民币汇率不再对进出口贸易和国民经济运行产生较大的影响。这一阶段我国实行高度的汇率管制，忽视了汇率的市场调节作用，过分强调人民币汇率的稳定性，导致人民币币值高估。人民币汇率的制定采取与西方个别主要国家货币挂钩的方法，只是在某种外币贬值或升值时作相应的调整，缺乏主动性和灵活性，人民币汇率基本僵化不变。1955年3月1日，人民币汇率调整为1美元兑2.4676元人民币（新币，1元=10000元旧币），直到1971年还维持在这个水平上没有变动。

（三）1973年2月至1985年底从计划经济向市场经济过渡时期的汇率制度

这个阶段我国自始至终都在进行汇率制度改革，人民币汇率由单一汇率走向双重汇率，又从双重汇率走回到单一汇率。1973年至1980年，人民币汇率的制定不是以盯住某种单一货币为基准，而是采用盯住一篮子货币的汇率制度，人民币汇率调整的次数增多，汇率变化的幅度增大。1981年1月，计划经济体制下的国内外物价相差悬殊，外贸企业亏损，人民币汇率无法兼顾贸易和非贸易交易。因此，国务院决定从1981年起实行双重汇率制，即另外制定贸易外汇内部结算价，并继续保留官方牌价用作非贸易外汇结算价。1981年1月到1984年12月，中国实行贸易外汇内部结算价为1美元兑2.80元人民币，官方牌价即非贸易外汇结算价为1美元兑1.50元人民币。

（四）1986年1月至1993年底双轨制管理浮动时期的汇率制度

1986年，按照国际货币基金组织的要求，我国的汇率制度安排逐步从盯住一篮子货币转为有管理的浮动汇率制度，汇率表现出较高的弹性。人民币汇率的管理浮动体现了外汇市场的供求关系和主要西方国家货币汇率变化，但国家对人民币汇率的计划管理和美元的汇率涨落还主要地决定着人民币的汇率水平。

（五）1994年至今以市场供求为基础的有管理的浮动汇率制

1994年1月1日我国取消了外汇调剂市场和外汇调剂市场价格，人民币汇率实行以外汇市场供求为基础的单一的有管理的浮动汇率制。1994年1月至2005年7月人民币对美元的汇率几乎未发生多大的变化，由1美元兑8.7元人民币变为1美元兑8.27元人民币，这段时期实际实行的是盯住美元的汇率制度。

2005年7月21日，我国开始实行以市场供求为基础、参考一篮子货币进行调节、有管理的浮动汇率制度。人民币不再盯住单一美元，而是按照我国对外经济发展的实际情况，选择若干种主要货币，赋予相应的权重，组成一个货币篮子。但参考一篮子货币不等于盯住一篮子货币，它还需要将市场供求关系作为另一重要依据，据此形成有管理的浮动汇率。根据对汇率合理均衡水平的测算，人民币对美元即日升值2%，即1美元兑8.11元人民币。2005年9月23日调整了银行间即期外汇市场非美元货币对人民币交易价的浮动幅度，由该货币当日交易中间价上下1.5%调整为上下3%。2007年5月21日，人民币兑美元汇率的波动幅度由3‰扩大为5‰。2008年8月国际金融危机爆发后，为避免出口市场受重创，我国恢复了实质上对美元的固定汇率制度。2012年4月16日，中国人民银行宣布外汇市场人民币兑美元汇率浮动幅度由5‰扩大至1%。

2015年8月11日，中国人民银行宣布决定进一步改善人民币兑美元汇率中间价报价，增强其市场化程度和基准性，主要内容包括：一是参考收盘价决定第二天的中间价；二是人民币兑美元汇率日浮动区间±2%。根据央行制定的新中间价定价机制，汇率中间价是每日交易之前全部做市商报价去掉最高和最低后的一个加权平均价格。理论上，这是一个窄幅波动的浮动汇率制度。2015年12月，央行推出"收盘价+篮子货币"新中间价定价机制，意在引导人民币兑美元汇率缓慢贬值，防止贬值压力突然迅速释放导致的超调对中国金融体系造成过度冲击。

2017年7月至2018年8月，人民币兑美元汇率在6.90~6.27波动，一年内汇率的最高波幅达10%，这么大的波动幅度在近10年来从未出现。汇率的这一表现，充分说明了央行对汇率波动的容忍程度明显提高。与此同时，这段时期的月度外汇占款额度变化并不明显，这个现象也从侧面印证了央行淡出直接的外汇市场干预。随后，中国外汇交易中心在2018年8月24日对外宣布，人民币对美元中间价报价重启"逆周期因子"。货币当局宣布引入逆周期因子以后，市场供求对人民币汇率价格的影响被消除或者削弱，也开启了央行对波动幅度上下限的管理，这个上下限就人民币兑美元汇率而言并不固定，而是一个浮动的上下限。[①]

二、我国的外汇管制与人民币自由兑换进程

新中国成立后，我国经济实力十分薄弱，又受到以美国为代表的西方国家的经济封锁，不得不在很长的一段时间内一直实行严格的外汇管制政策。1979年改革开放以后，外汇管制政策才开始逐渐放松，大致经历了以下几个阶段。

（一）1978年以前，计划经济时期的外汇管制

新中国成立之初，为了支持国民经济的恢复和建设，我国实行高度集中的外汇管理

---

① 张斌. 新的人民币汇率形成机制已经浮出水面, 2018年11月26日, http://news.hexun.com/2018-11-06/195128162.html.

体制，通过扶持出口、沟通侨汇、以收定支等方式集中外汇资金。对外奉行独立自主、自力更生的外交政策，不借外债，不接受外国来华投资。1953年起，实行全面计划经济体制，对外贸易由国营对外贸易公司经营，外汇业务由中国银行统一经营，逐步形成了高度集中、计划控制的外汇管制体制。外贸部管理贸易外汇收支，财政部管制中央部门的非贸易外汇收支，中国人民银行负责地方非贸易外汇和私人外汇收支。

（二）1979—1993年，经济转型时期的外汇管制

1979年我国开始实行改革开放，社会主义市场经济体制逐步建立，外汇管理体制也不断出台改革措施以适应改革开放和市场经济体制的需要。1979年8月，国务院颁布了《关于大力发展对外贸易增加外汇收入若干问题的规定》，提出外汇由国家集中管理、统一平衡、保证重点的同时，实行贸易和非贸易外汇留成，不同地区、部门以及行业的留成比例不同。改革开放后，我国开始大量利用外资，通过吸引外商投资和对外举债为我国经济建设注入资金。外汇管理职能不再由外贸部、财政部和中国人民银行等多个机构共同承担，各个部门的外汇管理职能由国家外汇管理局统一负责。对外贸易经营权开始下放，到1991年全国有外贸经营权的企业超过4000家。经营外汇业务的金融机构也不只中国银行一家，一些投资公司、财务公司、租赁公司和商业银行都被批准可以经营外汇业务。

（三）1994—1996年，人民币经常项目有条件可兑换

随着改革开放的深入，旧的外汇管理体制越来越不能适应宏观经济发展的需要，外汇管理体制改革势在必行。根据《中共中央关于建立社会主义市场经济体制若干问题的决定》的要求，1994年我国外汇管理体制进行了重大改革，这次外汇管理体制改革包括以下的内容：

1. 从1994年1月1日起实行汇率并轨，实行以市场供求为基础的、单一的、有管理的浮动汇率制度。各外汇指定银行以中国人民银行每日公布的人民币对美元及其他主要货币的基准汇率为依据，在中国人民银行规定的浮动幅度之内自行挂牌公布汇率。中国人民银行进入外汇交易市场买卖外汇，以保持各银行挂牌汇率的基本一致和相对稳定。

2. 实行银行结售汇制度，取消外汇留成和上缴，取消经常项目正常对外支付用汇的计划审批，实行人民币在经常项目下有条件可兑换。除实行进口配额管理、特定产品进口管理的货物和实行自动登记制的货物，须凭许可证、进口证明或进口登记表、相应的进口合同及与支付方式相对应的有效商业票据（发票、运单、托收凭证等）到外汇指定银行购买外汇外，其他符合国家进口管理规定的货物用汇、贸易从属费用、非贸易经营性对外支付用汇凭合同、协议、发票、境外机构支付通知书到外汇指定银行办理兑付。

3. 建立银行间外汇交易市场，改进汇率形成机制。建立规范的、统一的银行间的外汇市场，也就是说，从各地分散的、不统一的外汇调剂市场向全国统一的外汇大市场转变。市场的主要职能是为各外汇指定银行相互调剂余缺和清算服务，由中国人民银行通过国家外汇管理局监督管理。

4. 停止发行外汇券，已发行流通的外汇券可以继续使用，逐步回笼。禁止指定金融

机构以外的机构从事外汇买卖业务。禁止在境内进行外币计价、结算和流通，确立人民币为境内唯一合法的货币。

5. 对外商投资企业外汇管理政策保持不变。外商投资企业可以全额保留外汇收入，可以在外汇指定银行或境内的外资银行开立外汇现汇账户，在国家规定的范围内对外支付和偿还境内金融机构外汇贷款本息，可在现汇余额中直接办理，超出现汇账户余额的生产、经营、还本付息和红利的用汇，由国家外汇管理部门根据国家授权部门批准的文件及合同审批后，向外汇指定银行购买。

6. 严格外债管理，建立偿债基金，确保国家对外信誉。对境外资金的借用和偿还，国家继续实行计划管理、金融条件审批和外债登记制度。未办理登记手续的境内机构违反规定，为境外法人借债提供担保引起的支付责任，各银行不得擅自为其办理对外支付。

（四）1996—2003年，人民币经常项目完全可兑换

我国于1996年取消了经常项目下尚存的其他汇兑限制，12月1日宣布实现人民币经常项目可兑换。

在1994年外汇体制改革取得成功的基础上，为了尽快、平稳地实现人民币经常项目改革的目标，中国人民银行宣布了一系列外汇体制改革措施：

1. 1996年1月29日，国务院发布《中华人民共和国外汇管理条例》，从4月1日起正式实施，消除了若干经常项目下的非贸易、非经营性交易的汇兑限制。

2. 1996年5月13日，国家外汇管理局发布《境内居民因私兑换外汇办法》，从7月1日起正式实施，消除了对因私用汇的汇兑限制，扩大了供汇范围，提高了供汇标准，超过标准的购汇在经国家外汇管理局审核真实性后即可购汇。

3. 1996年6月26日，中国人民银行颁布《结汇、售汇及付汇管理规定》，将外商投资企业纳入银行结售汇体系，并宣布将消除尚存的少量汇兑限制，清理相关法律法规，于1996年底之前实现人民币经常项目的可兑换，提前达到国际货币基金组织协定第八条款的要求。到1996年12月1日，这一改革目标已圆满实现。

4. 1997年10月15日，为了加快国有企业改革，完善企业经营机制，国家外汇管理局允许部分出口和外贸企业开立外汇结算账户，保留15%的经常项目外汇收入。

5. 2001年12月1日，国家外汇管理局对企业出口外汇核销和外汇账户管理进行了调整：一是改进了出口外汇收入的核销方式；二是降低了中资企业外汇结算账户的开立标准，将中资企业外汇收入保留限额提高至20%。

（五）2004年至今，外汇管理体制改革的特点

2003年之后，我国资本市场对外开放程度不断提高，一方面吸引境外合格的机构投资者参与国内证券市场交易，另一方面鼓励境内合格的机构投资者参与国际资本运作。政府同时鼓励中国企业进行海外投资和并购，以及在境外从事保障运作和融资活动。为了推进资本和金融项目的进一步开放，我国外汇管制体制也做出了一系列的转变。严格的外汇管制主要针对短期资本项目、没有实物交易的项目和其他项目。

1. 经常项目实行意愿结售汇制。2004年，境内机构经常项目开立的外汇账户留存

现汇的比例从20%提高到30%或50%，一年之后这一比例提高到50%或80%，部分企业可以申请100%保留。

2005年，个人因私购买外汇额度由3000美元或5000美元，提高到5000美元或8000美元，两年后个人购汇额度提高到50000美元。2007年8月，国家外汇管理局宣布实行了13年之久的强制结售汇制度走向终结，境内机构可以自由保留外汇收入，我国的外汇管理制度进入了意愿结售汇制度时期。

2. 资本项目仍存在部分管制。2008年8月修订的《外汇管理条例》对资本项目管理的规范主要包括三个方面：一是简化了对境外直接投资的行政审批，增加了境内外机构从事资金融通的管理原则；二是改变了资本项目外汇管理方式，国家规定无须审批的资本项目外汇收支可以持有效单证到金融机构办理，国家规定需要审批的外汇收支需经外汇管理机构批准后方可办理；三是加强对资本流入用途的管理，资本项目结汇人民币资金应按照相关部门及外汇管理局批准用途使用，外汇管理部门对其使用情况进行监督，增加了对外汇资金非法流入、非法结汇以及结汇人民币资金违规使用行为处罚的规定。

3. 不断改进的人民币汇率形成机制和不断发展的外汇市场。我国实行以市场供求为基础、有管理的浮动汇率制度，人民币汇率更富有弹性，更能反映市场供求情况，同时政府通过外汇市场干预避免汇率的过度波动。外汇市场交易机制更加完善，交易主体更加丰富，外汇交易清算效率更高，外汇市场产品创新不断。随着外汇管理体制改革深入推进，2013年以来，逐步开展跨境电子商务外汇支付业务试点，支持跨境电子商务和互联网金融发展。

4. 不断完善的国际收支监测体系。外汇管理部门定期对国际收支情况进行统计和监督，并对统计结果进行公布。要求金融机构依法向外汇管理部门报送外汇业务的财务会计报告和统计报表。外汇管理部门对跨境资金进行全方位监测，完善对跨境资金流出入应急预案，形成对资本流出入的双向监测、预警与反应机制，密切防范国际收支风险。我国对跨境资金流动统计监测制度不断完善，外汇资金流动的监测预警和管理水平不断提高，我国已经加入了国际货币基金组织的协调证券投资调查（CPIS）和国际清算银行的国际银行统计（IBS）。

三、人民币国际化展望

随着外汇管理制度改革的推进，人民币资本项目的可兑换将加快实现，这有助于人民币国际化水平的稳步快速提高。人民币国际化对我国来说是十分必要的：一是可以减少我国持有的外汇储备量，改变我国对美元过于依赖的局面，避免持有外汇储备的巨大风险；二是可以获得货币国际化后的经济效益，如国际铸币税收益、国际通货膨胀税收益等；三是有利于促进我国金融市场的国际化，为我国资本的国际化运作创造条件，提高我国在国际货币金融体系的地位，使我国在国际货币金融体系改革中更有发言权；四是人民币国际化后企业和居民个人从事国际经济活动时更加方便，面临的汇率风险也会更低。可见，人民币国际化的发展势在必行，这不仅仅关系到经济利益，更关乎我国未来的国际金融发展战略,尤其是在目前一强多极的国际货币格局下,主要世界货币正在走向低谷的这样一个关键时期,我国更应该抓住时机来加快人民币国际化的进程。

虽然人民币走向国际化的道路漫长而曲折,但是方向是明确的。一是要不断扩大人民币的跨境使用范围,使人民币成为在全球范围内使用的国际化货币;二是不断扩大人民币在国际范围内的职能,使人民币成为真正的全球储备货币。我国目前已经设立了上海自由贸易区,有关金融体制方面的改革对自贸区建设和试验将有巨大的推动作用。人民币国际化首要解决的问题是让人民币成为国际交易结算货币,这需要不断取消跨境交易中使用人民币的限制。随着人民币跨境支付系统(CIPS)(一期)成功上线运行,人民币跨境使用规模稳步扩张。据环球同业银行金融电讯协会(SWIFT)统计,截至2017年6月末,人民币是全球第六大支付货币、第三大贸易融资货币、第五大外汇交易货币,全球有超过1900家金融机构使用人民币作为支付货币。人民币国际化其次需要解决的问题是让人民币成为国际储备货币。这方面的努力也已初见成效,2016年10月1日,国际货币基金组织(IMF)正式将人民币纳入特别提款权(SDR)货币篮子,人民币在SDR货币篮子中的权重为10.92%,所占权重超过日元、英镑,成为与美元、欧元、英镑、日元并列的第五种SDR篮子货币,人民币成为国际储备货币的地位已初步确立。目前,我国综合国力不断提高,经济发展稳步推进,人民币在国际上的影响力也日益高涨,全球约有56个境外央行和货币当局在中国境内持有人民币金融资产并纳入其外汇储备。

为了使人民币国际化的进程顺利完成,我国政府应该为人民币的国际化提供必要的政策支持,一方面放松资本项目的管制,并适度加快开放资本账户的步伐;另一方面,要积极参与各个层面的国际货币合作,不断提高人民币在国际社会的地位。虽然我们目前不能把人民币境外的流通等同于人民币已经实现了国际化,但是随着人民币境外流通的地域范围不断扩大,人民币境外流通数量的不断增加,以及在境外流通人民币的货币职能的不断拓展,人民币的国际化终将完成,人民币也会最终成为国际性货币。

本章小结

人民币汇率是由多种因素共同作用的结果,各因素间既相互联系又相互制约,这其中既有基本经济因素,又有央行干预、市场预期等因素。对汇率变动影响最大的因素是通胀率和利率;对汇率影响最直接的途径是国际收支。对汇率走势有长期影响的主要因素是经济增长、国际收支以及通胀;对汇率有短期影响的主要因素是利率、央行干预以及市场预期等。

有关人民币均衡汇率的研究方法多样,研究结论也不尽相同,仍然存在着一定的分歧,之所以出现这种情况,主要是因为现有的均衡汇率理论不完全适用于分析人民币汇率问题、数据的来源缺乏一致性以及政治和制度等方面存在的差异性。人民币走向国际化的道路漫长而曲折,但是方向是明确的。一是要不断扩大人民币的跨境使用范围,使人民币成为在全球范围内使用的国际化货币;二是不断扩大人民币在国际范围内的职能,使人民币成为真正的全球储备货币。我国目前已经设立了上海自由贸易区,有关金融体制方面的改革对自贸区建设和试验将有巨大的推动作用。人民币国际化首要解决的问题是让人民币成为国际交易结算货币，这需要不断取消跨境交易中使用人民币的限制。

参考文献

［1］姜波克. 国际金融新编（第三版）［M］. 上海：复旦大学出版社，2005.

［2］王维国，黄万阳. 人民币均衡实际汇率研究［J］. 数量经济技术经济研究，2005，22（7）：3－14.

［3］刘金全，云航，郑挺国. 人民币汇率购买力平价假说的计量检验——基于 Markov 区制转移的 Engel－Granger 协整分析［J］. 管理世界，2006（3）：57－62.

［4］刘思跃，肖卫国. 国际金融（第二版）［M］. 武汉：武汉大学出版社，2006.

［5］姜波克，杨长江. 国际金融学（第三版）［M］. 北京：高等教育出版社，2008.

［6］胡再勇. 人民币行为均衡汇率及错位程度的测算研究：1978—2006［J］. 当代财经，2008（1）：41－47.

［7］吕江林，王磊. 基于修正的 ERER 模型的人民币均衡汇率实证研究［J］. 当代财经，2009（4）：51－58.

［8］杨治国，宋小宁. 随机开放经济条件下的均衡汇率［J］. 世界经济，2009（9）：56－67.

［9］王相宁，李敏，缪柏其. 基于 BEER 模型的人民币均衡汇率——来自状态空间理论的新证据［J］. 系统工程，2010（5）：8－12.

［10］于研. 国际金融（第四版）［M］. 上海：上海财经大学出版社，2011.

［11］周克. 当前人民币均衡汇率估算：基于 Balassa－Samuelson 效应扩展的购买力平价方法［J］. 经济科学，2011（2）：54－62.

［12］杨长江，钟宁桦. 购买力平价与人民币均衡汇率［J］. 金融研究，2012（1）：36－50.

［13］刘惠好. 国际金融（第二版）［M］. 北京：中国金融出版社，2012.

［14］文先明，曹滔，翟欢欢. 人民币均衡实际汇率测算与失调程度分析［J］. 财经理论与实践，2012，33（5）：18－23.

［15］邵学言，肖鹞飞. 国际金融（第三版）［M］. 广州：中山大学出版社，2013.

［16］侯高岚. 国际金融（第3版）［M］. 北京：清华大学出版社，2013.

［17］马国轩，于润. 人民币均衡汇率波动的影响因素分析［J］. 经济科学，2013（5）：76－87.

［18］孙国峰，孙碧波. 人民币均衡汇率测算：基于 DSGE 模型的实证研究［J］. 金融研究，2013（8）：70－83.

［19］黄万阳. 人民币汇率的均衡、错位及其矫正［J］. 数量经济技术经济研究，2013（12）：97－112.

[20] 叶蜀君. 国际金融（第三版）[M]. 北京：清华大学出版社，2014.

[21] 王双进，王健，路剑. 宏观经济学[M]. 北京：清华大学出版社，2014.

[22] 谢朝阳，杨彦楠. 基于BEER方法的人民币实际均衡汇率测算[J]. 金融，2015，5（1）：6-15.

[23] 金中夏，洪浩. 国际货币环境下利率政策与汇率政策的协调[J]. 经济研究，2015（5）：35-47.

[24] 戴金平，杨珂，刘东坡. 人民币汇率对购买力平价的偏离及原因分析[J]. 中央财经大学学报，2015（7）：35-41.

[25] 傅广敏. 美联储加息、人民币汇率与价格波动[J]. 国际贸易问题，2017（3）：131-142.

[26] 姚宇惠，王育森. 人民币均衡汇率的再研究：1998—2015[J]. 国际金融研究，2016（12）：23-32.

[27] 肖立晟. 回顾与展望：人民币汇率形成机制改革[N]. 中国证券报，2017-01-16.

[28] 张赫. 基于拓展的购买力平价方法衡量人民币均衡汇率——全球和新兴经济体的视角[J]. 金融论坛，2017（9）：58-67.

本章复习思考题

一、本章主要概念

基本要素均衡汇率　行为均衡汇率　自然均衡汇率　均衡实际汇率　人民币国际化

二、回答问题

1. 如何理解人民币的供给与需求的决定因素？
2. 人民币汇率变动的影响因素有哪些？
3. 简述均衡汇率理论的主要内容。
4. 比较基本要素均衡汇率理论、行为均衡汇率理论和自然均衡汇率理论的异同点。
5. 我国现行的人民币汇率制度包括哪些内容？
6. 我国外汇管理体制改革取得的主要进展有哪些？
7. 人民币国际化有什么意义？
8. 简述人民币国际化的现状。

21世纪高等学校金融学系列教材

第三篇
国际收支与国际储备管理

　　国际收支中无论是贸易差额，还是资本与金融账户的净差额，决定一国得自于外部财富的多寡，顺差积累财富，富国裕民。国际储备资产中外汇储备占有绝对地位，贸易收支顺差积累外汇储备，反之外汇储备流失，财富减少。国际收支管理是指围绕国际收支顺差或者逆差采取的一系列理论和政策措施。国际储备管理主要表现为围绕外汇储备规模和结构展开的一系列理论和政策研究及采取的具体措施。国际储备和国际收支关系密切，国际收支状况决定国际储备水平，国际收支顺差，外汇储备增加，国际收支逆差，外汇储备减少。本篇在介绍国际收支和国际储备相关基本理论的基础上，结合我国国际收支和外汇储备的发展情况，着重探讨国际收支管理和国际储备管理与财富增长的关系。

第六章

国际收支理论与管理

学习导语

国际收支是一个国家或者经济体的居民与非居民之间，在一定时期内所有经济活动交往的系统货币记录。国际收支平衡表经常账户中的贸易收支规模和结构，即进出口规模和结构，可以反映一个国家对外贸易交往的竞争能力和产业结构的高级化程度。所以，国际收支管理主要围绕贸易收支，即进出口进行管理，通过一系列政策措施保证国际收支基本平衡，有效促进国内经济增长和充分就业，推动国家财富增长。

学习目标

- ◆ 国际收支平衡表的内容及结构
- ◆ 经常账户差额与国际收支账户总差额的经济意义
- ◆ 国际收支理论
- ◆ 调节国际收支的政策措施
- ◆ 国际收支管理的财富意义

在经济和金融全球化的当代，国际收支已经成为各个开放经济体宏观经济的一个重要组成部分。一国国际收支的状况不仅影响其汇率波动等外部经济的运行，而且还会影响其经济增长、充分就业和物价稳定等内部经济的运行。国际收支是国际金融研究的起点，也是贯穿国际货币金融活动及关系的主线。本章首先从会计学角度出发，学习反映国家间货币金融关系的国际收支平衡表；其次从经济学视角分析国际收支均衡问题；再次探讨国际收支的政策调节；最后梳理国际收支的主要理论。

第一节 国际收支平衡表

国际收支平衡表包括经常账户、资本和金融账户以及错误和遗漏账户。在理论分析中，自主性交易和调节性交易构成了国际金融管理的两个基本方面。

一、国际收支内涵

（一）国际收支的定义

国际交易既包括国家之间商品与劳务等的交易，也包括金融资产的交易。大部分的国际交易都会涉及用货币来交换商品、劳务或不同的金融资产。为了从账面上完整反映一国的全部国际交易活动，各国都需要对上述国际交易进行系统记录，这种记录最终就体现为一国的国际收支。《国际收支和国际投资头寸手册》（第六版）将国际收支定义为某个时期内居民与非居民之间的交易汇总统计表。托马斯·A.普格尔在《国际金融》（第十五版）中指出，国际收支是指对一个国家居民与世界其他国家居民在一段时间内所有价值的流量进行记录的一系列账户。

（二）国际收支的主要内容

国际收支的定义具有以下四方面主要内容：

1. 国际收支是对一国所发生的历史国际交易进行的系统记录。

2. 国际收支记录的是价值的流量。所谓"流量"是一个期间的概念，比如一年，而不是一个时点的概念。

3. 国际收支所反映的国际交易并不完全是以国家地域或国籍所划分的交易，而是发生在一国居民与非居民之间的一种交易。《国际收支和国际投资头寸手册》（第六版）划分"居民"与"非居民"是以主要经济利益中心为标准，即一国经济领土内具有主要经济利益的经济单位就是"居民"。

其中，"经济领土"最常用的概念是指由一个政府有效实施经济管理的地区。为进行全球统计和向国际货币基金组织提供报告，需要获取特定政府所有管辖区的数据，包括特区——即使为了政府自身的某些统计目的，这些地区被排除在外或者被单列时，也是如此。具体而言，经济领土包括：（1）陆地区域；（2）领空；（3）领海，包括对捕鱼权、燃料或矿物权行使管辖的所在区域；（4）在海上领土中，属于该领土的岛屿；（5）在世界其他地方的领土飞地，是指实际上位于其他领土内，由拥有或租赁它们的政府在经过它们实际所在领土的政府正式同意后，用于外交、军事、科学或其他目的的，有明确划分界限的陆地区域（例如，使领馆、军事基地、科学站、信息或移民局、援助机构、具有外交身份的中央银行代表处等）。

主要经济利益中心的判定标准是，如果住户成员在一个经济领土内保持或打算保持一个住所或一系列住所，并且将该（这些）住所视作和用作其主要住所，那么该住户是该经济领土内的居民。在一个领土内实际或打算逗留一年或一年以上就足以被视为在该地拥有主要住所。

4. 国际收支所记录的价值流量是国际交易价值的流量。这里的"交易"或"国际交易"是两个机构单位之间通过共同协议或法律实施产生的、涉及价值交换或转移的相互行为。根据所涉及的经济价值的性质进行分类，交易涉及货物或服务、国际投资收入、经常转移、资本转移、非生产非金融资产、金融资产或负债。

二、国际收支平衡表的结构

一国的国际收支是通过国际收支平衡表来体现的。国际收支平衡表是按照复式记账原理,对一个国家的居民在一定时期内所有外汇收支项目进行系统描述的国家财务报表。各国因经济状况和社会环境的不同,其国际收支平衡表的项目构成或名称会有所差异,但通常它们会参照国际货币基金组织所公布的国际收支手册的框架结构,来设计其国际收支平衡表。

国际收支平衡表主要由三大账户构成,包括经常账户、资本和金融账户以及错误和遗漏账户。

基于会计学的视角,错误与遗漏账户主要是平衡国际收支平衡表的一个账户,而用来记录国际交易的账户主要是经常账户及资本和金融账户。

(一) 经常账户

经常账户是对一段时间内一国居民与非居民之间货物与服务的进出口、收入流入与流出等实际资源的国际交易进行系统记录的账户。经常账户包括四种流量,即货物贸易流量、服务贸易流量、初次收入流量和二次转移流量。

1. 货物贸易流量。货物贸易流量也被称为商品贸易流量或有形贸易流量,由货物出口和货物进口流量组成。货物贸易是最古老、最传统的国际交易形式,包括一般商品、转手货物及非货币黄金等其他货物的国际交换。

2. 服务贸易流量。服务贸易流量也被称为劳务贸易流量或无形贸易流量,由服务出口和服务进口流量组成。服务贸易流量主要包括以下主要项目:

一是对他人拥有的实物投入的制造服务,包括由不拥有相关货物的企业承担的加工、装配、贴标签和包装等服务;二是别处未涵盖的维护和维修服务,包括居民为非居民(反之亦然)所拥有的货物提供的维护和维修工作;三是运输服务,是将人和物体从一地点运送至另一地点的过程,包括相关辅助和附属服务,以及邮政和邮递服务;四是旅行服务,旅行贷方包括非居民在访问某经济体期间从该经济体处购买自用或馈赠的货物和服务,旅行借方包括居民在访问其他经济体期间从这些经济体购买自用或馈赠的货物和服务;五是建设服务,包括建筑物、工程性土地改良和其他此类工程建设(例如,道路、桥梁和水坝等)等形式的固定资产的建立、翻修、维修或扩建;六是保险和养老金服务,包括提供人寿保险和年金、非人寿保险、再保险、货运险、养老金、标准化担保服务,以及保险、养老金计划和标准化担保计划的辅助服务;七是金融服务,指除保险和养老基金服务之外的金融中介和辅助服务;八是别处未涵盖的知识产权使用费;九是电信、计算机和信息服务;十是其他商业服务,包括研究和开发服务、专业和管理咨询服务、技术服务、贸易相关服务和其他商业服务等;十一是个人、文化和娱乐服务。

3. 初次收入流量。初次收入流量反映的是机构单位因其对生产过程所作的贡献或向其他机构单位提供金融资产和出租自然资源而获得的回报,可以分成两类:

一是与生产过程相关的收入。其中,雇员报酬是向生产过程投入劳务的收入;对产品和生产的税收和补贴也是有关生产的收入。

二是与金融资产和其他非生产资产所有权相关的收入。其中，财产收入是提供金融资产和出租自然资源所得的回报；投资收益是提供金融资产所得的回报，包括股息和准公司收益提取、再投资收益和利息。

4. 二次收入流量。二次收入流量是一国居民向非居民提供货物、服务、金融资产或其他非生产资产而无相应经济价值物品回报的流量，是通过政府或慈善组织等的经常转移对收入进行的重新分配。

二次收入流量也被称为经常转移、单方面转移或无偿转移，根据转移主体的不同，可以分为官方经常转移和私人经常转移。官方经常转移包括官方援助、官方捐赠及外国政府提供的养老金；个人经常转移包括居民住户向非居民住户提供的或从其获取的所有现金或实物的经常转移，比如国际移民汇款及私人捐赠等。

（二）资本和金融账户

资本和金融账户由资本账户和金融账户构成。

1. 资本账户。资本账户记录固定资产和无形资产所有权的转移，包括资本转移及非生产性和非金融性资产的买卖。

（1）资本转移。资本转移是资产（非现金或存货）所有权从一方向另一方的转移；或使一方或双方获得或处置资产的转移；或债权人减免负债的转移。因非现金资产（非存货）的处置或获得而产生的现金转移也是资本转移。资本转移使交易一方或双方的资产存量相应变化，而不影响任何一方的储蓄。

（2）非生产性和非金融性资产的买卖。非生产性和非金融性资产的买卖主要指诸如专利权、版权、经销权、商标及其他可转让合同的交易。

2. 金融账户。金融账户记录金融资产与金融负债所有权的转移。根据投资主体的不同，金融账户分为私人金融账户和官方储备账户。

（1）私人金融账户。私人金融账户根据国际投资类型又可以分为对外直接投资、证券组合投资及其他投资。对外直接投资是指本国居民投资者通过购买国外企业一定比例的股票，或者采取在国外直接建立分支机构的形式，对其享有永久性利益或所有权利益的国际投资模式。证券组合投资是指本国居民投资者通过购买非居民的债务证券、权益证券等，从而获取投资收入的国际投资形式。其他投资是指对外直接投资、证券组合投资和官方储备账户未包括的投资模式。

（2）官方储备账户。官方储备账户记录各国普遍认可并用于国家之间支付的类似货币的资产，是一国货币当局进行管理和控制的资产，主要包括货币黄金、外汇资产（其中，包括外汇储备资产）、在国际货币基金组织的储备头寸、特别提款权及其他债权。

（三）错误和遗漏账户

错误和遗漏账户也称为统计误差，主要是由于统计主体不同、统计资料来源各异、统计口径有差异等原因而使经常账户与资本和金融账户轧差后借贷方余额不等，为了平衡账目而人为设立的一个用来抵销不等余额的账户。

以中国为例，其国际收支平衡表的结构安排如表6-1所示。

表 6-1　　　　　　　　　　中国国际收支平衡表结构样表

单位：亿美元

项　目	差额	贷方	借方
一、经常账户	491	29136	-28645
A. 货物和服务	1029	26510	-25481
a. 货物	3952	24174	-20223
b. 服务	-2922	2336	-5258
1. 加工服务	172	174	-3
2. 维护和维修服务	46	72	-25
3. 运输服务	-669	423	-1092
4. 旅行服务	-2370	404	-2773
5. 建设服务	49	136	-86
6. 保险和养老金服务	-66	49	-116
7. 金融服务	12	33	-21
8. 知识产权使用费	-302	56	-358
9. 电信、计算机和信息服务	65	300	-235
10. 其他商业服务	191	662	-470
11. 个人、文化和娱乐服务	-24	10	-34
12. 别处未提及的政府服务	-27	18	-45
B. 初次收入	-514	2348	-2862
1. 雇员报酬	82	181	-99
2. 投资收益	-614	2146	-2760
3. 其他初次收入	18	21	-3
C. 二次收入	-24	278	-302
1. 个人转移	-4	62	-66
2. 其他二次收入	-20	216	-236
二、资本和金融账户	1111	4841	-3730
A. 资本账户	-6	3	-9
B. 金融账户	1117	4838	-3721
Ba. 非储备性质的金融账户	1306	4838	-3532
1. 直接投资	1070	2035	-965
2. 证券投资	1067	1602	-535
3. 金融衍生工具	-62	-13	-48
4. 其他投资	-770	1214	-1984

续表

项　　　目	差额	贷方	借方
Bb. 储备资产	-189	—	—
A. 货币黄金	0	—	—
B. 特别提款权	0	—	—
C. 在国际货币基金组织的储备头寸	-7	—	—
D. 外汇储备	-182	—	—
E. 其他储备资产	0	—	—
三、净误差与遗漏	-1602	—	—

注："—"表示无数据来源。
资料来源：根据中国国家外汇管理局《2018年中国国际收支报告》中的国际收支平衡表数据编制。

三、国际收支平衡表的编制

国际收支平衡表是根据国际会计所通行的复式记账原理进行编制的。所谓复式记账原理是指，任何一笔国际交易都涉及两个方面：一方面，交易主体要让与价值；另一方面，交易主体要收到价值。让与的价值通过借方来记录，而收到的价值通过贷方来记录。所以，一笔国际交易要同时通过一借一贷两个科目形成一个完整的分录，有借必有贷，借贷必相等。

（一）贷方

1. 贷方的含义。对于国际收支平衡表来说，贷方是指一国居民获得支付或得到货物、服务及资产等而记录的流量。

2. 贷方主要项目。贷方主要项目包括货物出口、服务出口、国际投资收入流入量、经常转移的获得、私人资本和金融流入量（比如一国持有的对外金融负债的增加、一国持有的对外金融资产的减少）以及官方储备资产的减少。

国际收支平衡表里的贷方项目都是用"＋"（正号）来表示的，这里的"＋"并不一定表示增加，而仅仅代表贷方。

（二）借方

1. 借方的含义。对于国际收支平衡表来说，借方是指一国居民对外支付或提供货物、服务及资产等而记录的流量。

2. 借方主要项目。借方主要项目包括货物进口、服务进口、国际投资收入支出、经常转移的提供、私人资本和金融流出量（比如一国持有的对外金融负债的减少、一国持有的对外金融资产的增加）以及官方储备资产的增加。

国际收支平衡表里的借方项目都是用"－"（负号）来表示的，这里的"－"并不一定表示减少，而仅仅代表借方。

（三）国际收支平衡表的账簿记录实例

接下来，我们以A国为例，通过5笔典型的国际交易的账簿记录，来编制一个简单的 A 国国际收支平衡表。

● 【实例 1】A 国一天然气公司从 B 国一公司进口了价值为 3000 万美元的天然气，并出具一张一年后支付的远期汇票进行付款。

账簿记录：

借方：货物进口（天然气）　　　　　　　　　　　　　　　　3000 万美元
贷方：私人资本流入（对外金融负债增加）　　　　　　　　　3000 万美元

● 【实例 2】C 国足球迷以旅游者身份到 A 国观看国际足球锦标赛，对其在 A 国交通食宿所花费的 500 万美元，他们通过在 A 国某银行账户的存款进行支付。

账簿记录：

借方：私人资本流出（对外金融负债减少）　　　　　　　　　500 万美元
贷方：服务出口（旅游服务）　　　　　　　　　　　　　　　500 万美元

● 【实例 3】D 国的投资者购买了 A 国财政部所发行的国债，A 国财政部通过其在本国的银行账户向 D 国投资者支付了 300 万美元的债券利息。

账簿记录：

借方：初次收入支出（利息支出）　　　　　　　　　　　　　300 万美元
贷方：私人资本流入（对外金融负债增加）　　　　　　　　　300 万美元

● 【实例 4】A 国货币当局在 A 国货币对 E 国货币持续升值的情况下，决定向 E 国某银行购买价值为 200 万美元的 E 国货币，并通过其在本国银行账户的存款来完成交易。

账簿记录：

借方：官方储备资产增加（外汇资产）　　　　　　　　　　　200 万美元
贷方：私人资本流入（对外金融负债增加）　　　　　　　　　200 万美元

● 【实例 5】A 国政府以库存玉米的形式向 F 国政府提供了价值为 100 万美元的经济援助。

账簿记录：

借方：二次收入流量（对 F 国的经济援助）　　　　　　　　 100 万美元
贷方：货物出口（玉米）　　　　　　　　　　　　　　　　　100 万美元

假设 A 国除了以上这五笔国际交易以外就没有其他国际交易了，那么，根据复式记账的基本原理，我们就可以通过以上五笔国际交易的账簿记录，为 A 国编制一个简单的国际收支平衡表（见表 6-2）。

表 6-2　　　　　　基于五笔假设交易所编制的国际收支平衡表　　　　　　单位：万美元

项目	借方/贷方金额
一、经常账户	
货物和服务的出口	+600[①]
货物和服务的进口	-3000
初次收入支出	-300

续表

项目	借方/贷方金额
二次收入流量	−100
经常账户差额	−2800
二、资本和金融账户（不包括官方储备）	
私人资本流入	+3500[②]
私人资本流出	−500
私人资本和金融账户差额	+3000
三、官方储备资产	−200
四、国际收支账户总差额	+200

注：①货物和服务的出口＝500＋100＝600（万美元）；②私人资本流入＝3000＋300＋200＝3500（万美元）。

对于国际收支平衡表的各个账户来说，其所包含的各个流量余额也称为差额，差额为"＋"（正）时，被称为"顺差"；差额为"－"（负）时，被称为"逆差"。

A国5笔国际交易实例的账簿记录反映在国际收支平衡表中，形成了2800万美元的经常账户逆差，3000万美元的私人资本和金融账户顺差。如果不考虑官方储备资产，那么经常账户差额与私人资本和金融账户差额之和被称为国际收支账户总差额，即200万美元的顺差。同时，A国所持有的官方储备资产增加了正好200万美元，体现在国际收支平衡表中，官方储备资产增加因为记录在借方，所以为"－"（负）值，与"＋"（正）200万美元的顺差可以抵销，充分体现了复式记账原理所带来的国际收支平衡。

第二节 国际收支均衡分析

国际收支差额，无论是逆差还是顺差，说明国际收支处于非均衡状态，一般而言，经常账户差额与国际收支账户总差额有着不同的经济意义，国际收支平衡与国际收支均衡两者之间既有联系，又有区别。

一、国际收支平衡表的差额

如果我们继续深入考虑国际收支平衡表的一个或多个流量的净余额或净流量，就可以得到六个不同的国际收支支付差额。

（一）六个支付差额

第一个是货物差额，指的是货物出口与货物进口的差额，也称为商品贸易差额。

第二个是货物和服务差额，指的是货物差额与服务出口和服务进口之差的和，也称为贸易差额。

第三个是货物、服务和收入差额，指的是贸易差额与初次收入流量和初次收入支出之差的和。

第四个是经常账户差额，指的是货物、服务和收入差额与二次收入流量净余额之和，我们用CA来表示该差额。

第五个是私人资本和金融账户的净差额,指的是私人资本流入与私人资本流出之差,我们用 FA 来表示该差额。

第六个是国际收支账户的总差额,也称为官方结算差额,是经常账户差额与私人资本和金融账户净差额之和,我们用 B 来表示该差额。

在这六个支付差额中,影响国际收支的主要差额包括经常账户差额及国际收支账户总差额。

(二) 经常账户差额的宏观经济意义

1. 与对外投资有关的经常账户差额的宏观经济意义。如果把经常账户差额与一国的对外投资联系在一起,那么该差额相当于一国的对外净投资(用 I_f 来表示)。这里的对外净投资是一国所持有的对外金融资产与一国持有的对外金融负债的差,用公式表示如下:

$$CA = I_f$$

2. 与国内储蓄投资有关的经常账户差额的宏观经济意义。如果把经常账户差额与一国的国民储蓄及投资联系在一起,那么经常账户差额就等于一国国民储蓄与对内投资之差。当一国处在经济均衡状态时,其国民储蓄就等于对内投资和对外投资之和,用公式表示就是:$S = I_d + I_f$,那么 $I_f = S - I_d$。因为 $CA = I_f$,所以,我们就可以用下列公式表示经常账户差额:

$$CA = S - I_d$$

3. 与国家总供需有关的经常账户差额的宏观经济意义。如果把经常账户差额与一国总供需联系在一起,那么经常账户差额也可以等于一国国民收入与国民支出的差。当一国国民经济达到均衡时,总供给等于总需求,这里的总需求是指对国内生产的产品的需求,我们可以用公式表示如下:

$$Y = C + I_d + G + (X - M)$$

其中,C、I_d、G 和 $(X - M)$ 分别代表家庭消费、对内投资、政府支出和净出口(出口与进口的差)。前三项合称总吸收,用 E 表示,也表示一国的国民支出。因而,我们也可以把上面的公式表示为

$$Y = E + (X - M)$$

上述公式可以改写成:

$$X - M = Y - E$$

一国的经常账户差额近似地等于净出口,即贸易差额,所以,我们就可以得到关于经常账户差额的第三个公式:

$$CA = Y - E$$

(三) 国际收支账户总差额的宏观经济意义

作为经常账户差额与私人资本和金融账户净差额之和的国际收支账户总差额,反映的都是私人国际交易的净流量。如果该差额为正数,则被称为国际收支顺差;如果该差额为负数,则被称为国际收支逆差。

一国如果国际收支顺差,则其货币当局所持有的官方储备资产就会相应增加;而如

果国际收支逆差,则其货币当局所持有的官方储备资产就会相应减少。国际收支顺差时,体现在国际收支平衡表的贷方为正数;同时,货币当局所持有的官方储备资产增加,体现在国际收支平衡表的借方为负数,二者正好相抵销。同理,国际收支逆差时,体现在国际收支平衡表的借方为负数;同时,所带来的官方储备资产的减少,体现在国际收支平衡表的贷方为正数,二者也会相互抵销。正因为如此,我们也可以说,国际收支账户总差额和由此所带来的官方储备资产的增减为相互抵销项目。

二、国际收支的平衡与均衡

国际收支账户总差额的两种形态引出了两个非常容易令人混淆的概念——国际收支平衡与国际收支均衡。

(一) 国际收支平衡

从会计学的视角出发,当国际收支账户总差额为零时,我们就可以说国际收支是平衡的,也可以称为国际收支的会计平衡。根据会计理论,国际收支平衡是比较容易建立的,因为依据复式记账的基本原理,每一笔国际交易都是按照"有借必有贷,借贷必相等"的原则来记录的。

(二) 国际收支均衡

从经济学的视角出发,当国际收支账户总差额为零或接近于零时,我们则将之称为国际收支的均衡,也可以称为国际收支的经济均衡。在现实中,各国鲜有国际收支经济均衡的状态,绝大多数都是面临着国际收支失衡的状态。

为了更好地理解国际收支均衡与失衡,我们通常根据国际交易的具体特点,将之分为以下两种。

第一种是自主性交易,也称为事前交易,主要是指非官方部门及个人为了实现微观经济目标而主动从事的一种国际交易。微观经济目标可以包括获取出口收入、满足进口需要、获得国际投资利益等。自主性交易也可以由货币官方来进行。

第二种是补偿性交易,还可以称为调节性交易或事后交易,主要是指货币官方为了实现宏观经济目标而被动从事的一种国际交易。宏观经济目标可以包括稳定汇率、平衡国际收支、清偿外债等。

国际收支均衡与否主要是考察自主性国际交易所形成的国际收支账户总差额,所以我们所谈及的国际收支账户总差额实质上是一种自主性交易的国际收支差额。只有该差额为零时,一国才处于国际收支均衡状态;只要该差额不为零,一国便面临国际收支失衡。当国际收支账户总差额大于零时,一国面临国际收支顺差;当国际收支账户总差额小于零时,一国面临国际收支逆差。那么,一个国家为什么会出现国际收支顺差或逆差呢?

三、国际收支失衡的宏观经济变量分析

一国的国际收支几乎同所有的宏观经济变量都有一定程度的相互关联。一方面,这些变量会影响国际收支均衡;另一方面,国际收支失衡也会反过来影响上述变量。影响国际收支失衡的主要宏观经济变量包括国内生产总值、汇率、利率和通货膨胀率。

(一) 国内生产总值

从动态的意义上讲,一国国内生产总值主要是通过直接影响经常账户差额来影响一国国际收支账户总差额的。当一国国内生产总值增长时,本国居民的可支配收入就会相应增加;所增加的可支配收入会直接促进本国消费与资本投资,而消费中的一部分就是通过货物和服务的进口来满足的。所以,国内生产总值增长往往会为一国带来更多的进口,从而使经常账户趋于逆差;而国内生产总值下降往往会减少一国的进口,从而改善其经常账户,使之趋于顺差。

(二) 汇率波动

我们以本币贬值为例来研究汇率波动这一影响国际收支的主要变量,本币升值的影响效应正好相反。

当本国货币对外国货币的汇率贬值时,一方面,会使本国出口货物和服务的外币价格下降,同时使本国进口货物和服务的本币价格上升,从而增强了本国货物和服务的国际价格竞争力,使本国的贸易差额进而经常账户差额趋于顺差。但是,本币贬值对经常账户差额的影响存在着J曲线效应。

所谓J曲线效应,就是说,经常账户差额通常是由贸易差额来替代的,它不仅取决于进出口货物和服务的数量,还取决于进出口货物和服务的价格,但是,进出口货物和服务的价格存在弹性,这种弹性随着时间的推移而不断扩大——从理论上讲,在短期内,由于存在价格完全无弹性的状况,本币贬值不但不会改善经常账户差额,反而会使经常账户趋于逆差,或者在已经存在经常账户逆差的情况下进一步恶化逆差;在长期内,由于价格弹性增加,经常账户得到充分改善并形成顺差。这种调节过程通常需要一年半的时间,因调节曲线形同英文字母"J"而被称为J曲线效应,如图6-1所示。

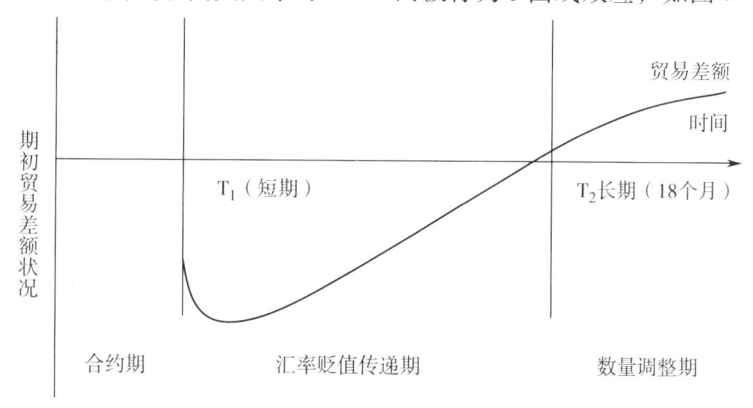

图6-1 J曲线效应图

另一方面,本币汇率的贬值,也会对资本和金融账户产生影响,但这种影响的结果并不确定。首先,如果国际投资者对本币存在贬值预期,为了避免持有本币资产的可能损失,他们可能会抛售本币换购外币,造成资本外逃;其次,本币贬值后,会使同样金额的外币兑换成更多的本币,从而会使外国投资者更愿意在本国进行对外直接投资等国际投资;再次,本币贬值后,资本外逃可能会因为换购外币成本的提高而终止;最后,当本币第一轮贬值后,投资者也可能由于存在着本币第二轮或第三轮贬值的预期,并不停止资本外逃的行为。

(三) 利率水平

利率是影响一国内外经济的重要内生变量,其对国际收支的影响表现在两个方面:一方面,本国利率水平的高低,直接影响资本和金融账户。国际资本都具有逐利性,如果本国利率高于外国利率,国际资本就会流入本国,则本国资本和金融账户便会趋于顺差;反之,如果外国利率高于本国利率,国际资本就会从本国流出而流入外国,那么本国资本和金融账户便会趋于逆差。

但是,本国利率与国际资本流动之间的同方向变化关系只是在短期内成立;一旦时间框架趋于长期性,二者之间的关系就会模棱两可。因为在长期内,因本国利率高于外国利率而流入本国的国际资本,可能会由于投资到期或结束投资而从本国流出,那么本国资本和金融账户就会趋于逆差。

另一方面,本国利率水平的高低,会通过直接影响内部经济而间接影响经常账户。当本国利率提高时,会抑制国内投资并进而缩减本国总需求,那么就会导致国内生产总值及可支配收入下降,最终因减少本国进口而使经常账户差额趋于顺差;当本国利率下降时,通常经常账户差额会趋于逆差。

(四) 通货膨胀率

当一国通货膨胀率高于其他国家时,该国的国际价格竞争力就会削弱,价格偏低的外国进口替代品就会大量涌入该国,使得该国经常账户差额趋于逆差;而当一国通货膨胀率低于其他国家时,该国的国际价格竞争力就会增强,价格偏低的本国出口商品就会层出不穷,使得该国经常账户差额趋于顺差。

四、国际收支失衡的表现形式

正因为有诸多的宏观经济变量影响一国的国际收支,所以现实生活中的国际收支失衡就有诸多表现形式。按照国际收支失衡的时间框架来划分,主要包括临时性失衡和周期性失衡;按照国际收支失衡的成因来划分,主要包括结构性失衡、货币性失衡以及收入性失衡等。

(一) 按照国际收支失衡的时间框架进行的分类

1. 临时性失衡。理论上,当国际收支账户总差额为零时,一国的国际收支处于均衡状态;实际上,一国国际收支账户总差额或者大于零或者小于零,几乎没有等于零的情况,因而国际收支的常态是国际收支失衡,这种常态的国际收支失衡就是一种国际收支的临时性失衡。国际收支的临时性失衡具有短期性和偶然性的特征。因为国际收支顺差或逆差额度不是很大,持续时间不是很长,而且还很容易逆转,所以谓之临时性失衡。

2. 周期性失衡。国际收支的周期性失衡是指由一国的经济周期波动而引起的国际收支顺差或逆差。当一国经济处于繁荣期时,本国的社会总需求增加,消费与投资活动旺盛,进口需求上升,所以国际收支往往趋于逆差;而当一国经济处于衰退时,本国社会总需求下降,消费和投资活动受到抑制,进口需求也处于下滑状态,所以国际收支往往趋于顺差。

(二) 按照国际收支失衡的成因进行的分类

1. 结构性失衡。国际收支的结构性失衡包括两种情况：一种情况是，由于本国经济结构的变动滞后于全球经济和世界市场变化而产生的国际收支失衡，主要反映在经常账户差额的变化中。比如，当全球经济不断诞生创新产品、高附加值产品或高质量产品，而本国经济结构不能顺应世界经济潮流加以调整时，就会造成本国产品在全球市场不受欢迎、本国国际收支趋于逆差的状况。另一种情况是，由于本国产业结构单一、产品出口需求的价格弹性高或产品进口需求的价格弹性低而产生的国际收支失衡。

2. 货币性失衡。国际收支的货币性失衡是由于本国货币供应量变化所产生的国际收支失衡。当一国货币供应量扩张引发一般物价上升时，本国出口货物和服务的价格相对较高，而进口货物和服务的价格相对较低，从而导致国际收支趋于逆差；当一国货币供应量紧缩平抑一般物价水平时，本国出口货物和服务的价格相对便宜，而进口货物和服务的价格相对昂贵，从而导致国际收支趋于顺差。

3. 收入性失衡。国际收支的收入性失衡是指由于一国国民收入的变化所引发的国际收支逆差或顺差。一般来说，当一国国民收入增加时，其进口需求的增长通常会快于出口需求的增长，从而引发国际收支逆差；而当一国国民收入减少时，其进口需求的增长会显著慢于出口需求的增长，从而引发国际收支顺差。

当一国国际收支失衡时，有时可以通过自动调节机制重建均衡，有时需要政府采取适当的政策进行积极调节。所以，我们将在下一节探讨这个问题。

第三节　国际收支调节机制与政策

主要宏观经济变量的变化会导致一国国际收支出现顺差或逆差，而国际收支的失衡反过来又会影响一国宏观经济的运行。所以，国际收支的调节或国际收支均衡就成为一国国民经济运行的主要目标之一。

国际收支的调节有两种模式，一种是国际收支的自动调节，另一种是国际收支的政策调节。

一、国际收支的自动调节

国际收支的自动调节是指导致国际收支失衡的宏观经济变量的自主性变动重建国际收支均衡的调节模式。这种调节模式只有在完全市场经济或纯粹自由经济中才能充分发挥作用，主要包括以下调节理论。

(一) 货币—价格自动调节理论

货币—价格自动调节理论最早源自英国著名经济学家兼哲学家大卫·休谟，当时被称为"物价—硬币流动机制"理论，该理论主要是通过经常账户差额的自动调节来调节国际收支账户总差额。这一理论最初是针对国际金本位制的国际货币制度提出的，故而理论中含"硬币"二字。根据该理论，在国际金本位制下，如果一国贸易出口超过贸易进口，出现贸易顺差，货币黄金会大量流入该国；那么以货币黄金为准备的货币供应量就会增加，从而导致该国物价上涨；该国国际价格竞争力的削弱会使其出口商品价格提高，造成出口减少，贸易收支恶化，这就会抵销最初的贸易顺差，重建国际收支均衡。一国由贸易逆差重建国际收支均衡的调节过程正好相反。

伴随着国际货币制度的发展和纸币作为交换媒介，这种国际收支的自动调节理论可以被谓之"货币—价格自动调节"理论，这一理论涉及绝对价格和相对价格调节两个方面。

货币—绝对价格自动调节是指，如果一国面临国际收支顺差时，对外收入就会大于对外支付，那么货币流入就会增加，而货币外流会减少，该国绝对价格水平会因此提高，进而导致出口商品价格提高，出口下降，贸易收支恶化，逆转最初的国际收支顺差。

货币—相对价格自动调节是指，如果一国趋于国际收支顺差时，对外收入就会超过对外支付，外币供给就会增加，或者本币需求增加，那么本币对外币的汇率就会升值，造成该国出口商品的外币价格提高，而进口商品的本币价格下降，从而使该国出口减少，进口增加，贸易收支恶化，逆转最初的国际收支顺差。

（二）国民收入自动调节理论

国民收入自动调节理论也存在着完全市场经济或纯粹自由经济的前提假设，涉及国民收入对经常账户及其对资本和金融账户的自动调节两个方面。

一方面，当一国出现国际收支顺差时，对外收入会超过对外支付，那么该国的国民收入就会增加，推动该国的社会总需求上升，其中当然包括进口需求的上升，贸易收支进而经常账户差额会面临逆差。另一方面，社会总需求的上升也会带动对外投资，使资本和金融账户趋于逆差。这两个方面的共同效应就会逆转最初的国际收支顺差。

（三）货币—利率—金融资产自动调节理论

货币—利率—金融资产自动调节理论是在完全市场经济或纯粹自由经济的假设条件下指出，当一国存在国际收支顺差时，其货币供应量就会相对增加或货币需求量相对减少，那么该国利率水平会下降，即本国金融资产的收益率下降，其居民对本国金融资产的需求就会减少，而对外国金融资产的需求就会增加，该国的资本和金融账户就会趋于逆差，进而造成该国国际收支逆差，抵销最初的国际收支顺差，该国就会重建国际收支均衡。

二、国际收支的政策调节

国际收支的自动调节作用在市场失灵时便会大打折扣，此时，政府的宏观经济政策调节就成为重建国际收支均衡的主要模式。政府调节国际收支主要是运用财政政策和货币政策，分别从需求和供给两个角度，搭配调节，以对国内经济冲击最小的成本重建国际收支均衡。

（一）需求型国际收支政策调节

需求型国际收支政策调节包括针对社会总需求规模及需求方向采取政策进而调节国际收支两个方面，具有短期性的特点。

1. 改变总需求规模的需求型政策调节。针对社会总需求规模而采取的需求型国际收支调节政策也称为支出增减政策，因其通过改变一国国民支出水平来调整对外国货物、服务和金融资产的需求，实现国际收支均衡的目标。政府可以通过财政政策或货币政策改变国民支出及社会总需求水平。

财政政策主要包括政府支出政策和税收政策，如政府可以通过增加政府支出或削减税率的扩张性财政政策，来增加社会总需求，直接促进内部经济增长；并通过提高利率在短期内吸引外资流入，通过边际进口倾向来增加进口需求，从而间接影响国际收支均衡。反之，一国可以通过削减政府支出或提高税率的紧缩性财政政策，来抑制社会总需求，直接放缓内部经济增长；并通过降低利率和改变边际进口倾向从而间接影响国际收支的资本和金融账户以及经常账户。

货币政策主要是通过再贴现政策、存款准备金率等一般性政策工具来改变一国利率水平或社会总需求，进而调节国际收支。比如，一国货币当局可以通过提高再贴现率或存款准备金率等紧缩性货币政策，提高本国利率水平，吸引国际资本流入，改善该国国际收支。反之，一国货币当局可以通过降低再贴现率或存款准备金率等扩张性货币政策，降低本国利率水平，造成资本外流，使该国国际收支恶化。

2. 改变需求方向的需求型政策调节。针对社会需求方向而采取的需求型国际收支调节政策也称为支出转换政策，因其通过改变一国国民支出方向来调整对外国货物、服务和金融资产的需求，实现国际收支均衡的目标。政府可以通过财政政策或汇率政策改变国民支出及社会需求方向。

改变需求方向的财政政策主要包括进出口关税、出口补贴等政策。比如，提高进（或出）口关税，可以减少本国的进口需求（或本国的出口供给），从而改善（或恶化）贸易收支，进而影响外部均衡。政府还可以采取出口补贴政策增加本国出口供给，从而使贸易收支甚至国际收支趋于顺差。

改变需求方向的汇率政策主要包括汇率的升贬值。比如，一国可以通过本币汇率的贬值增强其国际价格竞争力，从而改善贸易收支及国际收支；一国可以通过本币汇率的升值削弱其国际价格竞争力，从而导致贸易逆差及国际收支逆差。

（二）供给型国际收支政策调节

供给型国际收支政策调节是指一国政府通过产业政策、制度创新政策和科技政策等政策手段调整其产业结构及经济结构，增加出口货物的生产和出口服务的提供，从而增加社会总产品的供给，其中包括出口产品和进口替代品的供给，以此实现改善国际收支的目标。相对于需求型国际收支调节政策，供给型国际收支调节政策都具有长期性的特点。

比如，一国政府可以通过采取科技政策，推动内部技术进步，引进国外先进技术；借鉴国外先进管理经验，提高管理水平；鼓励人才国际交流，加强人力资本投资。一国政府也可以通过采取产业政策，合理安排适应国际经济发展所需的产业结构，提高资源国际配置的有效性。一国政府还可以通过采取制度创新政策，推进企业制度改革与创新，提高微观经济主体的经济效率，最终促进一国内外经济均衡目标的实现。

（三）补充型国际收支政策调节

补充型国际收支政策调节也称为国际收支的资金融通政策，主要是指一国货币当局运用适当的国际储备政策，主动调整临时性国际收支失衡。如果一国国际收支失衡是由短期冲击所导致的临时性失衡，最简单的方法就是利用资金融通模式；如果一国国际收支失衡是由中长期冲击所导致的严重长久性国际收支失衡，那么行之有效的方法就是多种政策的混搭运用。

补充型国际收支政策调节往往是一国面临国际收支逆差时所采取的一种政策。此时，一国货币当局就可以动用其国际储备来弥补国际收支逆差，实现外部经济的稳定和均衡。

（四）搭配型国际收支政策调节

一国国际收支失衡，往往不是仅依靠一种政策就能够有效调节的。如何进行国际收支政策调节，主要取决于三个因素：第一个因素是一国国际收支的表现形式及性质；第二个因素是国际收支失衡时的内部经济状况；第三个因素是一国内外均衡之间的相互关系。因此，很多时候，政府需要搭配使用两种或以上的调节政策，实现调节成本最小化条件下的国际收支均衡，甚至是内外联合均衡。

现实生活中，一国更多时候面临着内外经济联合失衡，这种联合失衡具有四种表现形式——高失业与国际收支逆差、高失业与国际收支顺差、高通胀与国际收支逆差、高通胀与国际收支顺差。针对高失业与国际收支顺差及高通胀与国际收支逆差这两种内外失衡形式，一国政府可以单纯依靠一种政策——比如扩张性货币政策或紧缩性货币政策重建内外均衡。但是，其余两种内外失衡形式在只运用单一政策调节时，会面临所谓的"米德冲突"，需要通过财政货币政策搭配运用来解决。具体来说，财政政策和货币政策对利率的影响效应截然相反，所以在一国具有 N 个宏观经济政策目标和 N 个宏观经济政策时，政府可以通过有效市场分类原则进行有效的政策指派——指派货币政策解决外部均衡问题，而指派财政政策解决内部均衡问题。

第四节　国际收支理论

国际收支理论是各国政府调节外部经济、重建国际收支均衡的重要政策依据。经济学意义上的国际收支理论主要包括弹性分析理论、吸收分析理论、贸易乘数理论和货币分析理论等。

一、弹性分析理论

"价格需求弹性"最早是由英国著名经济学家马歇尔在局部均衡分析中提出的概念，1923 年，他将弹性分析拓展到国际贸易领域，对不同进出口需求条件下汇率波动对贸易收支的影响做了探讨。1937 年，英国著名经济学家琼·罗宾逊在马歇尔"进出口需求弹性"分析的基础上，补充探讨了"进出口供给弹性"，正式提出了国际收支的弹性分析理论。

（一）弹性分析理论的假设前提

弹性分析理论主要是在供需弹性的基础上研究汇率波动对贸易收支的影响效应，贸易收支均衡对国际收支均衡而言是一种局部均衡,因此,弹性分析理论应该符合局部均衡分析的理论假设。琼·罗宾逊指出,弹性理论的假设前提有三个:一是国际收支的初始状态为均衡状态;二是贸易收支就是国际收支,国际收支平衡表的其他项目都不考虑;三是不考虑商品价格、收入、消费偏好等因素,只考虑汇率因素对一国进出口的影响。

(二) 弹性分析理论的基本内容

众所周知,需求弹性就是需求量变化百分比与价格变化百分比之比,供给弹性就是供给量变化百分比与价格变化百分比之比。根据弹性的定义,一国进口商品需求弹性(E_{DM})、出口商品需求弹性(E_{DX})、进口商品供给弹性(E_{SM})和出口商品供给弹性(E_{SX})可以分别表示如下:

E_{DM} = 进口商品需求量变动率/进口商品价格变动率

E_{DX} = 出口商品需求量变动率/出口商品价格变动率

E_{SM} = 进口商品供给量变动率/进口商品价格变动率

E_{SX} = 出口商品供给量变动率/出口商品价格变动率

弹性分析理论的基本内容或核心就是相继发展的两个条件:一个是马歇尔—勒纳条件;另一个是马歇尔—勒纳—罗宾逊条件。

1. 马歇尔—勒纳条件。1944年,美国经济学家勒纳结合马歇尔的进出口需求弹性分析,研究了在一定弹性条件下,货币贬值政策对一国国际收支的影响,提出了学界耳熟能详的马歇尔—勒纳条件。该条件探讨了三个不同的进出口需求弹性条件,每个条件对初始状态为贸易逆差或国际收支逆差的一国贸易收支或国际收支的影响效应截然不同。

(1) $E_{DM} + E_{DX} = 1$。当一国进口商品需求弹性与出口商品需求弹性之和等于1时,货币贬值政策会改变进出口数量,但不会改变进出口价值,所以该国初始状态的国际收支逆差并不会改变。

(2) $E_{DM} + E_{DX} < 1$。当一国进口商品需求弹性与出口商品需求弹性之和小于1时,货币贬值政策会使该国出口价值下降,并且出口价值的下降会大于进口价值的下降,因此,该国初始状态的国际收支逆差会进一步恶化。

(3) $E_{DM} + E_{DX} > 1$。当一国进口商品需求弹性与出口商品需求弹性之和大于1时,货币贬值政策可以增加出口价值,并减少进口价值,因此,该国初始状态的国际收支逆差会得到充分改善。

由以上分析得出的结论是,一国政府运用货币贬值政策改善国际收支逆差的充分条件是 $E_{DM} + E_{DX} > 1$。

2. 马歇尔—勒纳—罗宾逊条件。马歇尔—勒纳条件假设进出口供给弹性均为无限弹性,而只研究了进出口需求弹性。对于没有实现充分就业的国家来说,如果国外需求增加,利用闲置资源确实可以增加供给,但是,对于实现充分就业目标的国家来说,其国内资源得到了最大限度的运用,所以该国政府即使实施本币贬值的政策,也不能保证向贸易部门转移足够的资源,那么进出口供给弹性就只能是一种有限弹性。因此,1944

年，另一个美国经济学家 L. 梅茨勒结合琼·罗宾逊的研究，将进出口供给弹性引入马歇尔—勒纳条件，得出马歇尔—勒纳—罗宾逊条件。

根据马歇尔—勒纳—罗宾逊条件，货币贬值会带来进出口商品相对价格的变化，这种变化可能会改善或恶化贸易条件，主要取决于进出口商品的供给弹性。其中，贸易条件是指出口商品单位价格指数与进口商品单位价格指数之比，又称贸易交换比价。综合考虑了进出口商品的需求和供给弹性之后，货币贬值对贸易收支或国际收支的影响效应主要包括以下四种情况：

（1）当进出口商品供给弹性趋于无穷大时，货币贬值会使以本币表示的进口商品价格上升，而出口商品的本币价格保持不变，所以贸易条件将会恶化。

（2）当进出口商品供给弹性趋于无穷小时，货币贬值不会改变进口商品的本币价格，但会使出口商品的本币价格上升，所以贸易条件将会改善。

（3）当进出口商品需求弹性趋于无穷大时，货币贬值会使出口商品的本币价格上升，而进口商品的本币价格保持不变，所以贸易条件将会改善。

（4）当进出口商品需求弹性趋于无穷小时，货币贬值会使出口商品本币价格保持不变，而使进口商品本币价格上升，所以贸易条件将会恶化。

二、吸收分析理论

国际收支的吸收分析理论是曾在国际货币基金组织工作的西德尼·亚历山大在其1952年撰写的论文《货币贬值对贸易差额的影响》中提出的，也被称为国际收支的支出分析理论或者是国际收支的总量吸收理论。他结合凯恩斯的宏观经济分析方法，将国家收支作为一国国民经济总量的重要组成部分，从研究作为总吸收的国民支出与国际收支的内在规律入手，来实现国际收支失衡的政策调节目标。

（一）吸收分析理论的基本原理

在宏观经济分析中，当一国国民经济运行处于均衡状态时，社会总供给等于社会总需求。其中，社会总供给所形成的收入价值也被称为国民收入；社会总需求表示的是对国内生产的产品的总需求，由四个部分构成，用公式表示如下：

$$Y = C + I_d + G + (X - M)$$

其中，Y、C、I_d、G 和 $(X-M)$ 分别代表一国的国内生产总值（或国民收入/社会总需求）、个人与家庭的消费、国内投资、政府支出和净出口（出口与进口之差）。其中，总需求的前三个部分之和被称为总吸收，用公式表示如下：

$$E = C + I_d + G$$

其中，E 代表总吸收，即一国的国民支出。所以，一国的净出口就是一国国民收入与国民支出或总吸收之差，用公式表示如下：

$$X - M = Y - E$$

此处的净出口即贸易差额，经常替代经常账户差额应用于理论研究，正如我们前面研究经常账户差额宏观经济意义时，第三个意义正是如此。如果我们用净出口替代一国的国际收支，那么国际收支账户总差额就是一国国民收入与国民支出或总吸收之差，用公式表示如下：
$$B = Y - E$$

当一国的国民收入大于其国民支出或总吸收时，该国国际收支趋于顺差；而当其国民收入小于国民支出或总吸收时，其国际收支趋于逆差；当其国民收入正好等于国民支出或总吸收时，其国际收支表现为均衡状态。

（二）吸收分析理论的基本观点

国际收支吸收理论的特点是基于宏观经济分析的视角来研究货币贬值对一国国际收支逆差的影响。当一国初始状态为国际收支逆差时，一国国民收入小于国民支出或总吸收，或者一国总供给小于总需求。此时，政府要想通过货币贬值政策增加出口并改善国际收支，就必须保证本国具有闲置资源，使之在货币贬值后流向出口部门，出口的增长，也会带动本国投资和消费的增长，通过支出乘数效应，会扩张本国的国民收入与总吸收。只有当所增加的每单位国民收入中用于总吸收的百分比小于1时（即边际吸收倾向小于1时），一国因货币贬值所增加的国民收入才能超过国民支出或总吸收的增长，从而改善其国际收支。

三、贸易乘数理论

国际收支的贸易乘数理论与国民支出或总吸收的乘数理论类似，主要是指一国进出口变动所产生的贸易差额会带来一国国民收入成倍的扩张效应。其实，国民支出或总吸收的乘数效应从广义上来讲，可以延伸至社会总需求的各个组成部分，其中涉及的净出口组成部分的乘数效应就是所谓的贸易乘数理论。

我们假设总需求所包含的四个组成部分中，总吸收所涉及的三个部分：C、I_d 和 G 都暂时不变，当一国面临国际收支逆差时，政府可以通过货币贬值政策增加出口，减少进口，进而发挥贸易乘数的效应来改善国际收支。如果此时该国没有达到充分就业，没有实现资源的有效配置或者边际吸收倾向小于1，那么货币贬值所产生的闲置资源效应、贸易条件效应和资源配置效应，就会产生国民收入增长的乘数效应，改善国际收支；而如果此时该国已经实现充分就业和资源的有效配置，或者边际吸收倾向大于1，那么货币贬值所产生的现金余额效应、收入再分配效应和货币幻觉效应，就会减少总吸收，从而逆转最初的国际收支逆差。

（一）货币贬值的三个吸收效应

所谓现金余额效应是指，本币贬值往往会导致本国物价水平上涨，本国居民手持现金余额增加，一方面本国居民会相应减少消费及商品和劳务的进口；另一方面就会造成本国利率上升，抑制对外投资但吸引外资流入。前者会改善经常账户，后者会改善资本和金融账户，最终本国国际收支逆差逆转。

所谓收入再分配效应是指，本币贬值造成本国物价上涨之后，国民收入会向政府部门及利润所得者转移，即由边际吸收倾向高的经济单位转向边际吸收倾向低的经济单位；而吸收倾向的下降，又会导致吸收总量的减少，进而实现国际收支逆差的逆转。

所谓货币幻觉效应是指，本币贬值容易使本国居民产生实际收入下降的幻觉，消费与投资会放缓甚至会停止,使得总吸收下降,从而逆转国际收支逆差。

(二) 货币贬值的三个收入效应

所谓闲置资源效应是指,本币贬值后,本国闲置资源会被启动并流向出口部门,通过贸易乘数效应,成倍扩张本国国民收入,并通过总需求的扩张推动总供给和出口的进一步增长,进而改善国际收支逆差。

所谓贸易条件效应是指,本币贬值会恶化贸易条件,减少进口,增加出口,从而改善国际收支逆差;同时,净出口的乘数效应也会推动国民收入的增长。

所谓资源配置效应是指,本币贬值使得出口增加、进口减少,社会资源就会由低效益部门流向高效益部门,即流向出口生产部门和进口替代部门,这种社会资源的重新配置会发挥增加国民收入并改善国际收支的目的。

四、货币分析理论

货币论最早是由美国芝加哥大学及英国伦敦经济学院的经济学家哈里·约翰逊及其学生雅各布·弗兰科提出的。现代货币论的代表人物还包括美国的米尔顿·弗里德曼、卡尔·布鲁纳、利奥纳尔·安德逊,英国的艾伦·沃尔斯特、戴维·莱德勒、迈克尔·帕金,以及奥地利的赫尔姆特·弗里希等学者。国际收支的货币分析理论,主要是基于货币视角而不是商品视角来分析国际收支失衡及其调节。

(一) 货币分析理论的基本原理

1. 货币分析理论的假设前提。国际收支的货币分析理论具有三个假设前提:

(1) 假设一国处于充分就业的均衡状态,其实际货币需求是国民收入和利率两个内生变量的稳定函数,其中,实际货币需求是国民收入的正函数,是利率的反函数。

(2) 假设货币供给的长期变动不影响实物产量。

(3) 假设一国的物价和利率水平与世界市场水平吻合,而且贸易货物与服务的价格由世界市场决定。

2. 货币分析理论的基本恒等式。根据货币分析理论,当一国货币市场处于均衡状态时,其名义货币供应量等于其名义货币需求量,用公式表示就是

$$M_S = M_D$$

其中,M_S和M_D分别表示名义货币供应量与名义货币需求量。名义货币需求量又可以表示为

$$M_D = L(PY, I)$$

这里的L、PY和I分别代表货币流动性偏好(也就是名义货币需求量)、名义国民收入(为本国物价与真实国民收入乘积)及本国利率。

这里的M_S还可以表示为

$$M_S = k(M_{S,D} + M_{S,R})$$

其中,k、$M_{S,D}$和$M_{S,R}$分别代表货币乘数(基于部分银行准备金体制)、国内货币供应基数(由央行的国内信贷或支持国内货币供给的国内资产构成)和国外货币供应基数(国际收支盈余,即国际储备资产)。

为了分析方便，假设 $k=1$，那么：

$$M_S = M_{S,D} + M_{S,R}$$

上式也可以表示为

$$M_D = M_{S,D} + M_{S,R}$$

所以

$$M_{S,R} = M_D - M_{S,D}$$

也就是说，以国际储备资产为代表的国外货币供应基数等于名义货币需求量与国内名义货币供应量（或国内货币供应基数）之差。该公式就是货币分析理论的基本恒等式。

3. 国际收支的货币性质。国际收支的货币分析理论及其恒等式说明，国际收支是一种货币现象，国际收支问题实质就是一种货币问题。

当一国名义货币需求量小于国内名义货币供应量时，因为假设货币供给的长期变动不影响实物产量，所以在价格不变的情况下，超出的货币供应量就会以个人和企业增加货币支出或者国家政府货币外流的方式，才能重建货币市场均衡。而政府货币外流就意味着该国国际收支出现逆差。而当一国名义货币需求量大于国内名义货币供应量时，一国会出现国际收支顺差。

可见，一国的国际收支问题，就是该国实际货币存量与名义货币供应量互相调整的问题。只有当国民收入等实际宏观经济变量所决定的实际货币存量与名义货币供应量相等时，一国才会处于国际收支均衡状态。

（二）货币分析理论的政策主张

根据国际收支的货币分析理论，由于国际收支问题实质上是货币问题，所以，国际收支的失衡应该通过货币政策加以有效调节。在货币分析基本理论中，名义货币需求量要受到诸如国民收入与利率等内生变量的影响，而名义货币供应量是一个由一国货币当局直接控制的变量。所以，调节国际收支的政策核心应该是货币供应量。一国政府可以运用国际储备融资政策、汇率政策、物价政策及外汇管制政策来实现重建国际收支均衡的目标。

1. 国际储备融资政策。国际储备融资政策仅仅适用于调节临时的、小幅度的国际收支失衡。一般来说，货币当局可以通过减少国际储备进而减少国外货币供应基数的方式缓解国际收支顺差，而通过增加国际储备进而增加国外货币供应基数的方式来冲销部分或全部的国际收支逆差。

2. 汇率政策。汇率政策是通过改变本国贸易品的相对价格来调整中短期的国际收支失衡。因其主要是凭借本币贬值或升值来改变本国贸易品的外币价格，所以，汇率政策可以使内部经济免于冲击。货币分析理论始终认为浮动汇率制度在使内部经济减少甚至免于震荡方面优于固定汇率制度，因为在浮动汇率制度下，汇率的自发调节容易让国际收支自动回归均衡。

3. 物价政策。货币当局可以通过紧缩或扩张型货币政策降低或提高本国物价水平，使资产和财富在本外币之间进行重组，从而调节国际收支。物价政策的有效性取决于进出口商品的供求弹性是否满足前面阐述的马歇尔—勒纳条件或马歇尔—勒纳—罗宾逊条件，因此物价政策对国际收支或贸易收支的影响存在着"J曲线"效应，更有利于调节中长期国际收支失衡。

4. 外汇管制政策。当上述临时、中短期及中长期国际收支失衡调节政策难以奏效或实施成本高昂时，政府只能通过对贸易和投资活动采取直接控制的严格外汇管制政策，来减少本国居民对外支出，增加其对内收入，进而缓解国际收支失衡。

第五节 中国国际收支与中美贸易

中国自改革开放以来，涉外经济不断发展，特别是步入20世纪90年代以后，国际收支交易更是出现了持续巨额"双顺差"的状况，积累了大量的外汇储备。

一、1990年至2017年中国国际收支的变迁

我国国际收支的两大交易账户，经常账户和资本与金融账户的"双顺差"从1990年至2017年的28年里保持了整整22年，其间只有1993年经常账户出现了119.03亿美元的逆差，1992年、1998年、2012年和2015年资本和金融账户分别出现了2.51亿美元、63.21亿美元、168亿美元和1424亿美元的逆差。[①] 大致来讲，这28年里我国国际收支的变迁经历了四个阶段：双顺差规模稳中有升阶段、双顺差结构调整阶段、一顺一逆形成阶段和双顺差合理恢复阶段。

（一）1990—2002年：中国改革开放推进时期的"双顺差"规模稳中有升阶段

这一阶段，我国国际收支持续较大顺差主要是以下几方面因素共同作用的结果。一是我国改革开放以来，积极参与国际分工并融入经济全球化进程，工业化和市场化程度都不断加深，国民经济能够持续、平稳地增长。二是由于我国社会保障制度改革还不够完善，居民用于教育、医疗和养老等方面的预防性储蓄动机比较强，同时，我国金融市场的发展还不够成熟，阻碍了居民储蓄顺畅地转化为投资，使我国形成了高储蓄传统。近几年来，我国居民储蓄的增长一直快于国内投资的增长。三是我国固定资产投资规模的增长造成制造业产能不断扩大，在内需不足而外需强劲的情况下形成了大量的出口。四是我国连续数年外商对华直接投资位居世界前列，国际投资者看好我国经济发展、政治稳定、人民币具有升值预期等有利前景，推动了国际资本向我国流动的速度加快、规模增大。而且，国内重点金融企业和大型知名非金融企业通过境外资本市场融资也增加了国际资本的流入。五是全球经济发展的不平衡加剧了我国的国际收支顺差。以美国为代表的主要发达国家长期以来都保持着低储蓄、高负债和高消费，它们的国民长期依赖向我国或其他国家进口商品，从而出现长久的贸易逆差，也推动了我国贸易顺差的扩大。

（二）2003—2013年：国际金融危机爆发与应对时期的"双顺差"结构调整阶段

2003年以来，国际经济金融环境主要经历了三个阶段，即2003—2007年的全球经

[①] 数据根据历年《中国国际收支报告》得出。

济繁荣时期、2008—2013 年的国际金融危机爆发和应对时期、2014 年以来的全球经济缓慢复苏和分化时期,对我国国际收支造成了较大影响。国际收支持续"双顺差"(除 2012 年外),2009 年后资本项下顺差占比总体上升。2003—2013 年,经常账户顺差累计 2.23 万亿美元,资本和金融账户(不含储备资产,下同)顺差累计 1.51 万亿美元,净误差与遗漏累计为 -0.18 万亿美元,储备资产(不含汇率、价格等非交易因素影响)增加 3.56 万亿美元。其中,2003—2008 年,经常账户顺差、资本和金融账户顺差占国际收支总顺差的 74% 和 26%,2009—2013 年上述占比分别为 48% 和 52%(见图 6-2)。这一方面是因为 2009 年以来我国经常账户平衡状况改善,另一方面是由于主要发达经济体量化宽松货币政策(QE)增加了全球流动性,我国资本项下资金流入明显增多。

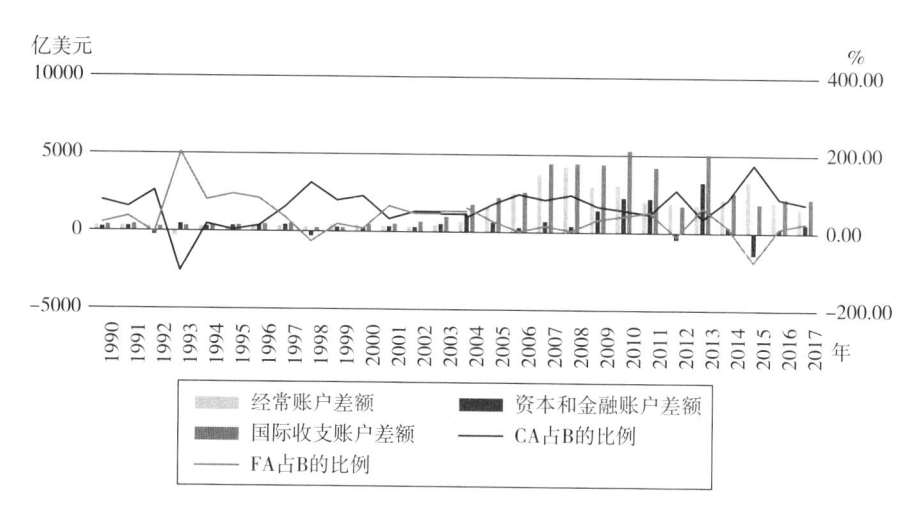

资料来源:根据各年《中国国际收支报告》及国际收支平衡表计算编制,其中,CA、FA 和 B 分别代表经常账户差额、资本和金融账户差额及国际收支账户总差额。

图 6-2　1990—2017 年中国国际收支差额结构图

(三) 2014—2015 年:对外债务去杠杆化时期的"一顺一逆"形成阶段①

2014 年以来,尤其是 2014 年下半年以来,我国经常账户顺差、资本和金融账户逆差的国际收支格局基本形成。2014 年下半年至 2015 年,我国经常账户顺差 5045 亿美元,资本和金融账户逆差 5835 亿美元,净误差与遗漏为 -2940 亿美元,储备资产累计下降 3731 亿美元。对外债务去杠杆化已开启并持续了一段时间,逐步释放了前期积累的短期资本流入风险。2014 年下半年至 2015 年末,外国来华非直接投资累计净流出 3468 亿美元,相当于 2003—2013 年持续净流入规模的 30%,相当于在 2009—2013 年主要发达经济体量化宽松期间净流入规模的 43%。也就是说,2003—2013 年十年左右的非直接投资净流入中已有三四成流出了我国。但在我国企业对外贸易总体提升、投融资渠道不断拓宽的情况下,此类境外融资缩减后预计仍将保留一个合理正常的规模。我国对外总

---

① 资料来源于 2015 年《中国国际收支报告》。

资产继续增加,官方储备资产和市场主体对外资产"一降一升"。2014 年下半年至 2015 年,我国对外资产总体增加了 2672 亿美元。其中,企业等市场主体的直接投资资产增加 2633 亿美元,相当于 2003—2013 年 11 年间增加额的 66%;证券投资资产增加 865 亿美元,相当于 2003—2013 年 11 年间增加额的 70%;贷款等其他投资资产增加 2870 亿美元,也达到了 2003—2013 年 11 年间增加额的 28%。以前在人民币升值预期下,我国市场主体不愿意持有对外资产,但在人民币汇率双向波动环境下,增加对外资产的积极性大幅提升,成为储备资产下降的主要原因,这也是"藏汇于民"的必然过程。

(四) 2016—2017 年:经济新常态时期的"双顺差"合理恢复阶段

2016 年,我国经常账户顺差与 GDP 之比为 1.8%,较上年下降 0.9 个百分点;2017 年,我国经常账户顺差与 GDP 之比为 1.3%,依然处于合理区间(见图 6-3)。

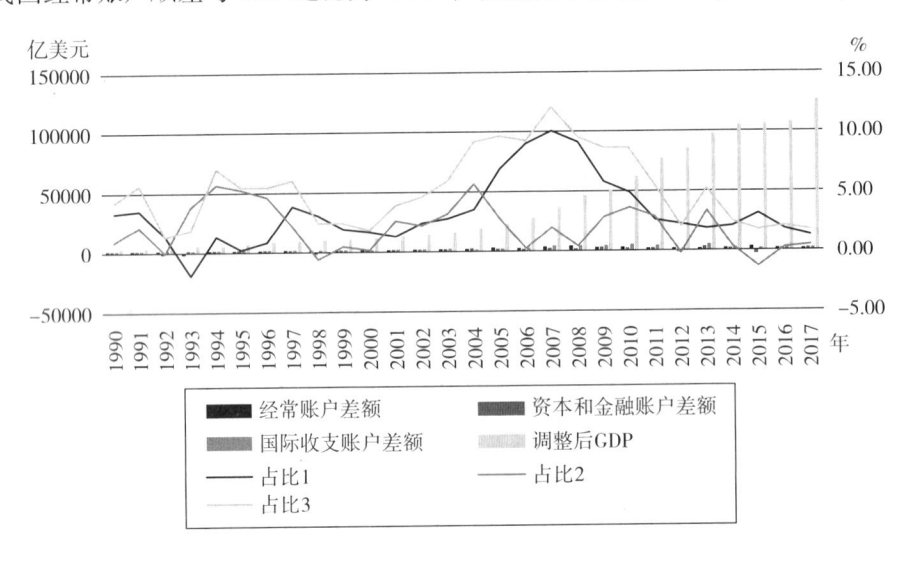

资料来源:根据中国国家外汇管理局及国家统计局网站数据计算绘制,其中,占比 1、占比 2 和占比 3 分别表示经常账户差额、资本和金融账户差额及国际收支账户差额与 GDP 之比。

图 6-3 1990—2017 年中国国际收支主要差额与 GDP 关系图

2016 年,我国外债恢复净流入,跨境资本流出主要表现为境内主体增持对外资产,包括对外直接投资、证券投资、贷款等多种方式。2014—2016 年,我国各类对外投资合计增加近 1.5 万亿美元,相当于 2013 年之前 8 年的累计规模,2016 年更是达到 6611 亿美元。[①] 上述变化总体上体现了我国综合国力和企业实力的提升,反映了境内主体多元化资产配置的需求,但境内市场主体对外资产增长较快,对我国国际收支的短期影响较大,其中也存在一些非理性和异常的投资行为。

2017 年,非储备性质的金融账户实现顺差 1486 亿美元,2015 年、2016 年分别为逆差 4345 亿美元和 4161 亿美元,2017 年第一季度至第四季度均呈现稳定规模的顺差,依次为 368 亿美元、311 亿美元、441 亿美元和 365 亿美元,此前为连续 11 个季度逆差,

---

① 资料来源于 2016 年《中国国际收支报告》。

表明我国跨境资本已经由持续净流出转向总体平稳态势。① 在经常账户顺差、非储备性质金融账户顺差的有力支撑下，我国储备资产持续回升，国际收支状况更加稳健。

从图 6-2 可以看出，我国经常账户顺差在国际收支账户总差额中的年平均占比为 64.34%，而资本和金融账户顺差在国际收支账户总差额中的年平均占比为 35.67%。可见，我国经常账户顺差对国际收支顺差的贡献度更大一些。因为我国国际收支顺差形成因素之一是中国内部经济的增长和出口的增加，所以从国际收支账户差额结构与国内生产总值（GDP）的关系，也可以分析出经常账户顺差对国际收支顺差形成的显著作用。从图 6-3 中可以看出，在 28 年的考察期内，国际收支账户总差额在 GDP 中的年均占比为 5.20%，其中，经常账户顺差在 GDP 中的年均占比稍高一些，为 3.21%；而资本和金融账户顺差在 GDP 中的年均占比略低一些，为 1.99%。

二、2018 年中国国际收支结构变化新趋势

2018 年，中美贸易摩擦，全球政治经济格局发生新的变化，使得中国国际收支结构也表现出了新的趋势特征。

（一）经常账户小幅逆差中更趋平衡

首先，近年来，我国经常账户收支持续处于基本平衡的状态，当前依然处于这个区间。2016 年和 2017 年，我国经常账户顺差与 GDP 之比分别是 1.8% 和 1.3%，部分季度顺差占 GDP 的比例最低曾经到过 0.5%。这说明近几年我国经常账户收支已经达到了十分平稳的区间，小幅顺差很容易在一定时期转为小幅逆差，但都属于基本平衡的范畴。在实践中，国际上研究认为经常账户逆差是否持续超过 GDP 的 5% 左右，是一个非常关键的早期预警指标。所以，2018 年第一季度我国经常账户仍然在平稳、健康的合理区间。

其次，当前我国经常账户收支基本平衡体现了国内经济转向高质量发展的效果，同时也是对全球经济再平衡的重要贡献。国际收支是国内经济运行的一个外在表现，当前国际收支的经常账户状况主要反映了近年来我国国内经济发展两个方面的特点。一方面，说明我国经济结构调整取得了实质性进展，内需对经济增长的作用明显提升。根据国家统计局的测算，2008 年到 2017 年，内需对中国经济增长的年均贡献率达到 105.7%。其中，最终消费支出已经连续 5 年成为中国经济增长的第一引擎，2018 年上半年最终消费支出对经济增长的贡献率达到 78.5%。这说明我国经济结构调整取得了实质性进展，也就是内需对经济增长作用明显提升。另一方面，国内经济发展是居民收入持续增长和消费升级的结果。随着人民群众生活水平的不断提高，在消费升级快速上升期，大家对进口商品、出境旅游、国外留学的需求增加，这是很正常的。

最后，我国经济发展模式决定未来我国经常账户不可能出现持续大幅逆差。从世界范围内经济发展历史看，凡是制造业比较发达的经济体，比如德国、日本、韩国还有中国台湾，经常账户大多长期维持顺差，出现逆差的情况极少或者持续逆差时间非常短。

---

① 资料来源于 2017 年《中国国际收支报告》。

如果说顺差下降的话，通常是出现在转型升级阶段。我国制造业在国民经济中将长期处于非常重要的位置，有非常成熟的制造业基础设施，另外不可忽视的是我们有大量的技术工人，产业链条比较完备，在全球的竞争力方面仍然是比较强的。目前，我们处在从中低端产业向中高端产业转型升级的过程中，这个升级仍然会有助于货物贸易在中长期保持合理盈余。同时，我国消费升级将逐步从快速上升期趋向平稳期，如近年来快速增长的境外旅游、留学的增幅已经趋稳，这个趋势变化也是符合国际经验的。因此，从以上几个方面来说，未来我国经常账户差额仍将总体保持在合理区间。

（二）跨境资本流动面临巨大影响

首先，利差会影响跨境资金的流动，但不是唯一因素，也不是根本因素。我们可以举几个例子：一是近年来美元利率明显高于欧元区和日本利率水平，但国际资本并没有持续从欧、日地区流向美国，美元汇率也没有在过去几年持续升值。说明国际资本需要考虑经济增长预期的对比情况和货币政策调整的对比情况，以及由此可能导致的汇率变化，而且还需要考虑不同资产的分散配置问题。二是历史上很多新兴经济体为抑制资本外流而大幅提高利率，甚至提高到几十个百分点，但是并没有因此而吸引更多资本流入或者保证国内资本不流出，经济脆弱性带来的相关风险是各类投资资本在投资时非常重要的考量。三是我国在2006年至2007年的大部分时间，国内的人民币利率低于美元利率，当时我们面临持续的跨境资本净流入，说明国内经济状况、长期投资前景和人民币汇率预期等因素明显大于利差的影响。所以我们讲，利差会影响跨境资本流动，但不是唯一因素，也不是最根本的因素。

其次，相对稳健的经济基本面、依然较高的综合投资收益、逐步提升的人民币资产配置的需求等因素，将会对我国跨境资本流动产生更加重要的影响。第一，当前国际金融市场不确定性增多，投资风险加大。而我国经济基本面总体稳中向好，社会政治大局稳定，目前正处于改革开放的深化期，平稳的投资环境以及巨大的市场发展空间仍然有助于吸引投资。第二，境外投资在我国的综合投资收益还是很高的。我们根据国际收支数据进行了测算，2017年各类来华资本在中国的平均投资收益率为5.9%，其中来华直接投资的收益率更高，明显高于欧美发达国家外商直接投资的收益率水平。第三，我国证券市场对外开放不断推进，目前人民币资产在国际资本投资中还属于低配阶段，股市、债市境外投资者的持有市值分别不到3%和2%，未来提升空间很大。第四，人民币对美元汇率双向波动增强，在全球货币中属于相对稳定和强势的货币。根据国际清算银行公布的日度数据测算，2018年上半年人民币名义有效汇率升值2.8%，排在国际清算银行监测的61种货币中的第10位。

三、中美贸易摩擦对中国内外经济运行的影响

自2018年初以来，中美贸易摩擦不断发生。2018年1月，特朗普政府宣布"对进口大型洗衣机和光伏产品分别采取为期4年和3年的全球保障措施，并分别征收最高税率达30%和50%的关税"。2018年2月，特朗普政府宣布"对进口中国的铸铁污水管道配件征收109.95%的反倾销关税"。2018年2月27日，美国商务部宣布"对中国铝箔产

品厂商征收 48.64% 至 106.09% 的反倾销税,以及 17.14% 至 80.97% 的反补贴税"。2018 年 3 月 9 日,特朗普正式签署关税法令,"对进口钢铁和铝分别征收 25% 和 10% 的关税"。2018 年 3 月 22 日,特朗普政府宣布"因知识产权侵权问题对中国商品征收 500 亿美元关税,并实施投资限制"。2018 年 4 月 4 日,美国政府发布了加征关税的商品清单,对我国向美国出口的 1333 项价值为 500 亿美元的商品加征 25% 的关税。中国政府根据《中华人民共和国对外贸易法》和《中华人民共和国进出口关税条例》相关规定,经国务院批准,国务院关税税则委员会决定对原产于美国的大豆、汽车、化工品等 14 类 106 项商品加征 25% 的关税,具体实施日期将视美国政府对我国商品加征关税实施情况,由国务院关税税则委员会另行公布。

自此,中美贸易摩擦开始升级。2018 年 4 月 5 日,美国总统特朗普要求美国贸易代表办公室依据 "301 调查",额外对 1000 亿美元中国进口商品加征关税。2018 年 4 月 17 日,美国商务部部长罗斯宣布,对产自中国的钢制轮毂产品发起反倾销和反补贴调查(即"双反"调查);美国商务部还初裁从中国进口的通用铝合金板存在补贴行为。2018 年 5 月 29 日,美国白宫宣布将对从中国进口的含有"重要工业技术"的 500 亿美元商品征收 25% 的关税,其中包括与"中国制造 2025"计划相关的商品。2018 年 6 月 15 日,美国政府发布了加征关税的商品清单,决定对从中国进口的约 500 亿美元的商品加征 25% 的关税,其中对约 340 亿美元商品自 2018 年 7 月 6 日起加征关税,同时对约 160 亿美元商品的加征关税征求公众意见。2018 年 7 月 6 日 00:01(北京时间 6 日 12:01),美国开始对第一批清单上 818 个类别、价值 340 亿美元的中国商品加征 25% 的进口关税。中国也于同日对同等规模的美国产品加征 25% 的进口关税。2018 年 7 月 10 日,美国政府公布进一步对华加征关税清单,拟对约 2000 亿美元中国产品加征 10% 的关税,其中包括海产品、农产品、水果、日用品等项目。

正当中美贸易处于僵持过程中,2018 年 12 月 1 日,中美两国元首在布宜诺斯艾利斯的会晤却让这场冲突发生了逆转,因为两国元首达成共识,决定停止加征新的关税。虽然这次大规模的中美贸易摩擦开始缓和,中美双方的沟通交流还在进行当中,尚未就一系列问题达成最终的结果,但其产生的影响是广泛而深刻的。

第一,从国际收支的角度而言,一国贸易顺差来自另一国的贸易逆差,反之亦然。自从加入 WTO 之后,中国对美国贸易顺差不断扩大,而美方对中国贸易逆差随之增加,中美贸易不平衡加剧,这是客观事实。但这并不能说明,美国在中美贸易中没有得到利益,相反美国利用中国廉价的资源和投资满足了美国人的消费需求。

第二,中美贸易关系是由双方的相互需求决定的。根据相互需求原理,在国际经济交往中,自主性交易是由双方的内部需求决定的,国际经济交往中双方"你中有我,我中有你"是自然现象。况且中美两国的产业结构差异巨大,中国需要进口美国大量的高技术和高附加值的产品,美国消费者需要中国廉价的劳动密集型和初级产品——这也是人们普遍共识的。两国相互需求关系说明,经贸关系是中美两国关系的重要压舱石。

第三,中国四十年的改革开放使其经济发展行稳致远。从经济基本面看,我国经济韧性好、适应能力强、回旋余地大。当前的经济增长从主要依靠工业带动转向工业和服务业共同带动，从主要依靠投资拉动转向投资和消费一起拉动，从出口大国转向出口和进口并重的大国。而且，经济开始进入高质量发展阶段，尤其是制造业产业链条齐全、转型升级稳步推进，在国际上的比较优势继续存在并将进一步巩固。从我国政策基本面来看，我国坚定不移地秉持改革开放的目标；同时，习近平主席在2018年4月参加亚洲博鳌论坛时，再次表明了中国扩大对外开放的决心。在此基础上，我国发布了一系列扩大改革开放的政策措施。

总之，我国国内市场潜力巨大，金融风险总体可控，外汇储备充足，政策调控的空间较大，有条件、有能力、有信心应对各种内外部冲击。

本章小结

国际收支是一国居民与非居民在一段时间内的国际交易流量，可以通过国际收支平衡表来反映。国际收支平衡表由三大账户组成，包括经常账户、资本和金融账户以及错误和遗漏账户。

国际交易主要按照复式记账原理，通过国际收支平衡表的前两大类账户进行记录。为了方便记录，经常账户可以分为商品或货物流量、服务或劳务流量、初次收入流量及二次收入流量；资本和金融账户可以分为非官方资本和金融账户流量与官方资本和金融账户流量。

国际收支涉及六大支付差额，包括商品或货物支付差额、贸易差额、商品—劳务—收入差额、经常账户差额、私人资本和金融账户净差额以及国际收支账户总差额。

国际收支失衡主要表现为国际收支账户总差额不等于零，其大于零时，表现为国际收支顺差；其小于零时，表现为国际收支逆差。国内生产总值、利率、汇率和通货膨胀率等因素会造成一国出现国际收支失衡，具体表现形式包括临时性、周期性、结构性、货币性及收入性失衡。

一国调节国际收支失衡可以通过自动调节和政策调节两种手段。其中，自动调节有货币—价格、国民收入及货币—利率—金融资产自动调节方式；政策调节包括改变总需求规模或需求方向的需求型政策调节、供给型政策调节、运用国际储备的补充型政策调节和搭配型政策调节。

国际收支理论主要包括基于马歇尔—勒纳—罗宾逊条件的弹性分析理论、吸收分析理论、贸易乘数理论和货币分析理论。

参考文献

[1] 郑宝银. 国际收支双顺差下的经济政策选择与调整 [J]. 国际贸易问题, 2006.

[2] 卢锋. 中国国际收支双顺差现象研究：对中国外汇储备突破万亿美元的理论思考 [J]. 世界经济, 2006.

[3] 赵振全, 刘柏. 我国国际收支对通货膨胀传导机制的经济计量检验 [J]. 数量经济技术经济研究, 2006.

［4］朱庆．中国特殊国际收支结构原因探析——基于人口年龄结构的视角［J］．世界经济研究，2007．

［5］贺力平，蔡兴．从国际经验看中国国际收支双顺差之"谜"［J］．国际金融研究，2008．

［6］江春，吴宏．中国的国际收支失衡：基于收入分配的新视角［J］．财经问题研究，2009（10）．

［7］伍楠林，钟晓兵．中美国际收支关系实证研究：以人民币汇率变动为视角［J］．国际贸易问题，2010（10）．

［8］张青龙，王舒婷．国际收支结构研究：基于人民币国际化视角的分析［J］．国际金融研究，2011．

［9］郭路．中国国际收支余额变化与宏观经济研究［J］．国际金融研究，2012（2）．

［10］黄志龙．我国国际收支平衡新趋势及对货币发行机制的影响［J］．国际贸易，2013（6）．

［11］付海燕．OFDI对中国国际收支影响的机理与实际测算［J］．统计研究，2014（12）．

［12］程博资，谭小芬．建立可持续的中国国际收支平衡机制［J］．经济问题探索，2014（9）．

［13］刘钴石，张晨峰，赵炎，张娟．二元经济融合对国际收支影响分析［J］．国际贸易问题，2015（1）．

［14］姜凌，邱光前．经济周期与我国国际收支经常账户失衡［J］．世界经济研究，2016（2）．

［15］林楠．马克思主义政治经济学国际收支分析：文献综述［J］．金融评论，2016（3）．

［16］温建东．中国全口径外债的推导、变动原因及其政策启示［J］．国际经济评论，2016（5）．

本章复习思考题

一、本章主要概念

国际收支　经常账户　自主性交易　国际收支顺差　国际收支平衡　国际收支均衡　马歇尔—勒纳条件　J曲线效应

二、回答问题

1. 根据《国际收支平衡表与国际投资头寸表手册》，一国国际收支平衡表主要包括几大账户？哪些账户可以用来反映国际交易？为了反映国际交易，上述账户可以细分为几大流量？

2. 国际收支平衡表与国际投资头寸表的主要区别是什么？

3. 经常账户与资本及金融账户中所反映的对外直接投资和国际证券组合投资有什么不同？

4. 官方资本及金融账户与私人资本及金融账户的主要差异表现在哪里？

5. 什么是支付差额？国际收支平衡表所涉及的主要支付差额有哪些？

6. 解释经常账户差额的四个宏观经济意义，并利用与之相关的三个恒等式分析减少美国经常账户逆差的主要方案。

7. "一个国家经常账户顺差比经常账户逆差好"，你是否同意这一观点？为什么？

8. 在其他条件不变的情况下，下列情形将会如何改变一国的经常账户差额？
（1）国家对外净投资增加；
（2）商品与劳务的出口增长100万美元，同时商品与劳务的进口增长100万美元；
（3）商品与劳务的国民支出增加150万美元，国内生产总值增加100万美元；
（4）一国向外国政府提供了价值为5亿美元的交通设施。

9. "假设一国的资产没有被其他国家作为官方储备资产而持有，当其官方结算差额为顺差时，就意味着其货币当局减少了官方储备资产的持有量"。请解释一下这句话是对是错。

10. 运用J曲线解释一国货币法定升值对其经常账户差额的影响。

11. 如何理解"物价—硬币流动机制"及其有效性？

12. 根据马歇尔—勒纳—罗宾逊条件分析货币贬值对一国国际收支影响的四种情况。

13. 简述中国国际收支自1990年以来的发展历程演变及特征。

14. 中美贸易摩擦对中国内外经济会产生怎样的影响？

15. 中国跨境资本流动的新趋势具有怎样的特征？

第七章

国际储备理论与管理

学习导语

国际储备资产包括外汇储备、储备头寸、特别提款权、货币黄金和其他储备资产。外汇储备的规模和结构是一个国家在国际经济交往中取得成果的重要标志,也是衡量得自于外部财富的一个重要标准。通过贸易顺差积累大量外汇储备具有重要的经济意义,它不仅仅是主权财富的象征,还可以通过外汇占款扩大货币投放,有利于刺激经济和就业。当然,外汇储备规模过大也有弊端,将面临机会成本和推动通货膨胀的风险。所以理论上提倡国际储备规模适度,即国际储备规模要与一个国家的经济社会发展和国际经济交往相适应。同时,国际储备结构管理要注意多元化和风险意识。

学习目标

- ◆ 国际储备内涵及其结构
- ◆ 外汇储备规模管理
- ◆ 外汇储备结构管理
- ◆ 外汇储备的财富意义
- ◆ 如何认真分析中国外汇储备规模

中国外汇储备经历了自改革开放以来四十年的不断增长,实现了外汇储备规模的巨大累积。一方面,中国的巨额外汇储备成为中国防范和化解国际金融风险、实现国际收支均衡、增强人民币汇率弹性,以及提升中国国际地位的重要财富保障;另一方面,自21世纪以来,中国外汇储备以年均30.85%的速度不断增长,加剧了外汇储备的规模管理和投资运营风险,对中国外汇储备的投资组合安排和保值增值提出了更大的挑战。中国外汇储备问题不仅成为中国货币当局和经济学者们竞相争议的热点,而且也成为国际社会特别是美国等国极为关注的领域。

第一节 国际储备理论基础

国际储备包括外汇储备、货币性黄金、储备头寸、特别提款权和其他储备资产，是一国拥有的对外支付资产，体现一国的国际清偿力。

一、国际储备内涵及特征

（一）国际储备与外汇储备的含义

2008 年以前，关于国际金融的教科书通常都依据《国际收支手册》（第五版）的描述，指出储备资产（即国际储备资产）的类型包括：货币黄金、特别提款权（SDRs）、在国际货币基金组织（IMF）的储备头寸、外汇资产和其他债权[1]，其中，外汇资产主要就是众所周知的外汇储备资产。《新帕尔格雷夫货币金融大辞典》将国际储备定义为"以外币表示的官方资产的存量（通常包括黄金）"[2]。外汇储备可以提供官方借入外债的保证，可以充当代际储蓄的主要财富，可以平抑汇率因支付流量的变化而引起的波动，可以暂时减缓国际收支的失衡，可以成为抗击金融危机的最终防线。正像保罗·克鲁格曼指出的那样，官方国际储备是中央银行持有的外国资产，可以作为国民经济出现不利情况时的缓冲器。[3]

2016 年第一季度，IMF 官方外汇储备货币构成数据库（COFER）明确地指定外汇储备的货币主要包括美元、欧元、英镑、日元、加拿大元、澳大利亚元、瑞士法郎和其他可自由兑换的货币（占比分别为 63.59%、20.37%、4.79%、4.08%、1.95%、1.90%、0.28% 和 3.04%）。在 1999 年欧元采用之前，充当外汇储备的主要欧洲货币包括欧洲货币单位（ECU）、德国马克、法国法郎和荷兰盾。根据 COFER 的解释，外汇储备是指一国货币当局以外币现钞、银行存款、短期国库券、短期和长期政府证券形式对非居民所持有的债权，以及在应对国际收支需求中可使用的其他债权。

（二）国际储备的重要性质

随着 IMF 于 2008 年发布《国际收支和国际投资头寸手册》（第六版）（BPM6）以来，手册中对国际储备和外汇储备二者内涵差异的界定则日趋模糊，也需要我们重新思索储备资产的性质特征。在 BPM6 中，储备资产被定义为为了满足国际收支的融资需求，干预外汇市场从而影响外币汇率，以及诸如保持公众对经济体和货币的信心和作为对外借款的基础等其他相关的目的，由货币当局所控制并随时可利用的外部资产或对外资产。[4] 根据此定义及手册的解释，作为储备资产应该具备下面五个重要性质。

---

[1] 国际货币基金组织. 国际收支手册（第五版）[S]. 1993：97.
[2] [美] 彼得·纽曼，[美] 默里·米尔盖特，[英] 约翰·伊特韦尔. 新帕尔格雷夫货币金融大辞典（第二卷）[M]. 北京：经济科学出版社，2000：161.
[3] 保罗·克鲁格曼，毛瑞斯·奥伯斯菲尔德. 国际经济学（第五版）[M]. 北京：中国人民大学出版社，2002：303.
[4] 国际货币基金组织. 国际收支和国际投资头寸手册（第六版）[S]. 2008：111.

一是储备资产必须由一国货币当局控制。所谓货币当局,指包括中央银行[①]以及属于中央银行但有时也由其他政府机构(比如财政部)或者商业银行(比如政府所有的商业银行,即国有商业银行)所开展的特定业务活动。这些特定的业务活动主要涵盖三个方面:货币发行、储备资产的保持与管理和外汇平准基金的操作。

二是储备资产必须是以无条件的方式随时可以利用。也就是说,储备资产必须要能够在最短的时间里,以最低的成本进行买卖或者变现为外币,同时又不过分影响储备资产的价值。这说明,储备资产应该既具备流动性,又具备高质量(即所谓的保值和增值)。这种"随时可利用的"(readily available)资产是可以在几乎不受限制的情况下利用的资产。

三是储备资产必须是对外资产。除了黄金以外的储备资产,必须是货币当局对一国非居民的债权,而对本国居民的债权不是储备资产,而是"其他外币资产"。但对非居民的债权也不能一概而论,还要考虑其是否容易利用——比如,对非居民的短期贷款是一经货币当局要求就可立即利用的,因此符合储备资产的条件,就像一国货币当局对国际货币基金组织的贷款因其"随时可偿还性"也成为一种储备资产一样,但对非居民的长期贷款在货币当局需要时则并非随时可利用,所以就不是储备资产。同样,被抵押的资产通常也并非随时可利用,故而也应该从储备资产中剔除;货币当局所拥有的不动产不具有流动性,也不包括在储备资产中。

四是储备资产必须是实际存在的资产。通过可支取的信用额度和互换协议而获得的外汇资源不能构成储备资产,因为它们不构成现有的债权。

五是储备资产必须是以可兑换的外币计价和结算。

二、国际储备的构成

根据 BPM6 的规定,储备资产包括货币黄金、SDRs、在 IMF 的储备头寸、外币及外币存款、外币证券(包括外币债务证券和外币权益证券)、金融衍生产品及其他外币债权,参见表 7-1。

表 7-1　　　　　　　　　　储备资产的构成

1. 货币黄金
(1) 金块
a. 金币、金锭、金条
b. 已分配的黄金账户中的金块
(2) 未分配的黄金账户

[①] 其中包含中央银行分支部门中所包括的其他机构单位,如货币委员会。

续表

2. 特别提款权
3. 在 IMF 的储备头寸
4. 其他储备资产
(1) 外币及外币存款
(2) 对货币当局的债权
(3) 对其他实体的债权
(4) 外币证券
a. 外币债务证券
a1. 短期外币债务证券
a2. 长期外币债务证券
b. 外币权益证券
(5) 金融衍生产品
(6) 其他外币债权
a. 对非吸收存款公司（非居民）的贷款
b. 对国际货币基金组织（IMF）信托账户的贷款
c. 再卖回协议所产生的贷款
d. 不可流通转让的投资基金份额和投资基金单位

资料来源：根据《国际收支和国际投资头寸手册》（第六版）（BPM6）（2008（pp. 111 – 118））整理。

在表 7 – 1 中，其他储备资产都是以外币表示的各类储备资产；货币黄金在国际金融市场上通常是以美元计价和结算的；SDRs 是由 IMF 每日通过计算货币篮子的加权平均价格最终以美元来确定其价值的；在 IMF 的储备头寸是成员国在 IMF 可以直接支取并利用的储备份额（一般相当于各成员国基金份额的 25%）和基金组织根据贷款协议对成员国负债金额之和。

储备份额是成员国以短期通知的方式从基金组织支取的外币金额。当成员国向基金组织购买时，账簿记录显示成员国外汇持有量增加，而其在基金组织的储备头寸减少；当成员国向基金组织回购时，则显示其外汇持有量减少，而其在基金组织的储备头寸增加。

储备份额购买（reserve tranche purchase）亦称"黄金份额"（gold tranche），其本身就是外币或外币计价的资产。如果成员国通过储备份额购买仍无法应对国际支付需要，就要根据与基金组织的贷款协议，用于本币认缴的份额部分（通常相当于各成员国基金份额的 75%）向基金组织置换外汇，以获取融资，这种普通提款权利亦称"超黄金份额"（super gold tranche）。虽然此份额初始形态是各成员国的本币，但根据储备资产的定义，必须能够被获得使用（availability for use）的才可称为储备资产，所以"超黄金份额"在成为储备资产的同时已经转化为外汇了。而外汇就是能够应用于国际支付和结算的外币支付手段和外币计价的资产。

因此,国际储备中的各类资产实质都是外汇资产。那么,国际储备也就是外汇储备,是各国官方或货币当局可以获得并加以控制的、以备国际收支支付的流动性需求或国家不时之需、以可兑换外币计价和结算的资产。

根据国际货币基金组织(IMF)和国际清算银行(BIS)的统计,SDRs 和在 IMF 的储备头寸在国际储备资产总规模中的占比一直比较小;货币黄金储备呈现阶段性下滑趋势;而外汇储备在国际储备资产总规模中的占比却大幅上扬,已经占有 80% 以上的绝对份额。因此,从国际储备结构的现实出发,外汇储备可以称为狭义的国际储备。

三、外汇储备的特殊货币性质

外汇储备虽然是以可自由兑换的外币来表示的,但它本身并不是简单意义上的外国货币,而是一种特殊的货币。

所谓货币,通常被定义为在商品或劳务的支付中或债务的偿还中被普遍接受的东西[1]。它具备交换媒介、支付手段、价值尺度或账户单位、价值储藏和世界货币的职能,同时具有易于标准化、广泛接受性、可被分割性、便于携带性和不易变质性的特征。

伴随着社会经济和科学技术的不断发展,支付结算制度也逐步经历了现金结算、票据结算、电子结算三个主要的演变历程。与此相适应,货币形态也一直处在由商品货币(commodity money)向需兑现的纸币、不兑现的纸币(fiat money)、支票等票据、银行卡形态的塑料货币直至电子货币(如电子资金汇划系统和电子数据处理系统等)的演化过程中。如果从内部和外部经济的角度来说,货币形态应该分为本币形态和外币形态。外汇储备或国际储备,作为以外币计价和结算的官方资产而言,是一种特殊的货币。

托马斯·A. 普格尔指出,官方国际储备资产是各国政府所持有的、并被各国政府认定作为彼此之间支付完全可以接受的、类似货币的资产[2]。这个定义揭示了外汇储备的特殊货币属性。

在全球外汇储备日益增长、外汇储备运营管理出现国际投资新趋势的 21 世纪,外汇储备的特殊货币身份,使得我们不能不重新思考其作为特殊货币的使用价值问题。尤其是面对中国 2018 年 6 月仍然保有 2.2 万亿美元外汇储备的现状,探讨新形势下外汇储备的投资运营和保值增值,即通过分散风险、降低成本来实现外汇储备资产财富增加的问题刻不容缓。

第二节 国际储备规模管理

中国国际储备结构中占绝对比重的是外汇储备,所以,本节重点探讨外汇储备的规

---

[1] [美] 弗雷德里克·S. 米什金. 货币金融学 [M]. 北京:中国人民大学出版社,1998:47.
[2] 托马斯·A. 普格尔. 国际金融(第十四版)[M]. 北京:中国人民大学出版社,2009:17.

模管理。截至 2014 年 12 月末，中国外汇储备峰值最高达 38430 亿美元，既成为中国政府和理论界学者争相热议的"甜蜜烦恼"，也成为以美国为首的西方国家时时忌惮、屡屡挑衅的无理端由。中国外汇储备累积体现了"主权流动性"特征，因而，本节首先分析了外汇储备的累积动机，回顾了外汇储备累积的内部和外部融资理论，在此基础上系统梳理了中国外汇储备累积由存量短缺到规模增长再到快速累积阶段的发展历程及累积特征；然后详细研究了中国外汇储备累积的主要渠道和重要补充渠道，并对影响外汇储备累积的"热钱"问题进行了深入阐述；最后，对中国外汇储备组合层次进行了探析。

一、中国外汇储备的累积特征

研究中国外汇储备规模问题，首先要了解外汇储备累积的货币需求理论和内外融资理论，然后再依据内外融资理论分析我国外汇储备累积的发展历程与具体特征。

（一）外汇储备累积动机的理论

外汇储备累积动机的理论大部分是从满足国际收支支付需求的角度来加以论述的，本节主要从货币需求和国际收支差额两个角度对其进行分析。

1. 外汇储备累积动机的货币需求理论。从金融管理的视角来看，一个国家就像一家公司一样，都要保有适当的流动性，才能持续地生存和发展。一家公司主要是为了应对其收入或成本结余等现金流量的不确定性而必须保持充足的流动性，所以公司的流动性是通过其所持有的现金流量（包括现金和近似现金的资产）来体现的。一个国家的流动性也称为"主权流动性"（sovereign liquidity），则是为了应对内部和外部经济发展的不确定性，促进国际交易的发展而保有的，通常是表现为其所累积的外汇储备存量。根据凯恩斯的货币流动性理论，外汇储备的累积动机也体现在三个方面。

第一，外汇储备累积的交易性动机因素。一个国家累积外汇储备的最基本动机就是满足国际交易的流动性支付需求。根据国际收支平衡表的划分，国际交易可以分为经常账户交易和资本与金融账户交易，因此，为了满足国际交易正常支付而累积外汇储备的动机因素也主要包括经常账户支付的累积动机及资本和金融账户支付的累积动机。

第二，外汇储备累积的谨慎性动机因素。一个国家也会考虑累积外汇储备以预防潜在的内部和外部冲击，这个时候，外汇储备经常被称为"缓冲储备"或"缓冲存货"（buffer stock）。这种外汇储备累积的谨慎性动机会受到主权国家的资信等级、持有外汇储备的成本、国家经济开放度和汇率制度及利率政策等因素的影响和制约。

第三，外汇储备累积的投机性动机因素。国际金融的全球化既丰富了国际金融创新的产品，又减少了跨境资本流动的壁垒，使得外汇储备累积通过资本流动进行外部融资以及利用金融创新产品进行投资组合的特征越来越明显，外汇储备的管理日益出现关注收益性目标的投资趋势，外汇储备的累积已经突破了传统的职能需求，开始出现了投机性色彩。

2. 外汇储备累积动机的内外融资理论。如果仅仅从最基本的交易性储备累积角度考察，我们有必要回顾储备累积的内外融资理论，以更好地解释外汇储备的累积特征。

外汇储备内部融资的观点也被称为新重商主义观点（new mercantilism or neo-merchantilism)[①]，该观点认为外汇储备的供给主要是通过国际收支经常账户顺差所形成的内部现金流量来积聚或融资的，而经常账户顺差是由于国家实施了出口导向型战略，从而促进了产出增长并增强了国家竞争力所附带产生的结果。可见，外汇储备的内部融资观点主要是强调出口驱动的外汇储备累积，即通过经常账户顺差所形成的内部现金流量来创造外汇储备的内部供给。

外汇储备外部融资的观点认为，随着金融全球化日益打破国际资本流动的壁垒，各国外汇储备供给的差异越来越受到该国能够利用国际金融市场程度的影响，从而净资本流量[②]作为一种外部融资渠道在外汇储备供给中逐步扮演着至关重要的角色。外汇储备所代表的国家主权流动性需求和一国的净资本流量有关，但主权流动性和净资本流量之间的关系会随着时间的推移而发生变化。

如果一国经常账户差额和私人（或非官方）资本和金融账户的净差额运动方向相反，即经常账户差额可以通过私人（或非官方）资本和金融账户的净差额得到融资，则该国外汇储备与净资本流量之间应为不相关；当然，如果一国实施严格的资本管制（capital control）而几乎没有国际资本流动时，外汇储备与净资本流动之间也是不相关的；但如果一国经常账户差额和私人（或非官方）资本和金融账户的净差额运动方向相同，即净资本流量可以决定外汇储备的增减时，二者之间就为正相关了。就像中国自20世纪90年代以来的21年间，除了1993年经常账户出现逆差，1992年和1998年私人（或非官方）资本和金融账户出现逆差以外，其余18年中，经常账户与私人（或非官方）资本和金融账户一直保持双顺差的状态，可以说，经常账户顺差对外汇储备的内部融资功能与净资本流量对外汇储备的外部融资功能在增加外汇储备累积时都发挥了不可低估的重要作用。

（二）中国外汇储备的累积历程

中国外汇储备存量规模的历史发展自新中国成立以来大致经历了四个发展阶段。第一个阶段是1950年到1979年的零储备时期，外汇储备年均存量规模只有1.73亿美元。第二个阶段是改革开放之后的20世纪80年代和90年代外汇储备缓慢累积时期，其中，80年代的年均储备规模增加到39.02亿美元；1990年，中国外汇储备首次超过100亿美元，达到110.93亿美元；1996年，又突破了1000亿美元大关。第三个阶段是21世纪第一个十年的外汇储备飞速增长时期，外汇储备每次突破1000亿美元所用的时间逐渐缩短；2006年10月，中国的外汇储备突破了10000亿美元的大关；两年半以后，外汇储备翻了一番，达到20000亿美元。第四个阶段是2011年至2018年的高额保有时期，外汇储备平均年规模保持在3万亿美元左右；截至2018年6月末，外汇储备规模为

---

① 新重商主义是美国经济学家丹尼尔、麦金农、克鲁格曼、萨金特等针对美国20世纪70年代对外经济政策中的贸易保护和经济民族主义提出的一种超贸易保护思潮。这种思潮在现实生活中具有两方面的表现：一是发达国家对国内产业采取战略性保护的新贸易保护主义政策；二是某些东亚国家和地区建立起政府主导型的市场经济，它们所推行出口导向型战略以及低汇率和高储备的政策。上述这两种表现不同于强调通过贸易顺差来累积黄金储备的旧重商主义，因此谓之新重商主义。

② 即国际资本流入量与国际资本流出量之差。

31121.29 亿美元。①

在中国外汇储备快速累积阶段，中国外汇储备频繁而迅速地突破一个又一个大关，自 1996 年飞速突破了 1000 亿美元大关之后；五年后的 2001 年 10 月又增长了一倍，达到了 2000 亿美元；2006 年 10 月，中国的外汇储备又突破了万亿美元的大关；两年半以后，外汇储备翻了一番，达到 2 万亿美元；又过了不到两年的时间，2011 年 3 月，中国以 3 万亿美元的外汇储备，在令货币当局对履行传统职能所需的充足储备满怀信心的同时，也对如此巨额的外汇储备如何保值增值，从而保障主权财富的未来购买力展开了新一轮的密切关注。

中国外汇储备的快速累积从一个侧面反映了我国国内生产总值（GDP）不断增长、中国国民经济不断壮大的成长路径，参见图 7-1。

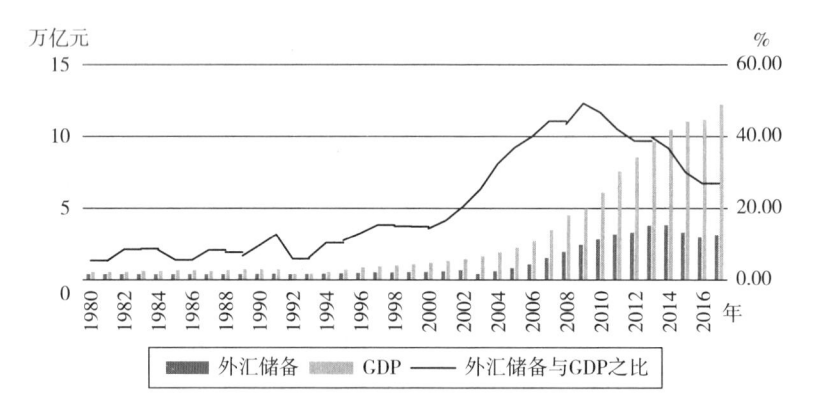

资料来源：根据世界银行（http://data.worldbank.org/indicator/）各年度相关数据整理、计算并编制。

图 7-1 1980—2016 年中国外汇储备与 GDP 关系

在 20 世纪 80 年代期间，改革开放后的中国经济刚刚开始步入发展轨道，GDP 年均规模为 2601 亿美元，其间中国外汇储备的年均规模为 181 亿美元；20 世纪 90 年代，随着国内改革不断深化、对外开放不断扩大，GDP 的年均规模迅速增长到 6798 亿美元，外汇储备也在国家"出口导向型"战略的引导下，达到了年均规模 845 亿美元的更高水平；进入 21 世纪的第一个十年，在国内政治和经济和谐发展的大好形势下，我国 GDP 年均规模持续大幅增长，高达 25520 亿美元，同期中国外汇储备的年均规模也在出口增汇及引进外资等的推动下跃升至 9606 亿美元。

二、中国外汇储备的累积渠道

中国外汇储备的累积渠道主要包括贸易出口和外商来华投资等主要渠道，以及合格境外机构投资者的投资资金汇入、境外投资收益的汇回以及境内企业境外上市融资的资金调回等重要补充渠道。

---

① 数据来源于中国国家外汇管理局官网：http://www.safe.gov.cn/wps/portal/sy/tjsj_lnwhcb。

(一) 中国外汇储备累积的主要渠道

从狭义角度而言，我国外汇储备的累积主要来自于经常账户中的贸易出口和资本与金融账户中的外商来华投资渠道。

我国的贸易出口规模已经从 1991 年的 589 亿美元，经过 20 年的持续增长，上升到 2010 年的 17526 亿美元，增长了近 30 倍（见表 7-2）。自 1991 年至 2006 年 16 年间，我国的贸易出口都是超过外汇储备存量规模的，二者之比最低值为 2006 年的 100%，最高值为 1993 年的 357%，贸易出口与外汇储备的年均占比高达 175%。而自 2007 年至 2010 年间，一方面，我国贸易出口仍然在不断增长，受到国际金融危机的影响，2009 年的贸易出口较 2008 年下降了约 16%，但是 2010 年我国的贸易出口又恢复并增长到 17526 亿美元；另一方面，我国的外汇储备并没有因为国际金融危机而停止规模的扩张，而是一直强劲增长，从 2007 年的 15283 亿美元增长到 2010 年的 28473 亿美元。2006 年之前，我国贸易出口在外汇储备中的占比均低于 100%，2007 年开始平均占比由前 16 年平均的 175% 下降到平均 71.75%（见图 7-2）。这意味着贸易出口增长在外汇储备累积中的作用开始大幅度减弱。

表 7-2　1991—2017 年中国外汇储备与贸易出口和外商来华投资关系表

年份	贸易出口（亿美元）	外商来华投资（亿美元）	外汇储备（亿美元）	占比1（%）	占比2（%）
1991	589	44	217	271	20
1992	696	112	194	359	58
1993	757	275	212	357	130
1994	1026	45	516	199	9
1995	1281	17	736	174	2
1996	1511	424	1050	144	40
1997	2072	453	1399	148	32
1998	2074	455	1450	143	31
1999	2210	404	1547	143	26
2000	2796	408	1656	169	25
2001	2994	468	2122	141	22
2002	3654	527	2864	128	18
2003	4850	535	4033	120	13
2004	6558	606	6099	108	10
2005	8369	1236	8189	102	15
2006	10617	1326	10663	100	12
2007	13422	1713	15283	88	11
2008	15817	1882	19460	81	10
2009	13333	1461	23992	56	6

续表

年份	贸易出口（亿美元）	外商来华投资（亿美元）	外汇储备（亿美元）	占比1（%）	占比2（%）
2010	17526	2068	28473	62	7
2011	20867	2543	31811	66	8
2012	22483	2845	33116	68	9
2013	24250	2846	38213	63	7
2014	25451	2847	38430	66	7
2015	24293	2848	33304	73	9
2016	21979	2849	30105	73	9
2017	24229	2850	31399	77	9

注：① "占比1"表示贸易出口与外汇储备之比；② "占比2"表示外商来华投资与外汇储备之比。
资料来源：根据中国国家外汇管理局网站1991—2010年国际收支平衡表及外汇储备数据整理、计算并编制。

继续考察图7-2可以看出，外商来华投资占外汇储备的比重在1991年至1996年间波动比较大，但自1996年至2010年，二者之比呈现缓慢下降的趋势，从1996年的40%下降到2009年的6%，2010年略微上升到7%，15年的年平均占比约为18.53%。

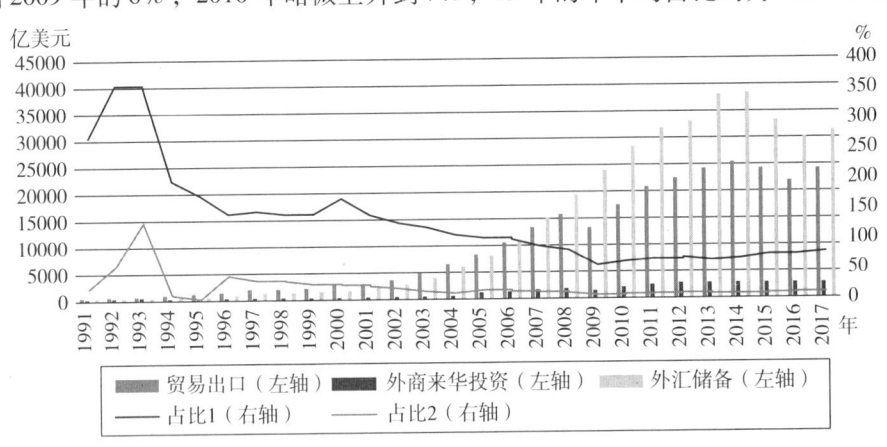

注：① "占比1"表示贸易出口与外汇储备之比；② "占比2"表示外商来华投资与外汇储备之比。
资料来源：根据中国国家外汇管理局网站1991—2010年国际收支平衡表及外汇储备数据整理、计算并绘制。

图7-2 1991—2017年中国外汇储备与贸易出口和外商来华投资关系图

虽然外商来华投资在外汇储备中的占比并不高且有缓慢下降之势，但是其自身的规模在过去十年中却一直呈上涨状态，这主要是源于资本流动的顺周期性。即，在经济周期处于繁荣状态时，生产和投资的活跃不但产生大量的资金需求，而且形成较高的投资回报，因而国际资本流入的意愿和动力增强，流入的规模也随之扩大；反之，在经济周期处于萧条状态时，生产和投资的低迷不但抑制资金需求，而且会使投资回报降低，因而国际资本流入的动力和规模都会减弱，甚至本国的生产和投资也会在经济全球化的背景下，从本国转移到投资回报高、经济发展态势好的其他国家或地区。我国在过去的十年里,经济一直保持持续稳定的增长,国内生产总值的年均增长率基本保持在10%左右,同时在2008年国际金融危机中也能迅速由2009年的8.7%回升到2010年的10.3%,增强了外资持续大量流入的信心。

从2011年至2017年,贸易出口和外商来华投资占外汇储备的比例均表现为稳中有降的趋势。

(二) 中国外汇储备累积的重要补充渠道

除了贸易出口和外商来华直接投资这两个外汇储备供给的主渠道以外,合格境外机构投资者的投资资金汇入、境外投资收益的汇回以及境内企业境外上市融资的资金调回等渠道在最近十年里也成为我国外汇储备累积的重要途径。

1. 合格境外机构投资者投资资金汇入的外汇储备供给渠道。我国于2002年11月推出合格境外机构投资者(QFII)制度,允许符合条件的境外机构投资者经核准汇入一定额度的外汇资金,然后兑换成人民币,投资中国境内人民币计价的股票和债券。截至2017年底,国家外汇管理局共批准了288家QFII机构,所核准的境内证券投资额度共计971.59亿美元。

2. 境外投资收益汇回的外汇储备供给渠道。我国的境外投资收益汇回自1990年至2001年间在增减波动中缓步增长,在外汇储备中的占比也呈现高低不等的波动轨迹;从2002年至2010年,境外投资收益汇回则进入快速增长阶段,由2002年的77亿美元增长到2010年的1310亿美元,增长了17倍左右,在此期间,境外投资收益汇回在外汇储备中的占比开始呈现平稳态势,基本围绕年均占比4%上下变化。从1990—2010年,我国累计境外投资收益汇回总额达到6015亿美元。

境外投资收益汇回中也包含着合格境内机构投资者投资境外有价证券收益的汇回。我国于2006年5月推出合格境内机构投资者(QDII)制度,允许符合条件的境内机构投资者(包括商业银行、基金管理公司等证券经营机构和保险机构)经核准,在一定额度内购汇,投资境外的固定收益类产品、包括股票在内的组合证券投资,以及货币市场工具。截至2010年底,国家外汇管理局共批准88家QDII机构,所核准的境外证券投资额度共计684亿美元。到2017年12月31日,国家外汇管理局所批准的QDII机构达到132家,对其核准的投资额度增长到899.93亿美元。

3. 境内企业境外上市融资资金调回的外汇储备供给渠道。21世纪最初十年间,我国重点金融企业和知名品牌的非金融企业争取境外上市从而获得融资的数量日益增多,而境外上市的企业融资调回的外汇资金也在不断增长,而且波动很大。从图7-3中可以看出,我国企业境外上市融资调回的外汇资金在2001年只有9亿美元,占当年外汇储备存量的0.42%;但2006年却达到了最高值394亿美元,在外汇储备中的占比高达3.70%;而次年又减少到127亿美元,在外汇储备存量中的占比也回落到0.83%。从2008年至2010年,我国境外上市融资调回的外汇资金在外汇储备存量中的占比快速上升,从0.24%上升到0.65%再进一步提高到1.24%。根据中国证监会和国家外汇管理局的统计,2003—2010年,我国境内企业在H股市场获得的融资总额为1422亿美元。

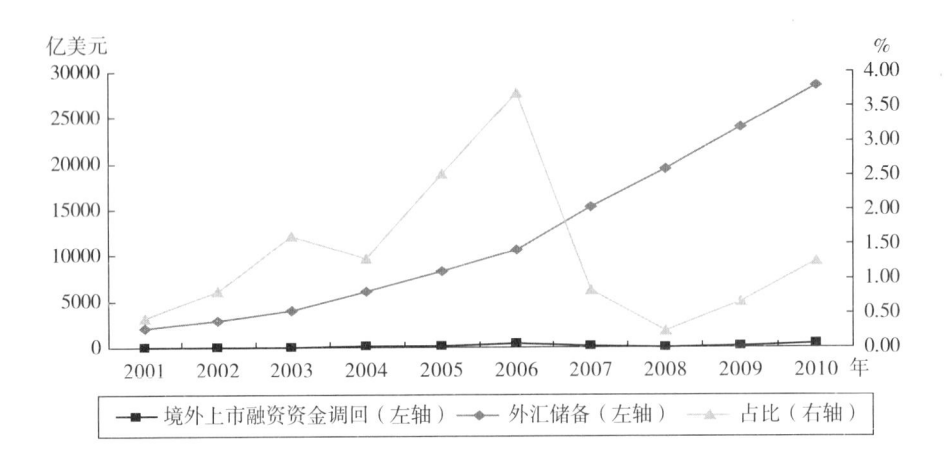

资料来源：根据中国国家外汇管理局网站和中国证券监督管理委员会网站各年度相关数据整理、计算并绘制。

图 7-3　2001—2010 年中国外汇储备与境外上市融资资金调回关系图

（三）外汇储备累积与"热钱"

对于外汇储备的累积，除了上述的贸易出口、外商来华直接投资两大主要供给渠道，以及合格境外投资者的外汇资金汇入、境外投资收益汇回和境外上市融资调回三大辅助供给渠道以外，人们更为关注的一直是"热钱"流入对我国外汇储备累积的"贡献度"。2011 年，东南亚各国的央行会议将防范"热钱"作为了一项重要议题，因为 2008 年国际金融危机爆发后，美国、欧洲等主要发达国家纷纷采取宽松货币政策以刺激经济复苏，导致市场流动性过剩。在全球新兴经济体中，中国作为新崛起的经济大国，经济增长稳定、政治环境和谐、本外币利差扩大、人民币升值预期高涨，使更多的资本流入中国境内，出现了"资产人民币化""负债外币化"的现象。因此，厘清我国"热钱"的真实状态至关重要。

国际上对"热钱"的测量方法主要有两种——一种是"热钱"直接测算法；另一种是"热钱"间接测算法，亦称"残差法"或"残值法"，其表达式分别如下：

（1）热钱 = 直接投资以外的资本和金融项目 + 误差和遗漏项目（直接测算法）

(7-1)

（2）热钱 = 外汇储备增量 - 贸易顺差 - 直接投资净流入（间接测算法）　　(7-2)

我国国家外汇管理局测算"热钱"规模时，结合我国资本和金融账户存在管制的实际情况，实质上采取了"调整的残差法"，将波动性可能较大的跨境资金流动确定为"热钱"流动净额。其公式如下：

（3）热钱 = 外汇储备增量 - 贸易顺差 - 直接投资净流入 - 境外投资收益汇回 - 境内企业境外上市融资调回

(7-3)

"调整的残差法"所估算的"热钱"流动净额中也包含着一些并非全是纯粹投机套利、违法违规或者不可解释的跨境资金流动，比如：我国金融领域的直接投资交易、企业合法的服务贸易、企业合理的贸易赊账及其他财务运作、个人合法的外汇收支，以及银行业的外汇资产调拨等,所以,即使按照此方法估算的"热钱"规模也存在高估问题。

三、外汇储备的需求层次

从全球来看,各国或地区货币当局一般是依据外汇储备的流动性或者是需求特征这两个标准或其中任何一个标准对外汇储备的需求划分层次,然后根据不同的储备需求层次创建不同的投资组合,对外汇储备进行资本化运营。

比如挪威政府将外汇储备的需求划分为以下几个方面:清偿国家外债、辅助货币政策、注资其主权财富基金(即挪威石油基金)和其他需求,因而其外汇储备的资本化运作便针对上述需求特征划分为了四个投资组合,即偿债组合[亦称"免疫力组合"(immunization portfolio)]、流动性组合、石油基金缓冲组合及长期投资组合。

我国香港特别行政区根据其基础货币的支持需求和外汇基金长期购买力的保障需求,将外汇储备的资本化运营划分为支持组合和投资组合。

我国外汇储备的需求也可以根据储备需求的特征划分为以下四个层次:

第一个层次是满足国际收支支付的储备需求。依据国际交易包括经常账户交易和资本与金融账户交易,国际收支支付的储备需求主要包括满足经常账户支付的储备需求和满足资本与金融账户支付的储备需求,比如贸易进口付汇、境外投资收益返还、短期外债、对外直接投资、国际证券组合投资以及个人购汇等方面的需求。

对于第一个层次的储备需求,我们可以创建"国际收支支付组合"。根据国际收支交易支付的流动性特点,对于进口付汇和短期外债清偿所需的外汇储备应该投资流动性强的短期资产;而对于对外直接投资等所需的外汇储备可以投资资信较好的中长期资产。

第二个层次是稳定汇率的官方干预储备需求。我国货币当局可以依据人民币汇率改革的步骤、所确定的汇率弹性区间,以及人民币对美元等外币的汇率预期,估算出为保证人民币汇率基本稳定而进行的官方干预所需要的外汇储备。

对于第二个层次的储备需求,我们可以创建"官方干预稳定组合"。随着我国汇率制度改革的"浮动性"特征日趋明显,政府进行官方干预的频率和深度都要逐步减弱,所以为此而保有的外汇储备不具有即期支付的流动性特征,可以投资一些中长期资产。

第三个层次是进行主权财富基金注资的储备需求。主权财富基金是伴随着全球外汇储备的不断增长而出现的追求外汇储备更高收益的新型资本化投资模式。随着我国华安投资有限公司和中国投资有限责任公司等主权财富基金所管理资产规模的日益扩大,它们已经分别跻身于全球主权财富基金的第四位和第五位。因为主权财富基金是由主权政府所控制、管理和投资运营的外汇资产,所以,我国两大主权财富基金的注资来源都是国家的外汇储备。

对于第三个层次的储备需求,我们可以创建"主权财富基金投资组合"。借助主权财富基金的投资平台,将我国超额外汇储备中的一定比例资金进行海外的股权投资、固定收益证券投资、对外直接投资、房地产投资等,最优化地实现这部分外汇储备的增值。

第四个层次是应对外部冲击的储备需求。它反映了一个国家或地区在面对区域或全球金融危机时，抵抗外部冲击的能力和信心。比如：1997年，亚洲金融危机自泰国爆发，随后引至韩国、印度尼西亚、马来西亚、中国香港等国家或地区时，中国凭借其1399亿美元的外汇储备作出了"人民币不贬值"的郑重承诺，维系住了香港几十年的联系汇率制度；同时，还在国际货币基金组织安排的框架内通过双边渠道，向泰国提供了40多亿美元的援助，并向印度尼西亚等国提供了出口信贷，稳定了亚洲周边国家的汇率和出口业务，维护了东南亚地区的经济和金融秩序。

对于第四个层次的储备需求，我们可以创建"外部冲击风险组合"。为了预防和应对金融危机等偶发事件，我们必须要提高存量甚至增量外汇储备的投资收益，选择一些收益性较高、流动性较强的资产形成投资组合。

第三节　国际储备结构管理

国际储备的结构管理实质上主要是外汇储备资本化的设计与安排，是提高外汇储备投资收益的重要途径。

一、全球外汇储备资本化的主要途径

（一）官方储备资产的储备形态

根据国际货币基金组织的国际储备和外币流动性数据模板（Data Template on International Reserves and Foreign Currency Liquidity）（2001）规定的格式，各国货币当局可自由选择按照此模板向国际货币基金组织申报其包括官方储备资产在内的外币流动性数据。

外币流动性与官方储备资产的关系可以通过图7-4清晰地表现出来。

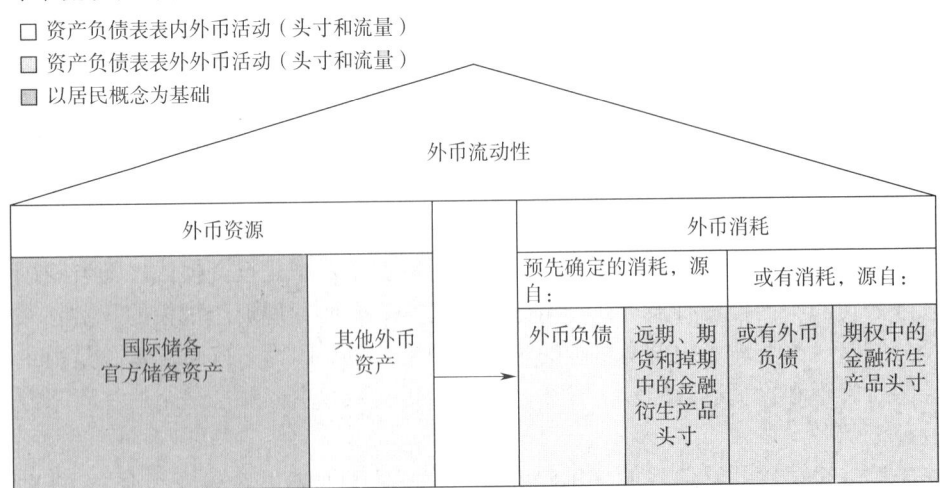

资料来源：国际货币基金组织. 国际储备和外币流动性数据模板填写指南［S］. 2001：4.

图7-4　外币流动性与官方储备资产关系图

国际储备和外币流动性数据模板比较详细地规定了官方储备资产储备形态的界定标准。一国的外汇储备资产就是以可自由兑换的外币所表示的外币储备，主要体现为两种形态。

第一种形态是外币证券，包括易变现的、具有高度流动性的权益证券（或股权证券）和债务证券。外币证券强调其流动性和易变现性，并不强调其期限性。比如，很多国家的货币当局会选择以 30 年期美国国债形式持有一部分外汇储备，因为这种证券虽然期限长但却易于销售，因而得以青睐。但如果是非发行的证券，即没有挂牌进行公开交易的证券，因其易变现性比较差，就难以作为储备形态。

具体来说，权益证券（或股权证券）包括股票（普通股和优先股）、股份（普通股股份和优先股股份）、股票或股份的类似工具[1]、共同基金和投资信托形态。债务证券涵盖资本市场上的担保债券、长期票据和其他债券，以及货币市场上的短期国库券、商业票据、银行承兑汇票、原始期限为一年或一年以下的大额可转让定期存单和在票据发行便利下发行的短期票据[2]。

第二种形态是在金融机构的货币和存款。这里的金融机构包括国际货币基金组织、国际清算银行、外国中央银行和其他银行。此处的其他银行是指除了中央银行以外的存款公司（depository corporations），包括以从事金融中介业务为主要业务活动，并具有存款或诸如大额可转让定期存单等存款近似替代工具形式的负债的所有机构单位，比如：商业银行、储蓄银行、储贷协会、信用联社或信用合作社、房屋协会、邮政储蓄银行或其他由政府控制的储蓄银行[3]。

外汇储备的形态是从静态角度来考察外汇储备的；如果我们从动态角度来审视外汇储备，上述的储备形态就表现为外汇储备投资运营的具体渠道或者是外汇储备资本化的主要途径。无论是外汇储备投资于各种形式的外币证券，还是存放在各种金融机构，这种外币储备形式的货币都在发挥着产生货币的货币的职能，都具有资本化的重要属性。那么，在现实世界里，全球的外汇储备到底都是如何投资运用，从而实现外汇储备的保值增值呢？

（二）全球外汇储备的可投资资产及工具

从广义的外汇储备，即官方储备资产的角度来说，其可投资的途径主要包括以下几个方面：一是通过在金融机构的外币存款获取存款利息。二是投资外币证券，特别是具有投资级别的高质量证券，以获得权益证券项下的股息和资本利得以及债务证券项下的票面利息和债券的赎回价值。三是将货币黄金存放在黄金银行，赚取黄金存款的利息。还可以在货币当局之间或者货币当局与金融机构之间进行黄金掉期，即货币当局以黄金

---

[1] 如美国的存托凭证（American Depository Receipts, ADR），又称存券收据或存股证，是面向美国投资者发行的、在美国证券市场流通和交易的代表外国公司股票或债券等有价证券的可转让凭证。一份美国存托凭证代表美国以外国家某一家企业的若干股份。

[2] Anne Y. Kester. International Reserves and Foreign Currency Liquidity Guidelines for a Data Template. International Monetary Fund, 2001: 14.

[3] Balance of Payments Manual (5th edition). International Monetary Fund, 1993: 149.

换取其他资产,比如说外汇,并严格承诺在未来的某一日再回购所换出的黄金。从法律意义上来讲,黄金掉期并没有改变黄金所有权属于货币当局的事实,货币当局只是暂时交出了其对黄金的法律所有权,因此,黄金掉期也是一种储备资产,并且也允许货币当局赚取黄金存款利息。黄金掉期的回购价格是预先确定的,掉期之后黄金价格的变动将会影响货币当局的财产。四是对国际货币基金组织提供融资,收取贷款利息。五是投资金融衍生产品,在规避外汇风险的同时,实现金融衍生产品交易的收入。

国际清算银行[①]曾对占全球外汇储备80%的28个国家和地区(其中包括10个工业化经济体和8个亚洲国家或地区)的中央银行或货币当局外汇储备的投资运用进行调研,得出当时各国外汇储备的可投资资产类型及投资工具主要包括以下16种类型:超国家债券(supranational bonds)、短期国库券(treasury bills)、银行存款(bank deposits)、投资等级为AA级(含)以上的长期政府债券(government bonds)、投资等级在AA级以下的长期政府债券(government bonds below AA)、机构票据(agency paper)、抵押担保证券(mortgage-backed securities)、资产支持证券(asset-backed securities)、具备投资等级的公司债券[corporate bonds(investment grade)]、投资等级为BBB级以下的公司债券(corporate bonds below BBB)、与市场指数挂钩的债券(index-linked bonds)、普通股(equities)、对冲基金(hedge funds)、其他可投资资产(other investable assets)、金融衍生工具(derivatives)以及投资黄金(gold)。

对这28个国家和地区的央行或货币当局来说,首先,它们最为青睐的外汇储备资本化途径有两个:一个是投资于外国短期国库券,另一个是投资于投资等级为AA级(含)以上的长期外国政府债券。所有被调研国家和地区的央行或货币当局都百分之百选择了这两种投资资产。

其次,有96%的货币当局选择将外汇储备投资于超国家债券或者以外国银行存款形式持有其外汇储备或者二者兼而有之。

20世纪80年代末90年代初,各国央行开始增加对长期资产——特别是机构票据的投资,所以,愿意以机构票据的投资形式来实现外汇储备资本化的货币当局占比也高达93%。随着国际金融市场的日益全球化和国际金融产品的不断推陈出新,有89%的货币当局会尝试以金融衍生工具对其外汇储备进行创新投资,获取外汇储备资本化的新收益。此外,据国际清算银行统计,有81%的货币当局都把黄金作为了一种重要的外汇储备的可投资资产,但由于和其他资产类别相比较,黄金的收益比较低,某些国家的央行会迫于收益压力出售部分所持有的黄金,因而货币当局对黄金的投资平均来讲一直是一种下降趋势,而外币储备则飞速上涨。尽管如此,近几年来,在作为各国主要外汇储备货币的美元日趋贬值,而黄金价格节节高企的形势下,通过出售外汇储备置换黄金也成为高储备国家外汇储备资本化的一种举措。

货币当局将外汇储备进行保值增值的其他途径还包括将外汇储备投资抵押担保证

---

① 迄今为止,关于全球外汇储备投资结构比较全面的数据主要来自国际清算银行2007年的调研数据,之后没有哪个机构或个人像国际清算银行一样做过类似的研究。所以,在研究外汇储备结构管理时,我们首先应该参考这一比较权威的研究结论,以便从总体上把握外汇储备的资产结构。

券、与市场指数挂钩的债券、资产支持证券、具备投资等级的公司债券、投资等级为 AA 级以上的长期外国政府债券。比如，瑞士国民银行（the Swiss National Bank）的外汇储备投资组合中就含有对普通股和公司债券的投资[①]。

各国货币当局比较慎用的外汇储备资本化途径主要有三个，都属于风险比较高的可投资资产类别，包括投资普通股、投资等级为 BBB 级以下的公司债券以及对冲基金，分别只有 19%、7% 和 4%。货币当局对上述各类投资资产具有足够的投资风险容忍度。

二、中国官方储备的投资资产及工具

目前，全球已经有 70 个国家和地区以及两个区域性机构按照模板自愿向国际货币基金组织申报国际储备和外币流动性数据，这两个区域性机构包括欧洲中央银行（European Central Bank）和欧元体系（Eurosystem）（指使用欧元地区的成员国组成的体系）。中国现在也跻身于国际储备和外币流动性数据自愿申报国家的行列，但其在官方储备的投资途径方面一直缺乏透明度。中国香港特别行政区是国际储备和外币流动性数据模板的申报地区之一，因此，我们可以借鉴香港特别行政区官方储备资产的投资途径，结合目前全球官方储备资产的投资资产类别，间接分析中国官方储备的投资资产及工具。

（一）香港特别行政区的官方储备投资结构

香港特别行政区的官方储备主要投资以下资产：一是投资于具有高度流动性和易变现性特征的权益证券（或股权证券）和债务证券等外币证券；二是在世界银行、国际清算银行和其他国家中央银行存放存款；三是在总行设在香港特别行政区或香港特别行政区以外的商业银行存放存款；四是黄金存款或黄金掉期；五是投资金融衍生产品，包括投资远期外汇合约、外币掉期或互换合约、外币期权合约及外币期货合约；六是其他投资资产，主要包括签署储备回购协议或储备逆向回购协议、为了满足外币期货合约的保证金要求而在经纪机构存入的外币现金、未结算交易的应收账款或应付账款，以及投资亚洲债券基金（asian bond funds）。

（二）中国官方储备结构的投资管理

1. 中国官方储备投资资产及工具概述。根据国际惯例以及中国香港特别行政区官方储备的投资资产现状和我国官方关于储备资产投资运用的言论，我们可以大致推断出中国货币当局广义外汇储备，即官方储备的投资资产及工具。第一，投资外币证券。其中，占最大比重的就是美元证券；此外，考虑到国际货币基金组织的外汇储备货币构成和中国的国际交易对象，中国的外汇储备也会投资以欧元、日元、英镑和瑞士法郎等货币计价的证券。第二，在各金融机构的外币存款。比如在世界银行、国际货币基金组织、国际清算银行、其他国家中央银行以及总部设在中国或中国境外的商业银行的存款。第三，在黄金银行的黄金存款和所进行的黄金掉期交易。第四，在国际货币基金组织的头寸及对其提供的融资。第五，在国际货币基金组织的特别提款权。第六，通过设立主权财富基金投资外汇储备。第七，官方储备的其他投资工具。

[①] Hildebrand. The new investment policy of the Swiss National Bank [C]. Speech, Geneva, June 17th, 2004.

中国官方储备资产的运营形态主要是狭义的外汇储备,而来自货币黄金、在国际货币基金组织的储备头寸和特别提款权的储备资产规模占比只有 0.05% ~1.51%,而且这些储备来源的投资收益率也比较低。

在上述几种中国官方储备资产的投资途径中,尤以投资以美元证券为代表的外币证券和中国投资有限责任公司等主权财富基金投资运营模式为外汇储备资本化的主要途径,而其余的投资类别相对而言或者占比比较小、收益比较低,或者因为数据不透明,很难指出确切的投资路径。

2. 中国外汇储备投资的主要渠道。美国证券的投资者既包括私人投资者,也包括官方投资者。美国证券的官方投资主要指一个国家或地区的货币当局运用其外汇储备投资购买美国证券的行为。根据美国财政部发布的关于外国对美国证券投资组合的报告,中国官方货币当局所投资的美国证券主要包括美国权益证券或者股权证券、美国长期债务证券(长期债务证券又包括长期国债、长期机构债券和长期公司债券)以及短期美国证券(主要是指短期美国债务证券,包括短期国债、短期机构债券和短期公司债券)。

进入 21 世纪以来,随着以亚洲为代表的全球外汇储备规模的不断扩大,外汇储备的管理日益出现了追求储备投资高收益的发展趋势,特别是当中国成为世界外汇储备排名第一的经济大国之后,其外汇储备管理也在顺应全球外汇储备国际投资趋势的大潮下,不断调整现有的外汇储备投资结构——比如不断增持收益比较高的长期证券或资产或者是减持收益相对比较低的短期证券或资产,并积极探寻多元化的外汇储备资本化的新途径。

在全球外汇储备可投资的十六种资产中,各国货币当局最为偏好的是风险最低的短期国库券和信用等级在 AA 级(含)以上的长期政府证券。我国在外汇储备可投资资产的选择中,将投资美国证券作为了外汇储备保值增值的主要渠道,其中,投资规模一直不断增长的美国国债投资以及以"两房"债券为代表的美国机构债券的投资分别成为我国外汇储备资本化的首要渠道和辅助渠道,在外汇储备投资总规模中的年均占比分别达到 39.7% 和 25.8%,总计 65.5%。虽然面对美国国债和"两房"债券的投资在美国主权债务评级下调、评级前景降为"负面"以及"两房"股票摘牌的情况下,敲响了我国外汇储备两大投资渠道面临潜在风险的警钟,但现实情况是,我国货币当局并没有大规模减持美国国债或者以"两房"债券为代表的美国机构债券,因为美元的国际关键货币角色在短期内不会淡出国际金融舞台,美国的世界第一经济大国的地位在短期内也不会土崩瓦解,美国国债和"两房"债券所具有的市场容量足够大、交易成本足够低、来自美国政府的显性担保和隐性担保足够多、资产的信用等级足够高、债券的流动性足够强的优势无可匹敌。无论是美国,还是全球其他国家或地区,都不愿意美元持续贬值衰落,因为由此产生的国际经济"溢出效应"会让其他国家或地区遭受自己货币升值所造成的本国产品国际价格竞争力削弱、出口锐减、贸易逆差恶化等经济问题;它们也不愿意美国经济一蹶不振,因为如果作为全球最大进口国的美国经济衰退,就会通过"外国收入的相互影响作用"对其他国家或地区的支出造成影响,进而对其国内产值和国民收入产生乘数缩减效应,根据全球经济驱动理论的观点,最终可能会导致全球经济陷入僵局。同时，中国外汇储备投资美国国债既未面临中国学者"谈虎色变"的实际损失，也不应该成为美国国会动辄对中国人民币汇率施压，或者对中国采取贸易金融保护主义的托词。我们应该从国际经济联系的角度出发，看到中国外汇储备投资美国国债，不但对储备投资国中国带来了保值增值的储备资本化收益，而且通过外汇储备的这种资本化模式，最终又使美元回流到美国本土，以"看不见的手"，支持并推动了储备融资国美国的生产、就业和消费的大力发展。外汇储备投资美国国债完全可以使中国和美国在"和谐双赢"中得以共生。

3. 我国官方储备投资的补充渠道。对于官方外汇储备丰富的国家而言，主权财富基金的主要来源就是外汇储备。但和传统外汇储备管理注重流动性、安全性，主要投资低风险、低收益资产不同，主权财富基金的突出特点是其注重收益性，主要投资高风险的长期资产，具有很强的风险容忍度，在外汇储备收益颇受关注的国际趋势下，自然就成为外汇储备增值不可或缺的渠道。而且，主权财富基金的投资及收益是通过其独立的财务报表来反映的，对一国的国际收支和货币状况不会产生直接影响。因而，主权财富基金日益成为有效增加主权财富的举足轻重的特殊投资渠道，也成为像中国这样巨额外汇储备国分流外汇储备、优化外汇储备保值增值投资组合、促进主权财富基金投资接受国经济发展的资本化模式。

4. 我国官方储备投资的其他渠道。我国外汇储备在通过境外金融机构存款、投资以美国国债为主的美国证券和其他国家证券，以及借助主权财富基金模式实现外汇储备资本化收益之外，还应该关注以下几个外汇储备多元化运营的渠道，在有效分散运营风险的条件下，获得外汇储备保值增值的更高收益。一是要充分利用黄金投资的零信用风险、比国债更具流动性的投资特征、购买力比较稳定的规避通胀潜质、抵抗外部冲击的最佳储藏职能等保障优势，改变中国目前存在的黄金"规模有余、比例不足"的问题，提高外汇储备投资黄金的比例，将外汇储备投资黄金作为外汇储备资本化的主要补充渠道。二是顺应外汇储备投资金融衍生产品的国际新趋势，逐步放松投资金融衍生产品的严格限制，将外汇储备投资金融衍生产品作为外汇储备资本化的一般补充渠道。三是以外汇储备积极参与区域货币合作，推动人民币由区域化向国际化的发展，从而通过人民币储备货币优化外汇储备多元化投资的币种结构和资产配置；有效缓解人民币成为外币储备之前所承担的通货膨胀税压力；获得人民币成为外币储备之后所带来的国际铸币税收益；使人民币成为"亚洲货币单位"或"亚洲特别提款权"中的核心货币，使中国在"亚洲区域外汇储备库"的运行中成为举足轻重的领导国。四是将外汇储备配置到重点对外贸易和对外投资领域，支持国内企业"走出去"，间接提高外汇储备投资的资本化收益。同时，发挥外汇储备在全球金融危机和欧美主权债务危机救助中的国际融资作用，实现外汇储备国际资本化投资收益与国际地位提升的双赢目标。

（三）我国官方储备结构的风险管理

我国目前外汇储备主要投资美元、欧元、日元、英镑和新兴市场国家货币，在每一货币的资产选择方面，注重资产交易的市场容量和资产资信质量，坚持在主要货币和高质量资产中进行多元化投资，包括投资发达国家和新兴市场国家的政府类、机构类、国际组织类、公司类、基金等资产，不投资高风险的衍生产品，也不对任何资产进行短期投机操作，因此，外汇储备投资资产在总体上比较安全。但是，随着我国资本和金融账户越来越放宽限制，国际"游资"结汇导致人民币升值，带来了外汇储备价值缩水的潜在汇率风险；随着我国人民币汇率机制改革不断深化，汇率弹性区间日益扩大，外汇储备的汇率风险也变得越来越突出；特别是随着最近两年来欧洲主权债务危机和美国主权债务困境的接踵而至，外汇储备的信用风险和汇率风险再次给我国外汇储备的风险管理敲响了警钟。在这种国内和国际环境不确定性日趋加大的背景下，我国应该建立包括后台部门、中间部门和前台部门在内的"多层次"的外汇储备风险管理治理结构；从币种、资产、期限、行业和地域的不同视角设计外汇储备的投资组合，实现外汇储备"多元化"的投资运营；采取 VaR、压力测试、净结算协议以及担保框架等"多样化"的外汇储备风险管理技术，最大限度地分散外汇储备运营风险，保证"安全性""流动性"和"增值性"外汇储备风险管理目标的实现；并进一步完善我国跨境资本流动的预警与监测，对"热钱"进行高频打压，对协助"热钱"流入境内的金融机构加大处罚力度，从而在我国外汇储备资本化过程中实现规避风险与保值增值的双赢目标。

本章小结

国际储备是以外币表示的官方资产的存量。外汇储备是一国货币当局以外币现钞、银行存款、短期国库券、短期和长期政府证券形式对非居民持有的债权，以及在应对国际收支需求中可使用的其他债权。

国际储备的重要性质表现在其必须由一国货币当局控制、无条件地随时可利用、以可兑换外币计价和结算的实际存在的对外资产。

国际储备包括货币黄金、在国际货币基金组织的特别提款权、在国际货币基金组织的储备头寸、外币及外币存款、外币证券、金融衍生产品及其他外币债权。

一国外汇储备累积动机可以通过货币需求理论及内外融资理论加以分析。中国外汇储备经历了零储备时期、缓慢累积时期、飞速增长时期和高额保有时期四个阶段。中国外汇储备累积的主要渠道包括贸易出口及外商来华投资，此外还具有 QFII 投资资金汇入、境外投资收益汇回及境内企业境外上市融资的资金调回等补充渠道。

外汇储备的需求主要包括四个层次——满足国际收支支付的储备需求、稳定汇率的官方干预的储备需求、主权财富基金注资的储备需求，以及应对外部冲击的储备需求。

全球外汇储备可投资资产的类型及投资工具主要包括 16 种类型：超国家债券、短期国库券、银行存款、投资等级为 AA 级（含）以上的长期政府债券、投资等级在 AA 级以下的长期政府债券、机构票据、抵押担保证券、资产支持证券、具备投资等级的公司债券、投资等级为 BBB 级以下的公司债券、与市场指数挂钩的债券、普通股、对冲基金、其他可投资资产、金融衍生工具以及投资黄金。

中国外汇储备的投资工具主要包括投资外币证券、在各金融机构的外币存款、在黄金银行的黄金存款和所进行的黄金掉期交易、在国际货币基金组织的头寸及其提供的融资、在国际货币基金组织的特别提款权、通过主权财富基金投资外汇储备及其他投资工具。

参考文献

［1］［美］彼得·纽曼，［美］默里·米尔盖特，［英］约翰·伊特韦尔. 新帕尔格雷夫货币金融大辞典（第二卷）［M］. 北京：经济科学出版社，2000.

［2］［美］彼得·纽曼，［美］默里·米尔盖特，［英］约翰·伊特韦尔. 新帕尔格雷夫货币金融大辞典（第三卷）［M］. 北京：经济科学出版社，2000.

［3］陈雨露. 国际金融学［M］. 北京：中国人民大学出版社，2008.

［4］［美］罗纳德·I. 麦金农. 麦金农经济学论文集（第二卷）——国际交易中的货币：可兑换货币体系［M］. 北京：中国金融出版社，2006.

［5］［德］马克思. 资本论（第三卷）［M］. 北京：人民出版社，2004.

［6］陈荣，谢平. 关于我国外汇储备问题的若干观点［J］. 金融研究，2007（8）.

［7］陈雨露，张成思. 全球新型金融危机与中国外汇储备管理的战略调整［J］. 国际金融研究，2008（11）.

［8］孔立平. 次贷危机后中国外汇储备资产的风险及优化配置［J］. 国际金融研究，2009（8）.

［9］孔立平. 全球金融危机下中国外汇储备币种构成的选择［J］. 国际金融研究，2010（3）.

［10］易宪容. 外汇储备应以市场法则为依归——从中国减持美国国债谈起［J］. 数据，2010（3）.

［11］Bruno Solnik, Dennis McLeavey. International Investments (Fifth Edition)［M］. Beijing: People's University of China Press, 2007.

［12］McCauley, R. N. Choosing the Currency Numeraire in Managing Official Reserves. RBS Reserve Management Trends 2008［M］. Central Banking Publications, 2008.

［13］Claudio Borio, Gabriele Galati and Alexandra Heath. FX Reserve Management: Trends and Challenges［R］. BIS Paper No. 40, 2008.

［14］Claudio Borio, Jannecke Ebbesen, Gabriele Galati and Alexandra Heath. FX Reserve Management: Elements of a Framework［R］. BIS Paper No. 38, March 2008.

［15］Olivier Jeanne. Research Department. International Reserves in Emerging Market Countries: Too Much of a Good Thing?［R］. IMF, 2007.

［16］Woon Gyu Choi, Sunil Sharma, Maria Stromqvist. Net Capital Flows, Financial Integration, and International Reserve Holdings: The Recent Experience of Emerging Markets and Advanced Economies［R］. IMF Staff Paper, Vol. 56, No. 3, 2009.

本章复习思考题

一、本章主要概念

国际储备　外汇储备　国际清偿力　普通提款权　特别提款权　国际储备结构　国际储备资产

二、回答问题

1. 国际储备与外汇储备的关系如何？
2. 怎样理解"国际储备资产是无条件的随时可利用的资产"？
3. 《国际收支平衡表与国际投资头寸表手册》（第六版）是如何描述国际储备的构成的？
4. 为什么说外汇储备是一种官方所持有的特殊货币？
5. 如何运用货币需求理论和内外融资理论解释外汇储备的累积动机？
6. 以中国为例说明外汇储备累积的主要渠道和补充渠道分别包括哪些？
7. 运用国际储备理论分析中国"资产人民币化"与"负债外币化"的现象。
8. 通过国际收支平衡表账户分析"热钱"流入一国的渠道，并解释中国"热钱"流入对外汇储备规模增长的贡献度。
9. 外汇储备需求层次可以进行怎样的划分？其主要依据是什么？
10. 国际储备资产的主要形态有哪些？
11. 中国外汇储备结构管理的主要投资渠道有哪些？
12. 外汇储备投资组合的风险管理框架应该如何设计？

21世纪高等学校金融学系列教材

第四篇

国际金融治理

  本篇包括开放经济条件下内外均衡管理、国际货币金融危机与货币金融合作、中国货币金融国际化与全球金融治理。国际金融治理的宗旨是在创造良好的国际金融环境和秩序下，促进世界各国财富增长，增进人民的福祉。当前国际经济变数越来越大，开放经济体面临的挑战前所未有，贸易摩擦、货币金融危机频繁发生，国际货币金融合作亟待加强。本篇在介绍国际开放经济下内外均衡管理与国际货币金融危机的基础上，探索全球金融治理机制。

第八章

开放经济下内外均衡管理

学习导语

开放经济条件下内外均衡相互影响，内部均衡是基础，有利于外部均衡实现，同时，外部均衡反作用于内部均衡。因此，内外均衡管理应协调，由此产生了一系列理论及其模型，如米德冲突、蒙代尔—弗莱明模型等，为内外均衡管理提供了分析框架，以期通过内外均衡的联合均衡管理实现财富的增长。

学习目标

- ◆ 内外均衡理论的演变发展
- ◆ 内外均衡理论内涵、本质和特点
- ◆ 运用内外均衡理论模型分析开放经济条件下内外经济协调管理
- ◆ 结合中国实际分析内外均衡管理中实现经济增长、就业和物价稳定

第一节 开放经济与内外均衡

一国经济发展致力于经济增长、充分就业和物价稳定，如果本国资源得到充分利用，达到了充分就业，内部经济就达到了平衡。但是，一国国民收入的增加，需求增加，本国资源无法满足经济增长和就业的需要，要从国外进口大量的原材料和消费品，储蓄不足时，还需要吸引国外资本，经济必然走向开放。开放经济条件下，一国内部经济与外部经济即内外部均衡之间形成了错综复杂的关系。

一、开放经济内涵及其特征

(一) 开放经济

开放经济是外部经济的一种状态，即进出口贸易扩大，对外金融交易、投资大量增加，从而引起外汇收支，并构成国际收支的内容。一个国家大力发展对外贸易，资本自由流动，大量的商品劳务的进出口，又导致资本的大量输出输入，这就必然要求经常账

户和资本金融账户开放。由此可见，开放经济主要表现为经常账户开放和资本金融账户开放。

经常账户开放是指经常项目下的交易，包括有形贸易和无形贸易，货币兑换不受限制，即经常项目下交易本外币之间可以自由兑换。例如，1996年，我国承诺接受国际货币基金组织第八条款，经常项目下人民币自由兑换。资本账户开放是对资本流动不限制，短期资本和长期资本自由输出输入，资本项目下交易本外币之间可以自由兑换。

从经济学意义上讲，开放经济（open economy）是由两个或者两个经济体之间的相互需求决定的，一国居民对外国商品和劳务的需求，或者外国居民对本国商品和劳务的需求，会引起进出口贸易；同时，一国居民对国外金融资产的买卖，或者外国居民对本国金融资产的买卖，必然会引起资本金融交易，以及对外直接投资引起的长期资本的输出输入。所以，本国经济与外国经济之间存在着密切的关系，在开放经济中，生产资料、资本、商品与服务可以自由地跨国界流动，从而实现最优资源配置和最大经济效率。

一般而言，一国经济发展水平越高，市场化程度越高，越接近于开放经济。在经济全球化的趋势下，发展开放型经济已成为各国的经济发展战略。开放型经济包括外向型经济，即以出口导向为主，消费、出口、投资"三驾马车"中，出口成为拉动经济的主要力量。经济开放则以降低关税壁垒和提高资本自由流动程度为主。开放经济中，进出口贸易和资本输出输入并重，而且出口和对外投资成为推动经济增长的主要力量，并实现财富的增长。

（二）开放经济特征

在开放经济下，本国汇率变动都将自动会引起其他国家汇率的反向变化，从而会影响到本国对外国商品和劳务的需求和外国对本国商品和劳务的需求。本币汇率上升，外国商品和劳务对本国居民变得便宜了，进口增加，出口减少；本币汇率下降，外国商品和劳务对本国居民变得贵了，进口减少，出口增加。反之，外国货币汇率上升，本国商品和劳务对外国居民而言变得便宜，出口增加，进口减少；外国货币汇率下降，本国商品和劳务对外国居民而言变得贵了，出口减少，进口增加。

开放经济下，各国经济是互相依赖关系，政府在实现充分就业与物价稳定目标时有时会更加困难。因为，在这种相互依赖关系中，各国所采取宏观经济政策具有溢出效应，即货币政策与汇率政策相互影响。一般而言开放经济的主要特征有：

1. 经常项目下自由兑换，经济对外依存度提高，或者出口占国内生产总值的比例大幅度提升，经济增长和就业依赖外贸和外资的程度也越来越大。

2. 资本金融项目开放，国际资本流动的规模越来越大，金融资产买卖交易，国际直接投资，在国际收支中占有重要地位，资本金融项目交易规模越来越大。

3. 国内货币市场受到的冲击越来越大，外汇储备与国内货币供给关系十分密切，外汇储备增加，或者减少，对国内货币供给的增减影响十分显著。

4. 国内货币政策受国际金融市场的影响越来越大，紧缩性货币政策或者扩张性货币政策，因为资本的流入或者输出，导致货币政策的效应下降。

5. 国内金融市场与国际金融市场接轨，国内金融市场波动与国际金融市场波动联系密切，资本市场、货币市场、外汇市场、汇率、利率波动更加频繁。

6. 国内物价水平变动与国外的货币政策、汇率政策关系密切，国外汇率变动与物价水平对国内物价水平影响显著。

在经济全球化背景下，一国经济与外国经济的关系越来越密切，一国内部经济目标和外部经济目标实现，受国外实现内部经济和外部经济目标的政策影响。

(三) 开放经济下宏观经济政策目标

开放经济下，一国有两个基本经济目标：内部经济目标即内部均衡，包括经济增长、稳定价格和充分就业；外部经济目标即外部均衡，即保持国际收支基本平衡。因为，一国自主性交易往往导致国际收支出现失衡的状况，无论是国际收支顺差还是逆差，都将相应地引起世界其他国家国际收支等量变化。所以，一国在实现宏观经济目标时，将不可避免地对其他国家经济目标产生冲击。因此，开放经济中，宏观经济管理者，既要解决内部经济不均衡问题，又要考虑外部经济均衡问题，以及内部经济均衡和外部经济均衡联合均衡问题。

二、内部均衡与外部均衡

封闭经济状态下只有内部均衡或者内部平衡；开放经济条件下，才有外部均衡或者外部平衡。国内外教科书关于内部均衡或外部均衡的表述内容基本一致，没有本质区别。

(一) 内部均衡

"国内的两个经济目标，其一，使实际国内产出达到该国可能的最大产出水平，实现一个国家充分利用其劳动力和其他资源及经济持续增长的目标；其二，实现价格稳定（或至少物价水平上涨幅度保持在较低的水平或者可接受的范围内），这两个国内经济目标的同时实现，意味着达到了内部均衡（internal balance）。"[1] 这里将内部均衡分解为两个目标，经济增长和充分就业。经济增长是在劳动力和现有资源得到充分利用情况下达到的最佳增长状态，充分就业以资源得到充分利用为前提。物价稳定是指价格在合理的区间内，为生产、消费、交换各个环节能够接受的价格水平。

"内部平衡（internal balance）是指一国资源充分的利用和国内价格的稳定。"[2] 在这里尽管只提到资源的充分利用，没有提到经济增长，也没有提到就业，但资源得到了充分利用，意味着经济增长和就业比较充分，此时，物价还能保持比较稳定说明内部经济处于均衡状态。

综上两个方面，内部均衡是指，一国资源得到充分利用的情况下，实现了经济增长和充分就业，同时，国内价格相对稳定。关键是，一国的生产资源得到充分利用且价格水平保持稳定，这是实现内部均衡的前提条件。需要指出的是，内部均衡并非绝对存

---

[1] 托马斯·A. 普格尔. 国际金融（原书第15版）[M]. 北京：中国人民大学出版社，2014：150.
[2] 托马斯·A. 普格尔. 国际金融（原书第15版）[M]. 北京：中国人民大学出版社，2014：150.

在，只是一种相对状态，是在动态中不断调整的过程，政策始终围绕着这三个目标，并向着三个目标终点无限趋近，只有相对均衡，没有绝对均衡。

(二) 外部均衡

"外部均衡（external balance）通常是指与世界其他国家保持合理且可持续的国际收支平衡。"[1] 这里首先指出，外部均衡就是国际收支平衡，其实这里的国际收支平衡是指与其他国家保持合理且可持续的平衡，实际上是一种理想的状态，任何国家不可能在对外经济交往过程中，保持既合理又可持续的国际收支平衡。

"外部平衡（external balance）则指一国经常账户既没有陷入赤字危机而使得将来无法清偿外债，又没有由于过度的盈余而使他国陷入这种境地。"[2] 这里所说的外部平衡仅指经常账户，不包括资本账户，即仅指贸易平衡。外部平衡有两层含义：第一层含义是，经常账户即使赤字，或者说贸易收支逆差，而且赤字也能够动用官方储备弥补；第二层含义是，即使经常账户收支盈余，或者说贸易收支顺差，顺差规模有限，并且不能够使其他国家陷入经常账户赤字。

理论上的外部均衡，即国际收支达到均衡状态，既不顺差，也不逆差。现实中，这也是无法达到的一种理想状态，实际上，根据国际收支平衡表编制的原理，国际收支是平衡的，但是实际上，国际收支是一种动态的过程，一个流量概念。

(三) 内外均衡的关系

在实践中，内外均衡的关系既简单又复杂，封闭经济状态下，只有充分就业、经济增长和物价稳定，一国资源只要能够合理充分的利用，就能够实现这种状态。但是开放经济条件下，多了一层均衡关系，对外经济交往引起国际收支，外部均衡对一个国家的经济影响十分复杂。经济管理者或政策制定者，首先要考虑的是充分就业、物价稳定和经济增长，即在资源充分利用的情况下，达到内部均衡；其次是外部均衡问题，有时外部均衡服务于内部均衡，或者利用他国的资源，实现国内的充分就业和经济增长，所以说，外部均衡有时会失衡，国际收支可能会出现逆差，尤其是贸易逆差。

但从另一个方面来看，内部均衡稳定，有利于外部实现均衡，或者说内部经济是外部均衡的基础。如果一个国家有充分的资源可以利用，能够满足消费投资需要，实现充分就业，经济增长，并能够保持物价稳定，那么，外部经济就只起到一个补充的作用。

此外，极端情形是，一个国家的经济完全依赖于外部市场，原材料依赖于外部市场，产品销售依赖于外部市场，那么，外部均衡对内部均衡的影响就十分重要，或者说外部均衡决定内部均衡。

总之，任何国家、任何经济体都不可能完全实现绝对内部均衡和绝对外部均衡，更难实现外部均衡和内部均衡的联合均衡，只能是相对的、动态的、不断的调整过程，需要在宏观经济政策配合下，向联合均衡的目标无限的趋近。

---

[1] 托马斯·A. 普格尔. 国际金融（原书第15版）[M]. 北京：中国人民大学出版社，2014：150.

[2] 保罗·R. 克鲁格曼，茅瑞斯·奥伯斯菲尔德，马克·J. 梅里斯. 国际金融（第十版）[M]. 北京：中国人民大学出版社，2016：207.

三、开放经济与外部均衡

经济开放产生外部均衡问题。在封闭经济状态下，一个国家不需要进口外国的资源，也不需要利用外国的资本，但这是一种不可持续的发展。历史上没有任何一个国家、任何一个经济体，完全依赖于自身，能够可持续地发展下去，况且，每个国家的资源禀赋差异性很大，有的资源禀赋匮乏，有的资源丰富；有的国家人口密集，劳动力供给充足；有的国家劳动力稀缺，生产力水平发达，科学技术发达。正是由于各国的差异性，相互需求导致相互依赖，外部失衡不可避免发生。

四、开放经济下内外均衡调节的经济意义

开放经济条件下，一国在追求内外经济目标的过程中，为了实现内部均衡和外部均衡，以及内部均衡和外部均衡的联合均衡，必然会采取一系列宏观经济政策。这些政策实施过程中，一方面可能会造成新的不均衡，即内部经济失衡和外部经济失衡；另一方面，也将不可避免地对其他国家实现经济目标产生冲击，所以开放经济条件下需要调节内外均衡。

（一）稳定物价为本国经济发展创造良好的条件

国内经济过热，总需求大于总供给，物价会上升，同时，随着经济开放，一国经济与世界经济联系日益紧密，出口增加，贸易顺差，或者出口减少，贸易逆差，这些都有可能引起物价上升。物价上升，名义工资收入上升，推动成本上升，既不利于内部目标实现，也不利于外部经济目标实现，所以需要调节内外均衡，保持物价相对稳定，避免通货膨胀、失业增加等宏观经济失衡现象发生。

（二）稳定汇率

国际收支长期持续的逆差或者顺差，都会导致货币贬值或者升值的现象发生，外部失衡不仅影响到内部经济目标的实现，也会影响到外部经济目标出口贸易投资等。

内部经济失衡会导致利率上升或者下降，同样，外部经济失衡，国际收支顺差或者逆差，将导致货币供给增加或者减少，从而影响利率的变化，利率上升或者下降，又会引起资本的流入或者资本外逃，给宏观经济政策造成很大的冲击，无论是紧缩性的，或者扩张性的货币政策的效应都会下降，所以必须协调内外均衡。

（三）避免外部冲击

外部冲击主要来自于溢出效应，以及国际大宗商品价格突然暴涨或者暴跌，资本投机攻击等"黑天鹅"事件的影响。无论是内部经济失衡，还是外部经济失衡，都可能面临外部冲击。主要国家货币政策紧缩或者宽松的调节过程，会引起国际资本的大量流入或者流出，或者主要贸易国采取贸易保护政策，国际石油价格暴涨，国际游资的投机攻击，都有可能产生外部冲击，进而破坏本国国内经济目标和外部经济目标的实现。

（四）避免内外经济目标的冲突

随着一国开放程度的不断加强，在不同的国际货币制度下，内外均衡目标往往是冲突的，为了实现外部经济目标，保持国际收支平衡，稳定汇率，有时会牺牲内部经济目

标。例如，在布雷顿森林体系下，宏观经济政策主要服务于外部目标，即国际收支平衡，为稳定汇率创造条件，就会牺牲掉部分国内经济目标。在当前的国际货币环境下，经济高度一体化、全球化，一国内部经济均衡和外部经济均衡协调的难度越来越大，所以，必须加强内外均衡的协调管理。

第二节 内外均衡理论模型

金本位制度下，休谟就提出了内外均衡理论模型，即通过"物价—硬币流动机制"自发地实现内外均衡调节。但自从布雷顿森林体系建立以来，内外经济失衡的现象越来越严重，甚至内外均衡的调节产生冲突，由此产生了相关理论研究，创建了一系列内外均衡理论模型。

一、内外均衡理论提出及演变发展

布雷顿森林体系建立以后出现了"特里芬两难"，经济学家米德对布雷顿森林体系下内部经济目标和外部经济目标之间存在的矛盾进行了研究，提出了"米德冲突"理论（Meade conflict）。

米德（James Meade，1951）认为，布雷顿森林体系属于固定汇率制度安排，"双挂钩制度"严格要求加入该体系的国家必须保持外部平衡、稳定汇率。但是，固定汇率制下单一的支出增减政策在寻求内外均衡同时实现时存在矛盾。

在米德冲突的基础上，斯旺（Swan，1966）构建了一个描述内外均衡现象的平面图形，建设性地展现了内外均衡的四种状态，简洁直观地阐述了米德关于内外均衡的主要思想。

继米德和斯旺之后，丁伯根（Tinbergen，1952）和蒙代尔（Mundell，1960）又分别提出了"丁伯根法则"和有效市场分类原则。丁伯根法则强调内外均衡的多目标性，要求有多个政策与之匹配，才能够有效地解决内外均衡矛盾问题；有效市场分类主要是利用货币政策和财政政策进行搭配来调节内外均衡。

20世纪60年代，蒙代尔（Mundell，1963）和弗莱明（Fleming，1962）在上述研究的基础上，共同提出了"蒙代尔—弗莱明模型"（Mundell - Fleming，M - F 模型），成为内外均衡理论发展的一个里程碑，为开放宏观经济研究奠定了重要的基础。"蒙代尔—弗莱明模型"为开放经济条件下内外失衡的实现提供了一个适合于不同国际货币制度背景下的一般均衡问题研究框架，使内外均衡和政策搭配问题能够在一个基本框架中进行具体分析。

继"蒙代尔—弗莱明模型"之后，关于内外均衡理论的研究又出现了许多新的发展，主要是对内外均衡问题进一步细化的研究，包括"三元悖论"的提出，国际宏观经济政策协调理论发展，"蒙代尔—弗莱明—多恩布什（M - F - D）模型"的扩展以及新开放经济宏观经济学的兴起。

二、米德冲突

(一)"米德冲突"背景

布雷顿森林体系建立以后,美元与黄金挂钩,其他货币与美元挂钩,形成了所谓的"双挂钩"体系,这种固定汇率制度是一种比较僵化的制度安排。因为,美元与黄金官价一盎司35美元不能变动。这就要求美国必须克制国际收支,保持平衡,稳定美元汇率,而世界需要美元,需要美元流动性,美元流出美国,国际收支就会出现逆差,或者只有保持国际收支逆差,才能满足世界各国对美元储备资产的需求和流动性需求,这就是所谓的"特里芬两难"。

为维持这种汇率制度安排,包括美国在内的其他国家的宏观经济政策,都要以外部经济目标为主,保持国际收支平衡,维持汇率稳定,才能使"双挂钩"体系根基稳定,各国就不得不牺牲一部分国内经济目标。米德冲突正是在这种背景下提出的。英国经济学家詹姆斯·米德在其《国际收支》一书中,将开放经济下政府宏观经济政策需要实现的目标概括为内部均衡和外部均衡两个方面。其中,内部均衡指充分就业和物价稳定;而外部均衡则为国际收支平衡。政府为了实现内外均衡这两个目标,可以使用的政策手段主要是支出增减政策(控制总需求的政策,包括财政政策和货币政策)。

(二)"米德冲突"理论及其运行机制

"米德冲突"理论是内外均衡理论模型发展的起点。所谓米德冲突是指固定汇率制下,仅用单一支出增减政策来寻求内外均衡的联合均衡同时实现时,会出现实现内外均衡目标之间冲突的现象,被称为"米德冲突"。

米德认为在固定汇率制下,无法运用汇率政策调节外部均衡,要实现内部经济和外部经济的同时均衡,只有靠单一的支出增减政策来寻求内外均衡的同时实现。这样,在开放经济运行的特定区间,就会出现内部均衡和外部均衡发生冲突而难以兼顾的情形。在开放条件下,内外经济运行状况及其政策调节过程的具体表现见表8-1。

表8-1　　　　　　　　开放条件下内外均衡状况及调节机制

序号	内部/外部失衡状况	固定汇率制度下内外均衡调节的一致与冲突
1	通货膨胀/国际收支顺差	紧缩政策→利率上升→资本流入→国际收支顺差增加→国际收支失衡加剧→调节无效(冲突)
2	失业增加/国际收支逆差	扩张政策→降低利率→资本流出→国际收支逆差增加→国际收支恶化→调节无效(冲突)
3	通货膨胀/国际收支逆差	紧缩政策→利率上升→资本流入→国际收支顺差增加→国际收支平衡→调节有效(一致)
4	失业增加/国际收支顺差	扩张政策→降低利率→资本流出→国际收支顺差减少→国际收支平衡→调节有效(一致)

表 8-1 说明，固定汇率制度下，开放经济中，内外失衡的政策调节结果显示，内部通货膨胀与外部国际收支逆差，失业增加与国际收支顺差，两种情况下，内外失衡的政策调节是有效的，是一致的，不会产生矛盾。而失业增加与国际收支逆差和通货膨胀与国际收支顺差，两种情况下，内外失衡的政策调节是无效的，是不一致的，会产生冲突。因为，政府采取支出增减政策来实现内部均衡的同时，对外部均衡的实现也发挥作用。在失业增加与国际收支逆差和通货膨胀与国际收支顺差两种情况下，之所以会出现实现内外均衡的调节冲突现象，是因为政府在运用支出增减政策调节总需求以实现内部均衡时，会引起外部失衡状况距离均衡目标越来越远。

可见，米德冲突一般表现为失业增加与国际收支逆差或者通货膨胀与国际收支顺差，这两种特定的内外经济状况组合下，支出增减政策与内外经济目标的实现会发生冲突。

（三）"米德冲突"理论意义

"米德冲突"奠定了内外均衡的理论基础，开创了运用支出增减政策实现内部均衡与外部均衡协调管理的先河，为政府宏观经济管理提供了重要的政策理论参考。"米德冲突"揭示了固定汇率制度下，开放经济运行的特定区间（如布雷顿森林体系运行期间），内外经济失衡及其调节政策的冲突现象，尚未解决内外经济失衡的宏观经济政策有效性问题。同时，"米德冲突"也暗示了国际货币制度下演变发展过程中，固定汇率制安排存在着内在缺陷，也意味着国际货币制度的演变趋势将走向浮动，或者选择灵活的汇率制度安排。

三、丁伯根法则

（一）丁伯根法则基本含义

所谓丁伯根法则是指为实现某个既定政策目标，必须有一个独立有效的政策工具，为实现相互独立的不同政策目标，所需的独立有效政策工具个数至少要等于政策目标个数。1952 年，荷兰经济学家丁伯根（Tinbergen）在"米德冲突"基础上将政策目标和政策工具联系在一起，提出了"丁伯根法则"。这里独立有效政策工具是指：政策工具之间不相互影响，一个政策工具的变动不会导致另一个工具的无效；不同政策工具对各种政策目标变量影响是不同的，不仅政策效应不同，而且政策效应传导机制也有所差别。

丁伯根法则是通过建立一个线性方程组模型（被称为"丁伯根决策模型"）分析得出的。该法则认为政策目标是通过政策工具的变化来实现的，因此，政策目标是政策工具的函数，政策工具和政策目标之间是线性关系。当方程组的变量个数等于方程的个数时，方程组有唯一解，即政府搭配使用多项政策工具，可以同时实现多个经济目标。

（二）丁伯根法则调节机制

根据有效市场分类原则，各种政策工具对每种政策目标的作用不同，只要按照每种政策工具对各政策目标影响方向和影响程度的大小排序，然后，根据该原则进行正确的指派，就可以实现既定的各个政策目标，如图 8-1 所示。

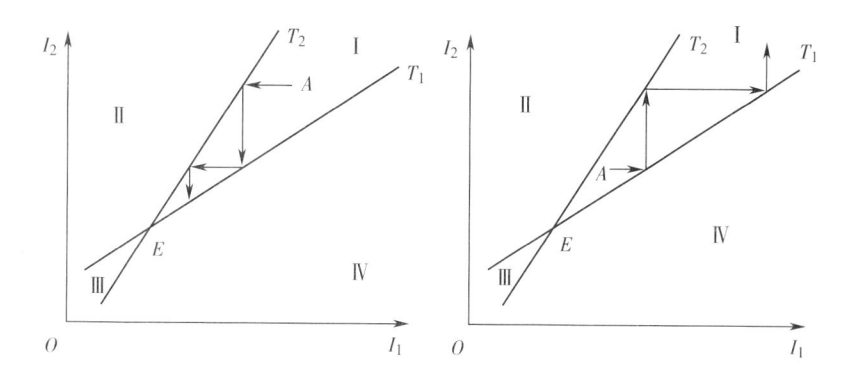

图 8-1　有效市场分类法则（两目标量两工具）

I_1、I_2分别表示两个政策工具，T_1、T_2分别表示需要实现的两个政策目标。假设工具I_1对目标T_2有相对最大作用，工具I_2对目标T_1有相对最大作用，则两种工具和两个目标的关系通过图 8-1 表示出来。T_2的斜率大于T_1的斜率，E为均衡点，T_1和T_2将整个区域分成四个部分。根据有效市场分类原则，应该把工具I_1指派给目标T_2，而把工具I_2指派给目标T_1。这样，不管经济系统目前处于什么状态，通过政策I_1和I_2的搭配，总能够使内外经济目标逐步达到均衡点。

例如图 8-1 左图，以区域Ⅰ中 A 点所代表的当前经济状态为例，用I_1来追求目标T_2、用I_2来追求目标T_1，如左图所示，先将I_1进行紧缩达到目标T_2，然后将工具I_2进行紧缩达到目标T_1，但偏离了目标T_2，所以再将工具I_1进行紧缩，达到目标T_2而偏离目标T_1……如此反复调整，逐渐收敛于 E 点，此时T_1、T_2两个目标都得以实现。因此，可以把有效市场分类原则的政策工具指派方法称为稳定指派。

相反，如果不按照有效市场分类原则，就不可能同时实现两个政策目标，如图 8-1 右图所示，仍以Ⅰ区域中的 A 点为例，使用I_1来追求目标T_1、I_2来追求目标T_2，在这一原则下政策工具的反复使用导致经济偏离均衡点 E 越来越远，经济体系变得更加不稳定。因此，一般将违反有效市场分类原则的政策指派方法称为发散性指派。

需要注意的是，调节过程中是随机游走的，只能"走走停停"，以动态方式，在对变量调节需要的幅度进行估计基础上，分步缓慢地向均衡点趋近。因为管理者不可能精确计算出每种工具的效能，只能靠直觉或者感觉，政策工具效果越好，政策目标实现得就越快，经济目标调节路径越短，收敛于均衡点的速度就越快。

（三）丁伯根法则的意义

丁伯根法则为内外均衡的实现探索了新路径，对于宏观经济决策具有一般性的指导意义。从理论上讲，丁伯根法则将"米德冲突"对内外均衡矛盾的研究向前推进了一步，米德的研究路径是，政府想要达到内部均衡和外部均衡两个政策目标，只有支出增减政策这一种政策工具，政策工具个数少于政策目标数，因此不能同时实现内外均衡。这也是存在"米德冲突"的原因。而丁伯根法则不仅强调，每个政策目标必须有独立的政策工具与之相对应，而且还强调政策工具对政策目标的有效性，按照有效市场分类原则，进行政策搭配，就能实现内外均衡的两个目标。

但是，丁伯根法则要求存在一个万能的中央调控者对所有政策工具和目标负责，能够自由地运用各种政策工具来实现既定政策目标；具备完全信息，调控者必须知道政策工具与政策目标之间精确的数量关系，才能一次性设定所有工具的值。从现实世界来看，管理者的管理能力和水平，以及管理生态很难符合上述两点要求，以上这两点似乎过于理想化，很难接近现实。

四、斯旺模型

（一）斯旺图形

继"米德冲突"之后，1956年，澳大利亚经济学家斯旺（Swan）在内外均衡理论研究中，建设性地构建了一个简洁图形，描述了米德关于内外均衡的研究成果，使得"米德冲突"问题更加直观、易于理解。所谓斯旺图形是将内外经济分为四种状态，通过平面图形展现出来，根据每种状态下内外经济失衡状况采取不同的政策（支出增减政策和支出转换政策）进行调节，以实现内外均衡。如图8-2所示。

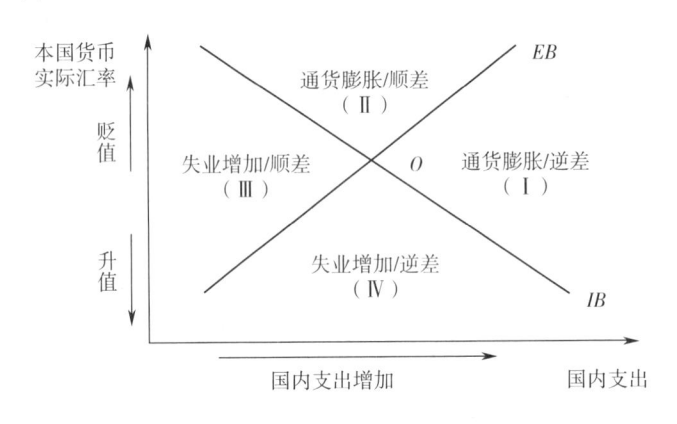

图8-2 斯旺图形

图8-2中，横轴表示国内支出（消费、投资、政府支出），政府的支出增减政策可以影响国内支出总水平。横轴向右表示扩张性的支出增减政策，国内支出增加；横轴向左表示紧缩性的支出增减政策，国内支出则减少；纵轴表示本国货币的实际汇率（直接标价法），纵轴向上表示汇率上升，单位外币折合的本币数上升，本币贬值，纵轴向下表示汇率下降，单位外币折合本币数量减少，本币升值；*IB* 代表内部均衡线，表示实际汇率与国内吸收的结合，充分就业与物价稳定为内部均衡。*IB* 线的斜率为负值，因为本币升值将减少出口、增加进口，所以要维持内部均衡就必须增加国内支出。在 *IB* 线的右边，有通货膨胀压力，因为在一定汇率下，国内总需求大于维持内部均衡所需要的国内总供给。在 *IB* 线的左边，有失业增加的压力，因为国内总需求比维护内部均衡所需要的国内总供给要小；*EB* 代表外部均衡线，表示实际汇率与国内支出的结合，实现国际收支平衡的外部均衡。该线的斜率为正值，这是因为本币贬值会增加出口、减少进口，为了维持外部均衡，就必须扩大国内支出以抵消进口的减少。*EB* 曲线的右边，国内出口

大于维持外部均衡所需要的国内进口，EB 曲线的左边，国内进口大于维持外部均衡所需要的国内出口。

在图 8-2 中，IB 线和 EB 线的交点 O 表示经济同时处于内外均衡状态，其余的任何一点均表示经济处于外部失衡或内部失衡状态，或处于内外部同时失衡状态。这样，内部均衡线和外部均衡线就将线外的所有经济状态划分为四个区域：

Ⅰ区：通货膨胀/逆差。内部经济表现为国内总吸收（A）大于国民收入（Y），外部经济表现为进口（M）大于出口（X）。

Ⅱ区：通货膨胀/顺差。内部经济表现为国内总吸收（A）大于国民收入（Y），外部经济表现为出口（X）大于进口（M）。

Ⅲ区：失业增加/顺差。内部经济表现为国民收入（Y）大于国内总吸收（A），外部经济表现为出口（X）大于进口（M）。

Ⅳ区：失业增加/逆差。内部经济表现为国民收入（Y）大于国内总吸收（A），外部经济表现为进口（M）大于出口（X）。

（二）斯旺模型分析

斯旺模型是指运用支出增减政策和支出转换政策进行搭配，解决内外失衡，支出增减政策侧重于解决内部失衡，支出转换政策侧重于解决外部失衡。斯旺模型是由斯旺于 1960 年提出的。斯旺认为，当经济处于内外同时失衡的状态下，要适当地运用支出增减政策和支出转换政策（即汇率政策）这两种政策工具，即可达到内外均衡目标同时实现。但是，支出增减政策和支出转换政策两个政策工具的作用对象及调节内外失衡运行机制，发挥效率的效果、力度存在差异，支出增减政策对内部均衡目标实现相对更有效，支出转换政策对外部均衡目标相对更有效。对此，斯旺就如何搭配使用这两种政策工具，以最快的速度、最小的代价、在最短的时间内达到内外均衡目标这一问题进行了研究，从而形成了斯旺模型。

斯旺模型的基本运行机制如图 8-3 所示。根据有效市场分类原则，支出增减政策对内部均衡目标实现相对而言更加有效率，而支出转换政策对外部均衡目标实现相对而言更加有效率。应用支出增减政策追求内部均衡目标的实现，而用支出转换政策追求外部均衡目标的实现。如图 8-3 所示，当内外经济失衡处于 M 点时，即Ⅱ区：通货膨胀和国际收支顺差。首先用支出转换政策，调节外部失衡，沿着箭头方向向下运动，汇率下降，本币升值，进口增加，直到与 EB 曲线相交，达到 A 点，此时国际收支达到了平衡，即实现了外部均衡。但是，此时内部经济依然过热，处于膨胀状态，接下来使用支出增减政策调节内部失衡，从 EB 曲线 A 点出发，与横轴平行，反方向向左运动，随着支出增减政策发挥作用，内部经济逐渐趋于均衡，与 IB 相交于 B 点，但此时，外部经济仍然处于失衡状态，国际收支顺差，此时继续使用支出转换政策，从 B 点出发，与纵轴平行反方向运动，使汇率继续下降，本币升值进口增加，直至达到 EB 曲线相交于 C 点。此时外部目标实现均衡，但是经济处于衰退状态，失业增加，继续使用支出增减政策，从 C 点出发，与横轴保持平行向右运动，随着总吸收的增加，直到达到 IB 并与之相交于 D 点，内部经济实现了均衡，但是外部失衡处于国际收支逆差状态。继续使用支出转换政策，从 D 点出发，与纵轴保持平行向上运动，汇率上升，本币贬值，出口增加，随着支出转换政策作用的发挥，直至达到 EB 并与之相交于 E 点，此时外部均衡目标实现了，但是，内部和外部经济目标依然没有达到同时实现均衡的状态。只要没有其他的干扰，继续支出增减和支出转换政策，不断地进行调节（虚线箭头方向），就会不断地向内部均衡和外部均衡的联合均衡点 O′ 趋近。

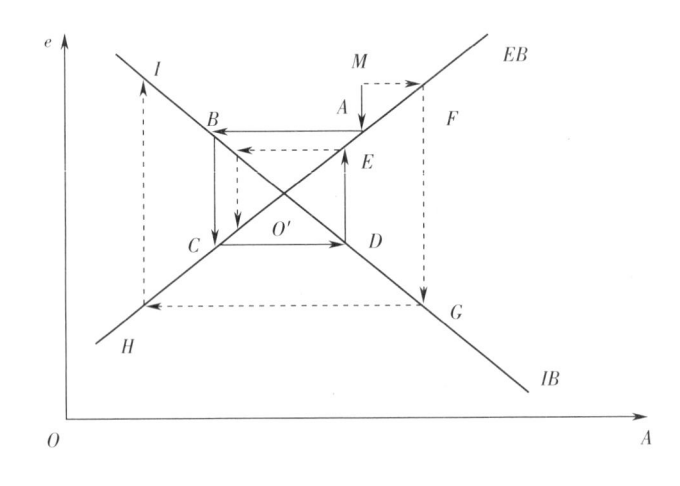

图 8-3 斯旺模型

相反，如果以支出转换政策追求内部均衡，支出增减政策追求外部均衡，就使两个独立政策工具追求的目标，离同时实现内部均衡和外部均衡联合均衡的目标越来越远，造成内外经济严重失衡，持续不稳定状态，不利于经济发展。如用支出增减政策调节外部失衡，仍然从 M 点出发，箭头与横轴平行向右运动到 EB 相交于 F 点（用虚线表示，以下相同），外部达到了均衡。使用支出转换政策调节内部失衡，从 F 点出发，与纵轴平行箭头向下运动，到达 IB 相交于 G 点，内部经济达到了均衡，但是外部经济仍然处于逆差不平衡状态。使用支出增减政策，继续调节外部失衡，从 G 点出发，箭头与横轴保持平行反方向运动，直至达到 EB 并与之相交于 H 点，此时外部实现了均衡，但是内部仍然处于失衡状态，继续用支出转换政策调节内部失衡，从 H 点出发，箭头与纵轴保持平行向上运动达到 IB 并与之相交于 I 点。此时，不但没有达到内部均衡和外部均衡的联合均衡，而且偏离了预定的调节目标 IB 和 EB 交叉点 O′，如果继续使用支出增减政策调节外部失衡，支出转换政策调节内部失衡，继续调节下去会离 O′ 目标越来越远。因此，支出增减政策不应调节外部失衡，支出转换政策不应调节内部失衡，否则会造成更加严重的内部和外部失衡。

需要指出的是，支出增减政策和支出转换政策对内外失衡调节的力度、速度和时间，还要取决于 IB 和 EB 曲线斜率的绝对值大小。如果 IB 线斜率绝对值大于 EB 线斜率绝对值，此时，就应该以支出增减追求内部均衡，以支出转换政策追求外部均衡，否则就会造成随着政策的实施，偏离均衡目标越来越远。如果，IB 线斜率绝对值小于 EB 线斜率绝对值，此时，就应该以支出转换政策追求内部均衡，以支出增减政策追求外部均衡，因为，此时支出增减政策对外部均衡目标调节作用更大，支出转换政策对内部均衡目标调节力度更大。

(三) 斯旺模型理论意义

斯旺图形简洁直观地展现了米德关于内外均衡冲突的研究成果，使政策工具作用的目标越来越清晰。斯旺模型提出了使用支出增减政策和支出转换政策来实现内外均衡的目标，并根据一国经济制度决定的内部均衡线和外部均衡线斜率的相对大小，来对政策进行分配。该模型从理论上阐明了政策搭配的优越性和政策搭配的方向，证明了丁伯根法则和有效市场分类原则的正确性，具有较高的理论价值。

同时，斯旺模型也存在不足之处：一是忽略了国际资本流动的影响；二是该模型如果在固定汇率制度下，支出转换政策无法有效使用，只能运用支出增减政策一个有效政策工具来追求内外均衡两个经济目标，从而容易陷入"米德冲突"；三是内部均衡线与外部均衡线的斜率大小决定着是用支出转换政策还是支出增减政策，这对于管理者而言，难以确定究竟应该选择何种政策对内、何种政策对外。

五、蒙代尔政策搭配模型

斯旺模型提出用支出增减政策和支出转换政策搭配解决内外失衡，但是该模型对支出增减政策缺乏进一步细分，也没有将国际资本流动对国际收支的影响考虑在内。根据斯旺模型，蒙代尔把支出增减政策细分为财政政策和货币政策，并且指明了在不同的汇率制度下，指派货币政策和财政政策不同的任务。

(一) 蒙代尔理论模型的背景

罗伯特·蒙代尔（Mundell）是著名的国际经济学家、"欧元之父"，他的学术研究成果主要集中于 20 世纪五六十年代，这正是布雷顿森林体系运行的阶段，是典型的固定汇率制度时期。所以在这种背景下，内外均衡理论研究处于高潮阶段，在"米德冲突"、丁伯根法则、斯旺模型的基础上，蒙代尔总结前人研究成果，对内外均衡理论研究不断创新，基于有效市场分类原则，提出了政策指派法则，为不同汇率制度安排下，解决内外均衡问题探索了新的路径。

1960 年，蒙代尔对不同汇率制度下，资本流动对内外经济动态调整的研究中，提出用财政政策和货币政策搭配实现内外均衡。1962 年，蒙代尔对有效市场分类原则进行详细的研究，认为应该根据比较优势原理来指派各种政策工具，将每个政策工具用于它所能发挥相对最大效能的政策目标，从而使得失衡经济逐渐向均衡目标趋近。蒙代尔指出了政策运用中的不确定性，由于现实中决策者不可能获得政策工具作用的完全信息，只需要知道每个政策工具对每个政策目标影响的方向和大小排序。

(二) 蒙代尔模型内涵

蒙代尔的政策指派法则是指根据财政政策和货币政策对内外均衡实现的作用不同，指派财政政策实现内部均衡，指派货币政策实现外部均衡。财政政策和货币政策分别掌握在不同的决策部门手中，它们对内外均衡的作用机制、调控对象上有差别，财政政策由财政部门掌握，通过调整财政政策，能够影响总需求；货币政策掌握在中央银行手中，通过调整货币政策影响利率，调整信贷收支，进而影响总需求。

财政政策的作用主要表现在，在遏制投资的过程中，会导致利率趋于降低，而货币政策的作用表现在，紧缩性的货币政策，使货币供给减少，利率提高。虽然对内部均衡的名义收入具有相似的作用，但是对于外部均衡，国际收支的影响却相反，紧缩的财政政策，导致资本输出，紧缩的货币政策有利于资本输入，根据上述财政政策和货币政策的作用机理，即使在固定汇率制度下，无法使用汇率政策的时候，管理当局仍然可以通过财政政策和货币政策搭配实现内外均衡。

（三）蒙代尔模型作用机理

蒙代尔模型可以通过图8-4来展示，横轴代表预算，表示财政政策，箭头方向为扩张财政政策，箭头的反方向为紧缩的财政政策。纵轴代表货币政策，用货币量表示，箭头方向表示扩张的货币政策，箭头的反方向表示紧缩的货币政策。EB表示外部均衡，即国际收支，该条线上任何一点表示外部达到了均衡，上方为国际收支逆差，下方为国际收支顺差。IB代表内部均衡，该条线上任何一点表示内部达到了均衡，总供给等于总需求，经济增长，物价稳定，就业充分，下方表示失业状态，经济衰退，上方表示需求膨胀，经济过热。

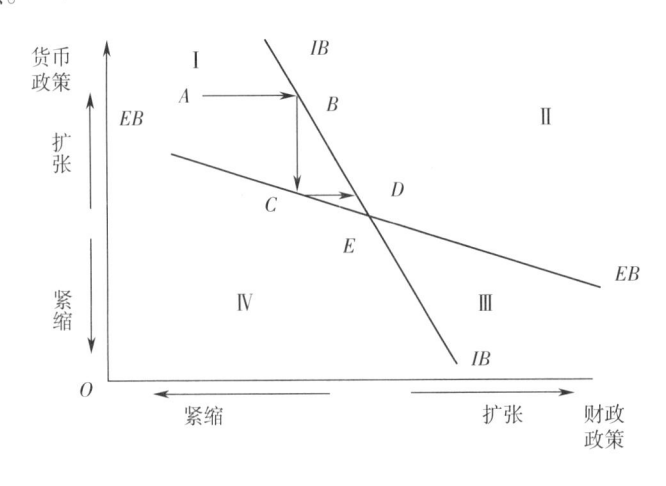

图8-4 蒙代尔的政策搭配实现内外均衡

EB和IB两条曲线相交于E点，并将象限分为四个区域：

Ⅰ区：经济衰退，失业增加，国际收支逆差，内外失衡；
Ⅱ区：通货膨胀，经济过热，国际收支逆差，内外失衡；
Ⅲ区：通货膨胀，经济过热，国际收支顺差，内外失衡；
Ⅳ区：经济衰退，失业增加，国际收支顺差，内外失衡。

根据蒙代尔的有效市场分类原则，每种政策工具对于不同的政策目标实现具有比较优势，当一项政策目标可以通过多种政策工具实现时，考虑到不同政策工具的作用机制，应当选用最具影响力的政策工具去调节与之对应的经济目标。财政政策的优势在于，通过财政预算增加或者缩减，影响国民收入水平的变化，进而影响经常项目收支和国际资本的流动。而货币政策的优势是，除了具备财政政策的调节作用外，还可以通过提高或者降低利率，改变资本流动的方向，进而对国际收支产生明显的作用，所以货币政策调节国际收支的作用优于财政政策。据此，蒙代尔提出了以货币政策实现外部均衡目标、以财政政策实现内部均衡目标的指派法则。关于财政政策与货币政策搭配实现内外均衡的运作路径参见图 8-4。

以 I 区为例，经济衰退，失业增加，国际收支逆差，内外失衡。首先利用财政政策调节内部失衡，采取扩张的财政政策，从 A 点出发，与横轴平行，沿着箭头方向向右运动，与 IB 曲线相交于 B 点，此时实现了内部均衡，但是外部失衡，国际收支处于逆差状态。接下来用货币政策调节外部失衡，国际收支逆差应该采取紧缩性的货币政策，从 B 点出发，与纵轴平行反方向调节，沿着箭头方向向下运动，随着紧缩性的货币政策实施，利率水平提高，资本流入，国际收支逆差得到改善，直到与 EB 曲线相交于 C 点，此时国际收支即外部实现了均衡，但是内部经济仍然处于失衡状态。运用财政政策继续调节内部失衡，即采取扩张性的财政政策调节失业衰退，从 C 点出发，沿着横轴向右运动，随着政策的实施，失业和衰退状况逐渐减轻，直到与 IB 线相交于 D 点，内部经济实现了均衡。依此类推，财政与货币政策搭配调节的最终结果是，内部经济和外部经济的失衡状态逐步减轻，并且沿着箭头的方向趋近于 IB 曲线和 EB 曲线交于点 E，即这一内外均衡的联合均衡点。

需要注意的是，IB 曲线和 EB 曲线的斜率都为负，表示当一种政策扩张时，为了达到内部均衡或者外部均衡，另一种政策必须紧缩；或者一种政策紧缩时，另一种政策必须扩张。IB 曲线比 EB 曲线更为陡峭，是因为蒙代尔假定相对而言，预算对国民收入、就业的国内经济变量影响较大，而利率对国际收支影响较大。

表 8-2　　　　　　　　　财政政策与货币政策搭配调节内外经济失衡

区域	内外经济失衡状态	财政政策	货币政策	政策搭配方式
I 区	经济衰退，失业增加，国际收支逆差	财政政策扩张，国民收入增加，经济增长，就业增加	货币政策紧缩，利率水平提高，资本流入，国际收支逆差减少	扩张的财政政策＋紧缩的货币政策
II 区	通货膨胀，经济过热，国际收支逆差	财政政策紧缩，国民收入减少，经济紧缩	货币政策紧缩，利率水平提高，资本流入，国际收支逆差减少	紧缩的财政政策＋紧缩的货币政策
III 区	通货膨胀，经济过热，国际收支顺差	财政政策紧缩，国民收入减少，经济紧缩	货币政策扩张，利率水平下降，资本流出，国际收支顺差减少	紧缩的财政政策＋扩张的货币政策
IV 区	经济衰退，失业增加，国际收支顺差	财政政策扩张，国民收入增加，就业增加	货币政策扩张，利率水平下降，资本流出，国际收支顺差减少	扩张的财政政策＋扩张的货币政策

（四）蒙代尔模型的理论意义

蒙代尔建立了通过财政政策和货币政策搭配来实现内外均衡的模型，克服了"米德冲突"、斯旺模型中将财政政策和货币政策捆绑在一起，以支出增减政策来调节内外均衡的弊端。根据丁伯根法则只运用支出增减政策一个政策工具不能同时实现内外均衡两个目标，因而必然容易产生冲突。蒙代尔根据比较优势原理，合理指派货币政策和财政政策作为相互独立的政策工具来实现内外均衡两个不同的政策目标，创建了以财政政策调节内部均衡，以货币政策调节外部均衡的蒙代尔模型。

蒙代尔模型的贡献还在于对有效市场分类原则理论思想进一步证实，其结论具有重要的政策意义。该模型将财政政策和货币政策从支出增减政策中拆分开来，作为独立的政策工具来实现内外均衡两个目标，这为决策者管理宏观经济提供了可操作的、有效的政策工具。

蒙代尔模型所使用的分析框架限制了对不同汇率制度下宏观经济的稳定政策进行研究，其后，蒙代尔将对外贸易和资本流动引入封闭经济的 IS—LM 模型，建立了一个适合不同经济背景下进行宏观经济分析的一般均衡框架，使得对开放经济下内外均衡问题的研究得以进一步深入，宏观经济政策搭配的思想得以进一步完善，这就是蒙代尔—弗莱明模型（Mundell - Fleming，M - F 模型）。

六、蒙代尔—弗莱明模型

蒙代尔—弗莱明模型是内外均衡理论发展的一个重要里程碑。该模型采用一般均衡分析方法，研究了不同的汇率制度下，国际资本流动与政策工具效果，为开放经济下的宏观经济研究提供了一个可以普遍使用的分析框架，也为用政策搭配工具管理开放经济下宏观经济提供了可操作的工具。

（一）M - F 模型提出背景

20 世纪 60 年代，随着国际贸易规模的不断扩大，特别是国际资本流动越来越活跃，规模迅速扩大，在布雷顿森林体系运行过程中，自身的缺陷和矛盾也逐渐暴露出来，世界各国宏观经济管理面临新的挑战，如何在现行的国际货币体系下，协调内外经济，实现内外均衡，需要新的理论模型和政策工具。

1963 年，蒙代尔整合了弗莱明（Fleming，1962）的研究成果，在 IS - LM 模型基础上，将对外贸易和资本流动引入封闭经济，创建了一个开放经济宏观经济学理论模型，即"M - F 模型"。

（二）M - F 模型主要内容

该模型假设在资本完全自由流动下，经济中有闲置资源，国内产出的供给有弹性，价格水平恒定；贸易收支取决于收入和汇率，利率决定资本流动；预期汇率不变，不存在外汇投机；小型经济体；马歇尔—勒纳（Marshall - Lerner）条件成立。在此基础上，分别研究了固定汇率制下和浮动汇率制下，财政政策和货币政策的有效性，即固定汇率制下，财政政策有效，而货币政策无效；在浮动汇率制下，货币政策有效，而财政政策无效；在固定汇率制下，货币政策是改变外汇储备的工具；在浮动汇率制下，财政政策是改变贸易收支的工具。

M - F 模型可以通过图形进行描述。如图 8 - 5 所示，横轴为国民收入 Y，纵轴表示利率 r，IS 曲线为国内产品市场的均衡，该线向右上移表示产出增加，向左下移表示产出减少。LM 曲线代表货币市场的均衡，该线向左上移表示货币供给减少，该线向右下移表示货币供给增加。IS 曲线与 LM 曲线相交于 E 点，表示内部经济实现均衡。BP 曲线为外汇市场的均衡（即外部均衡）。BP 曲线与 LM 曲线、IS 曲线相交于 E 点，表示内外经济实现了联合均衡，即内部经济增长、充分就业、物价稳定，与此同时与外部国际收支达到联合均衡。

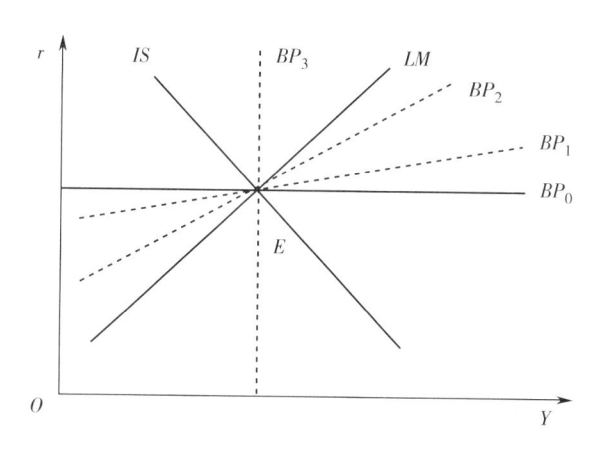

图 8-5 蒙代尔—弗莱明模型（M-F 模型）一般形态

由于资本流动的状况不同，BP 曲线有几种形态。假定资本完全流动，利率变动对外部均衡影响最敏感，或者外部均衡完全受利率水平主导，这种状态以 BP_0 为代表。假定国际资本流动较活跃，利率变动对外部均衡影响较大，这种状态以 BP_1 来表示。假定国际资本流动较差，利率变动对外部均衡影响较小，这种状态以 BP_2 来表示。假定资本完全不流动，利率变动对外部均衡没有影响，这种状态以 BP_3 表示。

根据蒙代尔—弗莱明模型的假设，这里我们研究资本全流动充分状况下内外均衡的实现问题。

（三）M-F 模型作用机理分析

1. 固定汇率制度下，财政政策与货币政策的效果。固定汇率制下，财政政策与货币政策对内外均衡调节的效果不同，扩张的财政政策和货币政策对国民产出影响不同，对财富增长的作用不同。在固定汇率制下，以联合均衡点 E 为始点，首先考察扩张性货币政策调节的结果。LM 曲线沿着箭头方向与横轴平行向右移动，LM 右移到 LM_1，与 IS 曲线相交于 A 点，利率水平由原来的 r_0 点下降到 r_1 点，随着国内利率水平下降趋势的明显，套利活动开始增加，国内资本外流，国际收支将会出现逆差，同时，由于预期汇率会下降，资本流出会加剧。为了稳定汇率，中央银行不得不卖出外汇资产，储备资产流失，货币供应量减少（外汇占款下降），LM 曲线又沿着原来的方向向左往回运动，即由 LM_1 位置重新回到原来的 LM 位置，此时国民产出也由 Y_1 点回到原来的 Y_0 点，E 点重新成为均衡点。因此，在固定汇率制下，货币政策对产出没有影响，仅仅改变了外汇储备，见图 8-6。

其次，考察固定汇率制度下财政政策的调节作用。在固定汇率制下，仍以联合均衡

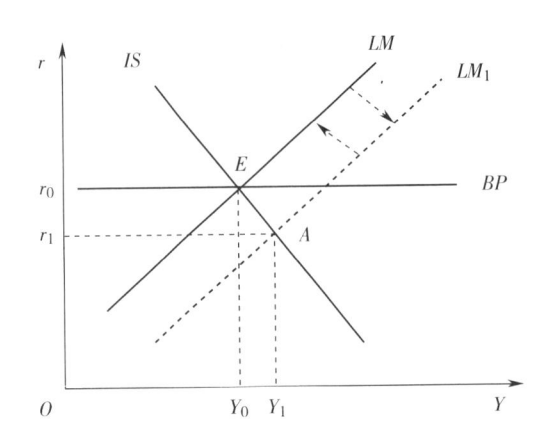

图 8-6　固定汇率制度下货币政策调节

点 E 为始点，在扩张的财政政策作用下，IS 曲线沿着箭头方向与横轴平行向右上移动，由 IS 右移到 IS_1，与 LM 曲线相交于 A 点，利率水平由原来的 r_0 点上升到 r_1 点，随着国内利率水平提高趋势的明显，套利活动开始增加，国外资本流入，国际收支将会出现顺差，同时，由于预期汇率会上升，资本流入会加剧。为了稳定汇率，中央银行不得不买入外汇资产，储备资产增加，货币供应量增加（外汇占款规模扩大），LM 曲线沿着横轴向右下移动，即由 LM 位置移动到 LM_1 位置，与 IS_1 和 BP 相交于 E_0 点。此时，国民产出增加，由 Y_0 点移动到 Y_1 点，E_0 点重新成为联合均衡点。可见，在固定汇率制度下，扩张的财政政策能够增加国民产出，财富增加，与此同时，外汇储备资产也增加了，调节过程如图 8-7 所示。

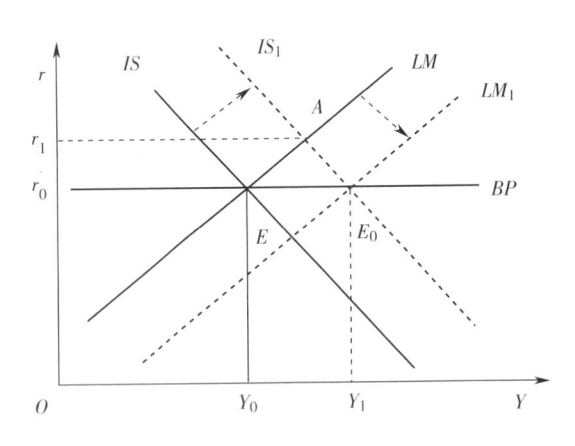

图 8-7　固定汇率制度下财政政策调节

2. 浮动汇率制度下，财政政策与货币政策的效果。在浮动汇率制度下，从均衡点 E 开始，如果采取扩张性货币政策，LM 曲线由 LM 右移到 LM_1，与 IS 曲线相交于 A 点，利率水平由原来的 r_0 点下降到 r_1 点，随着国内利率水平下降趋势的明显，套利活动开始增加，资本流出，国际收支将会出现逆差，国际收支逆差，导致本币贬值，这又使得出口增加，进口减少，贸易收支得到改善，IS 曲线相应右移，直至达到 IS_1 位置，与 LM_1 在

BP 相交于 E_0 点。此时，国民产出增加，由 Y_0 点移动到 Y_1 点，E_0 点重新成为联合均衡点。可见，在浮动汇率制下，扩张的货币政策能够增加国民产出，财富增加，调节过程如图 8-8 所示。

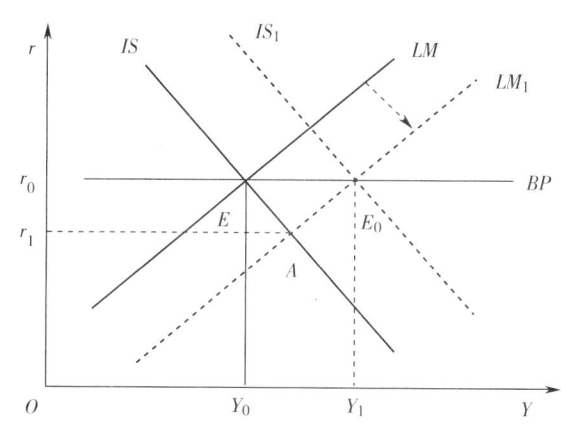

图 8-8　浮动汇率制度下货币政策调节

在浮动汇率制下，仍以联合均衡点 *E* 为始点，考察扩张性财政政策调节的结果。*IS* 曲线沿着箭头方向与横轴平行向右上移动到 IS_1，与 *LM* 相交于 *A* 点，利率水平由原来的 r_0 点上升到 r_1 点，随着国内利率水平上升趋势的明显，套利活动开始增加，资本流入，国际收支将会出现顺差，外汇占款增加，货币供应量扩大，*LM* 曲线向下移动，与 IS_1 曲线相交于 E_0 点，此时，国民产出增加，由 Y_0 点移动到 Y_1 点，但是 E_0 点并不是新的联合均衡点。

因为，随着本币不断升值，使得出口减少，进口增加，国际收支顺差减少，甚至出现国际收支逆差，外汇占款减少，抵消了资本流入带来的货币供应量增加的效应，IS_1 曲线又向左往回移动，直至回到原来的 *IS* 位置，同时，LM_1 又回到原来 *LM* 的位置，国民产出也由 Y_1 点移动到 Y_0 点，原来的均衡点 *E* 不变。

此时，虽然利率、汇率和贸易收支都发生了变化，但产出并没有发生改变。因此，在浮动汇率制下财政政策调节无效，见图 8-9。

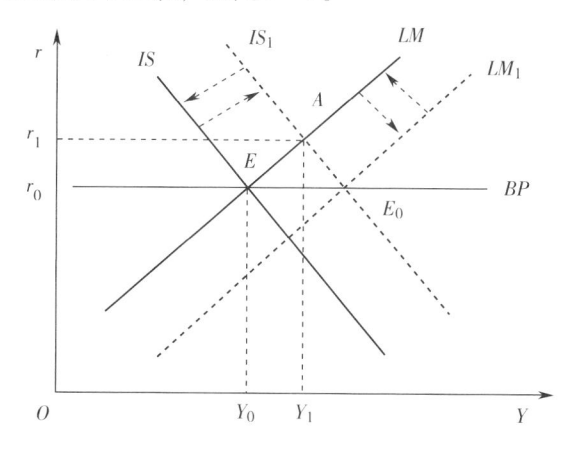

图 8-9　浮动汇率制度下财政政策调节

(四) M-F 模型的理论意义

丁伯根法则和有效市场分类原则为实现内外均衡的政策搭配提供了两个基本框架，而 M-F 模型则一方面为不同汇率制度和不同资本流动条件下的政策搭配提供了有效性分析框架，另一方面也为开放经济下内外均衡的实现问题提供了一个一般均衡分析框架，它们共同构成了内外均衡理论的主体。

M-F 模型把宏观经济一般均衡分析框架扩大到开放经济领域，开创了开放经济下财政政策和货币政策效应分析新路径，证明了财政政策和货币政策的效果取决于国际资本流动的程度，同时也证明了汇率制度在其中的重要性。M-F 模型研究了资本完全流动条件和不同汇率制度下，财政政策和货币政策对内外经济发挥效用的程度。资本流动程度越高，财政政策和货币政策的效果越接近完全资本流动的情况，反之，则越接近资本完全不流动的情况。M-F 模型，一方面为一国合理政策搭配管理宏观经济提供了理论基础，另一方面为开放经济下的政策搭配提供了政策操作依据。M-F 模型虽然基于布雷顿森林体系，即固定汇率制度条件下，也适用于浮动汇率制条件下宏观经济内外均衡分析，开辟了财政政策与货币政策搭配实现内外均衡的新路径。

M-F 模型局限性：一是假定价格水平是不变的，即它是一种非充分就业的均衡，没有从长期角度来考虑价格水平的调整；二是模型对市场预期做了高度简化的假设，采用的是静态预期；三是模型没有考虑跨时的预算约束，即没有考虑影响经济动态均衡的重要因素（如支出、债务积累和货币持有等）和相关经济约束的调节机制。尽管如此，M-F 模型是一个重要的具有里程碑意义的理论模型，该模型中的一些缺陷正好又成为了后来者研究的接入点，并由此又产生了一些新的理论模型。

在 M-F 模型研究成果的基础上，学术界围绕着内外均衡理论又展开了一系列后续研究，对有效市场分类原则和 M-F 模型等内外均衡理论进行了修正、补充和扩展。一是将内外均衡的目标进一步细化，应用丁伯根法则和有效市场分类原则等基本原理，对多重政策目标集合同时实现进行研究。二是克鲁格曼将资本账户开放、货币政策与汇率政策三者之间的冲突提升抽象为"三元悖论"原则，即资本自由流动、固定汇率制度和货币政策独立性三者不可兼得，只能取其二。三是各国为了实现内外均衡的目标，不仅需要在国内实行各种经济政策工具的合理搭配，同时还有必要展开国际间的经济政策协调。基于此提出了相互依存理论，为国际宏观经济政策协调理论的发展奠定了基础。四是多恩布什在 M-F 模型基本理论框架的基础上，用黏性价格代替原来的固定价格，同时引入预期因素，建立了一个汇率动态模型，形成了"蒙代尔—弗莱明—多恩布什模型"（Mundell - Flemin - Dornbusch，M-F-D）。五是 1995 年奥斯特菲尔德和罗戈夫（Obstfeld 和 Rogoff）将跨时分析方法与 M-F-D 传统相结合，把名义黏性和不完全竞争纳入基于微观基础上的动态一般均衡模型中，从而建立了一个新的理论体系，即新开放经济宏观经济学。

第三节 汇率制度选择与内外均衡

国际货币制度演变的历史表明汇率制度选择是关键，不同的国际货币制度下，汇率制度安排不同，国际金本位制度和布雷顿森林体系为固定汇率制度，《牙买加协议》以来，是以浮动汇率制度为主的多元汇率制度安排。在不同的国际货币制度下，如何实现内外均衡关键在于选择什么样的汇率制度。从 1880 年金本位制度建立至今已近 140 年了，伴随着国际货币制度的演变，其核心汇率制度安排不断变化，实质上是人类选择价值标准的不断演变，经历了世界价值标准、国际价值标准、超国家价值标准，以及国家价值标准的交替过程。在不同的价值标准下，内外均衡实现的机制、路径以及政策不同。

布雷顿森林体系解体以后，国际汇率制度进入了混合汇率制度时代，国际价值标准弱化，国家价值标准取向加强，每个国家都面临着汇率制度选择与外部均衡实现问题。特别是 20 世纪 90 年代以来，外部冲击不断，货币危机、金融危机等对汇率制度选择与外部均衡管理提出了新挑战。

一、汇率制度选择理论演变发展

回顾国际货币制度演变史，汇率制度选择理论研究主要是围绕着固定与浮动之争，中间与两极之争来展开的。汇率制度选择理论起源于金本位制结束以后，"以邻为壑"汇率政策导致国际货币秩序混乱，汇率波动巨大，国际货币制度经历了一段剧烈动荡时期，严重阻碍了国际经济发展。经历了两次世界大战以后，人类渴望建立一个稳定的汇率制度，于是布雷顿森林体系应运而生，为战后国际经济秩序的稳定和国际贸易的发展创造了条件。但是，布雷顿森林体系并不是完美的国际货币制度，由于"特里芬两难"等问题的存在，特别是僵化的固定汇率制度，宏观经济政策侧重于实现外部均衡，而牺牲掉了内部经济目标、就业和经济增长。在这样的背景下，20 世纪 50 年代，关于汇率制度的理论之争主要集中在固定汇率制与浮动汇率制孰优孰劣的争论上，以金德尔伯格（Kindleberger）、蒙代尔为代表的一批学者推崇固定汇率制，而以弗里德曼（Friedman）为代表的另一批学者则主张浮动汇率制。

20 世纪 60 年代初，在固定与浮动优劣之争相持不下的情况下，蒙代尔（Mundell）另辟蹊径，开创性地提出了最优货币区理论。20 世纪 50 年代，布雷顿森林体系建立后，随着美国国际收支逆差的不断扩大，"特里芬难题"日渐凸显，越来越多的人开始支持浮动汇率制度。20 世纪 70 年代初，布雷顿森林体系崩溃，国际货币制度进入了多元货币制度选择时代，各国都从本国现实经济状况和内外部经济制度环境出发来选择汇率制度。发达国家基本上都实行了浮动汇率制度，或者联合浮动汇率制度（如欧洲货币体系，EMS），广大发展中国家则大多实行了不同程度的盯住汇率制度，也有部分发展中国家实行了管理浮动汇率制度。

20 世纪 70 年代中后期开始，汇率制度选择理论争论的焦点转移到了汇率制度选择与国内经济结构、经济特征之间的关系上来，如"经济论""依附论"。20 世纪 80 年代，由于高通货膨胀在许多国家盛行，汇率制度固定与浮动之争的天平开始向固定汇率制度倾斜，如货币名义锚（nominal anchor）理论、爬行盯住（crawling peg）汇率理论和汇率目标区理论（theory of exchange rate target zones）。

20世纪90年代，伴随着货币金融危机的频繁发生，汇率制度选择理论围绕着"中间与两极之争"、经济冲击、中间制度消失论、原罪与害怕浮动论、汇率制度选择与经济绩效、汇率退出战略理论等方面展开。有关汇率制度选择理论的主要理论派别及其观点梳理参见表8-3。

表8-3　　　　　　　　汇率制度选择理论派别及其主要理论观点的内容

汇率制度选择理论	主要理论观点
固定汇率与浮动汇率之争：传统理论	固定汇率制与浮动汇率制优劣之争：围绕内外均衡的调节效率问题上的争论；实现内外均衡的政策利益问题上的争论；对国际经济关系影响的争论
经济结构、经济特征与汇率制度的选择	最优货币区理论：以"生产要素流动性"作为建立最优货币区（汇率制度）的标准；经济论：一国汇率制度的选择主要取决于经济规模、经济开放程度、进出口贸易的商品结构与地域分布、相对通货膨胀率以及国际金融市场一体化程度等；依附论：一国汇率制度的选择取决于其在对外经济、政治、军事等诸方面与他国的依赖关系
汇率名义锚理论	中央银行为约束过度的货币创造而向公众做出盯住某一名义变量的承诺，该名义变量就是货币政策盯住的汇率名义锚，即货币当局公开宣布汇率的盯住目标，通过盯住汇率来实现稳定本国价格水平；汇率锚实质上是通过汇率的约束影响公众预期以实现价格的稳定
经济冲击、价格确定与汇率制度选择	根据经济受到冲击的性质来选择合意的汇率制度：经济受到冲击主要是货币因素，应偏向固定汇率制度；经济受到冲击主要是实质因素，应选择浮动汇率制度
两极与中间之争	两极：固定汇率或浮动汇率；中间汇率制度：爬行盯住、汇率目标区、区间盯住等
中间制度消失论	可持久的汇率制度是自由汇率制度，或是具有承诺机制的固定汇率制度（如货币联盟、货币局制度），而介于两者之间的中间汇率制度，包括可调节的盯住、爬行盯住、汇率目标区、盯住平行汇率带以及管理浮动汇率制等正在消失或应当消失
"原罪论"与"害怕浮动论"	原罪论：金融市场不完全，从外国借贷就会出现货币不匹配问题，从国内借贷，则会出现借短用长的期限不匹配问题，即"原罪"；害怕浮动论：允许汇率自由浮动的国家多半并没有真正浮动，相对较低的汇率变动率是稳定汇率政策的结果，汇率自由浮动实际上是不可信的盯住汇率制度
汇率制度与经济绩效	汇率制度与经济绩效的关系成为判断一国实际上所采用的汇率制度的计量标准；固定汇率制度下通货膨胀率较低，但以较低的经济增长率为代价；实行盯住汇率制的国家通货膨胀率较其他汇率制度要低得多，其波动性也较小，产出和就业的波动较大
汇率制度的退出战略	一国最佳的退出盯住汇率时机是在维持盯住汇率制度的边际收益等于其边际成本的时点上；对大部分新兴经济体来说，较高的汇率弹性是有利的；在有大规模资本内流时放弃盯住汇率制度，退出战略的成功可能性较大；一国在退出现行的盯住汇率制度之前，应该加强其财政政策和货币政策

资料来源：陈雨露. 金融学宏观经济文献［M］. 中国人民大学出版社，2006.

二、汇率制度选择的本质是追求理想价值标准

如果说价值标准是货币兑换的标准，或者本位，是国际货币体系或者国际货币制度

的核心内容，那么，理想价值标准应该从以下几个方面去理解：一是充当理想价值标准的关键货币是理想的标准，即价值稳定；二是与关键货币建立什么样的兑换关系，是固定兑换关系，还是变动兑换关系。三是这种价值标准，既有利于实现内外均衡，又能博取最大国际财富利益，即在现行国际货币体系下，与关键货币保持灵活的、有限的、可变动的兑换关系，在有利于实现内外均衡的基础上，获取最大的外部财富。

国际货币制度演变的历史表明，作为其核心内容的汇率制度安排，围绕此展开的汇率制度选择理论研究，本质上是人类不断追求理想价值标准的过程。

固定汇率与浮动汇率之争实质是由什么充当理想价值标准的问题。国际金本位制度是黄金充当世界价值标准。黄金以其内生的价值稳定性，充当世界价值标准，在国际货币历史上，建立了首个固定汇率制度。所以在金本位制度时代，黄金是理想的价值标准。

经过两次世界大战以后，人类又渴望建立新的理想价值标准，布雷顿森林体系诞生了，"双挂钩体系"实质上是黄金和美元充当理想价值标准，这是一种典型固定汇率制度安排。这种金汇兑本位制，促进了世界经济的发展，成为当时的理想价值标准。但是由于这种"双挂钩体系"的内在缺陷，导致这种理想价值标准被人类抛弃。

无论是国际金本位制，还是布雷顿森林体系，都属于固定汇率制，它们能够作为理想价值标准存在、存续，是符合当时历史条件的。金本位制度是以黄金的天然属性作为理想价值标准，在信用不发达的时代，对世界经济的发展提供了稳定价值标准。布雷顿森林体系是通过人类的合作创建国际货币制度，黄金仍然充当最终的价值标准，美元与黄金挂钩，充当辅助的价值标准，作为当时的理想价值标准，布雷顿森林体系适应了当时的国际经济环境，成功运行了将近30年。

布雷顿森林体系崩溃以后，国际货币体系演变到了浮动汇率制的时代，《牙买加协议》承认了浮动汇率制度合法，美元充当国际价值标准，但是由于美元的不稳定性，美元本位并非理想价值标准。所以，国际货币体系演变到了多元汇率制度选择时代，对理想价值标准的追求，开启了多元汇率制度安排的时代，于是《牙买加协议》以来，以浮动汇率为主的多元汇率制度时代，又演化出了两种进步路线：一个是国家价值标准；另一个是超国家价值标准。

由此，汇率制度选择理论主要集中于：经济结构、经济特征与汇率制度的选择；汇率名义锚理论；经济冲击、价格确定与汇率制度选择；两极与中间之争及中间制度消失论；"原罪论"与"害怕浮动论"；汇率制度与经济绩效；汇率制度的退出战略等。这些汇率制度选择理论的核心观点，即所追求的理想价值标准，表现为要么是国家价值标准，要么就是超国家价值标准。

例如，根据经济结构、经济特征与汇率制度的选择理论，蒙代尔提出了"最优货币区理论"，以"生产要素流动性"作为建立最优货币区的标准。该理论成为超国家价值标准即欧元诞生的依据。欧元是人类追求理想价值标准进程中的一次伟大的尝试。这是区域范围内，各国通过合作，创建理想价值标准，实现区域范围内货币单一化的第一次尝试。

又如，汇率制度选择与经济绩效的研究表明，灵活的汇率制度安排，即与关键货币保持相对灵活的兑换关系,可使相对开放的国家获得较高的经济增长率。因此,对于非本位货币国家,特别是中小国家,理想价值标准就是与当下的国际货币体系中的关键货币,采取动态的、有限的兑换关系,以让现行的国际本位更好地服务于本国的内外经济目标。

三、理想价值标准应服从于内外均衡管理

纵观汇率制度选择理论演变发展的过程,选择什么样的汇率制度安排是围绕着如何有利于实现内外均衡管理展开的。固定汇率制度之所以成为历史,是因为固定汇率制度安排不是理想价值标准。如布雷顿森林体系,存在"米德冲突"现象和"特里芬两难"问题,所以说,固定汇率制度时代结束是历史的必然。

《牙买加协议》以来,开启了多元汇率制度选择时代,各国都想选择有利于自己的内外经济目标实现的理想价值标准。主要发达经济体之所以选择浮动汇率制度(管理浮动和自由浮动汇率制度),是因为浮动汇率制度能够有利于它们的内外均衡管理;多数经济体(主要是中小国家、新兴经济体)选择管理浮动汇率制度和爬行盯住汇率制度,是因为这类汇率制度安排有利于它们实现内外均衡;选择货币一体化,共同使用一种货币,如欧元,是因为单一货币区有利于区域范围内消除汇率风险,宏观经济政策更加专注于内部经济目标;此外还有一些弱小经济体,对外依附性较强,选择了包括传统固定汇率制、货币局制度等在内的汇率制度安排。

例如,汇率制度选择理论中,固定汇率制与浮动汇率制优劣之争主要是围绕着内外均衡实现效率和实现内外均衡的政策利益进行争论,其争论的实质是固定汇率制度,还是浮动汇率制度有利于内外均衡管理的问题。

根据汇率制度选择理论派别的主要观点,将其对内外经济管理的效果进行梳理见表8-4。

表8-4　　　　　　　　　汇率制度选择与内外均衡管理效果

汇率制度选择理论派别	主要理论观点及其政策主张	对内外均衡管理的效果
固定汇率与浮动汇率之争:传统理论	选择固定汇率制:政府将货币政策用于汇率维持,完全汇率政策不可能,货币政策受外部因素制约;浮动汇率制:货币政策与财政政策专注于实现经济的内部均衡,汇率调整受其他国政策制约,浮动汇率制不能隔绝外部传导的通货膨胀	浮动汇率制度可以通过变动汇率来调节外部失衡,浮动汇率有利于实现内部经济目标;固定汇率制度无法变动汇率调节外部失衡,需要政策组合来解决,不利于实现内部经济目标
经济结构、经济特征与汇率制度的选择	影响汇率制度选择的因素主要有:生产要素流动、通货膨胀、贸易规模与贸易冲击、政治稳定性、经济规模(GDP)、资本流动、对外债务、外汇储备、经济开放程度等	根据影响汇率制度选择的因素,选择灵活的汇率制度(盯住汇率),或者建立最优货币区,有利于实现内外均衡
汇率名义锚理论	名义锚使政府获得政策信誉,从而降低通货膨胀,汇率制度的选择对政府的公信力会产生影响,是通过汇率约束影响公众预期以实现价格的稳定	盯住汇率制提高政策制定者的声誉,降低通货膨胀预期,对就业和产出影响有利,有利于内外均衡

续表

汇率制度选择理论派别	主要理论观点及其政策主张	对内外均衡管理的效果
经济冲击、价格确定与汇率制度选择	冲击来自外部，浮动汇率制度合意；冲击来自国内，如不稳定的财政政策和货币政策，那么固定汇率制度是合意的。当一国规模较小，或者非常厌恶风险，则偏向选择固定汇率，相反，若国家足够大或不太厌恶风险，则偏向选择浮动汇率	外部冲击下，浮动汇率制度有利于内外均衡的实现；内部冲击下，固定汇率制度有利于内外均衡的实现
两极与中间之争	两极论主张：要么固定汇率制度，要么浮动汇率制度；中间主张：汇率制度安排既不绝对的固定，也不纯粹浮动	少数发达经济体独立浮动，有利于内外均衡的实现，大多数经济体选择了中间合理安排有利于内外均衡的实现
中间制度消失论	中间汇率制度消失论主张：可调节的盯住、爬行盯住、汇率目标区、盯住平行汇率带以及管理浮动汇率制等应当消失；选择汇率制度安排：要么选择完全自由浮动汇率制，要么选择严格的固定汇率制	两种极端的汇率制度选择只有利于少数经济体：要么特别强大，居于国际货币制度核心的关键货币国家，要么是非常弱小的经济体有利于实现内外均衡，对于大多数经济体而言并不适合
"原罪论"与"害怕浮动论"	"原罪论"：发展中经济体无论采取浮动汇率制度，还是固定汇率制度，"原罪"都会存在。因此主张放弃本国货币，放弃汇率制度选择。"害怕浮动论"：不愿意本国货币升值是因为会损害其国际竞争力，贬值有紧缩效应，贬值传递通货膨胀	"原罪论"主张放弃本国货币，放弃汇率不利于实现内外经济目标，导致对外依附性。"害怕浮动论"有利于实现内外均衡，但名义汇率与实际汇率差会导致更大的风险
汇率制度与经济绩效	选择固定汇率制度，通货膨胀率低，经济增长率也低，频繁干预外汇市场。选择浮动汇率制度，宏观经济政策有利于经济增长，但汇率风险管理成本加大	固定汇率实现外部均衡的成本比较高（高国际储备），牺牲部分国内经济目标；浮动汇率实现外部均衡的成本比较低（低外汇储备），充分利用宏观经济政策实现国内经济目标
汇率制度退出战略	汇率制度退出是汇率制度选择动态化，退出盯住汇率制度是因降低通货膨胀率的作用减弱，实际汇率升值，国际竞争力削弱	汇率制度退出实际上是，看其是否有利于实现内外均衡，这取决于发生外部冲击的状况，一般情况下而言，盯住汇率制度有利于实现内外均衡

通过梳理相关的研究文献表明，汇率制度选择与内外均衡有着密切的关系，合意的汇率制度选择，有利于实现内外均衡，反之，会加剧内外失衡。选择什么样的汇率制度安排，要根据一个国家或者一个经济体的内外经济状况，要遵循首先实现内部经济目标的原则，既有利于经济增长、物价稳定和充分就业，同时又兼顾外部均衡，国际收支与汇率稳定，在国际经济交往中，处于有利的地位。

四、"三元悖论"与内外均衡

开放经济中，随着资本账户开放，宏观经济政策管理内外均衡面临新的困境，资本自由流动，会导致宏观经济政策顾此失彼，即资本账户开放、汇率制度选择与货币政策三者之间不能兼得。这种现象被称为"三元悖论"，或者"三元不兼容"。

（一）"三元悖论"提出背景

20世纪90年代，货币金融危机频发，欧洲货币危机、墨西哥金融危机、亚洲金融危机接连不断发生，学界对固定汇率制度提出了质疑，认为导致危机发生的主要原因是选择了固定汇率制度。克鲁格曼（Krugman，1998）在《亚洲发生了什么》一文中，阐述了资本流动状态下，固定汇率制度是导致危机爆发的主要原因，并提出了"三元悖论"理论模型，后来，又在其著作《萧条经济学的回归》（1999）中对"三元悖论"进行了系统的阐述。

（二）"三元"中的冲突与一致

"三元悖论"含义是，"三元"指宏观经济政策（货币政策）、汇率制度安排和资本账户；"悖论"是指，货币政策独立、汇率稳定和资本账户开放，三者之间不能兼得，即不可能三角。三者之中，只能取其二：要么，货币政策独立，汇率稳定，放弃资本账户开放；要么，汇率稳定和资本账户开放，放弃货币政策独立；要么，货币政策独立和资本账户开放，放弃汇率稳定。参见图8-10。

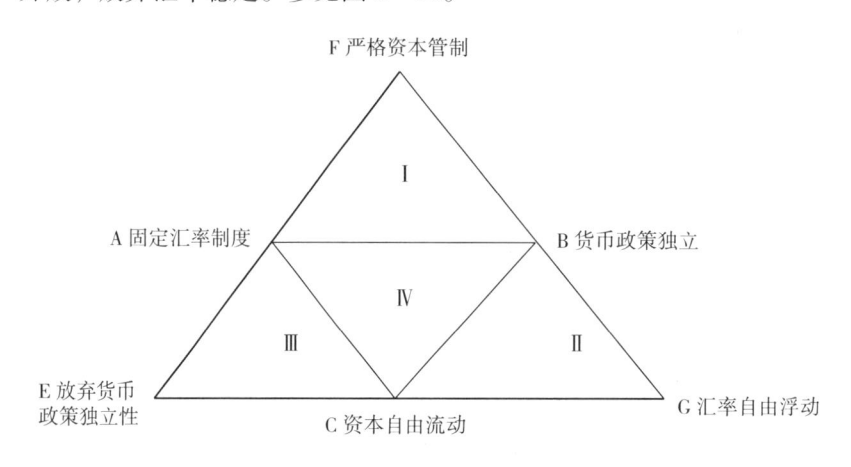

图8-10 "三元悖论"模型政策组合

如图8-10所示，图中心位置的小三角形，即Ⅳ部分三个角点，假设A点代表严格固定汇率制度，B点代表货币政策独立，C点代表资本自由流动，那么选择A、B就要放弃C，选择B、C就要放弃A，选择A、C就要放弃B，即在Ⅳ中，三个角点只能三选二。

如果三元中放弃一元，那么就不会产生冲突，如图8-10中，除Ⅳ部分小三角以外，大三角中，假设E点代表放弃货币政策独立性，F点代表严格资本管制，G点代表汇率自由浮动，由于放弃了其中的一点，那么大三角EFG中的三个小三角，即Ⅰ、Ⅱ和Ⅲ三个角顶点的政策组合就是一致的，即ACE兼容，ABF兼容，BCG兼容。

"三元"冲突与一致的原因分析：三元中，选择汇率制度固定和货币政策独立，要放弃资本完全流动，因为在固定汇率制度下，货币政策只能实现一个目标，要么内部经济目标，要么外部经济目标，即要想维持固定汇率制度，货币政策或专注于内部经济增长、物价稳定和就业,或专注于国际收支平衡。因此,如果货币政策专注于内部经济目标的话,只能放弃外部经济目标,对资本流动实行严格的管制,以确保汇率水平稳定,货币政策工具才能够有效地实现内部经济目标。

同样道理,选择货币政策独立和资本自由流动,就要放弃汇率稳定;选择固定汇率和资本完全流动,就要放弃货币政策独立。

三元中,选择汇率稳定、严格资本管制和货币政策独立一致的原因是,在固定汇率制度条件下,严格的资本管制有利于国际收支平衡,国际收支平衡有利于汇率稳定,汇率稳定有助于货币政策实现内部经济目标,即货币政策专注于内部经济目标,是建立在外部经济条件既定情况下实现的。

同样道理,固定汇率制度下,资本完全自由流动与放弃货币政策独立是一致的原因。在固定汇率制度条件下,货币政策的独立性受制于资本的自由流动,资本的流入或者流出,导致紧缩性的货币政策和扩张性的货币政策效应下降,货币政策失去了独立性,服从于外部经济目标的需要,即为了维护固定汇率,货币政策目标主要是实现外部平衡,引导资本流入流出,保持国际收支平衡,稳定汇率。

汇率自由浮动、资本自由流动与货币政策独立兼容的原因是,在选择了浮动汇率制度的条件下,可以通过汇率变动,实现外部平衡,货币升值或贬值的预期,引导资本流入或者流出,国际收支可以实现自发的平衡,货币政策就可以从外部经济目标中解脱出来,服务于内部经济目标。

通过上述分析,"三元悖论"理论模型进一步证明了固定汇率制度下,货币政策无效;浮动汇率制度下,货币政策有效。或者说在固定汇率制度下,为了稳定汇率,货币政策无法专注于内部经济目标,失去了独立性;浮动汇率制度下,货币政策可以从外部经营目标中解脱出来,专注于内部经济目标,货币政策具有自主性。因此这也进一步验证了蒙代尔—弗莱明模型的基本结论:固定汇率制度下,货币政策无效,财政政策有效;浮动汇率制度下,财政政策无效,货币政策有效。

(三)"三元悖论"中的汇率制度选择

"三元悖论"理论思想是,选择什么样的汇率制度安排更有利于宏观经济政策工具(货币政策工具)实现内外经济目标。开放经济条件下,资本账户开放,资本自由流动是必然趋势,资本流动性越强,独立性越强,这种外生变量,对一个国家的宏观经济政策如货币政策会产生重要的影响,货币政策的自主性取决于汇率制度安排,在固定汇率制度下,货币政策往往会失去自主性,在浮动汇率制度下,货币政策自主性增强,即货币政策能从外部经济目标中解脱出来,专注于内部经济目标。因此,所谓"三元悖论"中的"三元"冲突与一致,本质上就是什么样的汇率制度安排更有利于实现内外均衡的问题。萨默斯(Summers,1999)认为,对于可进入国际资本市场的经济,合意汇率制度的选择越来越倾向于从中间汇率制度转向两个角点汇率制度(corner regimes),如果必要的话可以通过承诺放弃独立的货币政策来支持。所以在当今,国际金融市场发达,资本自由流动,对一国而言,很难同时实现汇率稳定、货币政策独立性以及资本自由流动这三个目标,要么,选择固定汇率而放弃货币政策独立性,要么,选择浮动汇率,货币政策独立。

需要指出的是,"三元悖论"理论为开放经济下宏观管理提供了一个易于操作的分析框架,但其也存在缺陷:三元中放弃任何其中的一个并没有令人信服的证据;三元中的一致(资本自由流动、固定汇率制和货币政策非独立性)需要国际储备供给无限才能成立;三元的理论模型极端化,是建立在严格的固定汇率制度和纯粹的浮动汇率制度下,即以"两极论"为支点。

从国际货币体系演变来看,选择的趋势并非走两个极端,即要么完全固定,要么完全浮动,中间汇率制度安排越来越成为主要的、大多数国家的汇率制度选择。例如《牙买加协议》以来,各国都是从本国现实的经济状况和内外部经济制度环境出发来进行汇率制度的选择。其中,少数发达国家大都实行了浮动汇率制度,而发展中国家大多数实行了盯住汇率制度或中间汇率制度,也有一小部分实行管理浮动汇率制度。对于少数发达经济体而言,单独纯粹的浮动汇率制度选择,使得货币政策从外部经济目标中解脱出来,专注于内部经济目标。而对于大多数弱势经济体和中小国家而言,盯住汇率、爬行盯住、管理浮动的或者货币局制度有利于内外经济目标的实现。

(四)"三元悖论"在内外均衡管理中的运用

克鲁格曼提出的"三元悖论"理论,其目的在于赞成浮动汇率制度,反对固定汇率制度,否定汇率制度选择中间路线,或者说,他认为浮动汇率制度有利于内外均衡的实现,固定汇率制度不利于内外均衡的实现。

"三元悖论"主要是指极端情形的冲突,即要么是纯粹的浮动汇率制,要么是完全的固定汇率制,内外经济管理的三个目标:灵活的独立的货币政策、稳定的汇率和资本自由流动,三元之间的冲突与兼容。如,美国和澳大利亚选择货币政策独立和资本自由流动,实行浮动汇率制,放弃汇率稳定。又如,阿根廷选择固定汇率(货币局)和资本自由流动,放弃灵活的独立的货币政策。由此可见,"三元悖论"理论主要是解决少数发达经济体内外均衡的实现问题,或者是极端情形下,完全固定汇率制度下的内外均衡实现问题,而对于大多数中小国家、弱势经济体,通过"不可能三角"否认中间汇率制度选择能够实现内外均衡是不现实的。

根据汇率制度选择理论,中小国家、弱势经济体实现内外均衡需要根据本国经济发展特征、经济开放程度、资本自由流动等多方面的状况来选择货币制度安排,即选择国家价值标准,在现行国际货币体系下,在现行的本位制度下,选择具有灵活的弹性的自主的汇率制度,在保持汇率有限波动的范围内,允许适当的资本自由流动,尽量使货币政策具有独立性,在实现内部经济均衡的基础上,寻求外部均衡,使内外经济达到联合均衡。

第四节 外部冲击与内外均衡

开放经济面临宏观经济冲击,包括来自经济系统内部的冲击和来自经济系统外部的冲击,其中来自外部的冲击,会对一国内外均衡产生重要的影响。根据蒙代尔—弗莱明模型的分析框架，在开放经济条件下，固定汇率制度下财政政策有效，货币政策无效；浮动汇率制度下货币政策有效，财政政策无效。下面分别分析固定汇率制度下和浮动汇率制度下，面对外部冲击的内外均衡管理问题。

一、经济系统中的外部冲击

外部冲击内涵十分丰富，往往与"黑天鹅事件"相联系。这里的外部冲击是指宏观经济系统面临的来自系统外的冲击，即一个开放宏观经济所面临的来自经济体之外的宏观经济政策溢出效应冲击、贸易冲击、货币冲击等。

刘金全（2000）在《现代宏观经济冲击理论》中指出："经济冲击可能产生一定的外部性效果，这时需要将经济冲击划分为内部性冲击和外部性冲击。内部性冲击是指发生在经济系统内部的经济冲击，主要对经济内部因素产生影响，但也可能对经济外部因素产生影响，具有一定的溢出效应。外部性经济冲击是指发生在经济外部的经济冲击，外部性经济冲击对经济系统具有一定的转移和渗透作用。"[①]

还有学者将外部冲击定义为："一个开放的宏观经济所面临的世界经济给它带来的不利影响。特别是指一国贸易条件的较大的不利变化，包括出口需求的较大幅度下降、国际金融市场利率的较大幅度上升、进口弹性小的进口商品（如石油）价格大幅度上升等。"[②]

国际货币基金组织曾将外部冲击概括为："外部冲击是对经济体产生巨大负面冲击作用的事件，而且这种事件和力量超过了经济体（政府）的控制范围。这些事件包括商品价格变化（比如石油和粮食价格）、自然灾害、地区冲突以及贸易国关系破裂产生的危机。"[③]（An exogenous shock is an event that has a significant negative impact on the economy and that is beyond the control of the government. That could include commodity price changes (including oil and food), natural disasters, and conflicts and crises in neighboring countries that disrupt trade.）

综上，本书认为外部冲击是：一个开放经济体所遭受的，一种来自外部的、突发性的、不可预测的，且不为其所控制的某种事件或者力量，对该经济体经济变量（GDP、物价、就业以及国际收支）产生的影响，如宏观经济政策溢出效应，货币金融危机，利率汇率波动，贸易冲击，国际大宗商品（如石油）价格冲击等。

二、宏观经济政策溢出效应冲击

假设 A、B 两国采取扩张的或者紧缩的宏观经济政策会产生溢出效应，在浮动汇率制度和资本自由流动的条件下，无论是 A 国或者 B 国采取的宏观经济政策，所产生的溢出效应都会对双方内外均衡和国民产出产生影响。下面根据蒙代尔—弗莱明模型提供的

[①] 刘金全. 现代宏观经济冲击理论［M］. 长春：吉林大学出版社，2000：35-36.
[②] 刘树成，中国社会科学院经济研究所. 现代经济词典［M］. 南京：凤凰出版社，江苏人民出版社，2005：1120-1121.
[③] 资料来源：The Exogenous Shocks Facility (ESF) IMF. A Factsheet, http://www.imf.org. 2008-10.

分析框架对宏观经济政策溢出效应产生的冲击进行分析。

（一）扩张货币政策冲击效应分析

当A国采取扩张性的货币政策时，A国利率水平下降，利率由i_0下降到i_1，则LM_0沿着IS_0向右移动。一方面，国内投资增加，就业增加；另一方面，资本流出，汇率上升（直接标价法），A国货币对外贬值，有利于出口，国民收入增加，IS_0向上移动到IS_1，国民收入由Y_0移动到Y_1。此时，由于LM_0则沿着IS_0向右移动到BP_0的下方，国际收支逆差，为了寻求新的均衡点，BP_0则向下移动到BP_1，新的均衡点为E_1。

接下来分析A国扩张性货币政策对B国产生的冲击。由于A国采取扩张性货币政策，导致资本流出，而在B国利率水平相对较高的情况下，会引起资本流入，从而使该国货币对外升值，同时，利率提高，LM_0沿着IS_0向左移动到LM_1，利率提高投资下降，IS_0向下移动到IS_1，B国国内产出下降，国民收入由Y_0移动到Y_1。此时，LM_1与IS_1的交点在BP_0的上方，国际收支顺差，为了寻求新的平衡点，BP_0向上移动到BP_1，B国新的均衡点为E_1，见图8-11。

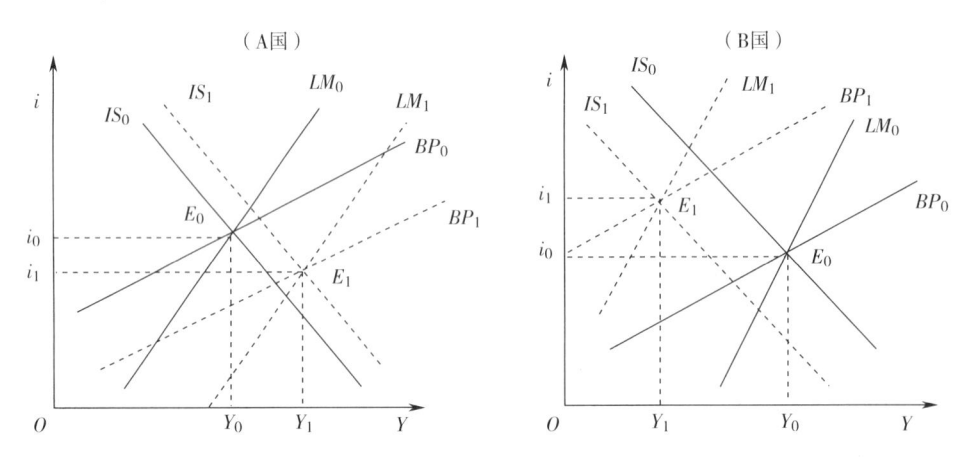

图8-11　A国扩张的货币政策溢出效应对B国产生冲击的传导过程

由此可见，在开放经济条件下，实行浮动汇率制度与资本自由流动状态，A国扩张货币政策，对于本国经济国民收入增长和就业是有利的，但是对于A国而言将要承担国际收支恶化和货币对外贬值的后果。同时，A国扩张的货币政策却给B国带来负的冲击效应，不仅使B国国民收入下降，而且承担利率提高、货币对外升值的后果。

通过分析发现，开放经济条件下，一国扩张的宏观经济政策，所产生的溢出效应会导致另一个国家内外均衡发生变化。在A国扩张的货币政策影响下，B国内外均衡点发生了位移，由原来的E_0移动到了E_1点，并且国民产出也下降了，国民收入由Y_0移动到Y_1。

（二）扩张财政政策冲击效应分析

当A国采取扩张性的财政政策时，IS_0则沿着LM_0向右移动到IS_1并相交于A点，产出增加，由Y_0移动到Y_1，但这不是新的均衡点。同时，随着国民收入增加，利率水平由i_0上升到i_1，利率水平提高又导致货币供应量下降，LM_0向左移动到LM_1，并与IS_1相交

于 E_1 点。此时,国民收入有所下降("挤出效应"所致),由 Y_1 移动到 Y_2,产出有所下降,A 国内部经济达到了新的均衡,但由于 E_1 点在 BP_0 曲线的上方,为了寻求新的均衡点,BP_0 向上移动到 BP_1,E_1 点成为新的均衡点,见图 8-12。

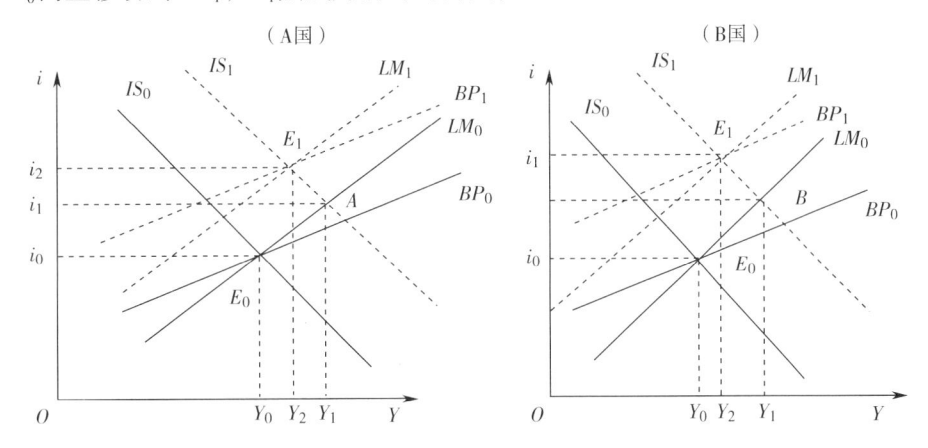

图 8-12 A 国扩张的财政政策溢出效应对 B 国产生冲击的传导过程

A 国采取扩张性的财政政策对 B 国产生了冲击。由于 A 国采取扩张性的财政政策,对 B 国而言,有利于出口。一方面表现为,B 国出口增加,国际收支顺差,有利于国内收入增加和就业,IS_0 沿着 LM_0 向右移动到 IS_1,并且相交于 B 点,产出增加,由 Y_0 移动到 Y_1,同时,利率水平提高,但这并不是新的均衡点。因为,另一方面,由于出口增加,外汇储备增加,外汇占款导致货币供给增加,国内通胀压力增加,利率会进一步提高,货币供应量下降,LM_0 沿着 IS_1 向右移动到 LM_1,并且与 IS_1 相交于 E_1 点,形成新的联合均衡点,最终的产出减少,由 Y_1 移动到 Y_2。此时,E_1 在 BP_0 的上方,国际收支顺差,为了寻求新的内部均衡点,BP_0 向上移动到 BP_1,与 IS_1、LM_1 相交于 E_1 点,形成新的联合均衡点。

通过上述分析,扩张性的财政政策对于 A 国而言,尽管"挤出效应"使国民收入有所下降,但最终产出还是增加了。对于 B 国而言,A 国扩张财政政策带动了 B 国的出口和就业,国民收入增加,尽管 B 国利率水平提高导致产出有所下降,但是最终的产出也还是增加了。可见,A 国扩张的财政政策对 B 国产生了正的冲击效应。

上述分析表明,在当今经济全球化、一体化的背景下,发生外部冲击时,各国应当采取财政政策来共同应对外部冲击。例如,2008 年国际金融危机冲击,促使世界各国采取了一致的扩张性财政政策,共同应对外部冲击。

三、外部冲击对内外均衡的作用机理

上述基于"M-F 模型"分析框架,针对开放经济条件下,浮动汇率制度与资本自由流动状态,对扩张的货币政策和财政政策产生的外部冲击机理进行了简要的分析。

在浮动汇率与资本自由流动状态下,扩张性货币政策产生的溢出效应表现为负的外部冲击效应。这是因为,虽然扩张性货币政策对本国经济是有利的,但是,由于开放经

济条件下，货币政策对外时滞效应较短，会引起资本加快流动，通过传导机制，从而使邻国宏观经济政策效应下降。所以，在经济全球化一体化背景下，世界各国必须加强货币政策的协调，采取方向一致的货币政策才能够避免一国实行扩张的货币政策给其他国家带来的负冲击。

扩张性财政政策产生的溢出效应表现为正的外部冲击效应。开放经济条件下，当一国采取扩张性的财政政策，虽然由于"挤出效应"减少了国民收入和就业，但是却对其他国家产生正的"冲击效应"。这是由于财政政策对内时滞效应作用的结果。所以，自从凯恩斯宏观经济学诞生以后，当发生金融危机等外部冲击时，政府财政政策成为有效抵御外部冲击的措施。实践已证明，财政政策是抵御外部冲击最有效率的宏观经济政策手段。

世界各国内外均衡是相互联系、相互影响的。尽管"M-F模型"是针对世界上主要发达经济体进行分析的，但是对于其他发展中经济体和新兴市场经济体也同样适用。因为相互需求原理决定当今世界各国是相互依赖、相互联系的，发达经济体的内外失衡会导致发展中国家和新兴经济体的内外经济失衡。例如，美国作为世界上最发达最强大的经济体，它的内外经济失衡，必然会引起其他国家内外经济的失衡，因为美国长期的贸易逆差，就是其他国家的贸易顺差，美国的量化宽松货币政策开闸泄洪，其他国家货币大量流入，就会出现通货膨胀、利率上升、货币对外升值。特别是，当货币金融危机爆发时，危机传染、蔓延，由危机发源地迅速传导到其他国家地区，对内外经济均衡产生冲击，如2008年的国际金融危机，发源于美国的次贷危机，不仅对美国自身的内外经济均衡产生了很大的影响，对全球其他国家的经济内外均衡产生的冲击也十分强烈。

本章小结

开放经济下，一国经济活动延伸到国外，引发内外均衡管理问题，内部经济增长、物价稳定和就业与国际贸易、国际资本流动有着密切的关系。因此需要对内外经济均衡加以管理，围绕着内外均衡的协调管理产生了一系列理论模型及其相应的调节政策，"米德冲突"强调固定汇率制度下，一国难以兼顾内外经济目标。斯旺模型弥补了"米德冲突"的不足。丁伯根法则强调通过N个政策实现N个目标。蒙代尔的政策搭配模型，赋予了财政政策和货币政策调节内外均衡的不同功能。蒙代尔—弗莱明模型解决了不同的汇率制度下财政政策和货币政策的有效性问题。"三元悖论"模型展现了货币政策独立、资本自由流动与汇率稳定三者之间的不可兼得性。开放经济下，内外均衡管理的一系列理论模型提供了可运用的政策操作工具，即通过财政政策和货币政策及汇率政策实现一个国家（经济体）的财富梦想。

参考文献

[1] 托马斯·A. 普格尔. 国际金融（第15版）[M]. 北京：中国人民大学出版社，2014.

[2] 保罗·R. 克鲁格曼，茅瑞斯·奥伯斯菲尔德，马克·J. 梅里斯. 国际金融

（第十版）[M]．北京：中国人民大学出版社，2016.

[3] 刘金全．现代宏观经济冲击理论［M］．长春：吉林大学出版社，2000.

[4] 刘树成，中国社会科学院经济研究所．现代经济词典［M］．南京：凤凰出版社，江苏人民出版社，2005.

[5] [美] 彼得·纽曼，[美] 默里·米尔盖特，[英] 伊特韦尔．新帕尔格雷夫货币金融大辞典（第二、三卷）[M]．北京：经济科学出版社，2000.

[6] 陈雨露．国际金融（第五版）[M]．北京：中国人民大学出版社，2016.

[7] [美] 蒙代尔．蒙代尔经济学文集（第五卷）[M]．北京：中国金融出版社，2003.

[8] 姜波克．国际金融新编（第三版）[M]．上海：复旦大学出版社，2005.

[9] [英] 休谟．休谟经济论文集［M］．北京：商务印书馆，1997.

本章复习思考题

一、本章主要概念

米德冲突　丁伯根法则　内外均衡　内部经济　外部经济　外部冲击　政策指派法则　支出增减政策　支出转换政策

二、回答问题

1. 如何理解内外均衡与联合均衡？
2. 简述开放经济下内外均衡调节的经济意义。
3. 简述"米德冲突"的内涵及其运行机制。
4. 简述斯旺模型的基本原理。
5. 如何运用蒙代尔的政策搭配实现内外均衡？
6. 蒙代尔—弗莱明（M-F）模型的主要内容是什么？
7. 运用蒙代尔—弗莱明模型分析不同汇率制度下财政政策与货币政策的有效性（作图说明）。
8. 通过作图说明"三元悖论"的基本原理。
9. 结合我国实际，分析如何实现内外经济均衡的联合均衡。

第九章

货币金融危机与货币金融合作

学习导语

货币金融危机是当今经济全球化过程中经济脱实向虚、货币权力滥用以及泡沫化导致的。货币金融危机的产生与发展是有其内在规律的,货币危机表现为汇率的剧烈波动,对财富创造产生负面影响;金融危机表现为金融资产价格的暴涨暴跌,进而对实体经济和虚拟经济产生巨大的冲击。当前美元主导的国际货币体系失去了公共产品属性,导致货币权力失控,同时,货币脱离实体经济自行增值,财富创造走上歧途。由此可见,要想避免全球性货币金融危机,必须加强国际货币金融合作,建立公正合理的符合世界各国利益的国际货币体系,共同应对和防范货币金融危机。

学习目标

- ◆ 国际货币金融危机演变发展的历史
- ◆ 货币危机、金融危机、经济危机的内在联系
- ◆ 国际货币金融危机的内涵、本质、特点及其影响
- ◆ 运用马克思货币金融危机理论分析当代货币金融危机发生发展的规律

历史上货币金融危机已经发生若干次了,大约每隔十年,货币金融危机就可能会发生一次,并呈现出不同的特征。国际货币体系进入浮动汇率制度以来,汇率波动加剧,货币危机频繁发生。本章在厘清货币危机、金融危机内涵的基础上,回顾历史上发生的货币金融危机,并运用马克思、凯恩斯以及当代经典的货币金融危机理论对此进行分析,探讨货币金融危机演变发展的规律,以期加强国际货币金融合作,避免货币金融危机频繁发生。

第一节 货币危机与金融危机含义

从国际货币制度演变的历史来看,金融危机发生的历史比较长,货币危机发生的历

史相对比较短，货币危机与金融危机两者之间既有区别又有联系。20世纪80年代，发生了拉美债务危机，以后又接连发生了一系列货币金融危机，如1992年欧洲货币危机、2008年美国次贷危机引发的国际金融危机。今天人们越来越关注货币危机和金融危机，似乎对经济危机淡漠了。然而经济危机与货币金融危机有着密切的关系，在此首先回顾一下什么是经济危机。

一、经济危机及其特征

经济危机（economic crisis）有两种含义："（1）在传统的经济周期（一般为古典经济周期）分析中，指经济周期的一个阶段。在经济运行经过复苏、繁荣，直到生产过剩的阶段后，国民经济产出总量（绝对量）开始下降，对整个社会经济生活带来严重破坏和影响，称此阶段为'危机阶段'或者'崩溃阶段'。（2）泛指一国经济受到重大冲击后，整个社会经济遭受严重破坏、陷入严重混乱的状况。如货币危机、金融危机、财政危机和国际债务危机、国际收支危机、国际石油危机，或者战争、重大自然灾害等导致的全面经济危机。"①

可见，经济危机是在开放经济条件下，由于内外经济严重失衡以及外部冲击（国际金融危机、石油危机等）的影响而引发的整个经济体系（内部经济、外部经济）崩溃的现象，既包括实体经济，又包括虚拟经济两个领域。所以，经济危机含义比较宽泛，将生产过剩危机、金融危机、货币危机、债务危机、石油危机等，都纳入其所概括的范围之内。

经济危机表现为生产过剩危机，经济衰退、失业增加、银行倒闭，物价不稳定，金融资产价格下降，资本外逃，国际收支严重失衡，汇率、利率剧烈波动，各种宏观经济变量接连不断地发生周期性剧烈变化。

历史上，1825年英国爆发了第一次经济危机，最严重的经济危机是1929年的"大萧条"。关于经济危机发生的原因，马克思对此进行了高度的概括。马克思立足于唯物史观，运用矛盾分析方法，从生产（供给）、交换（市场）、消费（需求）到社会经济制度对经济危机的成因进行了系统全面的分析。例如，商品内在的矛盾外化为商品和货币的矛盾；货币的流通手段职能使商品的买卖在时空上发生了分离与对立；货币的支付手段职能形成了蕴含货币危机的债务链条理论等。

经济危机的主要特征包括：周期性，即萧条、复苏、高涨几个阶段周而复始的循环，经济危机发生的周期只是长短而已；产生的影响大，波及范围广，从实体经济到虚拟经济，从经济到社会、政治，甚至军事各个领域；持续时间长，影响深远。经济危机发生后持续的时间比较长，是由经济调整周期决定的，所以它的影响是深远的。

二、金融危机内涵及其特征

国外文献关于金融危机内涵界定主要有："金融危机的定义是全部或大部分金融指

---

① 刘树成. 现代经济词典 [M]. 南京：凤凰出版社，江苏人民出版社，2005：562.

标、短期利率、资产（证券、房地产、土地）价格、商业破产数和金融机构倒闭数的急剧、短暂和超周期的恶化。"[①] 这一定义的核心内容是金融市场价格（利率）和金融资产价格的波动，而且是剧烈的短期性的价格变化。所以，"金融危机的特征是基于预期资产价格下降而大量抛出不动产或长期金融资产，换成货币，而金融繁荣或者景气的特征则是基于预期资产价格上涨而大量抛出货币，购置不动产或长期金融资产。在金融景气和金融危机期间有一个"困难时期"，在这个时期中，对资产价格上涨的预期已经衰退，但尚未逆转。困难时期也许会很短，也许会很长，它可能造成危机，也可能不会。"[②]

此外，国外文献还将金融危机定义为："金融危机这一概念被广泛地应用于多种情形，包括金融资产的名义价值突然损失掉大部分。在19世纪和20世纪早期，许多金融危机都与银行业恐慌，以及因恐慌而引起的衰退有关。另外一些情形也被称为金融危机，包括股票市场崩溃、其他金融泡沫突然破裂、货币危机以及主权违约等。金融危机直接导致了纸质财富（账面财富的损失），但并不一定引起实体经济的变化。关于金融危机是如何发生的，以及如何阻止金融危机的发生，经济学家们已经提供了很多理论。然而，这些理论并不给力，金融危机仍然时不时地发生。"[③]（The term financial crisis is applied broadly to a variety of situations in which some financial assets suddenly lose a large part of their nominal value. In the 19th and early 20th centuries, many financial crises were associated with banking panics, and many recessions coincided with these panics. Other situations that are often called financial crises include stock market crashes and the bursting of other financial bubbles, currency crises, and sovereign defaults. Financial crises directly result in a loss of paper wealth but do not necessarily result in changes in the real economy. Many economists have offered theories about how financial crises develop and how they could be prevented. There is no consensus, however, and financial crises continue to occur from time to time.）

一般情况下，"人们普遍认为，金融危机类型有货币危机、银行业危机、债务危机和系统性金融危机四种基本类型"[④]。（1）货币危机（currency crises）。当某种货币的汇率受到投机性袭击时，该货币出现持续性贬值，或迫使当局扩大外汇储备，大幅度地提高利率。（2）银行业危机（banking crises）。银行不能如期偿付债务，或迫使政府出面，提供大规模援助，以避免违约现象的发生，一家银行的危机发展到一定程度，可能波及其他银行，从而引起整个银行系统的危机。（3）外债危机（foreign debt crises）。一国国内的支付系统严重混乱，不能按期偿付所欠外债，不管是主权债务还是私人债务等。（4）系统性金融危机（systematic financial crises），可以称为"全面金融危机"，是指主

---

① ［美］彼得·纽曼，［美］默里·米尔盖特，［英］约翰·伊特韦尔. 新帕尔格雷夫货币金融大辞典（第二卷）[M]. 北京：经济科学出版社，2000：46.
② ［美］彼得·纽曼，［美］默里·米尔盖特，［英］约翰·伊特韦尔. 新帕尔格雷夫货币金融大辞典（第二卷）[M]. 北京：经济科学出版社，2000：46.
③ http://en.wikipedia.org/wiki/Financial_crisis.
④ 根据IMF在《世界经济展望1998》中的分类，金融危机大致可以分为四大类。

要的金融领域都出现严重混乱，如货币危机、银行业危机、外债危机的同时或相继发生。

国内学术界关于金融危机有的认为是："整个社会的金融体系运转失调而引发的金融大动荡。它集中表现为全部或大部分金融指标急剧地恶化。这些恶化的金融指标主要包括短期利率、证券、房地产和土地等资产的价格。同时，企业和金融机构大量破产、倒闭。金融危机使投资者基于资产价格急剧下降的预期而大量抛售不动产或者长期金融资产，换成货币。"①

而且近年来的金融危机越来越呈现出某种混合式危机，因此，又有了系统性金融危机的提法。所谓系统性金融危机或者"全面金融危机"，往往发生在经济比较发达、金融化程度高、金融市场国际化的国家和地区以及赤字和外债较为严重的国家。

所以，系统性金融危机是指波及整个金融体系乃至整个经济体系的危机，如1997年下半年袭击东南亚的亚洲金融危机，2008年爆发的由美国次级抵押贷款危机引发的国际金融危机。这些危机都是从金融市场的某个部分波及另外部分，如从股市到债市、外汇、房地产甚至整个经济体系，即由虚拟经济领域影响到了实体经济领域，进而引起经济衰退、投资减少、出口下降以及失业增加等。

综上，金融危机应包括单纯性局部金融危机和体系性系统性金融危机两层含义：单纯性局部性金融危机即金融体系局部发生危机，影响和波及的范围较小，往往只限于虚拟经济层面；体系性系统性金融危机，是金融系统或者整个经济系统出现崩溃的现象，金融资产市场价格（利率、汇率）剧烈波动，资产泡沫破裂，金融资产价格暴跌，金融市场出现体系性崩盘现象，引发一系列市场波动，证券市场、房地产市场以及外汇市场相互传染，包括银行业危机（挤兑危机）、债务危机（主权债务危机）、货币危机、房贷危机及信用卡透支危机等交织在一起。系统性金融危机一旦发生，产生的影响和波及的范围广，影响深刻，并从虚拟经济层面传递到实体经济，对实体经济产生巨大的破坏。

三、货币危机及特征

国外文献关于货币危机的定义为："货币危机总共有六种典型的金融危机形态，包括：（1）国际收支危机；（2）货币危机；（3）银行业危机；（4）孪生型的危机；（5）主权债务危机；（6）突然停滞。在这六种危机中，货币危机是由于对货币投机攻击引起的。这种危机的结果会引起收益损失和货币贬值。当货币的价值变化非常快，并且低于作为交换媒介或者价值储藏手段支付能力时，这种情况就会出现。货币危机通常会影响到固定汇率制度而不是浮动汇率制度。"② （Currency crisis there are in total 6 types of financial crisis namely: 1) Balance – of – payment crisis, 2) Currency Crisis, 3) Banking Crisis, 4) Twin Crisis, 5) Sovereign Debt Crisis and 6) Sudden Stops. Currency Crisis is one of the 6 crises and is started by speculative attacks on the currency. This ultimately creates a

---

① 刘树成. 现代经济词典 [M]. 南京：凤凰出版社，江苏人民出版社，2005：532.
② 维基网站，http://en.wikipedia.org/wiki/Financial_crisis。

loss in revenues and currency depreciation. It occurs when the value of a currency changes quickly, undermining its ability to serve as a medium of exchange or a store of value. Currency crises usually affect fixed exchange rate regimes, rather than floating regimes.)

"货币危机是金融危机的一种类型,而且经常与实体经济危机相关联。货币危机极易对于小型开放经济体或者较大一点的经济体产生破坏,而对于比较稳定的经济体并不尽然。政府为了避免投机攻击发生,往往采用本国货币储备或者外汇储备(通常是美元、欧元和英镑)以应对投机引起的超额需求。货币危机会使经济付出巨大的成本,然而,由于宏观经济基本面、投资者预期以及政府的政策之间复杂地交织在一起,理论上,预测货币危机发生的时间和规模的能力是有限的。由于货币危机发生引起衰退,包括1994年的墨西哥经济危机,1997年的亚洲金融危机,1998年的俄罗斯金融危机,以及1999—2002年的阿根廷经济危机。"① [A currency crisis is a type of financial crisis, and is often associated with a real economic crisis. Currency crises can be especially destructive to small open economies or bigger, but not sufficiently stable ones. Governments often take on the role of fending off such attacks by satisfying the excess demand for a given currency using the country's own currency reserves or its foreign reserves (usually in the United States dollar, Euro or Pound sterling). Currency crises have large, measurable costs on an economy, but the ability to predict the timing and magnitude of crises is limited by theoretical understanding of the complex interactions between macroeconomic fundamentals, investor expectations, and government policy. Recessions attributed to currency crises include the 1994 economic crisis in Mexico, 1997 Asian Financial Crisis, 1998 Russian financial crisis, and the Argentine economic crisis (1999 – 2002).]

国内文献关于货币危机的定义:"货币危机是金融市场上出现大量抛售一国货币,从而导致该国货币大幅度贬值的现象。货币危机产生的原因比较复杂,既有经济方面的原因,也与政治、心理等方面的因素密切相关;既有深层次的必然性,也有浅层次的偶然性。"②

国内教科书中关于货币危机的定义是:"从广义上看,一国货币的汇率变动在短期内超过一定幅度(有的学者认为该幅度为15%~20%)时,就可以称为货币危机。就狭义来说,货币危机是与对汇率波动采取某种限制的汇率制度相联系的,它主要发生于固定汇率制度下,是指市场参与者对一国的固定汇率失去信心的时候,通过外汇市场抛售等操作导致该国固定汇率制度崩溃、外汇市场持续动荡的事件。"③

纵观国内外关于货币危机内涵的界定,无非是狭义和广义两方面。狭义货币危机通常是与特定的汇率制度相联系(固定汇率制度),这种定义值得商榷。广义的货币危机是汇率波动幅度超过一定承受范围的现象,这种解释不够给力。

我们认为,关于货币危机的内涵需要从货币内在矛盾出发,从其发生发展演变的机

---

① 维基网站,http://en.wikipedia.org/wiki/Financial_crisis.
② 刘树成.现代经济词典[M].南京:凤凰出版社,江苏人民出版社,2005:460.
③ 姜波克.国际金融新编(第三版)[M].上海:复旦大学出版社,2005:243.

理去探讨货币危机的内涵。基于上述情况，这里将货币危机划分为两种类型：内生型货币危机和外部冲击型货币危机。

所谓内生型货币危机是在既定的汇率制度下，由于某一经济体系内部经济出现了严重失衡现象（经济基本面恶化，如投资过度、泡沫严重、投机盛行等），以及本国货币贬值预期增强，导致大规模抛售本国货币，抢购硬通货的货币替代现象，并引发了汇率的剧烈波动超过合理均衡的水平。可见，内生型货币危机主要是由于内部经济严重失衡、以内部投机为主的货币攻击引起的汇率大幅度波动的现象。所谓外部冲击型货币危机是指在既定的汇率制度下，某一经济体经济基本面状况稳定，但由于外部冲击因素干扰（石油危机、金融危机、粮食危机等）使国际收支严重失衡（顺差或者逆差），对该国货币升值或者贬值的预期引起的国际游资投机攻击，导致大规模货币替代，汇率剧烈波动，资本流动突然大规模增加。显然这种货币危机主要是由外部冲击因素引发的。

四、经济危机、金融危机、货币危机三者之间的关系

从经济危机、金融危机和货币危机三者的内涵来看，经济危机内涵最丰富，金融危机次之，货币危机内涵最小，或者说金融危机包含了货币危机，经济危机包括了金融危机。

（一）经济危机、金融危机和货币危机发生的时间

人们普遍认为经济危机发生得比较早，1825年英国开始出现第一次周期性普遍的生产过剩危机。关于经济危机的概念最早是由谁使用、出自于哪里目前还很难考证。不过，马克思《资本论》是从商品开始研究揭示资本主义经济危机的，所以，关于经济危机最权威的解释应该是马克思政治经济学。

其实，金融危机发生的时间比经济危机还要早，根据《西欧金融史》[①] 记载，金融危机现象可以追溯到16世纪初的1522年，在英国和荷兰东印度公司成立之前就已经出现了。关于金融危机的论述可以追溯到西方人阐迪龙（Cantillon，1730）的著作《论一般商业的性质》。1929年"大萧条"以后，经济学家们关于金融危机的论述开始增加。而金融危机作为一个重要的概念被广泛地使用，应该是20世纪80年代以后，即戈德史密斯对金融危机内涵界定开始。

而关于货币危机有关历史文献涉及的比较少，从布雷顿森林体系崩溃以后，货币危机发生的现象开始增多，有关货币危机问题引起了经济学界的关注和研究。20世纪90年代以后，发生了一系列货币危机，货币危机理论开始出现，如克鲁格曼的"三代货币危机理论模型"。

（二）经济危机、金融危机和货币危机内涵的差异

经济危机包含了一切经济领域，即实体经济和虚拟经济两方面，不仅包含各种类型危机，其表现形式也非常丰富多样，如生产过剩，银行倒闭，大量失业等。而金融危机主要发生于虚拟经济层面，其内涵没有经济危机广，但是两者之间的界限难以划分。经

[①] 金德尔伯格. 西欧金融史（第二版）[M]. 北京：中国金融出版社，2010.

济危机包括金融危机，而金融危机有可能引发经济危机。货币危机作为金融危机的一种类型，它的内涵范围最小。

(三) 经济危机、金融危机和货币危机三者的发生机理有所不同

传统型经济危机产生于资本主义基本矛盾，即生产过剩与需求不足。在当代，经济危机发生条件已经发生了巨大变化，金融危机发生有时与经济危机仅差一步之遥，系统型金融危机很可能导致经济危机。比如，2008年发生的美国次贷危机就是由于房地产泡沫破裂，触动了金融危机的开关，继而波及整个经济系统，并对实体经济产生了巨大的冲击。

金融危机发生的主要根源之一是金融创新，金融工具高杠杆化，使大量金融资产变成了有毒资产，使金融资产价格泡沫化，金融脱离实体经济，从而导致金融体系系统性崩溃。而货币危机源于经济基本面恶化和投机攻击，其发生主要表现为汇率的剧烈波动，大规模货币替代。

(四) 经济危机、金融危机和货币危机相似之处

一是都具有周期性。三种危机发生发展的历史表明，尤其是货币金融危机基本上每隔十年就会发生。二是交互性与传染性。三种危机发生往往会交织在一起，经济危机与金融危机二者间交互性，关系非常密切，金融危机与货币危机二者之间难以区分。三是三种危机发生都会产生破坏性影响，导致经济增长下降、失业增加和物价波动以及国际收支均衡遭到破坏。

第二节 当代货币金融危机演变

回顾国际货币体系演变的历史，1870—1913年的金本位制时代，全球性货币危机也只发生过三次；1945—1971年的布雷顿森林体系下的固定汇率时代，尽管出现过几次小规模的汇率投机冲击，但全球性货币危机没有发生过。《牙买加协议》以来，随着浮动汇率制度时代的开启，货币金融危机发生的频率、产生的影响之深刻、传染能力之强都是历史上前所未有的。

一、当代主要货币金融危机演变发展

(一) 主要发达经济体货币危机

1. 美元危机。美元危机（dollar crisis）即美元信誉下降，抛售美元、购买黄金等金融资产的现象。在不同的国际货币制度下，美元危机应该有不同的含义。一是美元危机是指国际金融市场上大量抛售美元购买黄金，引起黄金价格上涨，美元汇率急剧下跌的现象。如1960年10月，爆发了第一次美元危机，在国际金融市场上投资者纷纷抛售美元抢购黄金，引起黄金价格的上升，金价涨到1盎司41.5美元（超过一盎司35美元黄金官价）。之后又接连发生了几次抢购黄金、抛售美元的美元危机，最终导致布雷顿森林体系崩溃。二是自《牙买加协议》以来，美元成为国际关键货币，随着美国的经济实力相对削弱，美国采取的不适当货币政策，导致美元信誉下降，抛售美元，购买其他金

融资产,用其他货币替代美元的现象。如2008年,美国次贷危机引发国际金融危机,为了应对金融危机,美联储先后于2008年12月、2010年3月、2011年11月和2012年12月宣布了四轮量化宽松货币政策(QE1-QE4),导致美元信誉下降,美元指数跌到历史的低点。

美元危机的主要原因是:美元与黄金脱钩之后,失去了货币锚,即失去了支撑美元价值的基础,导致人们对美元信心开始下降。加上美国的财政赤字、贸易逆差、量化宽松货币政策等,对本来已经信心不足的美元雪上加霜。

2. 日元升值危机。日元危机是指日元持续大幅度升值或者贬值的现象。第二次世界大战以来,随着布雷顿森林体系的建立,日元汇率变动趋势总体上保持持续升值状态,特别是《广场协议》后,日元加速升值给日本经济带来了沉重的打击,对外升值付出沉痛代价。20世纪80年代,日本积极推行日元国际化战略,日元国际化步伐加快。1985年9月22日,美国、日本、联邦德国、英国和法国(即G5集团)财长以及中央银行行长,在美国纽约广场饭店举行会议,达成一揽子协议,史称《广场协议》(*Plaza Accord*)。该协议要求各国抑制通货膨胀、扩大内需、减少贸易干预、协作干预外汇市场,使美元对主要货币汇率有序地下调。自《广场协议》开始实施,日元汇率一路上扬,到1986年5月,美元对日元汇率突破160日元大关,到1987年达120日元,美元兑日元贬值约50%。日元升值一直持续到1988年末,进入1989年才开始有所回落。日元汇率保持高位,一直持续到20世纪90年代中期,并一度达到一美元兑换76日元,日元大幅度升值,导致日本经济陷入了"失去的十年"。

3. 英镑危机。英镑危机(Sterling Crisis)是指英镑国际货币地位的下降,出现贬值趋势,被其他货币替代的现象。1931年9月,英国放弃金本位制后,英镑信用开始动摇。第二次世界大战后,英国的经济贸易实力严重削弱,虽然实行了严格的外汇管制,国际收支仍然不断发生危机,使英镑地位每况愈下,加速了英国短期资本外流,而把英镑作为储备货币的国家,越来越多地抛售英镑,抢购黄金和其他硬货币,迫使英镑不断进行贬值来调整对其他货币汇价。1949年9月18日,英镑贬值30.5%,对美元汇价由1英镑折合4.03美元降为2.8美元。1967年11月18日,英镑贬值14.3%,对美元汇价降为1英镑折合2.4美元。1971年底,外汇市场再一次发生抛售英镑的风潮。1972年6月23日,英国政府宣布英镑实行浮动汇率。经过数次贬值,英镑成为国际上疲软的货币之一,在国际金融市场上的地位大为削弱,在国际贸易结算和国际储备中的地位也日益降低。

4. 欧洲货币危机。1992年9月中旬,在欧洲发生了一场自第二次世界大战后最严重的货币危机。欧洲货币危机的主要表现是,德国高利率引发了外汇市场出现抛售英镑、里拉而抢购马克的风潮,致使里拉和英镑汇率大跌,意大利里拉汇率一路下挫,跌到了欧洲货币体系汇率机制中里拉对马克汇率的下限,危及欧洲货币体系的稳定。1992年9月13日,意大利政府不得不宣布里拉贬值,将其比价下调3.5%,而欧洲货币体系的另外10种货币将升值3.5%,这是自1987年1月12日以来,欧洲货币体系比价的第一次调整。意大利里拉在1993年9月13日贬值之后,仅隔了3天又一次在外汇市场上处于危机，马克对里拉的比价再次超过了重新调整后的汇率下浮的界限，意大利政府为了挽救里拉下跌花了价值40万亿里拉的外汇储备终未奏效，只好宣布里拉退出欧洲货币体系。

1992年9月14日，德国政府宣布贴现率降低0.5个百分点，由8.75%降到8.25%，这一举措引起了英镑汇率的下跌，外汇市场上英镑与马克的比价冲破了三道防线，达到1英镑等于2.78马克。英镑的狂跌使英国货币管理当局不得不提高银行利率，利率水平由10%提高到15%，一天之内，2次提高利率在英国近代史上是绝无仅有的。英国此举的目的是吸引国外短期资本流入，增加对英镑的需求以稳定英镑的汇率。但是，市场的变化是微妙的，一旦信心动摇，大势已成，英镑汇率变动的颓势就难以遏制。尽管各国中央银行注入上百亿的英镑资金，挽救英镑的颓势，但无济于事，英镑兑马克的比价由1英镑等于2.78马克跌至1英镑等于2.64马克，英镑与美元的比价也跌到1英镑等于1.738美元的最低水平。

从1987年1月到1992年9月，5年多时间内欧洲货币体系的汇率只进行过一次调整，而在1992年9月13日至16日，三天之内就进行了两次调整，可见这次欧洲货币危机的严重性。直到1992年9月20日，法国公民投票通过《马斯特里赫特条约》，才使欧洲货币风暴暂时平息下来，英镑、里拉趋向贬值后的均衡的状态。

5. 欧元面临的挑战。自欧元诞生以来，汇率波动幅度比较大。随着欧元的全面启动，欧元汇率一路上升，随后又开始下降，特别是随着欧洲主权债务危机持续发酵，对欧元产生了一系列不利影响。

2008年10月，国际金融危机爆发之际，冰岛由于国家债务严重超界限陷入国家破产状态，之后欧元区成员国由于各自负债比例过高，相继成为继冰岛国家破产之后的多米诺骨牌中的一张，希腊、爱尔兰、葡萄牙、西班牙等国相继陷入国债危机中。2009年10月20日，浮出水面的希腊债务危机为欧元危机正式拉开了序幕。2010年上半年希腊债务危机爆发后，葡萄牙等欧元区各国又相继爆出债务问题，欧元兑美元汇率大幅下跌，欧元区一系列的问题接踵而来，债务危机演变为欧元危机。

受欧债危机的影响，欧元汇率呈下降趋势，引发了人们对欧元的担忧，尤其是人们担心欧元区会解体，欧元全面崩溃，那将成为史上最严重的货币危机，对欧洲货币一体化也是一个沉重打击。作为全球第二大货币，欧元汇率波动已经对世界经济产生巨大冲击，如果欧元崩溃，对世界经济的影响将不可想象。

(二) 拉美国家货币金融危机

20世纪80年代，拉美债务危机爆发以后，又发生了一系列金融危机，主要包括墨西哥货币危机、阿根廷货币危机、巴西货币危机等。

1. 墨西哥货币危机。1994年12月至1995年3月，墨西哥发生了一场比索汇率狂跌货币危机。1994年12月19日深夜，墨西哥政府突然对外宣布，本国货币比索贬值15%。这一决定在市场上引起极大恐慌。投资者疯狂抛售比索，抢购美元，比索汇率急剧下跌。次日汇率从3.47比索兑换1美元跌至3.925比索兑换1美元，狂跌13%，紧接着再跌15.3%。伴随比索贬值，外国投资者大量撤走资金，墨西哥外汇储备两天内锐减近40亿美元,整个金融市场一片混乱,短短的三天时间,墨西哥比索兑换美元的汇价就暴跌了42.17%,历史罕见。

墨西哥比索贬值引起了大规模资本外逃,由于投机性的短期证券投资资本占70%左右,资本市场上大规模抛售股票,墨西哥股市IPC指数跌至1500点,比1994年金融危机前最高点2881.17点累计跌去了47.94%,股市下跌幅度超过了比索贬值的幅度。

资本外流对于墨西哥股市如同雪上加霜,为了稳定墨西哥金融市场,墨西哥政府采取多种措施来挽救经济,稳定市场,直到国际社会提供的500亿美元国际资本援助逐步到位,墨西哥金融动荡才于1995年上半年趋于平息。

墨西哥货币危机爆发的主要原因:一是实行盯住汇率制度(即比索盯住美元)以降低通货膨胀,但由于本国货币贬值的幅度小于通货膨胀率的上升幅度,币值高估在所难免,从而会削弱本国产品的国际竞争力。二是对外资依赖程度过高,为了弥补经常项目巨大赤字,大量使用短期外国资本调节国际收支逆差。三是金融市场开放过早过急,尤其是资本账户开放时机不当,国际短期性投机资本长驱直入。四是政局不稳影响投资者信心,货币金融政策不当,对金融业银行业监管不力。

2. 阿根廷货币危机。20世纪80年代末,拉美债务危机影响下的阿根廷,经济不景气,恶性通货膨胀。为了抑制通货膨胀,阿根廷实行货币局制度①,规定比索以1:1盯住美元,并将美元储备作为发行本国货币比索的唯一准备。虽然,货币局制改革增强了国民对比索的信心,对治理通货膨胀起到了作用。但货币局制度盯住美元,导致本国货币比索币值高估,限制了货币政策的自主性,对阿根廷经济增长、就业是不利的。

2002年1月6日,阿根廷议会两院通过了包括放弃现行经济模式、实行货币贬值等重要措施在内的经济改革法案,政府宣布放弃货币局制度,从而揭开了阿根廷比索货币危机的序幕。阿根廷比索兑美元汇率开始下降,比索贬值近30%,尤其是政府还宣布将实行浮动汇率制度,人们对比索未来的担忧导致了大规模货币替代,投资者纷纷抛售比索抢购美元,资本外逃,比索危机加剧。

2008年,国际金融危机爆发以后,阿根廷比索又经历了一场新的货币危机。由于阿根廷外贸恶化,贸易顺差大幅下降,比索对美元汇率一度跌到历史的新低点。2008年11月,美元兑比索实际汇率为1:1.76,创6年来新高。比索大幅迅速贬值,加剧了金融市场动荡,导致资本外流,因此,政府对比索汇率进行了干预,仅一天阿根廷央行就投入2亿美元维护比索汇率稳定。

阿根廷货币危机的主要原因:货币制度选择不当,外债负担过重,贸易收支状况恶

---

① 货币局制度是指政府以立法形式明确规定,承诺本币与某一确定的外国货币之间可以以固定比率进行无限制兑换,并要求货币当局确保这一兑换义务实现的汇率制度。它既是一种货币发行制度,以法律形式规定当局发行的货币必须以外汇储备或硬通货为信用基础;又是一种汇率制度,即本币和外币之间按事先确定的汇率无条件兑换。货币局制度的运行机制是货币发行机构按照法定汇率以100%的外汇储备作为保证发行货币,当市场汇率高于法定汇率时,货币发行机构卖出外汇回笼本币,当市场汇率低于法定汇率时,货币发行机构买进外汇从而发行本币,以保证市场货币供给和汇率稳定。根据2008年IMF的统计,包括香港特别行政区在内共有13个国家和地区采用货币局制度(联系汇率制度)。

化，实行了新自由主义经济政策，资本账户开放时机不当，投机攻击等。

3. 巴西货币危机。1999年，巴西金融市场剧烈动荡，巴西货币雷亚尔对美元汇价直线下跌。1999年1月12日，巴西Bovesta指数一早开盘跌幅就高达6.54%，收盘时下跌了7.62%，次日开盘后，大盘跌幅超过了10.23%。1999年1月13日，巴西央行将原本定于1.12至1.22的汇率浮动区间调整为1.2至1.3。由于巴西的外汇储备不足，人们对巴西货币雷亚尔的信心下降，雷亚尔从1美元兑1.32雷亚尔跌到1.72雷亚尔，并一度跌到2.1雷亚尔的历史低点，3周内贬值42.3%。1999年1月15日，巴西央行决定让雷亚尔汇率自由浮动，从1月15日至5月7日，雷亚尔贬值的幅度接近70%。巴西雷亚尔贬值伴随着大规模的资本外逃，从平均每天2亿美元的外流速度，增加到6亿~7亿美元规模，给巴西的内外经济造成了严重的影响。巴西货币危机的导火线是政府债务，经济基本面是主要因素。

（三）东南亚货币金融危机

20世纪90年代，东南亚系列货币危机，起源于泰国，波及整个东南亚，进而影响全球金融市场动荡。1997年2月初，国际投资机构掀起抛售泰铢风潮，引起泰铢（baht）汇率大幅度波动。投机者货币投机攻击的手段是借泰国货币泰铢，然后在市场上进行抛售，打压泰国货币泰铢，高达150亿美元的泰铢抛向市场，导致泰铢汇率下跌的压力巨大，引起泰国金融市场动荡。1997年2月，泰国央行动用20亿美元的外汇储备捍卫泰铢地位，但只是暂时平息。1997年3月4日，泰国中央银行宣布加强资本管制，要求企业和银行增加资本，提高坏账准备金比率，此举又引发了人们对市场信心的担忧，又爆发了大规模的挤兑风潮，投资者两天就从10家财务公司提现150亿泰铢（约兑5.77亿美元），同时，投资者大量抛售银行与财务公司的股票，造成泰国股市连续下跌，汇市下跌压力更大。尽管泰国中央银行采取了有力的干预措施，股市和汇市暂时稳定下来，但是并不能够阻挡投机资本的攻击。1997年5月，国际投资机构开始大肆投机泰铢，货币投机者通过建立即期和远期外汇交易头寸，从泰国本地银行借入泰铢，在即期和远期市场大量卖出泰铢，沽空泰铢，造成泰铢即期汇率急剧下降，多次突破了汇率浮动限制，引起市场恐慌，本地银行和企业及外国银行纷纷即期抛售泰铢、抢购美元或做泰铢对美元的远期保值交易，导致金融市场进一步恶化，泰铢兑美元贬至26.94∶1的水平。

面对国际资本冲击，泰国中央银行加大对金融市场的干预力度，动用约50亿美元的外汇储备进行干预，并将离岸拆借利率提高到1000%，同时争取国外中央银行的支持，在一系列措施干预下，泰铢汇率有所回稳。1997年6月中下旬，泰国的政治动荡又引发了新一轮的泰铢贬值，泰铢汇率跌至1美元兑28泰铢，股市也从年初的1200点跌至461.32点。1997年7月2日，泰国中央银行宣布放弃已坚持14年的泰铢盯住美元的汇率政策，实行有管理的浮动汇率制度。

泰国货币金融危机引发了多米诺骨牌效应。1997年7月2日，泰国被迫宣布泰铢与美元脱钩，实行有管理的浮动汇率制度，当日泰铢汇率狂跌20%，与泰国具有相似经济问题的菲律宾、印度尼西亚和马来西亚等国迅速受到泰铢贬值的传染。1997年7月11

日，菲律宾宣布允许比索在更大范围内与美元兑换，当日比索贬值11.5%。同一天，马来西亚则通过提高银行利率阻止林吉特进一步贬值。印度尼西亚被迫放弃本国货币与美元的比价，印尼盾从7月2日至14日贬值了14%。

继泰国等东盟国家发生货币金融风波之后，1997年10月开始，国际投机资本又在我国香港和台湾地区发起货币投机攻击，国际炒家多次在香港金融市场上打压港元，沽空港元，制造汇市、股市和期货市场的波动，从中获利。与此同时，投机者又在台湾地区发起货币投机攻击，1997年10月17日，新台币贬值达到1美元兑换29.5元新台币，创下近十年来的新低，台湾股市下跌了165.55点，到10月20日，新台币贬值至30.45元新台币兑1美元，台湾股市再跌301.67点。台湾货币贬值和股市大跌，不仅使东南亚金融危机进一步加剧，而且引发了包括美国股市在内的大幅下挫。

1997年10月27日，美国道·琼斯指数暴跌554.26点，迫使纽约证券交易所9年来首次使用暂停交易制度。1997年10月28日，日本、新加坡、韩国股票市场纷纷下挫，外汇市场波动频繁。韩元兑美元的汇价下跌了30%，韩国股市跌幅也超过20%。日元汇率从1997年6月底的115日元兑1美元跌至1998年4月初的133日元兑1美元，直至一度接近150日元兑1美元的关口。

东南亚金融危机从1997年初一直持续到1998年初，从泰铢贬值开始，泰国货币金融危机迅速传染到周边的国家和地区，甚至全球金融市场都受到了冲击，货币金融危机呈梯次，一波比一波冲击严重，导致外汇市场、股票市场、期货市场等金融市场的剧烈动荡。

（四）俄罗斯货币金融危机

1997年10月和1998年5月，俄罗斯先后爆发了两次较大规模的货币危机。

受东南亚货币金融危机的影响，1997年10月28日到11月10日，在俄罗斯金融市场大量抛售股票，股价平均下跌了30%，同时，外汇市场上抛售卢布抢购美元，资本外逃。1998年5—6月，俄罗斯又发生了一轮货币金融动荡，卢布贬值，股票市场和外汇市场剧烈波动，国际资本外流。俄罗斯金融危机爆发的原因主要是出口受阻和资本急剧外流导致国际收支恶化；巨额财政赤字与债务负担；经济体制和结构方面的薄弱性；金融秩序混乱，不良资产比重过高，本币信誉低下等。

（五）美国次贷危机引发的国际金融危机

美国次贷危机，即次级按揭抵押贷款危机，是由于次级按揭贷款大规模违约导致的金融危机。次级按揭抵押贷款与标准抵押贷款的区别在于，次级抵押贷款对贷款者信用记录和还款能力要求不高，贷款利率相应比一般抵押贷款高，那些因信用记录不好或偿还能力较弱而被银行拒绝提供优质抵押贷款的人，会申请次级抵押贷款购买住房。因此，次级按揭抵押贷款业是一种高收益高风险业务，房价不断走高时，次级抵押贷款生意兴隆，即使贷款人现金流并不足以偿还贷款，他们也可以通过房产增值获得再贷款来填补缺口，但当房价持平或下跌时，就会出现资金缺口而形成坏账。由于房价下跌时，抵押品价值不再充足，加上按揭人收入又不高，信用等级差，面临着贷款违约，一旦违约，房子即被银行收走，引起按揭提供方的坏账增加，按揭提供方倒闭案增加，金融市场系统风险增加。

2006年，美国房地产市场逐渐转差，房价出现下跌的迹象，美联储又不断加息，首先是次级贷款抵押者违约，偿还银行贷款的现金流断裂，部分房屋按揭抵押贷款机构面临破产，使次级抵押贷款拖欠以及坏账增加，以次级抵押贷款为基础，创新的衍生金融产品价格大跌，令创新、经营这些产品的投资银行和一些产品的购买者（金融机构投资者等）遭受损失，面临财务危机或者破产危机。2007年，随着美国投资银行贝尔斯登倒闭，次级抵押贷款危机在美国发酵蔓延。2008年10月，随着美国投资银行雷曼兄弟倒闭破产，标志着发端于美国的次级抵押贷款危机，最终演变成为国际金融危机。受此影响，全球金融业受到巨大冲击，金融机构、投资银行、证券市场、外汇市场及其衍生产品市场都被卷入全球性金融危机之中。

美国次级抵押贷款危机引发的国际金融危机，其深层次原因是美国自身的经济问题。美国的财务杠杆率全球最高，政府赤字，居民消费过度依赖信贷，埋下了巨大的风险隐患，一旦条件成熟，可能就会演变成一场危机，并且波及全球。

二、当代货币金融危机的主要特征

（一）美元自身不稳定

现行国际货币体系下，美元充当全球货币的价值标准，并以此建立起货币兑换关系，在国际储备、国际结算中，美元是主要计价货币。这就要求美元作为货币体系的关键货币价值稳定，要保证世界经济对美元流动性的需求。美元危机或者美元本位危机，最根本的表现就是美元价值的不稳定性，自从布雷顿森林体系崩溃以后，美国宣布美元与黄金彻底脱钩，美元失去了价值稳定的货币锚黄金的支撑，随着美国经济地位的相对削弱，加上美国债务杠杆率高，政府负债和居民负债均居世界前列，这些都会引起美元信誉下降，导致美元价值波动。

（二）货币危机发生的频率高、影响大

当代货币金融危机发生的频率较高，并呈现出周期短的趋势，特别是20世纪90年代，货币金融危机集中爆发，进入21世纪，头十年里又发生了2008年大规模的国际金融危机。货币金融危机发生的周期变短了，频率高了，影响也深远。如亚洲金融危机、美国次级抵押贷款危机引起的国际金融危机，影响都是历史空前的。

（三）货币危机的条件发生了巨大变化

当前经济全球化、一体化趋势前所未有，生产跨国化、资本全球化、金融交易网络化、虚拟化等，这些都预示着世界经济在发生着重大的一系列变化。在这些变化过程中，货币危机发生的条件也在改变，脱实向虚，即虚拟经济严重脱离实体经济是引发货币金融危机的一个非常重要的因素。另外，世界各经济体之间的联系日益密切，你中有我、我中有你，一旦危机发生，很容易产生多米诺骨牌效应。

（四）货币危机、金融危机以及经济危机互相交织，难以区分

当代货币危机的重要特征之一，就是货币危机与金融危机交织，两者之间难以区分，货币危机引发金融危机，金融危机也可能会引发货币危机，同时货币金融危机也会

引发经济危机。如欧洲货币危机和东南亚金融危机应该是首先从货币危机开始，由于汇率波动引发了金融市场的动荡，并且演变为金融危机。美国次级抵押贷款危机引发的国际金融危机，首先从金融危机开始，即次级抵押贷款违约，触动整个金融市场动荡的开关，从原生金融市场到衍生金融市场，从货币市场到资本市场，从证券市场到外汇市场，从美国国内金融市场到全球金融市场，波及范围之广、影响之深刻是历史上罕见的。

（五）内生型货币危机与外部冲击型货币危机交织在一起

内生型货币危机与外部冲击型货币危机二者之间往往交织在一起。内生型货币危机，取决于内部经济系统出现泡沫，内部经济失衡，内部经济泡沫破裂之后引发挤兑，抛售有价证券，抢购外汇资本外逃。由于货币金融危机的传染性，局部的货币金融危机会迅速传染到周边国家乃至全球，并且演变成为一场外部冲击型的货币金融危机，有时候外部冲击型货币金融危机也会演变成为内生型的货币金融危机。

（六）货币金融危机在经济比较活跃的经济体发生概率高

经济比较活跃的经济体是指对外开放程度高，资本账户开放，监管薄弱，经济过热，进出口活跃等，这些经济体容易出现内外经济失衡，如泡沫破裂，外债负担过重，国际收支逆差等，就会引发货币金融危机。这是由经济周期决定的，最初是经济扩张阶段，然后是停滞和衰退阶段，接着是内外均衡更为脆弱，最后是货币金融危机。

（七）金融自由化程度越高货币危机发生的概率越大

金融自由化程度是指，金融市场完全开放，资本完全自由流动，外汇市场、证券市场、货币市场、资本市场高度开放，尤其是存在着"三元冲突"的经济体，选择了固定或者盯住汇率制度，在开放经济条件下，资本账户一旦开放，就会面临着货币投机攻击的风险，导致汇率波动，引发金融市场联动效应。

（八）货币金融危机呈系统性

根据金融生态体系论，金融经济（树冠）是建立在农业经济（树根）和工业经济（树干）的基础上。"树根"和"树干"即农业经济和工业经济属于实体经济部分；"树冠"即金融经济属于虚拟经济部分。从自然法则来看，树根、树干和树冠构成一个完整的体系，支撑和滋养着一棵参天大树，三个部分缺一不可，相互影响，相互制约。经济体系中，实体经济和虚拟经济关系一样，实体经济是根基，虚拟经济是在实体经济基础上发展起来的，为实体经济服务，虚拟经济不能脱离实体经济无限地膨胀，就像大树的树冠不能脱离树根和树干无限生长一样。树冠膨胀到一定程度，既沉重又招风，会折断树干，一棵参天大树也会葬送掉。同样道理，经济系统也是如此，虚拟经济脱离了实体经济无限膨胀，金融经济领域泡沫无限扩大，一旦遭遇内部因素或外部因素冲击，会对整个经济产生系统性影响，虚拟经济收缩，进而冲击实体经济，经济增长和就业受到重创。

第三节 货币金融危机理论分析

一、马克思关于货币金融危机理论

马克思在《资本论》中指出:"在危机中,会出现这样的要求:所有的汇票、有价证券和商品应该能立即同时兑换成银行货币,而所有的银行货币又应该能立即同时再兑换成现金。"[①] 马克思指出,货币金融危机是一种变现的现象或者过程,由于人们担心手中的资产受到损失,纷纷变现,落袋为安,即"现金为王"。在当时的金本位制度下,危机来临时,人们将手中的有价证券、金融资产变现,最终将其换成价值稳定的黄金。

马克思认为货币危机源于货币的内在矛盾,货币的内在矛盾是由经济人的基本属性决定的,当经济人追求自我利益,相互信任、相互合作时,货币内在矛盾就不会爆发,危机就不会产生,否则就爆发危机。

货币属性是经济人属性的外在表现。经济人的基本属性是追求自我利益和相互合作。由于各自追求自我利益,经济人之间有对立的一面,又因为只有在相互合作中才能追求到自我利益,经济人之间又有一致的一面。经济人利益的一致性是通过货币关系表现的,经济人利益的对立性,也通过货币关系表现出来,具体地说,是通过债权和债务关系表现出来的。马克思说:"货币形式——债权人和债务人的关系具有货币关系的形式——所反映的不过是更深刻经济生活条件的对抗。"[②]

如果这种对抗关系得不到很好的化解,就会爆发货币危机。或者说是货币金融危机发生的根本原因就是经济人之间由相互遵守信用,履行道义,而变为背信弃义,失信毁约。因此,货币金融危机是信用危机,是人性危机,要消除金融危机,只有经济人之间恢复信用,重新合作。

(一)货币内在矛盾表现为计算货币与实体货币的分离

马克思说:"货币作为支付手段的职能包含着一个直接的矛盾。在各种支付互相抵销时,货币就只是在观念上执行计算货币或价值尺度的职能。而在必须进行实际支付时,货币又不是充当流通手段,不是充当物质变换的仅仅转瞬即逝的媒介形式,而是充当社会劳动的单个化身,充当交换价值的独立存在,充当绝对商品。这种矛盾在生产危机和商业危机成为货币危机的那一时刻暴露得特别明显。"[③]

马克思认为,货币作为计算货币充当价值尺度,在交换过程中以交换价值的化身出现,来计量和表示任何一种财物时,货币的名称就离开了货币的实体,而存在于货币实体之外,存在于没有价值的纸片上,在纸上,用想象中的货币就把参加交易的价值清楚地计算出来了。货币就这样成为计算货币,成为数字货币。

---

① [德]马克思. 资本论(第三卷)[M]. 北京:人民出版社,2004:650-651.
② [德]马克思. 资本论(第三卷)[M]. 北京:人民出版社,2004:159.
③ [德]马克思. 资本论(第一卷)[M]. 北京:人民出版社,2004:161-162.

一切货币，无论金币、纸币和记账货币，都是信用货币，其存在的意义完全不在于它们的实体是什么，而在于当事人之间相互信任。信用就是人与人之间的相互合作，当人们之间的信任感进一步加强，就以相互开出的汇票为信物，作为货币。这里所说的信用是指创造购买力的信用，这种信用不使用实体货币，而且通常是完全不使用任何实体货币，各种大量、大规模的交易完全计入一个账目，而只付差额。只要经济人之间相互信任，不用实体货币结算，只用汇票进行结算，那么，许多次交易产生的多笔支付就会作为正数和负数而互相抵销，这就根本不需要实体货币参与。货币只是观念上的计算货币。

但是，货币作为信用符号，在观念上，作为计算货币，作为价值尺度，作为价值标准，并非是毫无条件、毫无风险的。在事实上，恰恰是有条件的、有风险的。那就是，货币作为价值尺度，作为价值标准，其自身的价值必须稳定，否则，会引发货币危机。所以，货币自身内部存在矛盾是计算货币和实体货币的矛盾，或者说，账面货币和实体货币的矛盾。一方面，当经纪人相互信任之时，许多笔支付可以互相抵销，货币只是在观念上作为尺度发挥作用；另一方面，当经济人之间相互不信任，所有的支付都必须用实实在在的货币进行结算时，货币就不是作为瞬息间的流通手段进入流通，而是作为绝对财富的化身进入流通。在这时，货币的内部矛盾激化了，货币危机，或者说金融危机就爆发了。

货币内在矛盾激化是由于在信用经济社会中，有相当数量的人可以在生产过程之外，在商品流通过程之外，在纯粹的货币借贷过程中，在买卖股票和债券的过程中，在买卖外汇的过程中，在期货交易和期权交易中，让货币在实体货币基础上自行增值。这一切都会引起疯狂地贱买贵卖的投机活动，甚至是买空卖空的投机活动。在信用制度下，代理人拿委托人的财富去投机更富有冒险性，更带有孤注一掷的赌博特点。这就会使计算货币迅速膨胀，严重脱离实体货币。计算货币和实体货币的矛盾不断激化，当危机来临时，人人都想变现，将计算货币转换为实体货币，由于不能兑现，货币危机就爆发了。

（二）信用主义转变为货币主义，金融危机爆发

马克思在《资本论》第三卷中，多次用"信用主义"和"货币主义"这两个词。马克思说："在危机中，信用主义会突然转变成货币主义。"[①] 所谓信用主义就是指，在经济高涨或繁荣时期，债权人和债务人相互信任，人们都把货币作为计算货币，把汇票、支票和各种证券当作财富，把财富当作社会过程而存在。货币盈余者总是相信货币短缺者能够按期还本付息，因此，把货币作为资本，让货币在借贷过程中生出新的货币来，以增加自己的财富。

所谓货币主义是指在货币危机时期，每一个人都把实体货币作为唯一的财富，都认为只有实体货币是财富，各种有价证券都不是财富，甚至认为商品也不是财富。每一个人都抛售商品和证券，强烈地追求实体货币。这时，人们就不再把计算货币看成财富

---

① [德] 马克思. 资本论（第三卷）[M]. 北京：人民出版社，2004：608.

了，也不再把财富当作社会过程而存在，而是作为静止的、积累下来的、储藏下来的实体货币才代表财富的存在。

信用主义和货币主义两者之间的相互转化是有条件的，当人们相互信任、相互合作，信用主义就能够持续下去，以计算货币表示的虚拟财富就会不断增长，当达到一定的质变点时，即到了泡沫破裂临界点，信用主义突然崩塌，转变为货币主义，人人都想变现，纷纷抛售有价证券，以及房地产商品，人人都想保留实体货币，落袋为安。

正像马克思所说："危机一旦爆发，问题就只在于支付手段了，但是因为这种支付手段的收进，对每个人来说，都要依赖于另一个人，谁也不知道另一人能不能如期付款；所以，将会发生对市场上现有的支付手段即银行券的全面追逐。每一个人都想尽量多地把自己能够获得的货币储藏起来。因此，银行券将会在人们最需要它的那一天从流通中消失。"[①]

二、西方货币金融危机理论

（一）经济周期论

经济周期论认为金融危机与经济周期密切相关，把危机的产生和积累视为市场非理性和非均衡行为的结果，以"金融脆弱"和"过度负债"等理论为核心形成了包括"债务—通货紧缩"和"金融不稳定假说"理论。

"债务—通货紧缩"理论认为，金融危机是周期性的，会造成过度负债状态的再现，从而引发经历"债务—通货紧缩"过程的一系列金融活动：高涨时，商品价格、利率上升，引发投机，债务增加，存款和货币供应量增加，经济快速膨胀，一直持续到"过度负债"，以至无法清偿到期债务状态，为清偿债务而变现，导致通货紧缩，物价下降，产出和就业下降，经济衰退，悲观，丧失信心，危机产生。

"金融不稳定假说"理论认为，随着经济繁荣的持续，金融体系会从一种稳定状态转向一种不稳定状态，因为乐观预期，投机融资和庞氏融资会增加，加剧膨胀状态；当货币当局紧缩时，投机融资者会变成庞氏融资者，资产的净值会迅速蒸发，缺乏流动性的投资（机）不得不出售资产缩减金融头寸变现，导致资产价格崩溃，抛售有价证券，金融市场动荡。

当出现高度发达的金融市场以后，货币金融危机整个过程分为疯狂、恐惧和崩溃三个阶段。随着经济扩张预期增强，在金融市场上，会产生疯狂投机行为，即疯狂地把货币转换成真实（实物）资产和金融资产，这种疯狂追逐资产的过度投机行为及市场参与者的心理预期，会使通货紧缩对经济的不利影响更容易放大。因此，金融市场的不稳定是对以前事件累积过程的反映，而货币与信用的膨胀是刺激投机，从而引发危机，最终导致恐慌和经济崩溃的原因。

（二）货币学派的金融危机理论

货币学派认为市场是理性的，市场上金融风险的产生和积累并不是源于市场内部的

---

① [德] 马克思. 资本论（第三卷）[M]. 北京：人民出版社，2004：598.

市场恐慌和普遍非理性,而是来自于市场外部,尤其是中央银行对宏观经济干预的不当,导致金融动荡的根本原因是货币政策失误。货币政策失误引发金融风险的积累和产生,使得小范围的金融问题演变为剧烈的金融灾难。如,银行恐慌导致金融危机加剧,因为,金融机构破产使公众对银行将存款兑换为通货的能力丧失信心,从而引起银行业的恐慌,若货币当局对银行业的恐慌不加以干预,使之得以缓解,则会导致大批稳健经营的银行破产。

中央银行货币政策对银行恐慌的产生至关重要。中央银行对货币供给的控制不当,过分紧缩或者过分扩张,会引发金融危机。因为突发性大幅度货币紧缩会迫使银行为维持足够的流动性而出售资产来保持所需的储备货币,资产价格因此下降并导致利率上升,这又增加了银行筹资成本,危及银行偿付能力,存款人信心也受到打击。若大批银行因失去流动性和偿付能力而倒闭破产,这必然使货币供应进一步减少,最终使金融机构的破产加速并迅速传播,金融危机因此爆发。

三、现代货币金融危机的理论

(一) 第一代货币危机理论:固定汇率制度和宏观政策冲突

第一代货币危机理论认为,货币危机的发生是因为政府宏观经济管理政策失误导致实际经济基础恶化,投机者根据实际经济基础的变化情况,在预计到现有的固定汇率体制难以维持时对货币发动攻击,从而引起固定汇率体制的解体。

克鲁格曼(Krugman,1979)认为,货币危机产生的根源在于政府过度扩张的货币政策和财政政策与稳定汇率政策(如固定汇率)之间的不协调,即扩张的货币化政策导致本币供应量的增加,本币贬值,因此投资者在这种情况下合理的选择是持有外币,使用本币购买外币。而固定汇率制要求央行按固定汇率卖出外币,因此,央行的外汇储备将不断减少,当外汇储备耗尽时,固定汇率机制自然崩溃,货币危机随之发生。

(二) 第二代货币危机理论:危机的不可预见性和政府的相机抉择

以奥伯斯特菲尔德(Obstfeld,1994,1996)为代表的新开放宏观经济学派,提出了以自我实现(self-fulfilling)机制为基础的第二代货币危机理论。

第二代货币危机理论阐释了危机的自我生成机理,即投机者的信念和预期最终可能导致政府捍卫或放弃固定汇率。该理论强调危机的发生与政府的行为有关,主要取决于政府对捍卫固定汇率制或放弃固定汇率制的成本与收益的权衡。市场对货币贬值的预期会导致政府放弃固定汇率制,预期贬值是货币危机的直接因素。当市场预期货币将贬值时,市场参与者在其经济决策时将预期因素考虑进去,而投机者也将提前抛售本币,这两种因素改变了原来的利弊平衡关系,使政府发现维持固定汇率制的成本将上升,并有可能超过维持固定汇率制的收益,政府最终放弃固定汇率制,因此货币危机会是在政府不作为的信息传导中和市场环境下完成自我实现的过程。第二代货币危机理论分析中,政府的行为更为主要,政府的相机抉择行为成为整个分析过程的中心,政府的政策目标不是单一的,政府并不会机械地坚持固定汇率,而是会根据维持固定汇率的成本和收益进行相机抉择。

(三) 第三代金融危机理论

许多经济学家研究认为，1997年东南亚金融危机发生的原因，是金融自由化、大规模的外资流入、金融中介信用过度扩张、过度风险投资、资产泡沫化、金融中介资本充足率低与缺乏谨慎监管等。

面对不同的危机背景、危机表现形式及危机特征，一些经济学家打破传统的分析框架与分析思路，不再局限于汇率机制和宏观经济政策等宏观经济分析范围，而从企业、银行、外国债权人等微观主体行为分析危机产生的根源及其演绎机理与路径，建立了"第三代金融危机理论模型"。他们从不同侧面分析了资本充足率低、缺乏谨慎监管的银行业及其信用的过度扩张，并由此产生过度风险投资，资产特别是股票和房地产的泡沫化，最终导致银行业的危机并诱发货币危机，而这两种危机的自我强化作用进一步导致严重的金融危机的爆发。

第三代金融危机理论主要从以下几个方面分析货币金融危机发生的原因：

1. 道德风险危机理论。在金融自由化的条件下，当一国的金融机构可以自由进入国际资本市场融资时，金融中介机构的道德风险就会转化成为证券金融资产和房地产的过度累积，并由此产生金融泡沫，造成金融体系的系统性风险，加剧该国金融体系的脆弱性。

2. 流动性危机理论。该理论认为金融危机的原因应该归结为市场上恐慌性的投机冲击，而冲击的产生主要与一国脆弱的金融体系有关，特别是与银行的流动性不足有关，由于恐慌性的资本流出，大量长期投资项目被迫中途变现，从而使企业陷入资不抵债的境地。

3. 国际资本流动危机理论。该理论通过分析大规模外资流入对本国宏观经济状况、银行业的影响，指出外资流入使得宏观经济稳定性变弱，如经济过热、实际汇率升值、经常项目恶化、资产泡沫等，导致银行业过度贷款，风险贷款比例、不良贷款比例增加，银行业脆弱性增加，并且这是一个恶性循环过程。在外部冲击和内部经济震荡时，投机者攻击，外资逆转，货币危机发生。

4. 孪生危机理论。20世纪80年代以后，货币危机和银行业危机往往相伴而生。该理论认为银行业危机导致了货币危机的发生。在固定汇率制下，外部冲击会导致国际储备下降，中央银行干预使信用收缩，破产增加，银行业危机因此而发生。银行业危机改变投资者信心，外资撤离，脆弱的金融机构对本币无助，因而导致货币危机，货币危机又进一步加重银行业危机。

四、货币危机的国际传导理论

20世纪90年代，随着各国之间经济依存度的提高，货币危机逐渐表现出在各国之间蔓延的特点，即货币危机具有"传染性"（Contagion）。货币危机始于个别国家和地区，然后通过一定的传染途径迅速波及周边国家和地区，给世界经济带来极大的破坏。

(一) 货币危机传染性内涵

货币危机发生会对本国经济和世界经济产生深刻的冲击。货币危机传染是对一国货币成功的投机攻击而导致他国货币投机攻击压力增加的现象。货币危机传染的衡量标准是当对政治和经济基本因素加以控制后，一个国家在某个时间点上发生货币危机的概率是否与其他国家在同一时间点上发生货币危机相关，即当其他地方发生货币危机时本国货币发生危机的概率增加的现象。

货币危机传染分为两类：一类是强调不同市场之间的相互依赖所导致的溢出效应，这种相互依赖是指由于实体经济或金融方面的相互连接，使得局部的或全球性的冲击在国际间传播。另一类是货币危机传染与可观测到的宏观经济或其他基本面无关，而仅仅是由于投资者或其他金融经纪人的行为结果。这种"真正传染"通常被认为是非理性的结果，如金融恐慌、羊群行为、信心丧失以及风险厌恶的增加。

（二）货币危机传染机理

货币危机传染机制可以运用"核心—周边"模型解释，假设有 $n+1$ 个国家，其中 1 个国家为核心国，其余为周边国，周边国货币与核心国货币保持固定汇率。核心国比周边国具有更高的风险厌恶程度，因此不愿意与周边国家采取合作性的货币政策来稳定汇率。当核心国的需求受到外部冲击时，则会采取措施以保持需求稳定。而该行为又使周边国家重新考虑它们的汇率盯住制度，如所有周边国家都采取合作的方式，它们会发现同时放弃与核心国的汇率平价是最优选择，因此出现完全传染，此时贬值幅度就比较低；但如果某些周边国家单独放弃了与核心国的汇率平价，则会产生局部传染，贬值的幅度相对较大。

货币危机传染中的季风效应，是由共同的冲击产生的危机传导。伴随着全球化程度的提高，各国经济波动的同步性和金融波动的全球化推动着金融危机的国际传导，一国政策和经济指标的变化，会立刻对他国产生影响，所以"季风效应"的传导机制是通过全球化这一传导渠道，由共同的外部冲击而形成，这种季风效应在现代金融危机的传导中越来越显著。

产生货币危机传染的原因：一是国与国之间的商品贸易和金融资产买卖关系密切，当一个国家因发生货币危机而货币贬值时，它的主要贸易伙伴就可能成为被攻击的对象。二是现代化的信息传输方式及金融自由化极大地加快了全球金融市场上的资金流动，国际资本流动也成为金融危机在国家间传导的最迅速、最重要的渠道。三是当一个国家的危机使得另一个国家的经济移动到一个"坏的均衡"（具有货币贬值、资产价格下跌、资本外逃等特点）时，投资者对其他类似国家的心理预期变化和信心危机产生了情绪的改变，就会发生危机的传染，这种非接触性传导称为净传染。四是政治因素导致危机的传染。

第四节 货币金融危机原因及影响

货币金融危机产生的原因也非常复杂，有内部的，也有外部的，既有货币政策因素，也有汇率制度选择方面的因素。综合当代货币金融发生的共同因素，主要包括内部经济泡沫化严重，外部国际收支逆差，或者债务负担过重等。货币金融危机影响内部经济增长、就业和物价稳定，导致内外经济失衡，内部通缩，外部国际收支逆差，对整个金融体系产生冲击，证券市场、外汇市场、信贷市场等会相继发生波动，由于危机的传染性，还会从危机的发生地传染到其他国家地区乃至全球。

一、货币金融危机产生的原因

货币金融危机的发生既有内部失衡的因素，也有外部冲击的因素，既有宏观经济政策方面的因素，也有汇率制度选择方面带来的不利冲击，既有发达经济体责任，也有发展中经济体的自身缺陷。既有实体经济方面的因素，也有虚拟经济方面的因素，货币冲击、贸易冲击、国际大宗商品价格剧烈波动等，都可能演变成为一场货币金融危机。

（一）国际货币体系根基不稳是关键

当前国际货币体系中，美元是价值标准，是本位货币，如果美元价值不稳定就会动摇整个货币体系的根基。自从布雷顿森林体系崩溃以后，美元与黄金脱钩，没有了货币锚，美元信誉不确定性增大。美元作为本位货币应该价值稳定，为全球货币体系提供货币锚支撑作用。然而，美国采取的货币政策措施往往并非出于维护美元本位稳定，而是从其自身利益出发，不利于全球经济稳定，也导致了美元汇率波动加剧。

（二）外生性因素导致的货币金融危机

1. 货币金融危机传染性。由于贸易自由化、区域一体化，特别是资本跨国流动的便利化，一国发生货币风潮极易引起邻近国家的金融市场发生动荡，这在新兴市场尤为明显。泰国之于东亚，俄罗斯之于东欧，墨西哥、巴西之于拉美等反复印证了这一"多米诺骨牌效应"。尽管危机通常只在一个新兴市场出现，但是惊慌而失去理智的投资者往往会将资金从所有新兴市场撤出。这是因为：一方面，投资者担心其他投资者会抛售证券，如果不捷足先登必将最终殃及自己，因此投资者作出抛售决定是理智的选择；另一方面，如果投资者在一国资产（如俄罗斯债券）上出现亏空，他们会通过在其他新兴市场出售类似的资产（比如说巴西债券）以弥补整个资产的亏损。这对于单个投资者来说是完全正常的。然而，从整体上看，众多投资者撤资会造成了一种不理智的结果，势必将相关国家置于货币危机的险境。

2. 经济全球化带来的负面影响。经济全球化使世界各地的经济联系越来越密切，但由此而来的负面影响也不可忽视，如民族国家间利益冲撞加剧，资本流动能力增强，防范危机的难度加大等。不合理的国际分工、贸易和货币体制，对中小国家不利，在产业链、供应链、金融链中，中小国家处于不利地位，即在全球经济中处于比较弱的地位，容易发生危机或者易受危机的波及。

3. 国际经济政策协调不当。国际货币基金组织（IMF）在国际货币金融协调中的作用弱化，每当货币金融危机发生时，其发挥应有的作用不够，往往导致危机加剧，例如在1997年东南亚金融危机中，国际货币基金组织没有尽到分内之职。有时国际货币基金组织采取救助危机政策措施不当。如，20世纪80年代至90年代，依据美国的要求，国际货币基金组织向遭受危机、等待救援的国家硬性推出财政紧缩、私有化、自由市场和自由贸易等一些不恰当的政策，从而加深了衰退，使危机变得更加严重。

4. 国际货币金融合作弱化。布雷顿森林体系的建立标志着国际货币金融合作达到了历史上的空前状态，但是随着布雷顿森林体系崩溃，西方主要国家逐渐放弃国际货币金融合作，搞单边货币主义政策。如美国在布雷顿森林体系崩溃以后，抛弃了货币盟友，美元单独浮动，不再承担维护国际货币体系的运行义务，而国际货币金融机构作用又有限。因此，国际货币金融合作弱化也是金融危机、货币危机发生的一个重要原因。

二、货币金融危机的内部因素

（一）汇率制度选择不当

所谓汇率制度选择，就是一个国家或者经济体在现行的国际货币制度下，选择什么样的汇率制度安排，确定与关键货币的兑换标准及其兑换关系的一系列制度性规定。根据汇率制度选择理论，一个国家或者经济体选择适合于本国经济结构特征，适合于对外经济交往需要的汇率制度安排至关重要，无论是两极论，还是中间论，汇率制度选择都不能够一概而论，而应该与时俱进，选择有利于内外均衡实现的汇率制度安排，以避免内外失衡而发生危机。实践证明，一些国家由于汇率制度选择不当而发生了一系列货币金融危机，如拉美国家阿根廷选择的货币局制度，巴西选择了盯住美元的盯住汇率制度。

（二）国际收支失衡

货币金融危机发生的导火线往往是国际收支逆差，个别情况下也可能是国际收支顺差，所以国际收支逆差或者外部失衡与货币金融危机关系十分密切。纵观当代货币金融发展的历史，由于长期持续的贸易逆差成为货币金融危机发生的导火线，因为贸易逆差消耗了大量的外汇储备，外汇储备不足，将引发汇率波动甚至货币危机。

持续的、大规模的国际收支逆差会导致外汇汇率上升，外币升值，本币贬值，大规模货币替代、资本外逃会严重消耗一国的储备资产，影响其国际支付能力，国际信誉下降，会遭到国际游资的投机攻击，汇率大幅度波动，引发货币危机。持续的、大规模的国际收支顺差也会对一国经济带来不利的影响，对本币升值的预期，会吸引大量游资涌入，使本国货币汇率上升、压力增加，本币升值加上通货膨胀，不利于出口，引起贸易收缩，同时，持续性顺差引起国际摩擦，进而引发汇率争端，会加剧货币投机攻击。

（三）外汇储备不充足

一国外汇储备规模决定其在对外经济交往中的信誉。一般而言，一国外汇储备比较充足的国家，对外支付能力强，而且，当国际收支出现逆差时，可以得到有效地弥补。反之，外汇储备准备不充分，当国际收支出现逆差时，不能够有效地弥补，国际收支逆差持续下去，就有可能演变成为汇率投机攻击。当发生了货币投机攻击的情况下，充足的外汇储备，对干预外汇市场、稳定信心十分重要。所以，可靠的外汇来源以及充足的外汇储备，可以有效抵御外部冲击，防范危机的发生。

（四）金融体系不完善

金融体系是金融机构、金融市场、金融工具以及金融制度总和。如果金融机构本身存在缺陷，金融市场不够完善，金融工具高杠杆化，信用制度不完善就会为货币危机埋下隐患。由于金融监管原因,银行体系资本充足率不足、借贷期限不匹配、货币错配、坏账增加、大规模举借外债等,银行的信誉下降,首先引起挤兑风潮,会波及整个金融市场,引起汇率波动,从而引发货币金融危机。

(五) 金融市场开放不当

金融市场开放主要表现在资本金融账户的开放程度、开放的顺序以及时机。在对外经济交往中,一国首先应该开放经常账户,后开放资本账户,先放开长期资本,后放开短期资本,资本金融账户开放应该选择恰当的时机,才能避免货币危机的发生。比如,拉美、东亚、东欧等新兴市场国家过快开放金融市场,尤其是过早取消对资本的控制,是导致货币危机发生的主要原因。金融市场开放会引发大规模资本流入,在固定汇率制下导致实际汇率升值,极易扭曲国内经济、经济泡沫化严重,一旦出现经济政策上的失误,或者是外部冲击因素的扰动,则会在短期内引起大规模资本外逃,导致货币急剧贬值,由此不可避免地爆发货币危机。例如,拉美国家和东南亚国家发生的货币金融危机,在很大程度上归咎于金融市场开放不当,经常项目下可自由兑换和资本项目下可自由兑换的开放时机、开放程度不恰当,最终引发了货币金融危机。

(六) 外债负担沉重

外债是一国居民欠非居民的到期必须还本付息的债务,包括主权外债和商业性外债。外债规模合理与否取决于债务率,偿还外债的能力取决于偿债率,外债结构的合理与否取决于计价货币结构、利率和期限结构、来源结构等。如果一个国家的外债超过了经济承受能力,超出了用于偿还外债的外汇收入,说明其外债负担过重。一旦出现国际收支逆差,主要计价货币升值,或者利率提高,就可能引发债务危机,并对整个金融体系产生冲击,招致货币投机攻击。如泰国、阿根廷以及俄罗斯的货币危机,与外债规模巨大且结构不合理紧密相关。俄罗斯从 1991—1997 年共吸入外资 237.5 亿美元,在外债总额中,短期资本投资约占 70%,1997 年 10 月,外资已掌握了股市交易的 70%,国债交易的 40%。当俄罗斯财政部宣布停止 1999 年底前到期国债的交易和偿付时,债市崩溃,迅即掀起股市的抛售狂潮,从债市、股市撤离的资金纷纷涌向汇市,造成外汇供求关系的严重失衡,直接引发卢布危机。

(七) 宏观经济政策失误

宏观经济政策类型分为需求管理型和供给管理型、内部经济政策和国际经济政策。需求管理型政策,即需求增减调节政策,通过调节总需求来达到一定政策目标的宏观经济政策工具,包括财政政策和货币政策。供给管理型政策,即调节总供给的宏观经济政策,通过对总供给的调节来达到一定政策目标的宏观经济政策工具,具体包括技术创新政策、人力资本政策、经济增长政策以及控制工资与物价的政策。国际经济政策是调节对外经济关系的一系列政策、包括汇率政策、关税政策、对外经济管制政策、国际收支与国际储备管理政策,国际经济协调政策等。需求管理型政策与供给管理型政策二者之间应该相互协调,否则会造成供给和需求之间的失衡,导致经济过热或者紧缩,如扩张的财政货币政策导致需求膨胀,为危机的发生埋下隐患。不当的国际经济政策,如汇率制度选择不恰当,国际收支与国际储备管理失误等,也会导致危机的发生。

（八）政府公信力下降

政府公信力是公众对政府履行其国家社会政治经济等的职责及治理能力的评价。政府公信力对社会经济政治的治理能力，主要表现在政府能够制定良好的政策，稳定社会经济秩序，创造公平公正的竞争环境。宏观经济政策方面，具体而言，表现在货币政策、财政政策、汇率政策等宏观经济政策工具与宏观经济目标实现之间的效率上。政府的宏观经济政策工具实现宏观经济目标的效果好，政府的公信力就强，反之就弱。因此，民众及投资者对政府的信任是金融稳定的前提，是政府有效防范、应对货币危机的基础。如拉美和东南亚国家发生的货币金融危机，与政府的公信力下降有关系，政局不稳定，政策制定与政策执行不连续，裙带资本主义滋生，内部交易盛行，造成投资者和民众对政府产生信任危机，当货币金融危机来临时，政府挽救危机的政策措施，得不到投资者和民众的支持，进而导致危机的进一步加剧。

（九）经济结构不合理

强大的经济基础，即实体经济基础牢固，是防范和抵御货币金融危机的根基。实体经济，即一二三产业布局合理、结构优化，质量好效率高，能够提供强大的供给，竞争力强，能满足消费和出口需求。那么，发生货币金融危机的可能性低，否则，经济基础薄弱，尤其是虚拟经济与实体经济分离，或者说虚拟经济严重脱离了实体经济，经济泡沫严重，发生危机的概率就会大大增加。20世纪90年代，拉美和东南亚金融危机中，有的国家就是因为经济结构不合理陷入了危机当中。如，阿根廷产业结构调整滞后，出口产品中，初级产品和低附加值产品的比重过大，在国际市场中，丧失了竞争优势，出口受挫，贸易逆差成为危机的导火线。又如，泰国、印度尼西亚等国产业长期停留在劳动密集型的加工制造业，在国际竞争下，逐渐失去已有的价格优势，出口不断下降，外汇收入持续减少，国际收支逆差。

三、货币金融危机的影响

（一）对内部经济的影响

1. 影响经济增长、就业和物价。货币金融危机发生，对经济增长、就业和物价的影响是十分不利的。货币金融危机通常在经济过热时容易表现出来，所以要采取紧缩性的宏观经济政策，包括紧缩的货币政策和紧缩的财政政策都不利于经济增长，经济增长放缓或者急速下降，也不利于就业，进而造成通缩，物价下降，整个经济由繁荣高涨进入萧条过程中，投资减少，消费不振，出口下降，对实体经济产生不利影响。应该说，世界上每次发生重大的货币金融危机，实体经济受到的影响都是首当其冲。

2. 货币金融危机对微观经济主体的影响。货币金融危机时，微观经济主体财富蒸发缩水，企业投资下降，资产变现，生产停滞，银行不良资产坏账增加，甚至倒闭。因为在危机发生时，汇率剧烈波动，本币汇率下降，股票市场暴跌，利率会提高，这些现象会导致企业家减少投资，生产、消费、投资、出口都会出现不同程度的下滑。货币金融危机还对个人和企业的消费信心、投资信心产生了巨大的影响，人们对未来的经济预期下降，甚至忧虑，危机带来的经济困境降低了人们的支付能力，如偿还各种消费信贷的压力增加，生活质量大大降低。

3. 对宏观经济政策的影响。货币金融危机的发生，给政府的宏观经济政策带来挑战，政策把控、操作难度加大。为了应对货币金融危机，减少对经济体系造成的影响，政府在危机到来时，往往采取一些应对危机的紧急措施，如紧缩性的财政政策或者货币政策，甚至对经济采取"急刹车"的政策，即冻结政策。同时还要采取一些管制政策，如对贸易的管制政策、对资本的管制政策等。无论是紧缩性的宏观经济政策，还是管制的宏观经济政策，都会对经济系统产生严重的负面影响。

(二) 对汇率制度的影响

货币金融危机对汇率制度产生重大冲击，同时也是对汇率制度选择的重大考验。根据汇率制度选择理论，在货币金融危机发生面前，固定汇率制度受到的冲击比较大，浮动汇率制度受到的冲击比较小，或者说缺乏弹性的固定汇率制度在货币投机攻击面前更加脆弱，弹性较好的浮动汇率制度，在投机攻击面前，受到的影响较小。所以说，在货币金融危机的冲击面前，选择比较僵化的固定汇率制度的国家不得不放弃固定汇率，选择比较灵活的、具有弹性的可变动汇率，如管理浮动灵活盯住汇率制度等。

(三) 对国际收支的影响

货币金融危机发生，往往表现为大规模的资本外逃，或者大规模的资本流入，导致国际收支可能出现暂时性的巨额的逆差，极少情况下也可能会出现国际收支顺差。这主要表现在资本账户上发生剧烈的变化，特别是资本账户开放的国家，资本完全流动，在货币投机攻击发生时，就会表现为资本账户的异动。另外，会受到金融危机的冲击，进出口贸易受到影响，经常账户会出现大规模的逆差。

(四) 对资本流动与国际储备的影响

一旦货币金融危机来临，投资者或者投机者预期一国货币将要贬值，尚未贬值之时，资本就会流出，反之就会流入。国际资本流动的规模和速度，特别是短期性投机资本大规模外逃，会导致国际收支迅速陷入逆差状态，需要动用官方储备进行弥补，大量消耗外汇储备，一旦外汇储备消耗殆尽，便失去了干预市场的主要手段，可能会引发更大的危机到来。

(五) 对世界经济的影响

货币金融危机发生，对世界经济的影响十分复杂，对全球经济的恢复和增长，对国际贸易、国际投资、国际资本流动及国际经济关系，都会产生非常深远的影响。当今世界，相互需求原理决定，各国的经济关系是紧密相连的，全球化意味着贸易投资自由、资本流动自由、资源全球配置。资本的本性和逐利性，在促进资源全球配置的过程中，追求高利的内在冲动，特别是投机性资本的追求高收益动机，往往会破坏世界经济有序、持续、健康的发展。

同时货币金融危机对国际经济关系产生重大的影响。历史证明，在应对全球性的货币金融危机，以及经济危机过程中，必须要求各国加强合作，加强宏观经济政策协调，共渡难关，不能采取"以邻为壑"的、损人不利己的政策。例如20世纪30年代的大危机、"大萧条"，就是世界主要国家采取不合作的贸易保护和货币保护政策造成的。2008

年美国次贷危机引发的国际金融危机中,世界各国加强了合作,以 G20 为平台,主要经济体担负起了主要拯救危机的责任,采取了协调一致的宏观经济政策,包括扩张的货币政策和扩张的财政政策,为挽救自由落体式的危机发挥了重要作用。

第五节　国际货币金融合作与应对货币金融危机

自 20 世纪 70 年代以来,国际货币金融合作得到来自经济学家和各国政策制定者们的重视。货币金融合作比较复杂,不仅包括全球性货币金融合作和区域性货币金融合作,而且包括汇率制度方面的合作以及货币金融政策方面的合作,加强国际货币金融合作对避免货币金融危机十分重要。

一、国际货币金融合作的含义及主要特征

(一)国际货币金融合作

国际货币金融合作是就国际货币金融领域有关问题作出的安排,如国际货币制度、国际货币政策,包含国际货币合作和国际金融合作两个层面。

国际货币合作主要指就汇率制度安排、价值标准确定、国际储备资产、国际收支调节机制等方面,达成制度性的框架协议,或者约定俗成的基本规则。

国际金融合作主要是指国际金融市场领域,就金融市场的开放、资本流动的监管等方面在国际间达成框架协议。

(二)国际货币金融合作的主要特征

根据国际货币金融合作达成的制度协议,分为松散型和紧密型的国际货币合作。松散型国际货币金融合作一般是约定俗成的,不具有强制性的国际货币金融合作。紧密型国际货币金融合作一般是在严密的制度框架协议下,参与国际货币合作的各方,都要严格遵守多边或者双边达成的、具有约束力的、要承担义务的制度框架和协议,如布雷顿森林协议。

根据合作的范围,分为全球性的货币金融合作和区域性的货币金融合作。全球性货币金融合作,是在全球范围内建立的具有广泛的、覆盖全球的全球性国际货币制度、国际金融管理等有关制度框架协议。区域性货币金融合作是指地区有关国家在货币问题上实行的协商、协调和共同行动,它在合作形式、时间和内容等方面都有较大的选择余地,往往都是相对暂时的、局部的和松散的货币合作。区域性货币金融合作的形式包括:

1. 单一货币联盟模式,是指区域内成员国承诺放弃本国货币发行权,在区域内创立和使用全新的统一货币模式。目前最为成功的典型实例即欧元区统一货币模式。

2. 多重货币联盟模式,是指先通过地区内次区域货币合作,然后再过渡到单一货币联盟的合作形式。如东亚货币合作是多重货币联盟模式,在一个长期的、渐进的动态过程,建立危机救助机制、区域汇率稳定机制和单一货币区。

3. 主导货币区域化模式,是指使用一种别国货币,如美元,在政府法定或私人部门

的事实选择下,最终直接取代本国乃至本地区的货币,发挥区域货币的职能或作用。这种货币一体化方式又被称为美元化路径。

二、国际货币金融合作的历史回顾与展望

纵观国际货币金融发展演变的历史,国际货币金融合作,有在全球范围内展开的货币金融合作,全球各国共同参与国际货币金融合作活动,如全球性国际货币体系的建立、全球性国际金融机构的设立;有区域性的国际货币金融合作,在区域范围之内多国参与的货币金融合作,如东亚货币金融合作、欧盟货币金融合作等。

(一)全球范围的货币金融合作

全球范围的国际货币金融合作,主要是指国际货币体系演变中,从国际金本位到牙买加协议以来,各国参与的具有全球性的国际货币金融合作。如金本位制度是以黄金为纽带建立起来的世界上大多数国家参与的国际货币合作;布雷顿森林体系下的国际货币金融合作是历史上人类第一次通过相互信任、相互合作建立的广泛意义上的货币合作框架。

(二)区域性国际货币金融合作

区域性国际货币金融合作是区域范围内,在自由贸易区、关税同盟、统一大市场、经济货币联盟等经济一体化过程中,区域内国家间国际经济往来形成紧密型关系基础上,形成的国际货币金融合作,如欧盟区域范围内形成的货币金融合作、亚洲货币金融合作等。

1. 欧洲货币金融合作。欧洲货币金融合作的标志是欧洲经济共同体进行的欧元货币一体化。1950 年,欧洲支付同盟成立,揭开欧洲货币一体化序幕。1957 年 3 月,《罗马条约》决定成立欧洲经济共同体。1958 年,以《欧洲货币协定》代替欧洲支付同盟。欧洲经济共同体于 1968 年 7 月 1 日实现了关税同盟。1969 年 12 月,在海牙举行的欧共体首脑会议决定筹建欧洲经济与货币联盟。1970 年 10 月,《魏尔纳报告》公布,为实现欧洲经济与货币联盟规定了一个十年的过渡时期,分为三个阶段实现联盟的目标。1971 年 3 月,达成协议,决定正式实施货币联盟计划。1972 年初,欧共体部长理事会才着手推行货币联盟措施。1978 年 4 月,提出了建立欧洲货币体系(European Monetary System,EMS)的动议,同年 12 月 5 日,欧共体达成协议,于 1979 年 1 月 1 日建立欧洲货币体系。1992 年,在马斯特里赫特签订的《欧洲联盟条约》决定建立欧元。1993 年,基本建成欧洲统一大市场,于 1999 年 1 月 1 日欧元顺利启动,首先在 11 个成员国实现了货币联盟,欧元引入无形货币(旅行支票、电子支付、银行业等)领域。2002 年 1 月 1 日,新的欧元纸币和欧元硬币启用,成为欧元区国家的法定货币。

欧洲货币金融合作不仅实现了货币一体化目标,创建了欧元,还建立了包括欧洲中央银行在内的一系列货币金融合作机制,成为人类历史上持续时间最长、最成功的国际货币金融合作样本。

2. 亚洲货币金融合作。1997 年发生的东南亚金融危机,使区域内各国认识到加强国际货币金融合作的必要,东亚国家决定寻求规避金融风险、加强东亚区域内的资本协

调与互助、力求保持自己在金融政策上的自主性的出路。

2000年5月6日，在泰国清迈召开的亚洲开发银行年会上，东盟十国和中日韩三国财长就东亚地区财政金融合作，特别是在东盟十国和中日韩三国（10+3）的机制下建立"双边货币互换机制"达成共识，并发表联合声明，也称"清迈协议"。

其主要内容为：在亚洲地区发生短期资本急剧流动等情况下相互提供干预资金，以应付紧急之需；交换经济和外汇方面的信息；建立一个预防新的货币危机的监督机构；建立一笔备用贷款基金，估计达到200亿至300亿美元，各国出资额将按照外汇储备额比例分摊。之后，东亚"10+3"货币互换机制取得了实质性进展，截至2003年12月底，中、日、韩与东盟10国共签署16个双边互换协议，累积金额达440亿美元。

尽管"清迈协议"仅是一个原则性的框架性协议，但该协议通过设立一个地区流动基金，使得各国的中央银行能够有机会使用地区伙伴的部分外汇储备，而不必屈从IMF的苛刻条件而被迫损害自己的利益，从而增强了地区克服金融危机的能力。此外，设立流动基金，又将为进一步的经济合作提供可以运转的基础；同时，通过设立机构来监督地区内经济发展的情况，可以使业已形成的地区经济金融政策安全网络得以加强。

在金融合作方面：一是日本先后与韩国、泰国、菲律宾、马来西亚签署了货币互换协议，中国也与泰国、韩国签署了货币互换协议。2002年3月，中国与日本签署了必要时向对方提供最高约30亿美元的货币互换协议。目前，东盟十国已全部加入东盟多边货币互换协议，中、日、韩三国已经分别相互缔结货币互换协议，中、日、韩三国与东盟成员国缔结双边货币互换协议的工作也分别在进行之中。二是2003年6月22日，在泰国清迈举行的亚洲合作对话（ACD）外长会议上，亚洲18国的外长发表了关于亚洲债券市场发展的《清迈宣言》，表明了各方致力于发展亚洲债券市场的共同意愿。三是亚洲开发银行将从2006年开始编制和公布显示亚洲货币加权平均值的亚洲货币单位。

迄今为止，清迈协议是亚洲货币金融合作所取得的最为重要的制度性成果，它对于防范金融危机、推动进一步的区域货币合作具有深远的意义。

(三) 非洲区域货币合作

非洲的货币合作最早起源于殖民地时期，法属殖民地和英属殖民地的各国家群体联合进行了共同货币制度安排。当时实行的货币制度安排主要采取两种方式：英属殖民地国家的货币盯住英镑，法属殖民地盯住宗主国法国的法郎。第二次世界大战以后，非洲货币金融合作区趋势加强，如1962年5月，西非货币联盟建立；1973年4月，中非货币联盟成立。

(四) 美元化

拉美国家货币美元化就是通常所说的"货币替代"现象。"货币替代"是指一国居民因对本币的币值稳定失去信心，或本币资产收益率相对较低时发生的大规模货币兑换，从而以外币在价值储藏、交易媒介和计价标准等货币职能方面全部或部分地替代本币。在经济易发生动荡的拉美国家，为寻求本国经济的稳定增长，早在20世纪70年代就开始实施美元化政策，使美元具有和本国货币同等的法定货币资格，由此形成了特有的美元区域化现象。北美自由贸易协定（NAFTA）的政策制定者早就提议在西半球建立美元集团，NAFTA 的贸易伙伴们在许多贸易中已经大量使用了美元，包括阿根廷、秘鲁、乌拉圭、厄瓜多尔、墨西哥、多米尼加等多个国家已成为高度或中度美元化国家。

三、国际货币金融合作理论

（一）最优货币区理论

1961 年，罗伯特·蒙代尔（Robert Mundell）提出最优货币区理论，认为生产要素流动性与汇率的弹性具有相互替代的作用，这是因为，需求从一国转移到另一国所造成的国际收支调整要求，既可以通过两国汇率调整，也可以通过生产要素在两国间的移动来解决。生产要素流动性越高的国家之间，越适宜于组成货币区。所谓通货区（currency area）指的是区内各成员国货币相互间保持钉住汇率制，对区外各种货币实行联合浮动。

（二）宏观经济政策溢出效应

基于货币政策溢出的国际货币合作理论的代表人物有库珀等，一般认为，政策溢出效应主要通过贸易渠道和资本流动渠道传递，一国紧缩性货币政策可能导致进口需求的下降，而其政策溢出则给予其主要贸易伙伴一个外源性需求紧缩，一国紧缩性货币政策意味着本币利率上升，而政策溢出则导致向这个国家的资本流动，资本流入或者流出取决于相对利率水平。所以，在开放经济下，加强货币合作就会削弱政策溢出效应，各国可以通过国际货币合作来分享合作体系带来的福利增进，通过货币合作降低整体福利损失。可见，各国产生在货币领域进行合作的初衷，就在于通过货币合作降低政策或市场的溢出效应，并改善本国货币政策效应及资本市场稳健性。

（三）霸权稳定论

霸权稳定理论（the theory of hegemonic stability）是美国经济学家查尔斯·金德尔伯格在 1971 年出版的《萧条中的世界（1929—1939）》一书中率先提出的。

金德尔伯格认为大危机之所以成为世界性的，是因为没有一个大国有能力或愿意承担制止危机的责任，停止"让你的邻居当乞丐"的以邻为壑的政策，特别是无人愿意充当阻止金融危机蔓延开来的最后借贷者的角色。因此，他认为世界经济必须有一个"稳定者"（stabilizer），它的责任在于为剩余的产品提供一个市场，保证资本流向可能的借方，在金融危机银行关闭的紧要关头，作为重新启动金融的最终借贷者而发挥作用。基于霸权稳定结构的货币合作理论认为，"霸主"的作用不仅仅局限于充当发行世界货币和充当全球最后贷款人角色，也应为国际货币体系的稳定发挥作用，维持国际货币秩序。

（四）国际货币合作的博弈论观点

国际经济政策协调在货币领域的表现是指，各国充分考虑国际经济联系，有意以互利的方式调整各自经济政策的过程，而国际货币合作则是政策协调在货币领域的表现。经济全球化下，一国政策对别国福利的影响更加显著，此时只有使两国无差异曲线相切的货币政策才是有效的，在切点上的政策实现了帕累托最优。因为此时一国福利的改进必须以牺牲另一国福利为代价，故从博弈论角度看，各国必须进行货币合作。

四、应对货币金融危机

由于各国政治、经济以及外部环境不同,应对危机的方法与手段则有较大差异。但是,经济全球化下货币危机的爆发有着明显的共性,突出的表现就是"传染性",因此,需要从内外两个方面来采取有效应对危机的措施。

（一）外部应对措施

1. 加强国际货币金融合作。为有效应对货币危机发生和蔓延,有关全球性、地区性、双边性货币合作协调机制历史上都出现过,如第二次世界大战后,最大规模的国际货币合作是达成了"布雷顿森林协议",建立了永久性的国际金融机构。回顾历史,国际货币金融合作时而加强时而削弱,每当危机发生,人类才想起加强货币合作。同时这也表明,货币金融合作是有必要的,要吸取历史上的惨痛教训,建立永久性的常态化的货币合作机制。

根据前面的分析,加强国际货币金融合作,需要世界大国发挥关键作用,国际货币体系关键货币国与新兴崛起大国货币合作尤为重要。进入 21 世纪,国际货币金融合作持续弱化,亟需建立新的国际货币金融合作机制,稳定国际货币秩序,营造优良的国际金融环境,为全球财富增长提供公共产品。

2. 加强国际间宏观经济政策协调。国际经济协调的基础是各国经济的相互依赖和国际经济传递机制。各个国家或国际组织之间,以发达国家或新兴经济体为主体,就贸易政策、汇率政策、货币政策和财政政策等宏观经济政策进行磋商和协调,适当调整现行的经济政策或联合采取干预的政策行动,以缓解政策溢出效应和外部冲击对各国经济的不利影响,促进世界经济均衡增长,促进各国经济稳定增长。

3. 适时有序开放资本账户,加强资本流动监管。根据国际经验,实现资本项目可兑换,需要较长的准备时间,即便如法国、意大利、日本等发达国家,也是在实现经常项目可兑换的 20 多年之后,才完全取消资本项目的管制。放宽对资本账户的限制应当有序实施,首先放宽对长期资本流入的限制,然后随着银行和其他金融机构管理能力的增强,再逐步放宽对短期资本流入的限制。例如,历史上,除美国之外,大多数发生货币金融危机的国家,主要原因之一是急于开放经常账户和资本账户。所以必须先开放经常账户后开放资本账户,先开放长期资本账户后开放短期资本账户,并且要把握好时间间隔,加强监管。

4. 避免汇率对外超调,保持合理均衡汇率水平。合理均衡的汇率水平是抵御外部冲击、避免货币投机攻击的重要基础。一国货币对外价值高估,或者对外价值低估,即存在汇率超调现象,是诱发货币金融危机的导火索之一。例如,东南亚货币金融危机和拉美货币金融危机中,有关国家货币汇率偏离均衡水平,危机来临时,靠外汇储备难以抵挡外部游资冲击。所以,必须时刻调整汇率,保持合理均衡水平,避免汇率超调。

（二）内部治理措施

1. 坚持国家价值标准,选择恰当的汇率制度。选择与本国经济发展状况相适应的汇率制度安排是应对货币金融危机冲击的最佳策略之一。在当前美元本位的国际货币体制下,美国是国际货币体系的核心国家,在国际价值标准下,其他中小国家要么走联合之路,实现区域单一货币,如欧元区建立超国家价值标准;要么,选择国家价值标准,与美元建立灵活的、可调整的汇率制度,让美元本位为本国经济发展、对外经济交往服务。

2. 完善国际收支调节机制与建立适度国际储备规模。建立主动的国际收支调节机制,避免国际收支严重时,为了弥补国际收支逆差,而损失外汇储备,或者为了管理外部均衡采取宏观政策措施而影响了国内经济目标。回顾历史,国际收支长期持续逆差,是引发国际货币金融危机的导火线,所以必须保持国际收支基本平衡,汇率才能稳定,这就需要采取主动的宏观经济调节政策,包括支出增减型政策和支出转换型政策,建立主动型的国际收支调节机制,将国际储备作为调节国际收支的被动措施。

3. 健全完善稳定的开放的金融体系。在开放经济条件下,健全完善的金融体系是避免国际金融危机传染的重要基础,主要围绕市场化的利率机制和汇率机制,完善货币市场、资本市场和外汇交易市场以及大宗商品交易市场,构筑功能完善、运行安全、风险可控的宏观金融管理体系,加强金融机构资本充足率监管,在资本账户有序开放的前提下,适度控制国际游资,在保持金融市场适度活跃的前提下,挤出资产泡沫。

4. 有效控制外债规模。对于一个经济体而言,过度利用外债,或者是利用外债不当会引发金融危机,因此,外资在国内总投资所占比重要适度,利用外资要与国家的对外支付手段和融资能力相适应。例如,20世纪80年代,拉美债务危机,主要是利用外国资本不当,再加上外部因素,导致大面积债务违约,成为货币金融危机的导火索。所以必须控制好外债规模,不能超过债务警戒线,外债结构要合理,保证到期还本付息。

5. 稳健的宏观经济政策。稳健的财政政策和货币政策构成了一个国家的宏观经济政策双支柱。根据政策搭配原理和政策指派法则,赋予财政政策和货币政策调节内外均衡的不同的功能,二者协调搭配,稳健与扩张适度,再辅之以汇率政策,三管齐下,构建三足鼎立的宏观经济政策体系,能有效抵御外部冲击,避免发生货币金融危机。

6. 建立健全风险防范机制。建立健全系统性金融风险防范机制,加强货币市场、资本市场和外汇市场的监管,运用市场化机制转移风险,运用保险担保机制化解风险,构建内外监管有效的防控体系,打消国际游资投机攻击的预期。

本章小结

当代货币金融危机发生与演变具有一定的规律性,其产生发展的原因是多方面的,既有内部因素,也有外部因素,围绕着货币金融危机产生了一系列货币金融危机理论。面对货币金融危机,全球应该加强货币金融合作,共同防范和应对危机。因为当货币金融危机发生时,财富蒸发,世界经济衰退,失业增加,所以需要共同面对,采取相应的宏观经济政策,才能避免陷入更严重的危机深渊。

参考文献

[1] 刘树成. 现代经济词典 [M]. 南京:凤凰出版社,江苏人民出版社,2005.

〔2〕〔美〕彼得·纽曼,〔美〕默里·米尔盖特,〔英〕约翰·伊特韦尔. 新帕尔格雷夫货币金融大辞典（第二卷）[M]. 北京：经济科学出版社，2000.

〔3〕姜波克. 国际金融新编（第三版）[M]. 上海：复旦大学出版社，2005.

〔4〕〔德〕马克思. 资本论（第三卷）[M]. 北京：人民出版社，2004.

〔5〕〔德〕马克思. 资本论（第一卷）[M]. 北京：人民出版社，2004.

本章复习思考题

一、主要概念

货币危机　金融危机　经济危机　计算货币　实体货币　托宾税

二、回答问题

1. 如何理解金融危机的内涵及其特征？
2. 如何理解货币危机的内涵及其特征？
3. 当代货币危机有哪些？
4. 货币金融危机的主要原因及影响有哪些？
5. 阐述马克思货币金融危机理论的主要内容。
6. 如何加强国际货币金融合作？
7. 如何应对货币金融危机？

第十章

中国货币金融国际化与全球金融治理

学习导语

在经济金融全球化过程中，金融国际化是指一国综合国力不断提高，金融市场发达，金融体系完善，金融市场与国际金融市场接轨，对外金融活动在世界金融交易中占有重要地位。一国参与全球金融治理是一种担当和责任，其货币在国际贸易、投资、金融交易和储备资产中发挥越来越重要的作用，并在国际货币体系中发挥稳定器的作用；同时，意味着在国际金融舞台上有话语权，能够参与国际金融秩序规则的制定，在国际金融事务中发挥正能量，与全球各国一道，共同努力，营造良好的国际金融环境。

学习目标

- ◆ 货币金融国际化的内涵、本质、特点及其影响
- ◆ 货币金融国际化演变发展的历史
- ◆ 全球金融治理的含义、内容、路径
- ◆ 中国货币金融国际化状况
- ◆ 中国如何参与全球金融治理

随着中国经济走向全球，金融国际化步伐正在不断地加快，2008年国际金融危机以来，跨境贸易人民币结算业务迅速扩大，一系列货币互换协议的签署、人民币海外计价债券发行、上海自贸区建立、亚洲基础设施投资银行创建、人民币加入特别提款权篮子，金融国际化进展迅速。然而，中国金融国际化之路并非一帆风顺，金融市场对外开放程度尚待扩大，人民币国际化面临种种挑战。在全球金融治理中，中国国际金融话语权与中国国际经济地位尚不协调。因此，中国金融国际化之路还很漫长，参与全球金融治理还面临着许多问题。

第一节 中国货币金融国际化

中国货币金融国际化，主要表现在人民币国际化进程正在不断地向前推进，在国际

收支中经常账户和资本账户开放情况下,人民币可自由兑换进程加快,金融市场开放程度不断扩大,为中国参与全球金融治理奠定基础。

一、中国国际经济地位提升

2017年,国内生产总值827122亿元,外汇储备31399亿美元,外汇储备世界第一,全年货物进出口总额277923亿元,继续稳居世界第二大经济体,对世界经济增长的贡献率居首。中国广泛参与全球性和区域性货币经济合作,成为推动世界经济增长的重要力量。作为金砖四国中最大的经济体,中国正向世界经济舞台中心位置靠近,中国在国际货币金融体系改革及国际经济秩序变革中的作用日益增强,包括发达经济体在内的世界大多数国家,都希望与中国加强合作,中国在国际货币体系改革中的影响力越来越大。

二、经常账户和资本账户下的货币自由兑换

金融国际化进程中,经常账户开放和资本账户开放是必经的重要阶段,即逐步实现经常账户和资本账户下的货币自由兑换。

(一) 经常项目下货币自由兑换

1996年,我国接受国际货币基金组织第八条款,实现了经常账户下人民币可自由兑换。按照国际货币基金组织(IMF)的定义,一国若能实现经常账户下的货币自由兑换,该国货币就被列入可兑换货币。由于货币自由兑换的条款集中出现在国际货币基金组织协定的第八条,所以货币自由兑换的国家又被称为第八条款国[①]。

(二) 资本账户下货币自由兑换

资本账户开放或者资本账户货币自由兑换,通常是指一国允许其资本账户中的各种资本自由流动,即居民可以自由地在国际金融市场进行投资和筹资,非居民也可以自由进入国内金融市场进行投资和筹资。资本账户开放可以按照四个步骤来进行:第一,放宽直至取消对外直接投资限制,实现机构和公司进行国际证券投资的自由化;第二,取消除短期债务工具出售以外的其他证券投资流入限制,逐步取消对初级证券发行的限制;第三,在流入和流出两个方向上,都取消对证券发行的限制,实现居民证券投资自由化,逐步放宽直至取消金融机构对外商业借款限制;第四,放宽国内非金融企业的对外商业贷款,取消所有其他限制,代之以审慎规则,最终实现资本账户的完全开放。

三、人民币汇率制度改革与国际化进程加快

1994年人民币汇率并轨以后,人民币汇率保持了长期的持续的稳定,有利于我国经济增长、对外经济交往。但是随着对外开放的扩大,中国对外经济影响力越来越强,人民币汇率改革问题越来越成为国内外关注的焦点。2004年到2008年国际金融危机爆发之前,中美围绕人民币汇率问题展开了激烈的交锋。2005年开始,人民币汇率制度改革节奏加快,取消了盯住美元的汇率制度,参考一篮子货币。2008年国际金融危机以后,

---

① 第八条款国(Article Ⅷ Member)是指实现了经常账户下货币自由兑换的国家。

2009年，我国又加快了人民币国际化的进程，采取了一系列措施，包括人民币跨境贸易结算、货币互换等。2010年人民币汇率改革目标是增强人民币汇率的弹性。2015年进行了"8·11"人民币汇改，人民币汇改进入了深水区。

（一）人民币汇率制度改革

1. 盯住汇率制度：人民币汇率并轨。1994年，我国实行人民币汇率并轨，建立以市场供求为基础的、单一的、有管理的浮动汇率制度，实行盯住关键货币美元的汇率制度安排，实施银行结售汇制，取消外汇留成，建立银行之间的外汇交易市场，改进汇率形成机制。这里"单一的"是指取消市场价格调节价，统一人民币汇率；"有管理的"是指对人民币汇率实行管制，进行官方调节；这里的浮动汇率不是清洁浮动，而是有干预的管理浮动。

2. 参考货币篮子。2005年7月21日19时，我国宣布开始实行以市场供求为基础、参考一篮子货币进行调节、有管理的浮动汇率制度。此次人民币汇率制度改革的目标是建立从单一汇率盯住制度到参考一篮子货币的有弹性的浮动汇率制度。

3. 应对国际金融危机，人民币汇率保持相对稳定。2008年爆发了国际金融危机，我国适当收窄了人民币波动幅度以应对国际金融危机，在国际金融危机最严峻的时刻，许多国家货币对美元大幅贬值，而人民币汇率保持了基本稳定。2009年11月，中国人民银行宣布按照主动性、可控性和渐进性原则，结合国际资本流动和主要货币走势变化，完善人民币汇率形成机制。

4. 人民币汇率形成机制进入增强弹性改革阶段。2010年4月13日，第四次中美元首会晤在美国华盛顿举行，国家主席胡锦涛强调中国致力继续推进人民币汇率改革，但只会根据自身经济发展需要而进行，不会屈服于外部压力。2010年6月19日，中国人民银行决定进一步推进人民币汇率形成机制改革，增强人民币汇率弹性。

5. "8·11"汇改。"8·11汇改"指的是，2015年8月11日，中国人民银行宣布调整人民币对美元汇率中间价报价机制，做市商参考上日银行间外汇市场收盘汇率，向中国外汇交易中心提供中间价报价。这一调整使人民币兑美元汇率中间价机制进一步市场化，更加真实地反映了当期外汇市场的供求关系。中国人民银行完善人民币兑美元汇率中间价报价，汇改后推进外汇市场发展，丰富外汇产品，外汇市场对外开放扩大，延长外汇交易时间，引入合格境外主体，有利于形成境内外一致的人民币汇率。

（二）人民币国际化

1. 中央银行间的货币互换协议。中央银行间的货币互换协议一般是指一国（或者地区）的中央银行（或货币当局）与另一国（或地区）的中央银行（或货币当局）签订协议，约定在一定条件下，任何一方可以一定数量的本币交换等值的对方货币，用于双边贸易投资结算或为金融市场提供短期流动性支持，到期后双方换回本币，资金使用方同时支付相应利息。

货币互换协议的作用：便于双方贸易投资中使用本币结算；加强两国央行合作，稳定市场信心；维护金融市场稳定；规避汇率风险，降低汇兑成本；推动本币结算，便利双边贸易和投资，推动经济增长；可为金融市场提供资金及流动性支持。

2. 跨境贸易人民币结算。所谓跨境贸易人民币结算，是指经国家允许指定的、有条件的企业在自愿的基础上以人民币进行跨境贸易的结算，商业银行在人民银行规定的政策范围内，可直接为企业提供跨境贸易人民币相关结算服务。2009年4月8日，国务院常务会议决定在上海市和广东省广州、深圳、珠海、东莞四个城市开展跨境贸易人民币结算试点。2010年6月，跨境贸易人民币结算境内试点地区扩大到包括黑龙江在内的20个省份，并将试点所涉及的境外地域扩展到所有国家和地区。2011年8月，根据《关于扩大跨境贸易人民币结算地区的通知》，跨境贸易人民币结算境内地域范围扩大至全国。

商业银行开展跨境贸易人民币结算业务有两种操作模式，即代理模式和清算模式。所谓代理模式，主要是指中资行委托外资行作为其海外的代理行，境外企业在中资企业的委托行开设人民币账户的模式；而清算模式主要是指在中资行境内总行和境外分支行之间进行的业务，即境外企业在中资行境外分行开设人民币账户。

人民币贸易结算本质上是本币用于国际结算。本币作为国际结算货币，即本币在国际贸易中执行计价和结算的货币职能，是在居民与非居民进行国际贸易时，进出口合同以本国货币计价；居民向非居民可以用本币支付，并且允许非居民持有本国货币存款账户以便进行国际结算。

国际贸易人民币结算首先有利于加强我国对外经济、贸易和投资往来，促进我国经济更好地融入世界经济；有利于进一步完善人民币汇率形成机制，人民币在区域范围内用于国际结算之后，币值有了更大范围和更新的参照标准，这有利于人民币汇率形成机制的完善；有利于促进国际货币体系多极化发展，人民币用于国际结算，提升人民币的国际地位，有利于逐步改变以美元为中心的国际货币体系，抑制其弊端和负面影响；有利于促进我国金融业的发展与开放，增强我国在国际市场上的金融资源配置能力；有利于加快推进上海国际金融中心建设，随着人民币用于国际结算范围和规模的扩大，上海将可能逐步成长为区域性人民币清算中心，从而推动上海逐步成为国际金融中心。

3. 打造国际金融中心。2009年4月14日，国务院发布《关于推进上海加快发展现代服务业和先进制造业建设国际金融中心和国际航运中心的意见》。上海建设国际金融中心，已具备一些得天独厚的优势和基础条件：已经形成比较完善的金融机构和市场体系；有雄厚的经济实力和辐射内地经济的能力；是最大的港口城市，具备良好的工业和服务业基础，汇集了一批国家著名的大学、研究院和培训基地，人员素质高；可与国际金融中心伦敦、纽约构建连续24小时的接力营业，有地缘优势。

4. 人民币离岸市场。人民币离岸市场是指在中国境外开展人民币相关业务的市场。2003年11月起，中国人民银行在香港提供人民币清算业务；2004年1月1日，《内地与香港关于建立更紧密经贸关系的安排》正式实施，香港银行开始为本地居民提供人民币存款服务，开创了人民币离岸业务的先河；2009年6月，开始人民币跨境贸易结算试点，为境外人民币业务的发展奠定了市场基础[①]。2010年8月允许符合条件的境外机构

---

① 2009年6月29日，内地与香港签署备忘录推进跨境贸易人民币业务结算试点的落实，标志着香港作为人民币离岸清算中心的角色正式启动。

以人民币投资国内银行间债券市场，拓宽了人民币回流渠道；2011年1月《境外直接投资人民币结算试点管理办法》发布，允许试点境内企业以人民币开展境外直接投资，为人民币境外使用创造了更广阔的天地。

5. 跨境人民币业务。跨境人民币业务是指居民和非居民之间以人民币开展的或用人民币结算的各类跨境业务。2009年7月2日，中国人民银行、财政部、商务部、海关总署、税务总局、银监会共同制定的《跨境贸易人民币结算试点管理办法》正式对外公布。2009年7月6日，跨境贸易人民币结算试点在上海正式启动。中国银行上海分行、交通银行上海分行完成第一笔由内地企业出口香港、贸易货款经中银香港汇入内地的跨境贸易人民币汇入汇款业务，以及第一笔跨境贸易人民币汇出汇款业务。标志着人民币在国际贸易结算中的地位从计价货币提升至结算货币，人民币国际化又向前迈出了一步。

6. 离岸人民币债券。离岸人民币债券是指中国境外发行的，以人民币计价，定期支付利息、到期归还本金及利息皆以人民币支付的债券。2007年，我国离岸人民币债券市场开始在香港建立，国家开发银行发售了首笔离岸人民币债券。2009年以来，在跨境贸易人民币结算的推动下，香港人民币存款量及贸易结算金额实现了快速扩大，赋予了离岸人民币债券的低成本融资能力。由于融资成本较低，发行离岸人民币债券成为国内大型企业重要融资渠道。离岸人民币债券市场从2010年7月开始进入高速发展阶段，目前发债主体已由早期的国内政策性银行和商业银行扩大至海外金融机构、跨国企业、国际组织和中国内地在港上市的企业。

7. 境外人民币挂牌交易。2010年12月15日，人民币对卢布交易在俄罗斯莫斯科银行间外汇交易所（MICEX）挂牌上市，俄罗斯成为首个在中国境外实现人民币直接挂牌交易的国家。

8. 人民币衍生交易市场。2011年2月16日，国家外汇管理局批准开展人民币对外汇期权交易，人民币外汇衍生品市场的丰富将有助于推进人民币国际化进程。

9. 人民币加入特别提款权篮子。2015年12月1日，国际货币基金组织（IMF）执董会决定将人民币纳入特别提款权（SDR）货币篮子，权重为10.92%，于2016年10月1日生效，在SDR篮子货币美元、欧元、日元和英镑基础上，增加人民币，有利于提升人民币国际影响力。

第二节　全球金融治理含义及特征

一、全球治理

（一）全球治理含义

关于全球治理（global governance）学术界有不同的解释。有的认为全球治理是通过具有约束力的国际规制解决全球性冲突、生态、人权、移民、毒品、走私、传染病等问题，以维持正常的国际政治经济秩序。有的认为全球治理是指在全球范围内的各个领域，各种公共、私人机构以及个人，通过制定与实施具有约束力的国际规制，以解决全球性的公共问题，实现增进全球共同的公共利益的目标。还有的学者认为全球治理是一种民族国家政府应对全球化带来的严峻挑战，而共同行动起来，平等参与国际事务的行为，设定限制和给予激励的机制、制度和可行实践的框架，是多元化、多层次治理主体参与的，为了增进彼此利益而相互调试目标，共同解决冲突，协商合作管理全球性事务的过程。

全球治理包括区域治理，是指为在具有某种政治安排的地区内，通过创建公共机构、形成公共权威、制定管理规则，以维持地区秩序，满足和增进地区共同利益所开展的活动和过程，它是地区内各种行为体共同管理地区各种事务的诸种方式的总和。区域治理也涉及多层次主体参与的治理问题，多元主体参与、多层合作治理是全球治理实践中最为现实、最具普遍意义的治理模式。区域治理是全球治理的有机组成部分，是全球治理的重要基础，在本质上有利于全球治理目标的有效实现。

（二）全球治理的逻辑

全球治理源于全球化，全球化进程已模糊了国家主权的精确界限，国家间相互依赖程度不断加深，各种国际组织、跨国非政府组织和全球市民社会组织在国际政治经济事务中扮演着越来越重要的角色，全球性问题日益涌现。所以，各种相关因素所形成的合力推动了全球层面治理和善治。

全球治理的理论与实践是全球化进程的逻辑结果，是冷战结束后国际政治经济秩序的新发展形态，是广大发展中国家特别是新兴经济体崛起的国际利益诉求，是国际规制有效性的现实要求，是全球公民社会和世界民主潮流的产物。

（三）全球治理的必要性

全球性问题的出现以及国家间跨国关系相互依赖程度的加深，使全球治理成为必要。全球化引致的两种力量对民族国家的治理模式提出了严峻挑战，全球问题的产生及解决这些问题迫切需要全球治理，国家间相互依存的发展，使得国家间权力的让渡不可避免，既为全球治理提供了可能，又产生了对全球治理的需求。

（四）全球治理主体

全球治理的有效性依赖于多种因素的综合结果，如国家、国际管理与国际组织、区域合作与区域一体化、非国家行为体、跨国行为体、次国家行为体、个人、全球市民社会等。主权国家在全球治理中发挥着不可忽视的作用，能够通过合作的方式来有效解决所涉及的问题。

全球治理需要国家之间的合作，尤其需要国际政府组织充分地发挥作用。但全球治理的效果如何，在很大程度上取决于现有国际政府组织的改革进展以及一些大国对国际政府组织的态度。非政府组织是全球治理的主体之一，全球治理离不开非政府组织，而以其为主体的全球市民社会是全球治理的基础。跨国公司在全球治理中有着重要的角色，公司政体日益成为经济全球化时代除主权国家体系之外的一种重要的政治构成。

二、全球货币金融治理

（一）全球货币金融治理的定义

全球货币金融治理就是通过建立一系列具有约束力的国际货币金融规制和国际货币

金融沟通交流机制，通过解决全球化带来的国际货币体系中的货币权力不平等、汇率制度安排与内外经济目标冲突、金融市场开放与国际金融监管、资本跨国流动、国际金融危机等一系列问题，以实现国际货币金融规制透明公开、公平平等，营造包容性的国际货币金融环境，以维持正常的国际货币金融秩序，增进各国的经济福利，而建立的交流沟通平台及机制。

全球货币金融治理应该分为两个层面，即全球货币治理和全球金融治理。全球货币治理主要是全球性价值标准确定、汇率制度安排、国际收支调节与国际储备机制，以及货币危机与汇率波动等方面的货币规制政策安排。全球金融治理是指国际金融市场发展过程中，就金融市场开放与金融监管、国际资本流动与金融危机预防管理、国际金融政策协调，以及国际金融创新与系统性金融风险管理等方面作出安排。

根据货币金融治理的范围，在全球货币金融治理的基础上，还可以进一步细分为区域性货币金融治理，即地区范围内形成的一系列具有约束力的国际货币金融规制和国际货币金融沟通交流平台机制，以解决汇率制度安排、金融市场开放与金融监管、资本跨国流动与金融危机等一系列问题，以维持区域范围内正常的货币金融秩序。

（二）全球货币金融治理的逻辑

全球货币金融治理源于货币金融全球化。随着货币国际化，一国货币实现可自由兑换，并走向国际，冲破了货币的国家属性和界限，当一国货币走向国外，成为世界贸易投资储备资产计价货币，就具有了公共产品的属性。要想维护这种货币的价值稳定性，一方面，货币发行国应该加强自律，保持内外经济均衡，汇率稳定，其他国家也有义务采取相应的宏观经济政策，保持国际货币体系的稳定，如布雷顿森林协议、牙买加协议等。另一方面，随着金融全球化，放松金融管制，金融市场开放，国际资本流动加快，周期缩短，资本冲击、汇率冲击、利率冲击、货币投机交织在一起，在溢出效应和外部冲击的作用下，要求各国参与到金融治理当中，加强货币金融合作，加强金融政策协调，共同应对冲击可能产生的金融风险或者是金融危机。

（三）全球货币金融治理的必要性

实体经济和虚拟经济二者之间的关系表明，实体经济是虚拟经济发展的基础，实体经济决定虚拟经济，但是反过来虚拟经济对实体经济具有积极的和消极的作用。积极的方面表现为虚拟经济服务于实体经济，促进实体经济发展；当虚拟经济过度，出现投机泡沫，就会危害实体经济。

货币金融属于虚拟经济领域，全球性货币危机和金融危机，以及区域性货币和金融危机，都会对危机产生的国家和地区造成冲击。经济全球化背景下，国际资本自由流动，特别是投机资本，在开放经济条件下，长驱直入，无孔不入，投机获利，必然会加剧虚拟经济的泡沫化程度，当泡沫破裂，危机就会产生，进而波及实体经济。所以必须加强货币金融方面的治理，各国各经济体应携手加强宏观经济政策协调，加强国际交流沟通，采取协调一致的宏观经济政策应对金融危机和货币危机。例如2008年的国际金融危机，在G20平台的基础上，全球主要国家采取了几乎一致的应对金融危机冲击的货币政策和财政政策。

(四) 全球货币金融治理的维度

1. 全球货币金融治理中,汇率制度选择是关键问题之一。汇率制度选择的核心是坚持什么样的价值标准,对于不同的国家或者经济体,选择什么样的价值标准,即国际价值标准、国家价值标准或超国家价值标准,关系到一个国家的经济内外均衡实现问题,关系到一个国家对外经济交往过程中,博取最大的国际经济利益问题。

2. 国际收支调节与国际储备机制。国际收支调节与国际储备资产是全球货币金融治理的重要组成部分,国际收支失衡,需要动用国际储备资产,以及采取相应的宏观经济政策。因为国际收支失衡,往往是一个问题两个方面,一方国际收支顺差,是另一方的国际收支逆差,因此需要进行协调,避免出现摩擦。

经济全球化背景下,全球贸易失衡,国际收支失衡日益严重,从而引发了一系列的汇率战、贸易战,世界主要国家贸易逆差和新兴经济体贸易顺差之间的摩擦越来越大,因此,需要将其纳入全球货币金融治理当中。

3. 国际货币金融秩序重构。国际货币金融秩序是指在世界范围内建立起来的国际货币金融关系以及各种区域性国际货币金融体系与制度的总和,是使世界货币金融作为有内在联系和相互依存的整体,而有规律地发展与变化的运行机制。当今的世界经济环境中,为反映发展中国家和新兴经济体的经济利益和诉求,需要对现行国际货币金融治理结构进行调整变革,建立能够真正体现公平互利,体现发展中国家和新兴经济体的发展权以及可持续发展的国际货币金融秩序。国际货币金融新秩序应该公平互利,各国都能平等参与国际货币金融合作与交往,公平分享由此产生的利益,各国都有权充分和有效地参与国际货币金融决策,各国都有均等的发展货币金融的机会,创造更有利于发展中国家发展的环境和机制。

4. 国际金融监管与协调。国际金融监管是指国家的金融监管机构或国际金融组织对金融机构及其活动进行规范和约束的行为总称。国际金融监管主体包括主权国家金融监管当局、区域性监管组织、全球性国际金融监管组织。国际金融监管客体包括跨国金融机构及其分支机构和设在东道国的外资金融机构以及它们的金融业务活动。金融机构可分为银行和非银行金融机构(包括证券公司、财务公司、保险公司、金融租赁公司、信托投资公司等)两大类。国际金融监管法有国内法律、法规、国际条约和国际惯例。国际金融监管的目的是确保金融机构的安全与健全,维持整个金融体系的稳定;保护投资者和存款人的利益;促进金融机构平稳、效率、安全功能的发挥以及市场竞争机制的良好运作。

国际金融协调是指在全球范围内或区域内对汇率、利率以及国际金融的一些重大问题通过官方磋商,进行协调解决,以利于国际经济金融正常发展运行的管理行为。国际金融协调的形式为:机构协调和政府协调;经常性协调和临时性协调。国际金融协调的主要内容包括汇率的国际协调;金融政策的国际协调;国际收支不平衡的协调;资本流向与债务危机的协调。国际金融协调的作用包括调节国际收支不平衡;稳定汇率与国际外汇市场;维护国际银行业的稳定;缓解国际金融危机等。

5. 金融外交。金融外交在全球金融货币治理的过程中发挥重要作用,起到桥梁纽带作用。金融外交是指一国中央政府及其所属具体执行部门，围绕金融事务，针对其他国家政府、国际组织以及跨国公司等国际行为主体所展开的官方金融交往活动，其目的是为了实现在金融事务上的国际合作和有效治理，或者通过影响国际金融关系来实现其他目标。这种官方交往活动的内容主要包括金融信息的传递、金融政策的协调、金融事务的谈判以及金融协议的签署等。金融外交主要围绕两个方面的核心事务展开：一是政府间的跨国资金信贷、短期的流动性供给；二是货币的国际使用和汇率的跨国协商。金融外交基本特点：官方性、政治性、交叉性。

（五）全球金融治理目标

一是建立公平、公共、共享、权利平等的国际货币秩序；二是打造共建、共商、共享的一流的国际货币金融沟通交流平台；三是建立全天候的信息共享的货币金融政策协调机制；四是建立监管有力的防范金融风险和金融货币金融危机的预警机制；五是建立货币金融风险与货币金融危机的救助机制。

（六）全球货币金融治理的实现路径

全球货币金融治理的有效性依赖于多元主体参与，如主权国家、全球性或者区域性国际金融组织机构、跨国银行和跨国公司，以及全球市民社会等。全球货币金融治理的目标实现需要多元主体参与的、多层次的、广泛交流的机制，同时，强大经济体的担当与主导不可或缺，本着共同参与、透明公开、平等公正、权力分配均衡、风险分担、利益共享的基本原则，根据治理的目标推进全球货币金融改革。

主权国家在全球货币金融治理中发挥着重要作用，特别是强大经济体在全球货币金融治理当中担当着重要的角色，为全球货币金融治理提供公共服务和产品。主权国家通过合作方式来解决全球化遇到的货币金融问题，是最有效的、最有力量的、最基础的解决方案，根据霸权稳定理论，主导国家的作用十分必要。

既有的全球性国际金融组织和区域性国际金融组织是全球货币金融治理的主要货币金融合作交流平台。全球货币金融治理成效很大程度上取决于既有的国际金融组织机构发挥的作用，因此必须推动现有的国际货币基金组织等国际金融组织机构，积极参与全球货币金融治理，发挥分内作用。

跨国公司和跨国银行在全球货币金融治理中有着重要的角色，公司政体日益成为经济全球化时代，除主权国家体系之外的一种重要的力量。

全球市民社会是全球货币金融治理的基础，非政府组织全球市民社会正在成为全球化时代处理全球问题、进行全球货币金融治理的关键因素，其作用是为全球货币金融治理奠定意识形态基础，为全球货币金融治理规制建立创造条件，扩大参与全球货币金融治理的行为。

发展、分享、民主、包容理念也是建构全球货币金融治理的有机组成部分。全球货币金融治理中，上述多元主体要主动地、民主地、创造性地、包容地为人类谋求货币金融福利，积极参与全球货币金融治理，这样目标才会实现。所以，建构全球货币金融治理的共识性价值观是全球货币金融治理目标实现路径中的中枢。

三、全球货币金融治理的主要平台

1. 国际金融机构。国际清算银行、国际货币基金组织和世界银行集团作为全球性国际金融组织机构,在全球货币金融治理中发挥着重要作用。中国发起设立的亚洲基础设施投资银行将在全球金融治理中逐步发挥重要的作用。

2. G20。2008 年国际金融危机爆发以后,G20[①] 的作用表现突出,是被国际普遍认可的、应对危机最核心的国际交流沟通平台,除了 G20 的突出作用以外,金融稳定委员会[②](FSB)也是应对危机的核心组织。

3. 巴塞尔银行监管委员会。巴塞尔银行监管委员会在全球货币金融治理中发挥了极其重要的作用。巴塞尔银行监管委员会从 1975 年发布《对银行的国外机构的监督》开始,于 1983 年发布了第二个《巴塞尔协议》,1988 年发布了第三个《巴塞尔协议》,1997 年发布了《有效银行监管的核心原则》,直到 2004 年通过了《巴塞尔新资本协议》,这些协议框架对于加强全球金融治理起到了积极的作用。

4. 全球性论坛。全球性论坛是全球货币金融治理的重要沟通交流平台,包括达沃斯论坛、金融稳定论坛、博鳌亚洲论坛等。

第三节　全球货币金融治理理论分析

全球货币金融治理的理论分析依据包括理想价值标准理论、政府合作论及货币权力论等。

一、全球货币金融治理的政治经济学分析

凯恩斯在谈到金融危机时曾说,大危机的问题不是一个有关人的体力与耐力的问题,在最严格的意义上,这是一个经济问题,或者更好的表述是,作为经济理论和治国艺术的结合,这是一个政治经济学问题。凯恩斯认为预防和缓和金融危机的根本的有效措施很简单,创立政府与市场相结合的政治经济学。对此,凯恩斯说:在我看来,经济学界的同行们犯了一个想当然的错误,把数千年来管理国家的一个有现实意义的主要目标当做无聊的盲目信念。

当代西方经济学家关于货币危机和货币制度改革理论有一个重要的缺欠或者说不足,就是把货币危机和货币制度改革仅仅作为金融问题、经济问题加以研究。全球金融治理不是纯经济学问题,而是政治经济学问题,只有用政治经济学的观点才能找到解决问题的答案。

---

① 20 国集团(G20)是一个国际经济合作论坛,于 1999 年 9 月 25 日由八国集团(G8)的财长在华盛顿宣布成立,属于布雷顿森林体系框架内非正式对话的一种机制,由原八国集团以及其余 12 个重要经济体组成。

② 2006 年 6 月,金融稳定委员会(FSB)在瑞士巴塞尔成立,主要职能是评估全球金融系统脆弱性,监督各国改进行动;促进各国监管机构合作和信息交换,对各国监管政策和监管标准提供建议;协调国际标准制定机构的工作;为跨国界风险管理制订应急预案等。

凯恩斯关于货币危机理论论述的启示在于，货币金融治理单靠经济金融手段是不够的，需要经济与政治结合，发挥政治集团的作用，即"看得见的手"与"看不见的手"共同发挥主体作用。同样道理，在当今时代，全球金融治理不单纯是货币金融问题，需要强有力的政府的力量推动，需要国与国之间加强货币金融合作，加强宏观经济政策协调。

二、理想价值标准论分析

当今时代，全球货币金融治理的核心内容是，确定全球都能够接受的理想价值标准，以替代现有的美元主导的国际价值标准，为全人类创造财富，增进各国福祉，创造公开公平共同分享的理想价值标准。在这方面，人类一直在努力，可喜的是，欧元作为超国家价值标准，是比较理想的价值标准，鼓舞了人们去探讨建立更理想的价值标准，如有人主张建立"亚元"或"世界元"，让单一货币在更大范围内发挥作用。人类想实现货币大同这一梦想，必须将其植根于建立良好的全球货币金融治理基础上，还有很长的路要走。

三、超主权货币联盟论

马歇尔在论政府合作对超国家货币联盟的作用时，提出了著名的合成本位创立国际通货的思想。在当时的历史背景下，马歇尔主张将黄金和白银两者结合起来，创造合成价值标准，以满足全球经济对稳定的价值标准的需求。

从国际货币制度演变的历史来看，无论是单靠市场自发力量形成的汇率制度，还是由某一国政府根据自己的情况建立的汇率制度，只要没有其他主要国家政府的相互合作的协议作保障，就无法维持汇率的稳定，各国商品、劳务及金融商品价格就不能保持统一，国际贸易、国际信贷和国际投资就难以进行。

魏克赛尔和凯恩斯也主张，通过加强政府合作，以政府协议为基础，创造超国家的货币联盟。凯恩斯在《货币论》下卷（1934年）中就大胆地设计了超国家银行体系和超国家货币以取代国家货币，他认为超国家货币（班科 Bancor）[①] 是最理想的价值标准。

四、货币主权论与货币权力论

（一）货币主权

货币主权（national monetary sovereignty）是国家对本国货币行使的最高权力，是不容许外国干涉的排他性权力。国家货币主权的内容包括确定本国货币制度之权，国家有铸造金属硬币、印制纸币、确定货币币值和发行货币之权，实行外汇管制之权，调控货币升值或贬值之权及建立货币储备之权。

但是国家货币主权不能任性，需要限制，即国家货币主权并非至高无上。纵观国际

---

① 凯恩斯于1944年在美国新罕布什尔州的布雷顿森林举行的联合国货币金融会议上提出建立"国际清算同盟"相当于"世界银行"，以黄金计值的班科（Bancor，即超主权储备货币）为记账单位。

货币制度历史，主要西方发达国家的货币主权都有至高无上的权力，不受任何国际法律的拘束与限制，它们都想谋求本国货币的金融霸权地位，这就使它们之间经常处于"货币战争"状态。所以，需要对国家货币主权加以限制，这表现在国际法公约和国际货币基金协定两方面。

1929年出现的《国际公法上的货币》才开始关注货币金融的管控问题。直到第二次世界大战以后，人类吸取了"以邻为壑"的教训，美英两国主导制定了"国际货币基金协定"[1]，对国家货币主权加以若干限制，确立了国家间进行国际货币合作而不是货币斗争的基本原则，从而初步建立了促进货币汇价稳定、维持会员国间有秩序的外汇汇兑安排，并避免竞争性外汇贬值的国际货币金融秩序。

（二）主权货币

主权货币（sovereign currency）又称主权信用货币，是以某一主权国家的货币作为价值标准承担国际货币义务的货币。如现今世界上通用的美元、英镑、欧元等，都属于主权货币的范畴。主权货币是一国货币走向国际化的产物，也是货币职能由国家职能转向国际货币职能的结果。

随着国际货币体系的不断演变发展，承担主权货币职能的货币格局在不断演变。主权货币是建立在良好信用的基础上的，作为主权货币，必须要有稳定的价值。最初国际上的价值标准是直接用有内在价值的商品货币，即黄金来衡量，自从布雷顿森林体系建立以后，国际货币体系价值标准逐渐演变成为信用纸币，即被主权货币取代，如美元、欧元、英镑等。

从国际货币制度演变的历史来看，主权货币格局经历了"两角稳定"到"三角稳定"的不同阶段。

（三）货币权力

货币权力即货币支配权，包括货币支配资源的权力、财富分配的权力以及影响国际货币体系乃至全球经济运行的权力。货币最基本的权力是货币购买权力。

货币主权、主权货币和货币权力，为探索全球货币金融治理提供了重要的研究参考。纵观国际货币体系演变的历史，国际货币金融治理的核心内容是围绕上述三个方面展开的。在当今时代，货币主权、主权货币和货币权力是研究全球货币金融治理过程中涉及的重要工具。

第四节 中国参与全球货币金融治理

中国参与全球货币金融治理，可追溯到1944年，中国政府派代表参加布雷顿森林会议，参与布雷顿森林体系筹建活动。中华人民共和国成立以后，中国与国际货币基金组织、世界银行集团等全球性国际金融机构，以及区域性国际金融机构如亚洲开发银行等

---

[1] 根据国际货币基金协定，对会员国的货币主权主要有：限制会员国自由调整本国货币币值的主权权力；限制会员国实行金本位币制的主权；使本国货币成为可自由兑换货币的限制。

加强了合作。2004 年开始，中美双方的贸易差额扩大，人民币汇率问题成为双方争论焦点，中美之间围绕人民币汇率的问题就货币金融合作问题展开了对话沟通。展望未来，无论是全球性金融治理还是区域性金融治理，中国的国际金融话语权和全球金融治理理念的影响力都会越来越强。

一、中国参与全球金融治理背景

2008 年爆发的国际金融危机，表明主要发达国家在全球货币金融治理中的作用削弱，随着新兴经济体，特别是以"金砖四国"为代表的新兴国家经济崛起，发达经济体与快速发展中的经济体力量对比正在发生着由量变到质变的微妙变化。

2008 年，国际金融危机肆虐全球，凸显第二次世界大战后国际货币体系过度依赖美元的内在缺陷，国际上要求改革现行货币体系的呼声高涨。与此同时，新兴经济体快速崛起，对全球经济增长贡献度日益上升，国际货币体系需要因时、因势而变，新兴经济体要求提升国际金融话语权。

2017 年 1 月，"世界经济论坛"年会论坛主席克劳斯·施瓦布表示，世界正以空前的速度持续变化，在这关键转折点，需要有担当有领导力的新模式来应对世界面临的新挑战。

以上几个方面说明，全球货币金融治理变革到了一个关键的转型期，为此，中国提出了"共商、共建、共享"的全球金融治理理念。2017 年 9 月，习近平主席在二十国集团工商峰会开幕式上指出："中国倡导的新机制不是为了另起炉灶，也不是为了针对谁，而是对现有国际机制的有益补充和完善，目标是实现合作共赢、共同发展。"

二、全球货币金融治理新理念

中国提出了"共商、共建、共享"全球金融治理理念，标志着全球货币金融合作开启新时代，也将指导中国未来参与全球金融治理的实践。

中国作为世界上第二大经济体，勇于担当，提出的"共商、共建、共享"的新理念体现了世界上大多数国家参与全球货币金融治理的愿望。自第二次世界大战之后，全球金融治理更多的是强调主导国家的意愿，新兴经济体看似参与到全球治理中，但是很大程度上只是接受治理的对象，全球治理没有实现"全球"参与、普惠"全球"的目标。而中国提出的新理念更加强调的是国际经济合作中的权利平等、机会平等、规则平等。

中国提出的"共商、共建、共享"的治理理念，就是要针对当前全球金融治理被少数西方国家控制，无法充分反映广大发展中国家和新兴经济体的国际货币金融诉求，促进未来全球金融治理体系改革过程中，更多地关注和体现发展中国家的国际货币金融利益，让全世界人民共享国际货币金融合作共建的成果。

中国倡导的全球金融治理的新思路旨在对传统国际治理中不正确的思维进行修正。全球金融治理过程是一个协商过程，需要互相包容和尊重，以多元化的世界观、伙伴关系的思维方式重新认识在全球金融治理中的各国自身身份和地位，在国际货币金融合作中发挥应有的作用，尽分内之职。

三、参与全球货币金融治理是责任与担当

积极参与全球治理已是中国的对外战略选择,正如党的十九大报告所指出的,"中国将继续发挥负责任大国作用,积极参与全球治理体系改革和建设,不断贡献中国智慧和力量"。中国所倡导的包容联动,是当前全球金融治理的一股清流,是打破霸权、建立合作共赢的时代需要。未来的全球金融治理体系将更符合世界格局新变化,更多地反映新兴经济体和发展中国家的利益诉求,而中国作为最大的新兴经济体,随着国内金融改革的不断深化,必将在国际金融体系的完善和改革中发挥更重要的作用。

四、中国参与全球货币金融治理的主要活动及取得的成果

(一)中国参与全球货币金融治理阶段

中国参与全球货币金融治理活动分几个阶段:

第一阶段,改革开放之前。这一阶段是指,中华人民共和国成立后到布雷顿森林体系崩溃期间,中国在国际舞台上主要是为加入联合国展开了一系列外交活动,加强与广大中小发展中国家的外交活动。1971年,我国取得联合国的合法席位,在联合国各专门机构的合法席位也相继得到恢复。这为我国参与全球货币金融治理奠定了基础。

第二阶段,1978年中国改革开放到1994年汇率并轨。随着改革开放战略的实施,中国对外经济交往迅速扩大,进出口贸易,吸引外商投资,参加国际金融事务活动,都取得了阶段性的成果。1980年4月17日,经积极交涉,IMF执行董事会通过决议,恢复了中华人民共和国的合法席位,之后,我国在IMF的份额由原来的5.5亿特别提款权增加到1983年的23.9亿特别提款权。1992年,在第9次份额总检中,我国的份额再增至33.852亿特别提款权,占基金总份额的2.35%,位列第11。

1980年5月15日,中国在世界银行和所属国际开发协会及国际金融公司的合法席位得到恢复。1980年9月3日,该行理事会通过投票,同意将中国在该行的股份从原7500股增加到12000股。我国在世界银行有投票权,在世界银行的执行董事会中,单独派有一名董事,从1981年起开始向该行借款。此后,我国与世界银行的合作逐步展开、扩大,世界银行通过提供期限较长的项目贷款,推动了我国交通运输、行业改造、能源、农业等国家重点建设以及金融、文卫环保等事业的发展,同时还通过本身的培训机构,为我国培训了大批了解世界银行业务、熟悉专业知识的管理人才。

这期间中国在全球货币金融治理中,分享了带来的益处,在稳定的汇率制度环境下,中国对内搞活经济,对外经济开放,中国的经济活力迅速恢复。

第三阶段,汇率并轨到全球金融危机爆发,中国在全球货币金融治理中面临挑战与机遇前所未有。1994年汇率并轨以后,随着我国对外开放扩大,进出口贸易规模迅速扩大,并且保持了长期的持续的贸易顺差。2001年12月11日,中国加入世界贸易组织,并正式成为世界贸易组织第143个成员。

随着中国加入WTO,外贸出口持续快速强劲增长,尤其是中美贸易规模扩大迅速,从2004年开始,中美之间贸易差额(中方顺差,美方逆差)问题引起了美方的不满,美国将矛

头指向人民币汇率，指责中国"汇率操纵"，人民币对外价值低估，导致了中美贸易不平衡，要求人民币升值，而且开放金融市场。在此情况下，中美双方围绕着贸易差额问题，在"中美战略与经济对话"框架下进行一系列磋商沟通，中美货币金融合作成为重要的内容。

在2004年到2008年国际金融危机期间，中国积极参与国际货币金融治理活动，表明中国的态度和立场，积极寻求各种合作机会，中美之间也通过展开"战略与经济对话"机制，求同存异，消除误解，赢得国际经济发展空间。

第四阶段，2008年国际金融危机爆发到G20杭州峰会之前这一阶段是中国参与全球货币金融治理过程中最艰难最复杂、最有开拓性进展的阶段。2008年国际金融危机导致国际经济形势严峻，中国出口面临巨大压力，困难空前，金融市场开放、人民币汇率制度改革、人民币国际化也到了一个关键节点。中国展示了积极参与全球货币金融治理的姿态，一方面扩大金融市场开放，加快人民币汇率制度改革，推动人民币国际化；另一方面，加强国际货币金融合作沟通交流，表达中国要求改革现行国际货币体系的诉求，如建立"超主权储备货币"。

专栏 10-1
中国参与全球金融治理的部分活动

2010年10月22日至23日，二十国集团财长和央行行长会议在韩国庆州举行。中国财政部部长谢旭人和中国人民银行行长周小川率中国代表团参加会议。会议讨论了当前全球经济形势，"强劲、可持续、平衡增长框架"，国际金融机构改革和全球金融安全网以及金融监管改革等议题并发表《联合公报》。与会代表就国际货币基金组织（IMF）改革取得重大进展。根据这项改革协议，欧盟国家将在国际货币基金组织执行董事会让出两个席位给发展中国家。

2013年2月15日至16日，二十国集团（G20）财长和央行行长会议在俄罗斯莫斯科举行。中国人民银行行长周小川和财政部部长谢旭人率中国代表团出席了会议。本次会议是俄罗斯担任2013年G20轮值主席国后举行的首次财长和央行行长会。会议主要讨论了全球经济形势、G20"强劲、可持续、平衡增长框架"、长期投资融资、国际金融架构改革以及金融部门改革等议题。会后发表了《联合公报》。

2013年9月和10月，中国国家主席习近平先后向世界发出建设"丝绸之路经济带"和"21世纪海上丝绸之路"的合作倡议。"一带一路"旨在充分依靠中国与有关国家既有的双多边机制，借助既有的、行之有效的区域合作平台和历史渊源，积极发展与沿线国家的经济合作伙伴关系，以"共商、共建、共享"为原则，以"政策沟通、设施联通、贸易畅通、资金融通、民心相通"为重点，共同打造政治互信、经济融合、文化包容的利益共同体、命运共同体和责任共同体。

2014年7月15日，中国、巴西、俄罗斯、印度、南非等国家首脑在巴西福塔莱萨市（Fortaleza）举行金砖国家领导人第六次会晤。金砖国家共同签署了金砖国家发展银行协议，并决定将新成立的金砖国家发展银行总部设在中国上海。金砖国家发展银行是对现有国际金融体系的完善和补充，它的成立顺应了金融全球化的时代潮流与金融监管要求，备受世人瞩目。

2015年9月4日至5日，二十国集团（G20）财长和央行行长会议在土耳其首都安卡拉举行。财政部部长楼继伟和中国人民银行行长周小川率中国代表团出席了会议。会议主要讨论了当前全球经济形势、增长框架、投资和基础设施、国际金融架构、金融部门改革以及国际税收合作等议题,并发表了《联合公报》。

第五阶段,G20 杭州峰会以来。以"杭州共识"基本框架为基础,中国在全球货币金融治理中逐步形成自己的治理理念、治理体系和治理框架,以及强劲的行动能力。

2016年9月4日至5日,杭州 G20 峰会中国担任轮值主席国,中国首次主办二十国集团(G20)领导人峰会,发表《二十国集团领导人杭州峰会公报》和28份具体成果文件,形成推动世界经济强劲、可持续、平衡、包容增长的"杭州共识",有效引领世界经济发展进入新时代。

专栏 10-2
"杭州共识"要点

1. 为世界经济指明方向,规划路径。面对当前世界经济的风险和挑战,要继续加强宏观政策沟通和协调,发扬同舟共济、合作共赢的伙伴精神,凝聚共识,形成合力,促进世界经济强劲、可持续、平衡、包容增长。要标本兼治,综合施策,运用好财政、货币、结构性改革等多种有效政策工具,向国际社会传递二十国集团成员共促全球经济增长的积极信号。

2. 决心创新增长方式,为世界经济注入新动力。G20 杭州峰会一致通过了《二十国集团创新增长蓝图》,支持以科技创新为核心,带动发展理念、体制机制、商业模式等全方位、多层次、宽领域创新,推动创新成果交流共享。大力推进结构性改革,为全球增长开辟新路径,全面提升世界经济中长期增长潜力。

3. 完善全球经济金融治理,提高世界经济抗风险能力。继续推动国际金融机构份额和治理结构改革,加强落实各项金融改革举措,共同维护国际金融市场稳定。就能源可及性、可再生能源、能效共同制订行动计划,就继续深化反腐败合作达成多项共识。

4. 重振国际贸易和投资,构建开放型世界经济。各国共同制定《二十国集团全球贸易增长战略》和全球首个多边投资规则框架《二十国集团全球投资指导原则》。继续支持多边贸易体制,重申反对保护主义承诺。期待在强劲的国际贸易和投资推动下,世界经济将重新焕发活力。

5. 推动包容和联动式发展,让二十国集团合作成果惠及全球。G20 杭州峰会第一次把发展问题置于全球宏观政策框架突出位置,第一次就落实联合国 2030 年可持续发展议程制订行动计划,同意推动《巴黎协定》尽早生效,发起《二十国集团支持非洲和最不发达国家工业化倡议》和《全球基础设施互联互通联盟倡议》,将为发展中国家人民带来实实在在的好处,为全人类共同发展贡献力量。

展望未来,中国倡导在"一带一路"框架下,构建"人类命运共同体",这种海纳百川的胸怀,展现出中国对外开放的决心,信心和诚意,必将随着中国经济崛起,在参与全球金融货币治理中发挥倡导者、引领者的作用。

(二)中国参与全球货币金融治理主张和行动

1. **超主权储备货币**。中国提出建立超主权储备货币,发挥超主权储备货币应有作用，改革现行国际货币体系中货币权力分配不公平的问题。由于现行国际货币体系的内在缺陷，要创造一种与主权国家货币脱钩，并能保持币值长期稳定的国际储备货币，这种货币就是"超主权货币"，是一种不属于任何主权国家的"世界货币"或者"超国家价值标准"。

超主权储备货币不仅克服了主权信用货币的内在风险，也为调节全球流动性提供了可能。由一个全球性机构管理的超主权储备货币将使全球流动性的创造和调控成为可能，当一国主权货币不再作为全球贸易的尺度和参照基准时，该国汇率政策对失衡的调节效果会大大增强。这也能极大地降低未来危机发生的风险、增强危机处理的能力。

专栏 10-3
超主权储备货币

2009 年 3 月 23 日，在 G20 峰会召开前夕，中国人民银行行长周小川发表题为《关于改革国际货币体系的思考》（2009 年 3 月，中国人民银行行长周小川先后在中国人民银行网站上发表《关于改革国际货币体系的思考》《关于储蓄率问题的思考》以及《关于改变宏观微观顺周期性的进一步探讨》三篇文章）。在《关于改革国际货币体系的思考》中，周小川提出建议，用国际货币基金组织（IMF）的特别提款权（SDR）代替美元，充当超主权储备货币（即"世界元"），提议创造一种与主权国家脱钩、并能保持币值长期稳定的国际储备货币。随后，2009 年 6 月 26 日，中国人民银行发布的《2009 年中国金融稳定报告》中正式提出创立超主权货币。

主要观点：理论上讲，国际储备货币的币值首先应有一个稳定的基准和明确的发行规则以保证供给的有序；其次，其供给总量还可及时、灵活地根据需求的变化进行增减调节；最后，这种调节必须是超脱于任何一国的经济状况和利益。当前以主权信用货币作为主要国际储备货币是历史上少有的特例。此次危机再次警示我们，必须创造性地改革和完善现行国际货币体系，推动国际储备货币向着币值稳定、供应有序、总量可调的方向完善，才能从根本上维护全球经济金融稳定。

● 资料来源：中国人民银行网站，2009 年 3 月 27 日。

2. 亚洲基础设施投资银行成为中国参与全球货币金融治理的重要平台。亚洲基础设施投资银行（Asian Infrastructure Investment Bank，AIIB，简称亚投行）是首个由中国倡议设立的多边国际性金融机构，总部设在北京，法定资本 1000 亿美元，属于政府间性质的亚洲区域多边开发投资机构，重点支持基础设施建设。

主要宗旨是通过在基础设施及其他生产性领域的投资，促进亚洲经济可持续发展、创造财富并改善基础设施互联互通；与其他多边和双边开发机构紧密合作，推进区域合作和伙伴关系，应对发展挑战。

主要职能：（1）推动区域内发展领域的公共和私营资本投资，尤其是基础设施和其他生产性领域的发展；（2）利用其可支配资金为本区域发展事业提供融资支持，包括能最有效支持本区域整体经济和谐发展的项目和规划，并特别关注本区域欠发达成员的需求；（3）鼓励私营资本参与投资有利于区域经济发展，尤其是基础设施和其他生产性领域发展的项目、企业和活动,并在无法以合理条件获取私营资本融资时,对私营投资进行补充;(4)为强化这些职能开展的其他活动和提供的其他服务。

亚洲基础设施投资银行是第一个由发展中国家倡导、世界各国广泛参与的多边国际性金融机构,是中国参与全球金融治理的重要步骤,充分展示了中国参与全球金融治理的行动能力。

在发展理念上,亚投行虽然是中国创立的,但是成员遍及五大洲,成为连通发达国家和发展中国家的货币金融投资合作平台。在治理理念上,中国虽然是创立国,但是却没有一票否决权,亚洲内国家的投票比重为75%,亚洲外国家的投票比重为25%,兼顾各方利益的同时保障亚洲特别是亚洲发展中国家的利益,并且致力于通过民主协商的方式促成各方达成共识。在项目运行上,亚投行还重视与现有国际金融机构比如亚开行、世界银行和欧洲复兴开发银行的合作。

亚洲基础设施投资银行的建立,中国还开创了国际合作的新模式,在开放、包容、合作、共赢的新理念下,金砖银行和金砖应急储备基金的运作,使得金砖国家的合作更加务实。金砖银行为构建新兴国家市场及发展中国家安全网起到了重要保障作用。此外,中国积极推动上海合作组织开发银行、中东欧金融公司,在共商、共建、共享的理念下,完善全球多层次的金融体系,为全球金融治理的转型贡献中国力量。

专栏 10-4
亚洲基础设施投资银行筹建过程

2013年10月2日,中华人民共和国主席习近平倡议筹建亚洲基础设施投资银行,促进本地区互联互通建设和经济一体化进程,向包括东盟国家在内的本地区发展中国家基础设施建设提供资金支持。2014年10月24日,包括中国、印度、新加坡等在内21个首批意向创始成员的财长和授权代表在北京正式签署《筹建亚投行备忘录》,共同决定成立亚洲基础设施投资银行。根据《筹建亚投行备忘录》,亚投行的法定资本为1000亿美元,中国初始认缴资本目标为500亿美元左右,中国出资50%,为最大股东。各意向创始成员同意将以国内生产总值(GDP)衡量的经济权重作为各国股份分配的基础。2015年试运营的一期实缴资本金为初始认缴目标的10%,即50亿美元,其中中国出资25亿美元。

经过多轮磋商与谈判,2015年6月29日,《亚洲基础设施投资银行协定》(以下简称《协定》)签署仪式在北京举行。截至2015年12月31日,亚洲基础设施投资银行57个意向创始成员国已全部签署《亚洲基础设施投资银行协定》。

2016年1月16日,亚洲基础设施投资银行开业仪式在钓鱼台国宾馆举行,标志着全球首个中国倡议设立的多边金融机构建立。中国财政部部长楼继伟被选举为亚投行首届理事会主席,金立群当选亚投行首任行长。

2016年2月5日,亚洲基础设施投资银行正式宣布任命5位副行长。这5位副行长分别来自英国、德国、印度、韩国、印度尼西亚。其后,陆续有一些国家或地区加入,截至2018年6月26日,亚洲基础设施投资银行成员总数增至87个。

五、中国参与全球货币金融治理面临的挑战

全球货币金融治理面临的挑战是多方面的：

1. 国际货币体系演变具有惯性。自从布雷顿森林体系建立"双挂钩"国际货币制度以来，国际货币本位延续了美元独大惯性，随着时间的推移，美元已经浸入国际经济肌体当中，美元家喻户晓、妇孺皆知，这种惯性还将持续。

2. 美国作为世界上最大的经济体，仰仗美元支撑，建立了庞大的经济军事政治集团，所以，放弃铸币税等既得利益是非常困难的。

3. 根据霸权稳定理论，强势货币需要强大的综合国力予以保障，国际金融话语权取决于一个国家的综合实力，无论经济总量（GDP），还是进出口贸易规模，以及国际投资都需要居世界之首。

4. 货币主权、主权货币和货币权力三者难以割舍。任何一个主权国家都拥有货币主权，拥有行使主权货币的货币权力，服务于内外经济目标。当一国货币走向国际化，走向世界，变成为主权货币，其货币权力也随之扩大，在国际经济交往中，掌握了货币权力的主动权，也就掌握了世界财富分配的权力，这种权力诱惑是难以放下、难以割舍的。

所以，一种货币既具有货币主权又有主权货币功能本身就不合理，而且是相互矛盾的，因为它既要服务于内部经济目标，促进经济增长、就业和物价稳定，又要为世界提供流动性需求，满足其他经济体储备资产需要，二者难以兼顾，往往会顾此失彼，即"特里芬两难"。由此可见，必须建立超越主权国家的货币作为世界价值标准，作为公共产品满足全球经济增长、就业和物价稳定的需要，为国际经济交往提供价值稳定、信用可靠的流动性支持。

以上各方面分析表明，要想实现全球货币金融治理的目标，建立理想价值标准，难度之大，矛盾之复杂，时间之长，将是"路漫漫其修远兮，吾将上下而求索"的艰难、复杂、漫长的过程。

六、中国在全球货币金融治理中发挥建设性作用

当前全球政治经济形势错综复杂，中美关系面临许多变数，我国正处于改革开放的攻坚克难阶段，供给侧结构性改革，去产能，降杠杆，补短板，精准扶贫，乡村振兴，产业转型升级等，实现经济增长由量变到质变的转变，有许多功课需要做。

打铁还需自身硬，首先，我们要做好自己的事情，做实实体经济基础，调整经济增长结构，实现产业结构升级换代，由低质量向高质量发展，保持 GDP 有质量的稳健增长，扩大对外贸易和对外投资；同时，管控虚拟经济，防范系统性金融风险，提高抵御外部冲击的能力。其次，要在不断完善国际货币金融体系、优化国际金融机构治理结构、完善全球金融安全网方面，发挥我国参与全球金融治理的建设性作用：一是能够维护全球金融市场稳定，及早识别风险、防范危机，一旦危机爆发也能有效处置，防止危机扩散；二是在外汇储备、双边货币互换、区域型货币安排等安全保障机制方面加强金

融安全网建设；三是推动国际货币基金组织份额和治理结构改革，提高有活力的新兴市场经济体和发展中经济体在国际货币基金组织中的份额，增加其金融话语权；四是推动构建涵盖审慎管理政策、货币政策、财政政策以及结构性改革政策的宏观金融稳定框架；五是加强宏观政策协调，提高全球金融市场稳定性。

本章小结

自从布雷顿森林体系崩溃以来，国际货币金融秩序建立和维护的集体行动弱化，主要国家奉行单边的货币金融主义，弃货币盟友于不顾，采取单边的货币金融政策对世界经济产生了不利的影响，因此，需要加强国际货币金融合作，共同维护稳定的国际货币秩序。但是由于主要国家承担全球金融治理责任和义务的意愿和能力下降，使全球金融治理面临着许多挑战。中国作为负责任的大国，积极倡导共创共享共担、合作共赢的全球治理新理念。中国在分享经济全球化带来的利益的同时，在全球金融治理中发挥的作用日益增强，在国际货币体系改革、维护国际货币秩序稳定安全、创造公平竞争的国际经济环境中，发挥着不可或缺的建设性作用。

参考文献

［1］李琰，孟祥麟．在新旧金融体制的变迁中积极维护发展中国家利益：中国智慧推动全球经济治理改革［N］．人民日报，2016-06-17（23）．
［2］刘翔峰．中国参与国际货币体系重塑的思考［J］．中国发展观察，2014（12）．
［3］钱朝霞．完善国际金融治理新秩序［N］．杭州日报，2016-02-22．
［4］林建海．完善国际金融体系的新起点［N］．人民日报，2016-06-02（23）．
［5］瞿栋．全球金融治理体系发展动向及我国的应对策略［J］．经济学，2016．
［6］陈雨露．全球货币政策合作共赢［J］．金融会计，2016（3）．
［7］宋国友．全球量化宽松、新兴经济体与国际金融治理［J］．国际政治经济研究，2013（2）．
［8］李巍．金砖机制与国际金融治理改革［J］．国际观察，2013（1）．
［9］羌建新．金融全球化、全球金融治理：改革与国际金融安全［J］．国际安全研究，2015（6）．
［10］艾尚乐．国际金融治理机制的经济效应、利益诉求与路径建构［J］．理论探讨，2015（1）．
［11］高杰英，王婉婷．国际金融治理机制变革及中国的选择［J］．经济学家，2016（8）．
［12］克恩·亚历山大（Kern Alexander），拉胡尔·都莫（Rahul Dhumale）．金融体系的全球治理［M］．大连：东北财经大学出版社，2010．

本章复习思考题

一、主要概念

跨境人民币贸易结算　货币互换　"8·11"汇改　主权货币　货币主权　货币权力

全球金融治理　杭州共识　G20　亚洲基础设施投资银行　超主权储备货币　理想价值标准

二、回答问题

1. 如何理解人民币国际化？
2. 人民币加入特别提款权货币篮子有何意义？
3. 如何理解我国倡导的全球金融治理理念？
4. 如何理解全球货币金融治理？
5. 如何理解货币主权、主权货币、货币权力？
6. 如何理解全球金融治理面临的挑战？

后 记

本书的分工情况是：前言、导论：鞠国华；第一篇国际金融环境，第一章国际货币制度与政策：鞠国华，第二章国际金融市场：戴序、张强；第二篇国际货币价格管理，第三章外汇汇率决定及汇率对经济的影响：徐扬、王英男，第四章国际汇兑价格决定理论：徐扬，第五章人民币汇率的决定及变动：徐扬；第三篇国际收支与国际储备管理，第六章国际收支理论与管理：戴序、王英男，第七章国际储备理论与管理：戴序；第四篇国际金融治理，第八章开放经济下内外均衡管理：鞠国华，第九章货币金融危机与货币金融合作：鞠国华、王英男，第十章中国货币金融国际化与全球金融治理：鞠国华。本书由鞠国华组织撰写，统筹安排全书的各项写作事宜，包括章节目录体例、全书总纂、内容校对等。

本书在写作过程中得到了吉林财经大学金融学院领导刘吉舫、唐亚晖的关心和支持，并由金融学院提供出版资助，部分研究生和本科生参加了本书的校对工作，在此一并表示感谢！

同时，感谢为此书出版付出辛勤劳动的中国金融出版社的编辑同志们！

21世纪高等学校金融学系列教材

一、货币银行学子系列

★货币金融学（第四版）	朱新蓉	主编	56.00元	2015.08出版
（普通高等教育"十一五"国家级规划教材/国家精品课程教材·2008）				
货币金融学	张强 乔海曙	主编	32.00元	2007.05出版
（国家精品课程教材·2006）				
货币金融学（附课件）	吴少新	主编	43.00元	2011.08出版
货币金融学（第二版）	殷孟波	主编	48.00元	2014.07出版
（普通高等教育"十五"国家级规划教材）				
现代金融学	张成思	编著	58.00元	2019.10出版
货币银行学（第二版）	夏德仁 李念斋	主编	27.50元	2005.05出版
货币银行学（第三版）	周骏 王学青	主编	42.00元	2011.02出版
（普通高等教育"十一五"国家级规划教材）				
货币银行学原理（第六版）	郑道平 张贵乐	主编	39.00元	2009.07出版
金融理论教程	孔祥毅	主编	39.00元	2003.02出版
西方货币金融理论	伍海华	编著	38.80元	2002.06出版
现代货币金融学	汪祖杰	主编	30.00元	2003.08出版
行为金融学教程	苏同华	主编	25.50元	2006.06出版
中央银行通论（第三版）	孔祥毅	主编	40.00元	2009.02出版
中央银行通论学习指导（修订版）	孔祥毅	主编	38.00元	2009.02出版
商业银行经营管理（第二版）	宋清华	主编	43.00元	2017.03出版
商业银行管理学（第五版）	彭建刚	主编	53.00元	2019.04出版
（普通高等教育"十一五"国家级规划教材/国家精品课程教材·2007/国家精品资源共享课配套教材）				
商业银行管理学（第三版）	李志辉	主编	48.00元	2015.10出版
（普通高等教育"十一五"国家级规划教材/国家精品课程教材·2009）				
商业银行管理学习题集	李志辉	主编	20.00元	2006.12出版
（普通高等教育"十一五"国家级规划教材辅助教材）				
商业银行管理	刘惠好	主编	27.00元	2009.10出版
现代商业银行管理学基础	王先玉	主编	41.00元	2006.07出版
金融市场学（第三版）	杜金富	主编	55.00元	2018.07出版
现代金融市场学（第四版）	张亦春	主编	50.00元	2019.02出版
中国金融简史（第二版）	袁远福	主编	25.00元	2005.09出版
（普通高等教育"十一五"国家级规划教材）				
货币与金融统计学（第四版）	杜金富	主编	48.00元	2018.07出版
（普通高等教育"十一五"国家级规划教材/国家统计局优秀教材）				
金融信托与租赁（第四版）	王淑敏 齐佩金	主编	42.00元	2016.09出版
（普通高等教育"十一五"国家级规划教材）				

书名	作者		编著	价格	出版时间
金融信托与租赁案例与习题	王淑敏	齐佩金	主编	25.00元	2006.09出版
（普通高等教育"十一五"国家级规划教材辅助教材）					
金融营销学	万后芬		主编	31.00元	2003.03出版
金融风险管理	宋清华	李志辉	主编	33.50元	2003.01出版
网络银行（第二版）	孙 森		主编	36.00元	2010.02出版
（普通高等教育"十一五"国家级规划教材）					
银行会计学	于希文	王允平	主编	30.00元	2003.04出版

二、国际金融子系列

书名	作者		编著	价格	出版时间
国际金融学	潘英丽	马君潞	主编	31.50元	2002.05出版
★国际金融概论（第四版）	王爱俭		主编	39.00元	2015.06出版
（普通高等教育"十一五"国家级规划教材/国家精品课程教材·2009）					
国际金融（第三版）	刘惠好		主编	48.00元	2017.10出版
国际金融概论（第三版）（附课件）	徐荣贞		主编	40.00元	2016.08出版
★国际结算（第六版）（附课件）	苏宗祥	徐 捷	著	66.00元	2015.08出版
（普通高等教育"十一五"国家级规划教材/2012～2013年度全行业优秀畅销书）					
各国金融体制比较（第三版）	白钦先		等编著	43.00元	2013.08出版
国际金融管理	鞠国华		主编	43.00元	2020.01出版

三、投资学子系列

书名	作者		编著	价格	出版时间
投资学（第三版）	张元萍		主编	56.00元	2018.02出版
证券投资学	吴晓求	季冬生	主编	24.00元	2004.03出版
证券投资学（第二版）	金 丹		主编	49.50元	2016.09出版
现代证券投资学	李国义		主编	39.00元	2009.03出版
证券投资分析（第二版）	赵锡军	李向科	主编	35.00元	2015.08出版
组合投资与投资基金管理	陈伟忠		主编	15.50元	2004.07出版
投资项目评估	王瑶琪	李桂君	主编	38.00元	2011.12出版
项目融资（第三版）	蒋先玲		编著	36.00元	2008.10出版

四、金融工程子系列

书名	作者		编著	价格	出版时间
金融经济学教程（第二版）	陈伟忠	陆珩瑱	主编	46.00元	2016.09出版
衍生金融工具（第二版）	叶永刚	张 培	主编	37.00元	2014.08出版
现代公司金融学（第二版）	马亚明		主编	49.00元	2016.08出版
金融计量学	张宗新		主编	42.50元	2008.09出版
数理金融	张元萍		编著	29.80元	2004.08出版
金融工程学	沈沛龙		主编	46.00元	2017.08出版
金融工程	陆珩瑱		主编	39.50元	2018.01出版

五、金融英语子系列

书名	作者	编著	价格	出版时间
金融英语阅读教程（第四版）	沈素萍	主编	48.00元	2015.12出版
（北京高等教育精品教材）				
金融英语阅读教程导读（第四版）	沈素萍	主编	23.00元	2016.01出版
（北京高等学校市级精品课程辅助教材）				
保险专业英语	张栓林	编著	22.00元	2004.02出版
保险应用口语	张栓林	编著	25.00元	2008.04出版

注：加★的书为"十二五"普通高等教育本科国家级规划教材。

21世纪高等学校保险学系列教材

保险学概论	许飞琼	主编	49.80元	2019.01出版
保险学概论学习手册	许飞琼	主编	39.00元	2019.04出版
保险学（第二版）	胡炳志 何小伟	主编	29.00元	2013.05出版
保险精算（第三版）	李秀芳 曾庆五	主编	36.00元	2011.06出版

（普通高等教育"十一五"国家级规划教材）

人身保险（第二版）	陈朝先 陶存文	主编	20.00元	2002.09出版
财产保险（第五版）	许飞琼 郑功成	主编	43.00元	2015.03出版

（普通高等教育"十一五"国家级规划教材/普通高等教育精品教材奖）

财产保险案例分析	许飞琼	编著	32.50元	2004.08出版
海上保险学	郭颂平 袁建华	编著	34.00元	2009.10出版
责任保险	许飞琼	编著	40.00元	2007.11出版
再保险（第二版）	胡炳志 陈之楚	主编	30.50元	2006.02出版

（普通高等教育"十一五"国家级规划教材）

保险经营管理学（第二版）	邓大松 向运华	主编	42.00元	2011.08出版

（普通高等教育"十一五"国家级规划教材）

保险营销学（第四版）	郭颂平 赵春梅	主编	42.00元	2018.08出版

（教育部经济类专业主干课程推荐教材）

保险营销学（第二版）	刘子操 郭颂平	主编	25.00元	2003.01出版
★风险管理（第五版）	许谨良	主编	36.00元	2015.08出版

（普通高等教育"十一五"国家级规划教材）

保险产品设计原理与实务	石 兴	著	24.50元	2006.09出版
社会保险（第四版）	林 义	主编	39.00元	2016.07出版

（普通高等教育"十一五"国家级规划教材）

保险学教程（第二版）	张 虹 陈迪红	主编	36.00元	2012.07出版
利息理论与应用（第二版）	刘明亮	主编	32.00元	2014.04出版

注：加★的书为"十二五"普通高等教育本科国家级规划教材。